德国研究丛书

德国在欧盟角色的演变：
从科尔到默克尔

THE EVOLUTION OF GERMANY'S ROLE IN THE EU:
FROM KOHL TO MERKEL

杨解朴 / 著

社会科学文献出版社
SOCIAL SCIENCES ACADEMIC PRESS (CHINA)

导　言

在欧洲一体化发展过程中，德国在欧盟的地位和作用发生了根本性的变化。在两德统一之前，德国虽是欧洲最大的经济体，但在欧洲政治舞台的影响力与其经济地位并不匹配。两德统一之初，德国也并未谋求在欧洲事务中承担更多的责任，彼时德国首先要解决的是统一所带来的沉重的财政负担问题，以及东部和西部社会制度融合过程中所面临的各方面的困难。20 世纪 90 年代到 21 世纪初，由于经济增长乏力、失业率不断攀升，德国还曾被称作"欧洲病夫"。但是，在两德统一 30 年后，德国在欧洲乃至世界政治经济中的地位和作用已经不可同日而语。德国在欧盟的实力和地位不断提升，特别是在欧债危机的解决过程中，凭借其经济实力，德国在欧洲的领导地位凸显。在乌克兰危机的处理中，德国在欧洲外交安全领域表现出积极有为的态度，成为解决这一危机的欧洲一号领导者。有学者将德国称为"不情愿的霸权"，也有学者认为德国实现了"重新崛起"，但面对愈演愈烈的难民危机，欧盟层面始终拿不出有效的解决办法，德国的难民政策面临多重困境。在难民危机的处理上，德国基本无法改变其他欧盟国家的意愿。难民危机甚至还引发了恢复成员国边境控制的提议，使欧洲联合面临倒退的风险。与此同时，欧洲团结面临考验，英国退出欧洲联盟，欧盟国家"脱欧""疑欧"的倾向有所增强。在新冠疫情后经济复苏的政策协调中，德国做出了巨大妥协，为欧盟疫后经济复苏做出了很大的贡献。

到底该如何评价两德统一以来德国地位和作用的变化？这些变化是如何发生的？德国在欧盟的地位和作用又受哪些因素的推动和制约？如何定位德国在未来欧盟中的作用？德国地位和作用的变化，给其外交政策乃至中德关系和中欧关系带来哪些影响？我们将带着这些问题开始本课题的研究。

两德统一以来，随着德国实力的增强，国内外学者对德国应如何发挥其在欧盟和国际上的作用给予了充分关注，从不同的理论视角分析了德国道路的问题。

两德统一后的 20 世纪 90 年代初，德国的外交政策专家、学者以"正常化"为前提，讨论德国应该如何像其他欧洲大国一样"正常"地制定和推行其外交政策。"正常化"的主张者强调，德国重新成为一个"正常"国家后，应该有自己的外交政策利益和目标，同时将相应地承担更多的国际责任。持这一观点的典型代表冈瑟·赫尔曼（Gunther Hellmann）认为，冷战结束和两德统一后的欧洲形势发生了重大变化，在德国国力明显增强的同时，新的问题也在欧洲和世界其他地区不断出现，德国应承担更多的责任，这就迫使德国放弃由于东西方冲突和历史原因而使用军事手段采取的限制。① 另一位典型代表埃贡·巴尔（Egon Bahr）认为，德国应该像其他大国一样在国际事务中"正常"地发挥作用。德国不应该像某些美国批评者所说的那样继续成为美国的附庸，在重大问题上德国应该有自己独立的主张。德国应该重新具有"大国意识"，但不可骄傲自大；德国乃至欧洲与美国的关系应由过去那种"舒适的监护关系"转变为一种"成熟的伙伴关系"。② 但也有欧洲学者反复强调，德国提出和实行"正常化"外交政

---

① Gunther Hellmann, "Jenseits von 'Normalisierung' und 'Militarisierung': Zur Standortdebatte über die neue deutsche Aussenpolitik", *Aus Politik und Zeitgeschichte*, *Beilage zur Wochenzeitung Das Parlament*, B1 – 2, 1997, p. 24.

② Egon Bahr, "Die 'Normalisierung' der deutschen Außenpolitik, Mündige Partnerschaft statt bequemer Vormundschaft", *Internationale Politik*, Issue 1, 1999, pp. 41 – 52.

策时不应过高估计自己的实力，应该清醒地认识到，德国的利益在统一后同样需要通过与其他国家协调和合作才能实现。以汉斯·W. 毛尔（Hanns W. Maull）教授为代表的角色分析派从国家角色期待的角度出发，提出了关于德国作为"文明力量"的国家角色的论点，强调承担这一角色的国家应当从整体上对国内政治和外交政策进行考量，主要采用"文明力量"手段来追求国际关系文明化的目标。① 沃尔克·里特贝格尔（Volker Rittberger）则以"权力国家"、"贸易国家"和"文明国家"三种模式验证统一后德国外交政策的连续性。②

伴随着国际秩序的变化和欧债危机的爆发，德国在欧盟的实力和政治影响力不断增强，有西方学者认为，德国外交政策更多是践行"正常国家论"的道路，他们在讨论新德国外交政策③的同时，开始讨论德国是否已经成为欧洲的领导者乃至扮演霸权的角色。例如，2013 年《经济学家》（The Economist）杂志的一篇评论文章将德国称为"不情愿的霸权"，认为正像战后美国担负起领导职责援助当时脆弱的西德一样，现在该轮到德国领导那些深陷危机的盟友了，这既是为了盟友，也是为了德国自身的利益。④ 伴随着难民危机、乌克兰危机的发生，西方学者又热衷于研

---

① Hanns W. Maull, "Zivilmacht Bundesrepublik Deutschland. Vierzehn Thesen für eine neue deutsche Außenpolitik", *Europa Archiv*, Vol. 47, No. 10, 1992, p. 269 – 278; Hanns W. Maull, "Deutschland als Zivilmacht", in Siegmar Schmidt, Gunther Hellmann and Reinhard Wolf, eds., *Handbuch zur deutschen Außenpolitik*, VS Verlag für Sozialwissenschaften, 2007, https://doi. org/10. 1007/978 – 3 – 531 – 90250 – 0_4.

② Volker Rittberger, "Deutschlands Außenpolitik nach der Vereinigung. Zur Anwendbarkeit theoretischer Modelle der Außenpolitik: Machtstaat, Handelsstaat oder Zivilstaat?", in Wolfgang Bergem, Volker Ronge and Georg Weißeno, eds., *Friedenspolitik in und für Europa*, Opladen, 1999, pp. 83 – 107.

③ Gunther Hellmann, Daniel Jacobi and Ursula Stark Urrestarazu, "'Früher, entschiedener and substantieller'? Die neue Debatte über Deutschlands Außenpolitik", *Zeitschrift für Außen-und Sicherheitspolitik*, Sonderheft 6, 2015; Andreas Rinke, "Raus ins Rampenlicht. Die Genese der 'neuen deutschen Außenpolitik'", *Internationale Politik*, No. 4, Juli/August 2014, pp. 8 – 13.

④ "The Reluctant Hegemon", *The Economist*, Jun. 15, 2013, https://www.economist. com/leaders/2013/06/15/the-reluctant-hegemon.

究德国的领导作用及其限制因素。利斯贝斯·阿格斯塔姆（Lisbeth Aggestam）等人用角色理论以乌克兰危机为例分析了德国在欧洲外交安全政策中的领导角色；① 西蒙·布尔默（Simon Bulmer）和威廉·E.帕特森（William E. Paterson）以欧债危机、难民危机和乌克兰危机为案例探讨了德国是否能在欧盟充当霸主的问题，他们得出的结论是：德国仅是"欧盟经济霸权的候选者"，并指出阻碍德国成为欧洲霸主不仅存在各种国内限制因素，还包括欧盟的制度性限制因素。②

甘瑟·迈霍尔德（Günther Maihold）认为，伴随着德国国内政治的发展和国际环境的变化，德国在世界上的地位越发不能用静态的类别来把握，它受到政治碎片化和相关行为者格局的影响，确定基本方向变得越来越困难，因此国家间和国际上的协调需求不断增加；③ 汉斯·W. 毛尔用角色理论分析了德国外交政策该如何适应来自右翼民粹主义的挑战和来自合作伙伴的新期望和要求。④

伴随着新兴国家的兴起，德国在世界中的定位以及德国如何作为欧洲的代表与这些国家发展关系也成为西方学者热议的话题。丹尼尔·弗莱姆斯（Daniel Flemes）等人认为，德国的外交政策正日益从传统的基于价值的伙伴关系转向以利益为基础参与不断变化的联盟和网络，德国在处理与西方价值观和标准存在差异的国家（如中国、土耳其、哈萨克斯坦）的利益关系时面临两难困境，并面临着失去作为国际调解人的信誉风险。但如

---

① Lisbeth Aggestam and Adrian Hyde-Price, "Learning to Lead? Germany and the Leadership Paradox in EU Foreign Policy", *German Politics*, Vol. 29, Issue 1, 2020, pp. 8 – 24, https://doi. org/10. 1080/09644008. 2019. 1601177.

② Simon Bulmer and William E. Paterson, *German Power in Europe. Germany and the European Union: Europe's Reluctant Hegemon?* London: Red Globe Press, 2019.

③ Günther Maihold, "Über den Tag hinaus: Deutsche Außenpolitik jenseits des Krisenmodus", in Volker Perthes ed., *Ausblick 2016: Begriffe und Realitäten internationaler Politik*, Stiftung Wissenschaft und Politik, Deutsches Institut für Internationale Politik und Sicherheit, 2016.

④ Hanns W. Maull, "Germany's Leadership in Europe: Finding Its New Role", *Rising Powers Quarterly*, Vol. 3, Issue 1: "Regional Leadership and Multipolarity in the 21st Century", Feb. 2018, pp. 87 – 111, https://risingpowersproject. com/quarterly/germanys-leadership-in-europe-finding-its-new-role/.

果德国想在国际危机中扮演可信的欧洲"首席调停者"角色，以利益为导向的网络外交也应该始终支持以价值为基础的原则。① 罗伯特·卡佩尔（Robert Kappel）等人探讨了随着中国和印度的崛起，德国应如何在一个新的世界中定位自己的问题。② 马可·西迪（Marco Siddi）认为，德国在欧盟与俄罗斯关系中长期寻求领导地位，德国不是一个"不情愿"的国家，而是一个在这一政策领域独断专行的霸权国家。③

中国学者从 20 世纪 90 年代起就对统一德国实力和地位的变化及德国外交政策的调整和连续性进行了跟踪性研究和理论探讨④。进入 21 世纪，中国学者继续探讨德国地位的变化和发展道路，特别是将"德国问题"、"新德国问题"以及"德国问题"与欧洲一体化的关系作为热门选题⑤。同时，中国学者的研究视野不断拓宽，开始研究德国外交与安全政策来回摇摆的原因⑥、德国对欧政策以及德国在欧洲一体化问题上的立场⑦。

在国际金融危机和欧债危机爆发后，对于德国地位和作用的研究中国

① Daniel Flemes and Hannes Ebert, "Neue deutsche Außenpolitik: Netzwerke statt Allianzen", GIGA German Institute of Global and Area Studies-Leibniz-Institut für Globale und Regionale Studien, 2016, https://www. ssoar. info/ssoar/handle/document/47370#.
② Robert Kappel and Helmut Reisen, "Die Neuvermessung der Welt und die deutsche Außenpolitik", GIGA German Institute of Global and Area Studies-Leibniz-Institut für Globale und Regionale Studien, 2015, https://www. ssoar. info/ssoar/handle/document/43115#.
③ Marco Siddi, "A Contested Hegemon? Germany's Leadership in EU Relations with Russia", *German Politics*, Vol. 29, Issue 1, 2020, https://doi. org/10. 1080/09644008. 2018. 1551485.
④ 连玉如：《统一德国的大国作用与相互依存》，《国际政治研究》1996 年第 4 期；连玉如：《统一德国 21 世纪外交政策连续性刍议》，《欧洲》1999 年第 5 期；李乐曾：《德国红绿联盟政府外交政策初探》，《德国研究》1999 年第 4 期。
⑤ 连玉如：《新的国际形势下德国的大国作用问题》，《国际政治研究》2002 年第 3 期；连玉如：《"权力国家"乎？"贸易国家"乎？"文明国家"乎？——"新德国问题"理论探索》，《国际政治研究》2002 年第 3 期；连玉如：《聚焦德国问题》，《欧洲研究》2003 年第 2 期。
⑥ 熊炜：《论德国外交与安全政策中的角色冲突》，《德国研究》2004 年第 4 期。
⑦ 吴志成：《德国统一后的对欧政策评析》，《德国研究》2008 年第 3 期；郑春荣：《德国新政府在土耳其入盟问题上的立场》，《德国研究》2010 年第 2 期；连玉如：《德国默克尔政府的外交与欧洲政策辨析》，《德国研究》2006 年第 1 期。

学者一方面聚焦到德国模式以及德国模式是否适用于其他国家的讨论上①，另一方面又重新展开了对"德国问题"、"新德国问题"以及"德国的欧洲"和"欧洲的德国"的讨论。② 在乌克兰危机的解决中，中国学者也关注到了德国外交政策的转变③；在难民危机的协调中，学者们梳理并总结了德国在难民危机中的政策调整、困境、原因及影响④，同时探讨了难民给德国乃至欧洲社会带来的负面影响⑤。在新冠疫情背景下，中国学者分析了德国在新冠疫情中的应对措施及新冠疫情对德国政治、经济和外交的影响⑥，并对德国在新冠疫情中在欧盟的领导角色予以关注⑦。近年来，中国学者对数十年来德国在欧盟乃至国际事务中的角色进行了有益的探索。有学者认为，德国在半个多世纪中践行了嵌入式崛起，在大国地位稳步上升的同时，避免了与现有霸权国及其体系之间的紧张关系。但德国的嵌入式崛起使其在国际安全领域追求大国地位时遭遇了困境，即在由实力政治主导的现有国际安全

① 丁纯：《欧洲哀鸿遍野、柏林一枝独秀 德国模式缘何笑傲危机》，《人民论坛》2012 年第 18 期；郑春荣、姜文：《"德国模式"在金融危机中的表现及其所面临的挑战》，《国际论坛》2011 年第 6 期。

② 伍贻康：《"德国问题"与欧洲一体化的兴衰》，《德国研究》2011 年第 4 期；丁原洪：《欧洲的"德国问题"重起》，《和平与发展》2010 年第 6 期；连玉如：《21 世纪新时期"德国问题"发展新考》，《德国研究》2012 年第 4 期；连玉如：《再论"德国的欧洲"与"欧洲的德国"》，《国际政治研究》2014 年第 6 期；郑春荣：《从欧债危机看德国欧洲政策的新变化》，《欧洲研究》2012 年第 5 期；张健、王剑南：《"德国问题"回归及其对欧洲一体化的影响》，《现代国际关系》2010 年第 9 期。

③ 郑春荣、朱金峰：《从乌克兰危机看德国外交政策的调整》，《同济大学学报》（社会科学版）2014 年第 6 期；刘丽荣：《德国外交转型》，澎湃新闻，http://www.thepaper.cn/news-Detail_forward_1307282。

④ 宋全成：《欧洲难民危机中的德国难民政策及难民问题应对》，《学海》2016 年第 4 期；伍慧萍：《欧洲难民危机中德国的应对与政策调整》，《山东大学学报》（哲学社会科学版）2016 年第 2 期；杨解朴：《德国难民政策面临的多重困境》，《当代世界》2016 年第 2 期；郑春荣：《德国在欧洲难民危机中的表现、原因及其影响》，《同济大学学报》（社会科学版）2015 年第 6 期。

⑤ 郑春荣、倪晓姗：《难民危机背景下德国难民融入的挑战及应对》，《国外社会科学》2016 年第 6 期。

⑥ 李超：《德国新冠疫情防控举措》，《国际研究参考》2020 年第 5 期。

⑦ 范一杨、郑春荣：《新冠疫情背景下德国在欧盟领导角色分析》，《德国研究》2020 年第 2 期。

秩序中，德国试图推行以规范代替实力的全球安全秩序观，不但有悖于主导国所推行的全球安全秩序并对其构成挑战，而且面临着嵌入与崛起之间的两难。① 有学者认为，近年来德国在欧盟的领导作用呈现明显弱化的趋势，这一趋势与内政困局、社会生态的变化及经济结构性缺陷等内部因素和欧盟成员国利益分化、全球大国博弈加剧等外部因素有关，并将加剧欧盟成员国对立，制约欧洲一体化进程，也使欧盟在全球的地位进一步受挫。② 有学者从国际关系研究的变量出发，分析了六个层次的变量所形成的合力导致德国红绿联合政府外交面临的不同的平衡挑战，在应对这些挑战的过程中，红绿政府的外交形成了"克制文化"与"责任文化"交织共生的特点。③ 有学者以"文明力量"理论为分析框架，分析了受文明力量影响的德国外交政策和安全政策及德国的国际角色，将文明力量作为德国建构新兴国际关系体系的理论工具。④ 中国学者在研究德国地位和作用的同时也心怀对中国的关切，他们探讨了德国在中欧关系、中欧光伏争端中的作用⑤等。

　　本研究将以两德统一以来德国在欧盟的地位和作用为研究对象，与现有的其他研究成果相比，本研究的学术价值主要体现在两个方面。第一，笔者对德国统一30年来的对欧政策以及在欧盟的地位和作用的变化进行系统的、综合的、跨学科的研究。从上述对学术史的梳理可以看出，国内外学者就德国地位的特殊性、某一时间点德国外交政策转型所做的研究较多，但对于德国统一以来在欧盟地位和作用动态变化的系统性研究尚不多见。第二，笔者以目前欧洲一体化遭遇的问题和挑战以及德国国内的制衡因素为基础，尝试预测在未来欧洲一体化进程中德国的地位和作用。

――――――――――――

① 熊炜：《德国"嵌入式崛起"的路径与困境》，《世界经济与政治》2021年第1期。
② 李超：《德国在欧盟中的领导作用新变化》，《现代国际关系》2020年第4期。
③ 吴江：《平衡的艺术：德国红绿联合政府外交研究（1998～2005）》，社会科学文献出版社，2016。
④ 于芳：《德国的国际角色与外交政策》，人民日报出版社，2015。
⑤ 刘丽荣：《德国对华政策的特殊性及其对欧盟对华政策的影响》，《德国研究》2013年第3期；郑春荣、夏晓文：《中欧光伏争端中的欧盟与德国——基于三层博弈理论的分析》，《德国研究》2014年第1期。

目录
CONTENTS

第一章

理论基础与研究路径

两德统一30年来，欧洲和世界秩序处于不断发展变化中，德国在欧盟的地位和角色也发生了相应的变化。这种变化不仅取决于其自身的体量和实力、发展的速度和程度，还取决于其自身的外交政策取向，国内的政治、经济、社会状况，欧洲一体化的进展与挑战，欧盟的制度安排及其他成员国的想法与意愿，乃至国际关系与国际秩序的变化。其中德国外交政策的方向选择发挥着最重要的作用，而上述的所有因素又对其外交政策产生影响。

第一节　德国外交政策的理论分析

一　统一前德国外交政策的方向选择

两德统一以来，德国外交政策的连续性或变化的问题是国际政治、国际关系领域的学者辩论的一个不变的话题。在两德统一后，和其他领域一样，民主德国（东德）全盘接收了原联邦德国的外交政策的规范。那么，如果要探讨统一德国的外交政策的连续性或者变化的问题，首先要厘清统一前西德外交政策的方向。西方学者对于西德外交政策的方向基本达成了共识，即二战后西德的外交政策包括以下三个显著的方向：西方一体化、多边主义和文明化。德国教授汉斯·W. 毛尔将上述三个方向简单变形为："永不再战"、"永不单独采取行动"和"政治解决优先于武力"（"never again"，"never alone" and "politics before force"）①。也有学者将欧洲中心主义作为西德外交政策的第四个取向。

第一，西德的外交政策将西方一体化作为目标。这是由西德的第一任总理康拉德·阿登纳（Konrad Adenauer）在 20 世纪 50 年代确定的。与二战前的德国外交政策相比，这一政策方向发生了根本性变化，那时德国利用其在欧洲中心的地理位置，希望通过在东西方之间摇摆不定（摇摆政策）来最大限度地提高德国的自治权和影响力。阿登纳西方一体化政策的主要表现是德国加入和参与所有主要的西欧联盟、北大西洋联盟以及地区组织，其中最重要的就是欧洲共同体和北大西洋公约组织。也许会有人认为，阿登纳奉行西方取向的外交政策只是因为西方盟国（美、法、英）不允许其推行其他类型的外交政策，但实际上，在 20 世纪 50 年代西德国内还流行一种看法，认为德国可以在东西方之间发挥桥梁作用，人们普遍担心西德日益紧密地融入西方，将削弱德国的统一前景。20 世纪 70 年代上半叶，威利·勃兰特（Willy Brandt）以其"东方政策"对阿登纳的西方一体化政策进行了补充。东方政策不是西方一体化政策的替代品或竞争对手，而是建立在这一政策的基础上，并受到这一政策的推动。当时如果西德尚未完全与西方紧密融合，那么东方政策的推出必然会在其盟友中引起更大的不信任、怀疑和反对。东方政策出台时，西德国内也是有争议的，但最终它还是与西方一体化政策一样成为西德外交政策共识之一。

第二，波恩的外交政策将多边主义作为主要战略。这一战略蕴含两个方面的内容：一是西德做好充分准备，将国家决策权让渡给国际组织或超国家组织，如欧洲共同体；二是西德需要放弃在重要外交政策问题上的独立倡议权，支持与其他盟国联合采取行动。这两个方面的内容是贯穿西德

---

① Hanns W. Maull, "Deutsche Außenpolitik nach der»Review 2014«: Zivilmacht 2.0?", *Zeitschrift für Politik*, Vol. 62, No. 3, Sep. 2015, pp. 323 – 341.

外交政策的主线。当时的西德作为被占领国，移交它并不拥有的"主权"，将重要权力让渡给区域或国际组织，这对波恩来说，比其他欧洲大国更容易。同样，西德在重要的外交政策问题上选择采取联合行动而不是单独行动，这样可以避免激起遏制德国的力量再次聚集以及在外交上孤立德国的危险出现。

学界有观点认为，波恩的多边主义外交政策，通过增加其他国家对西德的信任，最终在两个意义上促进了德国的统一：其一，它减少了其他欧洲国家对统一德国将努力成为世界霸权大国的担忧；其二，它促进了强大的欧洲区域组织（首先是欧洲共同体）的发展，在德国统一时，欧共体能够得到加强，使德国的统一更容易为其他欧洲国家所接受。

但这并不是说波恩想通过多边主义的取向实现两德统一，当时其他动机更为重要。首先，在冷战的背景下，鉴于其在东西交汇的地理位置以及不具备在战争中抵御苏东集团全面进攻的能力，西德在加强西方集团经济、政治和军事统一的任何政策中都有着强大的利益。其次，至少在阿登纳时代，多边主义是西方一体化政策不可或缺的附属品，西德通过其在各种区域组织中的成员身份在西方扎根的程度越深，未来任何政府改变这种选择的难度就越大。

在西德多边主义外交政策中包含两个重要的双边关系，即德美关系和德法关系。德美关系是在冷战的熔炉中建立起来的，从柏林被封锁开始，只有美国才能保证联邦德国相对于苏东集团的军事安全。就其本身而言，德法关系最初被双方视为阻止对方走上"通往莫斯科道路"的工具，而德法轴心也为欧洲一体化进程提供了动力，否则很难协调六国和后来的更多成员国的立场。

第三，西德外交政策以文明力量作为特征。波恩放弃使用武力作为外交政策或至少是本国外交政策的工具。西德的安全基本上是从美国进口的，这一事实也促进了这种倾向。西德《基本法》规定了禁止发动侵略战争的条款，以此为基础，至少根据统一前的主流解释，该法也禁止德国参与北约地区以外的军事干预。事实上，从 1949 年联邦共和国成立到两德统一，德意志联邦国防军没有采取过军事行动。与西方一体化和多边主义政策一样，德国外交的文明化性质也是让其他（西方）欧洲国家对波恩外交政策感到放心的重要来源。

道格拉斯·韦伯（Douglas Webber）等学者将欧洲中心主义作为西德外交政策的第四个取向。[①] 韦伯认为，与传统的大国不同，西德并没有真正的全球战略或利益构想，只是因其高度的贸易依赖性，它在欧洲共同体内并通过欧洲共同体谋求维持和促进自由的国际贸易。考虑到冷战、德国的分裂以及德国位于欧洲东西方冲突的前线，而且不受海外领土、殖民地或前殖民地的阻碍，德国外交政策的焦点是非常"贴近本土"的问题，这与俾斯麦（1888 年）的座右铭很相似：我的非洲地图位于欧洲。[②]

二 统一后德国外交政策研究的三个理论视角

伴随着两德统一、冷战的结束，以美苏争霸为核心的旧的国际格局被打破，德国外交政策的环境发生了改变。当时一些欧洲国家的政治领导人担心统一德国会奉行与 1949~1990 年不同的欧洲政策和外交政策，因为随着冷战的结束，1990 年前西德外交政策的西方取向的主要理论基础已经消失。随之而来的是统一德国是否还会热衷于将决策权让渡给国际组织，德国是否会在国际事务中采取单边行动？随着华沙条约组织的解体，原苏东集团构成的安全威胁已经不复存在，德国是否会承担地区秩序保卫者的角色，从而摆脱"文明力量"的身份认同？可以说统一德国不必担心当时的环境对其安全造成威胁，但是难道它就不希望在世界范围内发挥更积极的

---

① Douglas Webber ed., *New Europe, New Germany, Old Foreign Policy? German Foreign Policy since Unification*, Frank Cass & Co. Ltd, London, 2001, p. 5.

② 俾斯麦统治时期的殖民地政策仅实施了一年左右便开始退缩，也反映了他的政治审慎。曾经有一位殖民主义者访客在他面前摊开一张非洲地图，说当地资源如何丰富，俾斯麦表示："您的非洲地图非常漂亮，然而我的非洲地图位于欧洲。俄国在这里，法国在这里，而我们夹在中间。这是我的非洲地图。"

政治作用吗？这种作用将更符合其在世界经济体系中的分量。

统一后的德国外交政策是否保持了其连续性一直是国际关系学界争论最多的话题之一。实际上德国的欧洲政策和外交政策会发生怎样的变化，取决于研究者对于影响德国外交政策选择的各种因素所做的假设。目前学界达成的共识是，德国外交政策走向问题往往不能仅使用一种理论进行解释，而是要将新现实主义、自由制度主义和建构主义三种理论相结合进行分析。①

（一）新现实主义

前文指出，随着两德统一、苏东解体导致旧国际格局被打破，德国外交政策的外部环境发生了变化，有观点认为，拥有完整主权的德国会改变其外交政策方向，以国家利益最大化为目标。这一观点是基于这样一个假设，即一国外交政策的变化首先是由其外部环境的变化带来的，而这一假设与国际关系理论中新现实主义的观点颇为契合。新现实主义假定一个国家的外交政策行为实际上主要是由国际体系结构决定。由于这种结构在本质上是无政府的，在没有世界政府的意义上，每个国家都受到自身利益的制约，以实现自身权力的最大化。

从新现实主义的视角出发，有人认为，在新的欧洲国家体系中，统一后的德国比几乎所有其他国家都强大得多，其他国家必然会试图联合起来平衡德国的力量，德国会感到不安全，并可能成为极端民族主义意识形态

---

① Volker Rittberger and Wolfgang Wagner, "German Foreign Policy since Unification: Theories Meet Reality", in Volker Rittberger ed., *German Foreign Policy since Unification: Theories and Case Studies*, Manchester, 2001, pp. 299 – 325; Douglas Webber ed., *New Europe, New Germany, Old Foreign Policy? German Foreign Policy since Unification*, Frank Cass & Co. Ltd, London, 2001, pp. 1 – 18; Hanns W. Maull, "Die prekäre Kontinuität: Deutsche Außenpolitik zwischen Pfadabhängigkeit und Anpassungsdruck", in Manfred G. Schmidt and Reimut Zohlnhöfer, eds., *Regieren in der Bundesrepublik Deutschland. Innen-und Außenpolitik seit 1949*, VS Verlag für Sozialwissenschaften, 2006, pp. 421 – 445; Walter Carlsnaes, "Foreign Policy", in Knud Erik Jørgensen ed., *International Relations Theory: A New Introduction*, Springer, 2017, pp. 298 – 325; Ulrich Roos, "Deutsche Außenpolitik nach der Vereinigung", *Zeitschrift für Internationale Beziehungen*, 19. Jg., Heft 2, 2012, pp. 7 – 40.

的牺牲品……还有人认为，在冷战后的欧洲，统一德国既不是西方导向的，也不是多边主义的，也不是"公民的"，也不是真正"文明的"。由于欧洲生成了新的国家体系结构，统一德国应更多以民族国家利益为导向，外交上不应将"权力"和"责任"视为对立的政治概念，而应将二者视为一个整体，成为一个"负责任的大国"，为此甚至不惜动用武力。

（二）自由制度主义

与现实主义相反，国际关系的自由主义范式将国内政治视为决定一国外交政策的主要因素。其中，自由制度主义者认为，民主在西方世界的存续是理所当然的，并且关注国内政治决策结构对外交政策模式的影响。就联邦德国而言，自由制度主义者强调不同部委之间、联邦政府不同党派之间、联邦与各州之间、联邦政府与许多准公共机构之间权力明显分散的影响，如德国联邦银行、联邦宪法法院等。他们认为，在其他条件相同的情况下，在旧联邦共和国发展起来的特定民主制度中，政治权力的极度分散使得德国或多或少不可能制定和执行连贯一致的欧洲或外交政策，这对德国企图在欧盟等组织中获得或行使霸权构成了巨大的障碍。从自由制度主义的视角出发，在德国统一后，研究者提出的问题是在国内政治权力平衡和决策结构方面是否会出现任何改变，使联邦政府能够更容易（或者更难）出台并实施连贯的、长期的外交政策战略？

（三）建构主义

建构主义者认为，国家的外交政策不受国际体系结构的影响，不受国内政治体系的性质或其他组织机构的影响，也不受该国融入国际机构的程度和性质的影响。对于建构主义理论家来说，观念和身份认同比其他任何东西都更能左右外交政策。国家的身份认同和利益并不是一成不变的，而是"在特定历史进程中高度可塑性产物"。在试图预测德国未来的外交政策路径时，建构主义者将重点放在与旧联邦德国相比，德国对身份认同可能发生变化的根源上。建构主义者特别关注德国政治话语的方向，并特别警惕认同的核心要素受到侵蚀的迹象，例如他们关注类似"拒绝使用武力"

或"支持欧洲一体化"的认同是否会被大屠杀"正常化"以及"欧洲怀疑论"的思潮侵蚀。

在建构主义派别中，以毛尔为代表的"角色分析派"创建了"文明力量"理论，他们认为，德国的外交政策是以"文明化"为特征的。而"文明力量"既是参与构建国际关系的行为者，也是一种理论，还是达成"文明化"的手段。

第二节 理论假设与研究框架

一 理论假设

德国统一30年来，德国的欧洲政策和外交政策发生了什么样的变化，又将会发生哪些变化？这取决于研究者对于影响德国外交政策选择的各种因素所做的假设。如果说国际体系结构的变化是外交政策变化的主要来源，那么德国的统一和冷战的结束会给欧洲政策和联邦共和国的外交政策带来非常令人震惊的变化，尽管这种预测的前提是权力分配从两极向多极转变，并可能意味着美国从欧洲撤军和北约解体。两德统一30年来德国外交政策的发展并没有证实这一假设，但是我们就可以说外部条件和环境的变化没有给德国外交政策的调整带来影响么？如果政党制度或政治决策结构的国内政治变化对外交政策选择的影响最大，那么在德国政党格局发生变化的过程中，各个党派的政治主张对德国的欧洲政策和外交政策的调整产生了哪些影响？如果按照建构主义的思路，德国外交政策的变化和连续性主要取决于旧联邦德国中占主导地位的集体记忆和身份认同，那么这些记忆和身份认同在面对国际秩序、国内政治经济和社会状况发生前所未有的新挑战时弹性又会如何？

本研究将结合新现实主义、自由制度主义及建构主义的理论假设分析德国外交政策的变化：假设统一德国将国家利益最大化作为目标，外部环境作为重要的因素对目标实现的方式和手段产生影响；国内政治结构和权力关系是调整和确定外交政策的重要因素；观念和基本政治信念确定德国外交政策的目标定义和方式选择。

具体地说，我们认为，德国和其他国家一样，试图奉行有利于本国利益和社会发展的外交政策。如何准确地界定这一目标，以及采取何种战略取决于某些内部和外部因素。从这一假设出发，德国在某些特定的联盟和一些具体的情况下所发挥的作用受下面因素的影响。

从德国的自我定位角度看，历史上德国把自己理解为一支"文明力量"，它不进行单独行动，而是通过制度化的多边主义来发挥其国际影响力。总体而言，德国与西方保持联系，德国作为欧洲一体化的推动力发挥作用，等等。

从国内政治结构和权力关系的角度看，各个政党对自身角色定位有所不同，因此，"文明"的特征和对结盟政策的承诺是否发挥作用以及以何种方式发挥作用取决于执政联合的政党组成。而在国家利益受到威胁、国内政治结构发生变化的时候，政治党派、政治力量和社会力量都会对外交政策的走向产生影响。

从外交实践上看，德国不仅在经济上与全球其他经济体相互交织，而且参与了许多机制。制度一体化在欧洲联盟内得到了深度发展，但德国还与许多国际行为体以联盟、国际机制等形式相互连接。这种制度参与对德国尤其重要，因为德国在传统上以多边主义为政策导向。

从外部环境的角度看，国际环境的变化会直接影响到德国外交政策的取向。涉及的重要因素包括：其一，德国与西方盟国（欧盟、北约）在根本问题上的一致或利益冲突；其二，影响德国安全和福利的国际冲突局势的发生；其三，全球化使德国比以往任何时候都更加将欧洲以外的冲突视为对自身利益的威胁。

德国的角色和作用除受到上述因素的影响外，还取决于德国采用哪些方式施加影响，这就引出我们的第二个假设：德国施加影响的方式是由制度环境和权力资源分配决定的。围绕这个假设开展研究的侧重点可以概括为以下几个方面。

第一，在欧盟内部以及在需要欧洲共同立场的国际行动中，德国只有在尊重欧盟国家已经达成共识的成文法和不成文法的基础上，才能成功地追求自己的利益。在这方面，有必要对德国在什么条件下，以何种战略取得领导地位进行深入的探究。

第二，经济实力不能简单地转化为政治影响力。德国可以凭借经济实力通过提供财政援助获得其他伙伴的支持，在某些情况下，还可以达成一些经济协定。在何种情况下，以及与哪些合作伙伴一起实现这一目标，必须进行经验检验。

第三，到目前为止，军事力量还没有被用作施加国际影响力的手段。在多数情况下，德国使用军事手段仍与其"文明社会的任务"相关联，即追求人道主义目的。统一以来，德国在传统安全领域发挥的作用需要实践检验。

二 研究框架

根据上述理论假设及相关的影响因素和问题领域，本研究将结合德国外部环境的变化及国内政治结构的改变分析导致德国在欧盟地位和作用发生变化的主观动因与客观因素，并探讨德国在欧洲领导权的有限性和制约因素。结合欧洲目前面临的问题与挑战以及德国国内和欧盟层面的制约因素，分析德国作为文明力量在处理欧盟经历的多重危机中发挥的作用，对德国未来在欧盟的地位和作用进行预测。课题研究主要包括以下几个部分。

（1）理论框架的选择与研究框架的设计。在梳理德国外交政策的三个国际关系理论的视角的基础上，提出课题研究的两个理论假设，并从理论假设出发设计研究框架。

（2）德国欧洲政策演变的主观动因。通过探讨两德统一以来德国历届政府在内外环境的变化中是否以本国利益的最大化为调整外交政策的目标选择，分析政治精英在德国外交和欧洲政治中发挥的作用，尝试总结德国谋求欧洲领导权的行动逻辑和政策措施。

（3）德国在欧盟提升地位和发挥影响力的有利因素。该部分将分析两德统一为德国带来的地缘政治优势和经济实力的变化，阐述欧元的引入为德国经济重获增长所创造的条件，揭示德国经济和社会结构改革为何能使德国在欧债危机中独善其身，探究欧盟其他国家领导力的局限性与德法轴心的不稳定性，最后将论述国际秩序的新发展为德国地位和作用的提升创造的有利因素。

（4）德国在欧盟提升地位和发挥影响力的制约因素。该部分将从国内政治困局、社会安全感下降、社会不平等加剧、难民融入的困境等角度探讨德国的欧洲政策受到国内政治结构变化和社会现实因素的制约。一方面德国需要顾及执政党的民众基础，另一方面要顾及欧洲团结，在欧洲事务中进行退让和妥协，同时还受到国内政治制度等因素的制约。

（5）案例研究。该部分通过引入与新现实主义、自由制度主义和建构主义相对应的三种领导力的维度、领导者的类型划分以及领导意愿与外交风格作为分析工具，结合欧洲一体化所面临的问题和挑战以及上文总结的限制德国提升地位和发挥影响力的制约因素，分别从德国在欧债危机中的角色与领导力、德国在非传统安全领域（难民危机和新冠肺炎危机）以及传统安全领域（伊核问题、利比亚危机和乌克兰危机）领导角色的变化等角度，研究德国在欧盟经历的历次危机以及欧盟共同外交与安全政策中的领导力。

（6）德国在欧盟发挥领导作用的过去、现在和未来。首先对30年来德国在欧盟的地位和作用的变化加以总结，然后举例阐述德国在欧盟发挥领导作用的最新趋势，最后从理论上探讨德国未来在欧盟的角色定位。

三 研究重点与难点及研究方法

本课题研究的重点包括两个方面：一是要厘清德国在欧盟地位和作用

发生变化的主观动因和客观因素，二是要结合德国在国际危机中的表现、德国在欧洲一体化问题上的立场以及制约德国在欧盟层面发挥影响力的因素对德国未来在欧盟的角色进行预判。

本课题研究的难点在于：第一，导致德国在欧盟地位和作用发生变化的主观动因中，政治精英发挥着重要的作用，但囿于各种因素，除官方文件和正式场合的讲话外，研究者不易找到他们发挥作用的佐证；第二，影响德国在欧盟层面进一步提升地位、发挥影响力的制约因素十分复杂，且伴随德国国内政治、欧洲政治和国际政治的发展而变化，本课题研究只能尽可能地总结这些制约因素。

在研究方法上，课题采用了文献分析法、案例分析法、调研法以及访谈法。笔者通过搜集德国政府的相关文件、欧盟官方文件以及欧洲媒体的相关报道，就德国在国际危机中的表现以及在德国欧洲一体化问题上的立场进行案例分析；通过访问德国和欧盟的智库，获得更多的一手资料，并进一步了解欧洲外交政策专家和学者对相关问题的看法；就相关主题深度访谈相关领域专家学者。

本课题就德国在欧盟地位和作用的变化进行跨学科研究的基础上，将尝试对德国未来在欧盟的地位和作用以及欧洲一体化的未来做出研判，为我国制定对外政策提供参考。本课题并非单纯地研究德国的外交政策和德国的政治影响，而是一项多学科的综合研究，即综合研究德国在欧盟经济、政治、外交、社会和文化等领域的作用和地位。

第二章

德国欧洲政策演变的主观动因

　　伴随着两德的统一、苏东集团的解体，德国自身实力和外部环境均发生了变化，按照新现实主义理论，此时拥有完整主权的德国应以国家利益最大化为目标，发展成一个在国际上"负责任"的大国。面对西方国家对于位于欧洲中心的、过于强大的德国的忌惮，以及对于德国的欧洲政策会发生变化的担忧，在安全防务上，科尔坚持将整个德国作为北约的一员以消除西方的戒心，并通过推进欧洲经济和货币联盟，发展政治一体化，以一种不可逆转的趋势将统一德国融入欧洲，防止"反德联盟"的出现。科尔是一个"一体化主义者"（Integrationisten），在他的整个政治生涯中，他反复强调欧洲一体化是一项政治工程，决定着欧洲的未来。

　　相较于科尔，施罗德更贴近"主权主义者"（Souveränisten），在施罗德的任期内，德国欧洲政策的根本立足点一直是强调德国的国家利益，甚至有时其欧洲政策受到国内选举政治中党派利益的影响。红绿政府打破了德国克制文化的传统，德美关系亦出现了裂痕。"一体化主义者"对此大加批评，而一些学者认为施罗德带领德国走上了"正常的""德意志道路"，要为德国、为欧洲担负起责任。因此，施罗德的欧洲政策既受到新现实主义的国际环境的影响，也受到自由制度主义的国内政治因素的影响，同时建构主义的观念力量也发挥了一定的作用，红绿联合政府的外交政策形成了"克制文化"和"责任文化"交织共生的特点。

默克尔任期内德国在欧盟的角色发生了重大转变，而这种角色的转变一方面源于德国权力基础的变化，也就是德国在各个领域的实力的变化；另一方面源于德国的领导意愿较之前有所增强，德国开始公开表示有意在欧盟外交中扮演"积极有为"的角色。默克尔任内欧盟所经历的多重危机、欧盟本身所面临的困境以及国际局势的复杂性与不确定性为德国调整对外政策提供了环境基础，欧盟的机制为德国提供了机制性权力基础。总体上说，默克尔的欧洲观念与科尔相似，即把德国的国家利益与欧洲一体化紧密相连。

第一节　科尔时期的欧洲政策

科尔是"一体化主义者"，对于科尔而言，推动欧洲一体化是为了保证给后代带来和平与自由，欧洲的统一关乎欧洲各国的命运，欧洲一体化是一项政治工程，决定着欧洲的未来。科尔的理想是建立"欧洲合众国"。他认为，欧洲一体化的终极目标应该是一个建立在联邦制基础上的欧洲，是在统一的欧洲框架下建立的"祖国的欧洲"，其中人民既有民族认同，又有欧洲认同，他们生活在一个共同的祖国"欧洲"框架里的"祖国的欧洲"。而德国基于其历史、地理位置以及其在欧盟内的实力对欧洲一体化负有更多的责任与义务。"几个世纪以来时至今日，我们的所为与所不为都会直接影响我们在欧洲的邻国以及欧洲以外的许多其他国家。发展欧洲是我们所有人——尤其是我们德国人的义务和责任，这主要是由我们地理上的中心位置还有历史、规模和实力所决定的"。①

科尔曾多次借用阿登纳的话来保证：德国的统一和欧洲的统一对他来说是一个硬币的两面（两面都要兼顾），并承诺深化共同体的发展。两德统

---

① 〔德〕赫尔穆特·科尔：《忧心欧洲：我的呼吁》，郑春荣、胡莹译，同济大学出版社，2015，第1~10页。

一后，为了消除其他欧洲伙伴的疑虑①，科尔继续致力于推进欧洲一体化，他认为，有必要向法国及其他欧共体的国家表明，一个统一的德国不会改变原来联邦德国奉行的"西方一体化政策"，德国依旧坚持欧共体作为"德国外交政策的重心"，而不是"沿袭祖辈势力范围的政策"。德国统一后，科尔继续担任联邦总理，任期 8 年，在这段时间里，在他的推动下，欧共体/欧盟成员国签署了《马斯特里赫特条约》（简称《马约》）及《阿姆斯特丹条约》（简称《阿约》），欧洲经济共同体迈向了经济和政治的联盟。同时，科尔通过各种公开场合向德国民众宣传德国的利益需要欧洲的统一和欧洲的团结来实现："我们的《基本法》要求我们为德国的统一和欧洲的政治统一而努力。现在第一个任务完成了，我们正在竭尽全力创建一个统一的欧洲……面对国内外的挑战，欧洲应该更加紧密地团结在一起，德国的统一为统一欧洲的努力提供了强大动力。"②

一 德国统一成为推进欧洲经济货币联盟的"时机之窗"

欧洲国家对货币联盟的构想早已有之，可以追溯到 20 世纪 70 年代初的维尔纳计划（Werner-Plan），此后相关的构想在 20 世纪 80 年代末获得了发展动力。距柏林墙倒塌两年多以前，1987 年 3 月，德国外交部长根舍（Genscher）在一次演讲中建议将欧洲经济体系发展成一个货币联盟。然而，德国和法国对建立经济货币联盟的时间表有不同的想法。德国公开强调，在成员国之间的经济周期、利率和竞争力趋于一致以及政治联盟进展顺利之前，不希望引入共同货币。而法国则主张尽快建立货币联盟，认为货币联盟将加速参与国经济发展的趋同。在推进一体化的实践中，两国的立场都或多或少地发生了一些变化。

---

① 法国总统密特朗和英国首相撒切尔最初对两德统一心存疑虑，甚至试图鼓动戈尔巴乔夫拒绝德国统一。

② Helmut Kohl, "Ansprache des Bundeskanzlers zum Jahreswechsel 1990/91 ueber Rundfunk und Fernsehen", https://www.bundesregierung.de/breg-de/service/bulletin/ansprache-des-bundes-kanzlers-zum-jahreswechsel – 1990 – 91-ueber-rundfunk-und-fernsehen – 786998.

1989 年 12 月，在欧共体斯特拉斯堡首脑峰会前夕，当德国领导人还在犹豫是否放弃德国马克，同意快速建立欧洲货币联盟时，密特朗向德国外长根舍强调，"如果扩大后的德国想在整个欧洲联合体中行动，想在欧洲共同体中拥有朋友"，德国人就"面临着一个非常重要的选择"，"否则便只有心怀忌惮的伙伴"（sonst nur Partner mit eigenen Reflexen）。①按照根舍的理解，密特朗的意思是如果德国在欧洲货币联盟问题上不松口，法国总统则以"否决德国统一"相威胁。在这样的背景下，科尔开始向法国的时间表靠拢，以便让巴黎相信波恩的一体化承诺是认真的。即便如此，在斯特拉斯堡峰会上，科尔总理还是感受到了一种冰冷的气氛。参加峰会的国家元首和政府首脑们拒绝了他的统一时间表，也就是他在 1989 年 11 月 28 日向德国联邦议院提交的"十点方案"中包含的时间表。

1990 年 1 月初，科尔到密特朗位于拉奇（Latche）的乡间住宅拜访了密特朗。在这次会面中，德国总理和法国总统达成一致，共同支持德国统一和欧洲货币联盟。没有法国出面，欧共体中反对德国统一的声音将难以平息。因此，有人认为，德国对于货币联盟的许可是法国政府在 1990 年春对德国统一表示"同意"时要求德国付出的代价，这种说法也许并没有错，但这种说法也许忽略了其间一系列复杂的动机。

从德国的角度看，在这一过程中，科尔要追求的是货币联盟的欧洲政治目标，他并没有把加速引入货币联盟视为零和博弈中的失败，即一方的胜利自动意味着另一方的损失。相反，他想利用货币联盟将更强大的、彼时还在被人怨恨的德国以一种不可逆转的方式纳入欧共体，防止出现反对联邦德国的联盟，并加速欧洲一体化进程。科尔后来回忆说，"在柏林墙倒塌后，人们对德国旧有的但鉴于我们的历史完全可以理解的不信任，突然势如破竹地爆发开来。对于一个位于欧洲中心、过于强大、可能还会重拾

---

① Michael Sauga, Stefan Simons und Klaus Wiegrefe, "Der Preis der Einheit", *Der Spiegel*, Nr. 39, 2010, https://www.spiegel.de/politik/der-preis-der-einheit-a-3669f94f-0002-0001-0000-000073989788.

帝国主义行为的德国的一切旧有的恐惧感又突然再次来临……由于对一个新的强大的德国深感不安，所以，他们事实上更想将德国统一问题推至遥远的未来”。① 为了巩固西方的信任，科尔采取了两个具体的步骤：一是统一德国必须保持北约成员国的地位，即坚持整个德国作为北约一员；二是科尔和密特朗在欧盟成员国中发起了具体的动议，其中包括欧元的引入和政治联盟。通过这些动议，科尔至少在欧洲层面再次表明，德国将继续坚持自康拉德·阿登纳时期就开始贯彻的欧洲政策路线。

虽然科尔很担心国内公众的舆论，但他还是支持建立欧洲货币联盟。在科尔看来，首先，货币联盟是关税同盟和欧洲内部市场的逻辑延续；其次，一个统一的货币区有利于稳固德国在欧洲市场的强劲的出口；最后，统一货币有利于德意志联邦银行和德国政府摆脱其他国家对坚挺的马克的不满。

从法国的角度看，科尔对于德国统一与欧洲统一是一个硬币的两面的保证让法国总统密特朗看到了推进欧洲经济货币联盟的机会。密特朗的想法是借此将德国永久地拴在欧洲，并打破德国马克和德意志联邦银行的主导地位。这种主导地位是在20世纪80年代出现的，西德经济的强大迫使法国和其他国家遵循波恩的稳定政策。如果他们不想让自己的货币对德国马克不断贬值，就必须遵循德意志联邦银行的利率决定。1988年，密特朗的顾问雅克·阿塔利（Jacques Attali）甚至将马克称为“德国的原子弹”。密特朗将德国统一视为一个机会，希望借此赢得科尔对迅速建立欧洲货币联盟的支持。1989年6月底，他反驳了科尔的说法，即“放弃德国马克对德国人来说是一个巨大的牺牲，公众舆论还没有准备好”，密特朗说：“你们正在朝着统一的方向发展。你必须继续表明你相信欧洲。”法国总统的亲密顾问休伯特·维德林（Hubert Vedrine）后来肯定地表示：“密特朗不希望在没有欧洲一体化进展的情况下实现德国统一。而唯一准备就绪的就是

---

① 〔德〕赫尔穆特·科尔：《忧心欧洲：我的呼吁》，郑春荣、胡莹译，同济大学出版社，2015，第23页。

货币领域。"①

从英国的角度看，英国首相撒切尔对德国统一和欧洲货币联盟不同于法国的态度，无论是出于经济原因，还是出于权力政治的原因，撒切尔都持反对态度。撒切尔一直设想在欧洲建立一个高层次的自由贸易区，对此科尔和密特朗以该设想不够远大为由表示反对。而撒切尔在1989年9月初曾告诉法国总统：如果我们有一个统一货币，而德国又被合二为一，那将是不能容忍的。

二 "德国标准"对货币联盟的影响

科尔虽然在建立货币联盟的时间表上迁就了法国，但在所有重要的标准上占了上风。科尔在对德国联邦议院的政府声明中提到："货币联盟候选成员国的经济数据必须满足具体的标准才能加入货币联盟，这些标准是：严格的价格稳定；无条件的预算纪律，防止过度的预算赤字；长期利率趋同；加入货币联盟前两年在欧洲货币体系中的稳定地位。只有这样才能确保欧元的稳定。欧央行应优先考虑价格稳定，并确保其完全独立。"②

联邦德国政府和德意志联邦银行的稳定政策理念正式成为未来欧洲货币的基础。《马斯特里赫特条约》保证了货币政策的独立性，即确保其不受政治影响。《马约》第105条的第一句话是："欧洲中央银行系统（ESZB）的首要目标是保持价格稳定。"这一规定甚至比《联邦银行法》更进一步，后者只规定其主要任务是"保护货币"。此外，《马约》中的规定享有宪法的地位，只有经所有欧盟成员国批准才能修改。

在有关货币联盟的标准问题上，德国还成功地在议定书中为进入欧洲

---

① Stephan Bierling, *Vormacht Wider Willen: Deutsche Außenpolitik von der Wiedervereinigung bis zur Gegenwart*, Verlag C. H. Beck, München, 2014, p. 48.

② Die Bundesregierung, "Erklaerung der Bundesregierung zu den Ergebnissen des Europaeischen Rates in Maastricht, abgegeben von Bundeskanzler Dr. Helmut Kohl vor dem Deutschen Bundestag", https://www.bundesregierung.de/breg-de/service/bulletin/erklaerung-der-bundesregierung-zu-den-ergebnissen-des-europaeischen-rates-in-maastricht-abgegeben-von-bundeskanzler-dr-helmut-kohl-vor-dem-deutschen-bundestag-787294.

货币联盟第三阶段设定了可衡量的趋同标准，并为政府赤字和债务设定了上限。因此，只有赤字和债务分别不超过国内生产总值（GDP）的 3% 和 60%，通货膨胀率和名义利率分别不超过三个价格最稳定的成员国的 1.5 个百分点和 2 个百分点，并且在前两年遵守欧洲货币体系的正常汇率波动幅度的国家才被允许加入货币联盟。在后来的协议中，联邦政府不顾法国人的意愿，将德意志联邦银行所在的法兰克福作为欧洲央行的所在地，并将"欧元"作为共同货币的名称，推动了这一进程。

在货币联盟的谈判中，可以说德国获得了成功，但对于德国民众来说，他们对于未来将坚挺的德国马克兑换成欧洲共同货币的前景持怀疑的态度。当时大约 60% 的受访者表示他们"怀着忧虑"期待欧洲货币联盟，只有 20% 的人"怀着希望"。科尔在《忧心欧洲：我的呼吁》中指出：以欧洲共同货币取代德国马克的决定，如果是在德国民众中进行表决的话，将不会得到多数德国民众的支持。[1] 第一次出现了社会对联邦政府欧洲政策倡议的广泛抵制。历史学家沃尔夫冈·J. 莫姆森（Wolfgang J. Mommsen）早在 20 世纪 80 年代中期就认为，西德人已经用一个成功的经济大国的自信取代了他们的民族自豪感。在德国统一过程中，哲学家尤尔根·哈贝马斯（Jürgen Habermas）甚至认为可以确定出现了一种德国的"马克民族主义"（DM-Nationalismus）。尽管这种评估似乎有些夸张，但在现实中，由于 1923 年和 1948 年两次货币贬值的创伤，稳定的德国马克与西德人的经济崛起有着深刻的情感联系，并且已经成为他们身份认同的一部分。虽然东德人刚刚获得这样一种可国际兑换、享有盛誉的货币，但也有着与西德人类似的感受。因此，德国人对于将其强势的德国马克与弱势货币统一为共同货币的犹豫不决是完全可以理解的。[2]

---

① 〔德〕赫尔穆特·科尔：《忧心欧洲：我的呼吁》，郑春荣、胡莹译，同济大学出版社，2015，第 41 页。

② Stephan Bierling, *Vormacht Wider Willen: Deutsche Außenpolitik von der Wiedervereinigung bis zur Gegenwart*, Verlag C. H. Beck, München, 2014, p. 51.

　　为打消民众对于欧洲共同货币、欧洲一体化前景的怀疑，科尔在其各种讲话中进行了充分的政治动员。例如，他在 1992 年 5 月的欧洲货币联盟协会年会上说："欧洲共同体不仅是经济利益集团，而且是一个由共同价值观塑造并植根于共同欧洲文化的人民团体。我们德国人在经济和政治上都从欧洲一体化中受益，我们必须牢记德国统一与欧洲统一之间的密切联系。只有在一个强大而团结的欧洲，我们才能赢得未来！"[1]

　　1992 年 6 月，科尔在苏黎世大学演讲时说："无论出于何种考量，没有哪一届德国政府允许任何削弱《马斯特里赫特条约》中规定的严格标准的行为。"这句话包含了科尔对未来保持欧元稳定的承诺，表明了其坚定的信念。这一承诺是对忍痛放弃德国马克而接受欧洲共同货币的德国民众的一个意向声明；是向其他欧洲伙伴表明德国人将会高度重视欧洲共同货币的稳定，就像之前他们维持德国马克的稳定一样，德国始终会是一个可测和可靠的联盟伙伴，并且会继续致力于欧洲一体化进程；同时也向欧盟以外的国家宣告欧盟即将引入一种强大且稳定的货币，它将与美元和日元形成三分天下的局面。科尔在引入欧元的谈判中亲力亲为，以保证这一欧洲共同货币能和德国马克一样稳定。[2]

三　德法推动欧共体迈向经济与政治联盟

　　科尔和密特朗都认为，为保持欧洲的持久稳定，必须以实现欧洲的政治一体化为目标，而共同货币不仅是欧洲政治一体化的一部分，同时也是欧洲人实现政治联盟的先决条件。起初，他们认为，政治联盟和经济与货币联盟能同时实现，但事实证明这样行不通，最终德法决定在没有实现政治联

---

① Helmut Kohl, "Die Europaeische Waehrungsunion-Eine Stabilitaetsgemeinschaft-Rede des Bundeskanzlers vor der Association", https://www. bundesregierung. de/breg-de/service/bulletin/die-europaeische-waehrungsunion-eine-stabilitaetsgemeinschaft-rede-des-bundeskanzlers-vor-der-associa-tion – 788938.

② 〔德〕赫尔穆特·科尔：《忧心欧洲：我的呼吁》，郑春荣、胡莹译，同济大学出版社，2015，第 39 ~ 43 页。

盟的情况下，首先引入共同的货币。政治联盟的细节问题以及所有与之相关的制宪问题都是很难商谈的，而且比经济与货币联盟问题还要棘手。①

在德法的推动下，欧洲一体化向经济与政治联盟迈进。从 1990 年 4 月到 1991 年 10 月，科尔和密特朗分几个步骤制定了提案，以深化和扩大共同体的权限。这一提案为此后的《欧洲联盟条约》奠定了基础。除了经济联盟，科尔对于欧洲政治联盟的性质也有明确的设想。

科尔提出，政治联盟的其他领域必须在未来几年内完成。这些领域包括：共同的外交和安全政策；发展共同的欧洲防御体系；在内政和司法政策领域加强合作，加强欧洲议会的权力；坚持辅助性原则尤为重要。② 科尔强调："政治联盟构成了欧洲经济一体化不可或缺的支柱，没有发展中的政治联盟的经济联盟是不可行的。我们要确保欧共体建立在'多元统一'的原则之上。"③

1991 年 12 月 9 日和 10 日，欧共体 12 位国家元首和政府首脑在荷兰马斯特里赫特举行的首脑会议上商定了条约文本。1992 年 2 月 9 日，欧共体外交部长和财政部长在马斯特里赫特签署了条约文本，对 1957 年的《罗马条约》进行了重大修订。《马斯特里赫特条约》旨在建立一个基于三根支柱的欧洲联盟。首先，在欧洲经济共同体（EWG）、欧洲煤钢共同体（EGKS）和欧洲原子能共同体（EURATOM）这三个原有的欧共体协议的基础上建立欧洲联盟的第一根支柱。在欧洲联盟的第一根支柱（传统界定的欧洲共同体事务）内，欧盟委员会行使的是行政机构的职能，理事会和欧洲议会具

---

① 〔德〕赫尔穆特·科尔：《忧心欧洲：我的呼吁》，郑春荣、胡莹译，同济大学出版社，2015，第 44～45 页。

② Die Bundesregierung, "Erklaerung des Bundeskanzlers vor der Presse zum Abschluss des Europaeischen Rates", https://www. bundesregierung. de/breg-de/service/bulletin/erklaerung-des-bundeskanzlers-vor-der-presse-zum-abschluss-des-europaeischen-rates – 787306.

③ Helmut Kohl, "Zustimmung zum Vertrag von Maastricht-Erklaerung des Bundeskanzlers zum Ergebnis des Referendums in Frankreich", https://www. bundesregierung. de/breg-de/service/bulletin/zustimmung-zum-vertrag-von-maastricht-erklaerung-des-bundeskanzlers-zum-ergebnis-des-referendums-in-frankreich – 789370.

有立法职能，欧洲法院和欧洲中央银行独立地行使其相关职能，欧盟首脑会议是欧盟的集体政治领导中心。因此，在这根支柱内，欧盟共同政策的制度化程度几乎已经达到"国家状态"，但欧盟对资源分配没有垄断权，对成员国不具有实施合法暴力的能力。而在第二根支柱（共同外交与安全政策）和第三根支柱（民政与司法领域的合作）内一体化的程度和速度不一，权威分散。然而，三大支柱的整合进展各不相同。

随着欧洲经济和货币联盟的建立，第一根支柱取得的进展最大。签署国承诺通过三个阶段来满足预先确定的经济标准，并使其货币政策完全协调一体化。然而，即使在第一根支柱领域也不可能协调社会政策。而第二根支柱和第三根支柱几乎没有任何进展。共同外交与安全政策是通过成员国政府间来组织运作，所有重要的决定仍然必须一致通过。总的来说，政治联盟的结果没有达到科尔设想的目标。

欧洲联盟只在少数领域获得了新的行动空间。例如，《马约》规定了辅助性原则，让地区层面参与决策，加强了欧洲议会的参与权，并引入了单独的欧洲联盟的公民身份，赋予欧盟每个公民在欧洲和地方选举中的投票权，不论其居住地在哪里。1991 年 12 月 13 日，科尔在德国联邦议院发表政府声明，他在声明中强调，"通往欧盟的道路是不可逆转的"，条约使"重新陷入前民族国家的思维及其所有可怕的后果成为不可能"，"我们成功地为欧洲统一注入了新的动力，欧洲共同体现在更有能力应对未来的艰巨挑战"。但他也承认，他希望看到"更明显的进展"，并看到"在这个阶段有更多的领域移交给共同体管辖"。[①]

其他欧盟成员国对于《马约》的态度不一。英国从一开始就表现出若即若离的心态，英国之所以签署《马约》，只是因为它得到了一个选择性退

---

① "Erklaerung Der Bundesregierung Zu Den Ergebnissen Des Europaeischen Rates In Maastricht, Abgegeben Von Bundeskanzler Dr. Helmut Kohl Vor Dem Deutschen Bundestag", https://www.bundesregierung.de/breg-de/service/bulletin/erklaerung-der-bundesregierung-zu-den-ergebnissen-des-europaeischen-rates-in-maastricht-abgegeben-von-bundeskanzler-dr-helmut-kohl-vor-dem-deutschen-bundestag – 787294.

出的条款，即获得了不必参加欧洲货币联盟的可能性。1992 年，丹麦人在全民公决中拒绝了《马约》，1993 年丹麦加入欧盟，但取得了部分"选择性退出"条款。甚至《马约》在法国全民公决中赞成票仅占 51%，以极小优势获得通过。

1993 年 12 月，德国联邦议院以 543 票赞成、17 票反对、8 票弃权通过了《马约》。社民党和绿党也投了赞成票，只有民主社会主义党（PDS）拒绝了该协议。《马约》在德国还需要经过宪法法院的批准。1993 年 10 月 12 日，联邦宪法法院宣布该条约符合《基本法》，但将进一步的一体化进程与加强欧盟的民主构成，即欧洲议会联系起来。它还为欧盟引入了国家联合体（Staatenverbund）的概念。它比邦联（Staatenbund）更紧密，因为它有一定的主权，但又比联邦国家（Bundesstaat）更松散，因为它并非建立在一个统一的国民基础上。在宪法法院做出裁决后，德国成为最后一个交存批准书的国家。

四 欧洲货币体系危机与德国的妥协

《马斯特里赫特条约》于 1993 年 11 月 1 日正式生效。从那时起，欧洲共同体就被称为欧洲联盟。《马约》最重要的项目是引入共同货币，自 1987 年以来，欧洲经济体系的高度稳定是建立共同货币联盟的前提条件。但条约签署后几个月，欧洲货币体系就出现了严重的危机。这次危机是由成员国处于不同的经济发展周期造成的。大多数国家处于周期性的衰退中，需要低利率，而联邦德国的经济在东西德统一后蓬勃发展。联邦银行试图通过大幅提高基本利率来应对由此产生的通货膨胀。

法国和其他"马克集团"的国家遵循了德国的指导意见，英国和意大利保持了利率稳定，其后果就是英镑和里拉在外汇市场上受到压力，而两国的中央银行只能通过高度干预将其保持在设定的范围内。当这一干预行为变得过于昂贵时，英国和意大利于 1992 年 9 月 16 日即"黑色星期三"退出了欧洲货币体系。因此，法国货币面临着巨大的贬值压力，但密特朗想不惜一切代价捍卫汇率。主要是因为这不是一个经济问题（贬值会加剧通货膨胀，但会改善出口机会），而是一个政治威望问题，如果偏离"坚挺的法郎"政策，无疑会被解释为法国在其东部邻国的货币政策上的失败。在这种情况下，为了稳定法郎汇率，联邦德国竭尽全力帮助法国，在多个场合与法国发表了联合声明，并且德国中央银行向法国提供了数十亿的贷款。

然而，在危机过程中，德法多次出现了严重的相互指责情况。法国被德意志联邦银行的高利率政策所激怒，德国对于法国拒绝货币贬值感到不满。直到1993年8月初，随着欧盟决定将汇率区间从2.25%扩大到±15%，欧洲货币体系的紧张局势才结束。这一步骤消除了针对法郎的投机活动的底线。然而，代价很高，因为欧洲货币体系失去了效力。货币危机表明，德国国内的稳定政策与其外部影响可能会发生冲突。在20世纪90年代初，德意志联邦银行的货币政策重心依然是满足德国国内的经济需求，而这样的做法并没有使德国在其所主导的货币区承担起应有的责任。

欧洲货币体系的动荡并没有随着英镑和里拉的退出以及汇率浮动区间的扩大而结束。1995年春天，西班牙和葡萄牙将其货币贬值，英镑和里拉下挫至历史低点。与此同时，美元对德国马克的汇率跌至历史最低，这让进口商和出国旅游者欢呼雀跃，但对出口业来说这是灾难。强劲的德国马克吞噬了所有重组和削减成本的努力，德国经济的竞争力下降。与资本市场一样，联邦银行和大多数德国人怀疑欧元在未来的稳定性以及其他国家进入货币联盟后财政政策的稳健性。因此，财政部长西奥·威格尔（Theo Waigel）（1989～1998年任职，基社盟）在1995年11月提出了一项《稳定公约》，要求所有欧洲货币联盟的参与者即使在引入欧元后也要遵守3%的政府赤字上限和60%的政府债务上限。科尔最初对这一提议做出了愤慨的反应，担心会引起欧洲伙伴的不满，但对威格尔来说，这一公约是"防止财政政策疏忽的保险"（Versicherung gegen finanzpolitischen Schlendrian）。

1996年，情况逐渐趋于稳定。伴随着货币联盟将如期生效的形势越来越明朗，那些"弱势货币"国家的信心增强起来。意大利、西班牙和葡萄牙发现它们有可能从一开始就能够加入欧洲货币联盟，于是努力将它们的货币与欧洲经济体系中通行的中心利率保持一致，所以它们的利率有所下降。再加上美元走强和美国经济的蓬勃发展，改善了欧洲工业的出口机会。1996 年 11 月，意大利里拉甚至能够返回到欧洲货币体系汇率机制。

一个月后，在都柏林举行的欧洲理事会上，德国和法国摊牌。科尔和希拉克对稳定标准争论不休，问题的核心是经济理念的冲突，德国 30 年来通过非选举产生的中央银行推行反通货膨胀的"稳定政策"，与法国传统上支持的政治权力凌驾于中央银行之上的理念发生了冲突。最终，德国方面妥协，接受欧洲理事会的最后公报，宣布稳定和增长是经济和货币联盟的目标。因此，威格尔的《稳定公约》变成了《稳定与增长公约》（Stabilitäts-und Wachstumspakt，SWP），这也使它在 1997 年 10 月被纳入《阿姆斯特丹条约》。然而，该公约仅包括一项决议和两项条例，因此不具有条约性质。

《稳定与增长公约》规定，如果欧元区一个国家存在过度赤字的风险，委员会将发出预警（"蓝函"）。如果发现违反了 3% 的限制，理事会可以采取行动，并在必要时以特定多数对违反规则者实施分级制裁，包括罚款。尽管这些制裁机制在政治上被淡化了，但让资本市场感到放心。欧洲经济货币联盟的成功最终取决于哪些国家加入它，其成员国的竞争力是否匹配，以及欧盟是否成功地实现了劳动力市场的自由化并建立了一个具有中央再分配体系的经济联盟。

1998 年 5 月初，欧盟 15 个成员国中的 11 个国家自 1999 年 1 月 1 日起加入货币联盟。其中包括意大利和比利时，这两个国家在 1997 年的基准年的债务总额均为 120%，远远超过了《马斯特里赫特条约》规定的 60% 的标准；此外，意大利能够将其年度赤字保持在 3% 的限制以下，完全是由于特殊的影响和会计技巧。德意志联邦银行甚至认为只有芬兰、爱尔兰、卢森堡、英国和丹麦是长期稳定的并有能力加入欧元区的国家。联邦财政部对此也持怀疑态度。代表德国出席《马约》谈判的首席谈判代表霍斯特·科勒（Horst Köhler）在写给科尔的一封信中将意大利的债务政策描述为欧元的"特殊风险"。但科尔忽视了这一警告，他不希望看到自统一以来其核心外交政策项目的失败，科尔尤其考虑到意大利和比利时不仅是欧共体创始国，并且是欧洲一体化的忠实支持者。

由于东西德统一带来的高昂成本，德国也打破了6%的门槛，尽管超过的幅度很小。所以，德国也不适合扮演法官的角色。在没有阻力的情况下，科尔同意意大利和比利时加入欧元。像其他主张建立大型欧洲货币联盟的人一样，他认为，只要处于巩固和加强的道路上就足够了。在这个时候，几乎整个政治精英群体（内阁、联合执政伙伴、作为反对党的社民党和绿党）都跟随科尔走上了这条路。在联邦议院，93%的议员支持德国加入欧洲货币联盟；在联邦参议院，除萨克森州外，其他各州都投了赞成票。

意大利加入货币联盟，体现出政治上的权宜之计可以战胜硬性的经济标准。在欧洲一体化的发展历程中，这种行为模式不断重复上演，从欧洲一体化的长远发展来看，这不可能不产生负面影响。经济与政治不同，政治上的意见分歧，如投票权的分配或外交政策的一体化程度，可以通过妥协来解决，而在经济上则要严格遵守纪律，违反这些规定会损害一个国家的业绩和竞争力。在后来的金融危机以及欧债危机中，欧洲货币联盟及欧盟所经历的动荡不能说是货币联盟纳入意大利、比利时的必然结果，但可以说，第一次违反标准后，就会带来后面不断违反标准的情况，乃至带来制度性危机。从后来欧洲央行行长人选更迭的例子就可以看出货币联盟有很多政治运作的成分。1998年5月，希拉克施加了巨大的压力，以确保德国青睐的候选人——来自荷兰的维姆·杜森伯格（Wim Duisenberg）在其8年任期结束前辞职，并为法国人让-克劳德·特里谢（Jean-Claude Trichet）让位。

一些经济学家早就预料到了货币联盟的危险性，最发人深省的论点来自加拿大经济学家、后来的诺贝尔奖得主罗伯特·蒙代尔（Robert Mundell）在1961年发表的《最优货币区理论》（A Theory of Optimum Currency Areas）一文。他指出，货币联盟面临的最大挑战是如何适当地应对不对称的外部冲击，即对成员国产生不同影响的短期负面外部事件，如石油危机等。在灵活的汇率下，受冲击大的国家可以通过使其货币贬值来恢复竞争力；而在一个货币联盟中，这条路线对它们来说是封闭的，调整必须在实体经济中进行。为了使这一点成为可能而且不出现重大的紧张局面，必须满足五个条件。第一，劳动力必须能够在整个联盟内自由流动，不受法律或文化限制，必要时从低增长地区转移到高增长地区；第二，资本必须在整个联盟内流动，流向投资有利可图的地方；第三，价格和工资必须灵活，必要时也可以向下调整；第四，必须有一个使政府资本转移到较弱地区或部门的自动机制；第五，各成员国的经济增长周期必须类似。欧元区符合其中的一些标准，但不是全部。蒙代尔认为欧洲货币联盟的优势大于劣势，并对此持支持态度。其他经济学家的批评更多，如美国人米尔顿·弗里德曼（Milton Friedman）和马丁·费尔德斯坦（Martin Feldstein）警告说，欧洲货币联盟国家的竞争力可能进一步分化，使外部冲击带来的危险更大，而不是更小。1998 年 2 月，德国 155 位经济学教授发表了一封联名信，他们认为财政整顿力度不够，并主张推迟引入欧元。①

五 科尔的欧洲政策遭遇阻力

对于联邦德国来说，《马斯特里赫特条约》中对货币联盟的承诺将成为其所期望的政治联盟的一部分和推动力。然而，在接下来的几年里，科尔不得不认识到，他关于不断深化欧洲一体化的设想在德国和欧盟许多其他成员国中正在失去支持。在国内层面，不仅是本国的公民，还有主要的政治家，如巴伐利亚州州长埃德蒙·斯托伊贝尔（Edmund Stoiber）（1993～2007 年任该职，基社盟）和下萨克森州州长格哈德·施罗德（Gerhard Schröder）（1990～1998 年任职，社民党）对欧盟特别是欧元持怀疑态度。1993 年联邦宪法法院的裁决将进一步的主权转移与加强欧洲议会联系起来。而法国作为欧洲事务中不可缺少的伙伴，在 1995 年 5 月选出了一位新总统希拉克，他秉

---

① Stephan Bierling, *Vormacht Wider Willen: Deutsche Außenpolitik von der Wiedervereinigung bis zur Gegenwart*, Verlag C. H. Beck, München, 2014, p. 57.

承戴高乐的传统，强调国家的独立性和国际地位，几乎不想再把国家的权限交给布鲁塞尔。后来，他才逐渐开始对欧洲一体化有更积极的看法。

在这样的情况下，科尔迫不得已告别了他对欧洲政策的一厢情愿。在1994年2月初的基民盟委员会会议上，科尔引用了该党的基本纲领——把建立"一个民主的欧洲联邦国家"作为目标，"那是我几十年不变所深爱的一句话"，科尔还补充道，"我后来不得不认识到，这句话以这种方式说是不成立的"。在《阿姆斯特丹条约》政府间会议召开之前，联邦议院中的基民盟/基社盟议会党团在1994年的朔伊布勒/拉默斯文件（Schäuble/Lamers-Papier）中提议进一步发展欧盟的体制，但只针对"愿意合作、以一体化为导向的坚定的核心国家"①。这样设想下的"多速欧盟"确实已经在现实中得到实践，但该文件提到以法国和德国为"引擎"的五到六个"核心国家"，这违反了欧洲政策的一向准则。意大利和英国以及西班牙反应强烈，因为它们担心重新落入第二梯队。甚至法国也不支持建立欧洲联邦国家或将委员会提升为欧盟政府的想法。越来越清楚的是，德国以其政治联盟和渐进式一体化的愿景在欧盟大国中独树一帜。

面对合作伙伴的抵制和本国人民对欧洲支持的减少，科尔开始呼吁进一步一体化，但力度已经不如以前。在1995年的欧盟委员会主席选举中，科尔支持卢森堡的雅克·桑特（Jacques Santer）。桑特代表欧盟中最小的国家，与他的前任法国人雅克·德洛尔（Jacques Delors）不同，桑特没有威胁要在必要时通过委员会越过国家元首和政府首脑推动欧洲的统一。通过这一人事决定，德国表明了希望在"国家首都"推行欧洲政策，而不是在"布鲁塞尔"推行欧洲政策的意愿。

同时，与前几十年相比，德国在1997年的《阿姆斯特丹条约》中更强烈地强调自己的利益。诚然，国家元首和政府首脑将内务和司法的部分内容从《马斯特里赫特条约》的第三根支柱转到了第一根支柱，从而使其共

---

① Wolfgang Schäuble, *Zur Zukunft von Deutschland in der Europäischen Union*, Series: Leipziger Vorträge zu Recht und Politik, Vol. 11, 1. Edition, 2019, pp. 25 – 39.

同体化，但德国政府同意将庇护政策、移民和边境管制等领域进行整合，条件是"一致同意原则"的试用期延续五年。在附加议定书中，德国还拒绝为欧洲的统一而牺牲国家的教堂税收以及公共广播系统和储蓄银行的特殊权利。在任期即将结束时，科尔关于德国对欧盟财政贡献的态度也越发强硬起来。

小　结

尽管科尔的欧洲政策在其最后一个总理任期受到多方阻力，但他始终坚持他对于欧洲的理解以及对于欧洲一体化发展的设想。作为"一体化主义者"，科尔总理在 1998 年任期临近结束前，在梅特拉赫的一次讲话中再次强调了他的欧洲观：我们（德法）有对一个统一与和平的欧洲的共同承诺，我们现在正在共同塑造 21 世纪的欧洲，欧洲统一是历史上的幸运之举，欧洲共同体的建设是我们大陆和平与自由的保证。尤其对德国来说，欧洲政治上的统一是最终的生存问题。如果没有欧洲的统一，德国的统一就永远不可能实现。引用康拉德·阿登纳的话来说：德国统一和欧洲统一是同一枚硬币的两面。我们想要一个以亲近人民、联邦结构和辅助性原则为特征的欧洲共同体。科尔在讲话中引用托马斯·曼（Thomas Mann）的概念表达了自己的想法，"我们想成为德国的欧洲人和欧洲的德国人"（Wir wollen deutsche Europäer und europäische Deutsche sein）。对于欧盟东扩，科尔指出，欧盟统一进程的逻辑也同样适用于欧盟向中东欧的扩张。对于即将引入的欧元，科尔说，引入欧元是欧洲共同体建设的核心组成部分，为确保欧元稳定，我们为欧洲货币联盟准备了十年。我们还采取了重要的预防措施，以确保其长期稳定。共同的欧洲货币对欧洲和德国也具有重要的经济意义。欧元区意味着一个统一的市场。① 在科尔的欧洲观中，欧洲一体

---

① Helmut Kohl, "Europäische Einigung-Garantie für Frieden, Freiheit und Wohlstand im 21. Jahrhundert-Rede des Bundeskanzlers in Mettlach", https://www.bundesregierung.de/breg-de/service/bulletin/europaeische-einigung-garantie-fuer-frieden-freiheit-und-wohlstand-im-21-jahrhundert-rede-des-bundeskanzlers-in-mettlach – 810710.

化是历史的机遇，我们必须抓住它。只有欧洲被人民接受，欧洲统一进程才能成功。①

第二节　施罗德时期的欧洲政策

1998 年 9 月 27 日，在第 14 届联邦议院选举中，社民党在德国大选中赢得联邦议院 669 个议席中的 298 席，成为该议院的第一大党。社民党主席格哈德·施罗德战胜了执政 16 年之久、连任四届联邦总理的赫尔穆特·科尔，当选为战后第七任联邦总理，也是继勃兰特之后的第二位社民党总理。施罗德政府是由社民党与绿党组成的红绿联盟组成，副总理兼外交部长由来自绿党的约什卡·菲舍尔（Joschka Fischer）担任。这是社民党和绿党首次携手登上联邦政治舞台，此前两党在联邦州层面有过合作的经历。施罗德在获胜后说，未来德国政府的任务是"保持经济稳定发展、促进内部安全和保持外交政策的延续性"，施罗德当选总理后这一最初的官方表态似乎与前总理科尔政府在德国统一后秉持的欧洲政策有所区别。

如果说，在科尔总理任期内主导了欧洲一体化借由经济和货币联盟走向统一货币欧元的道路，从而推动一体化进程从经济共同体走向经济和政治联盟的话，那么，在施罗德总理的任期内，推动欧洲一体化的深化和扩大及欧盟改革就成为主基调。就任后，施罗德表示，新的联邦政府将不会改变德国的外交政策、欧洲政策及安全政策的基本走向。作为欧洲大国，德国会一如既往地致力于欧盟的扩大和深化。而事实上，在施罗德的任期内，德国欧洲政策的根本立足点是强调德国的国家利益。

---

① Helmut Kohl，"Erklärung der Bundesregierung zum Europäischen Rat in Cardiff（Teil eins von zwei），abgegeben von Bundeskanzler Dr. Helmut Kohl vor dem Deutschen Bundestag"，https://www. bundesregierung. de/breg-de/service/bulletin/erklaerung-der-bundesregierung-zum-europaeischen-rat-in-cardiff-teil-eins-von-zwei-abgegeben-von-bundeskanzler-dr-helmut-kohl-vor-dem-deut-schen-bundestag－810500.

一 施罗德任内欧盟的深化和扩大

施罗德执政期间，欧盟在扩大和深化两个方面都取得了重大成果，而伴随着欧盟的扩大和深化，欧盟在世界舞台的地位提升，德国在欧盟的角色和地位也发生了变化。

施罗德执政几个月后，1999 年 1 月 1 日，德国就任欧盟轮值主席国，而欧盟的许多大事件也在 1999 年发生：欧洲经济和货币联盟（WWU）生效，1999 年 1 月 1 日，欧元正式发行。1999 年 5 月 1 日《阿姆斯特丹条约》（Amsterdam Treaty）① 正式生效，将欧盟共同安全与防务议题作为重要的议事日程，标志着欧洲一体化进入新的阶段。1999 年 12 月，欧盟赫尔辛基首脑会议决定成立欧盟快速反应部队，欧盟的独立防务建设又向前迈出关键的一步。

2000 年 12 月，欧盟理事会在尼斯结束时通过了《尼斯条约》（Treaty of Nice）②，该条约涉及欧洲一体化建设和东扩进程等各方面的问题。在机构改革的问题上，条约确认了欧盟内部"强化合作机制"的原则；在欧盟委员会组成和委员名额分配上，明确了欧盟在达到 27 个或更多的成员国以后，欧盟委员会只能设置少于 27 个委员的规定；在欧盟理事会内表决票数的分配上，条约做出了基本按成员国人口多少分配表决票数的规定，还把使用"有效多数制"表决提案的范围扩大到 50 多个领域，以提高欧盟决策的效率。此外，《尼斯条约》草案还确定了欧盟扩大到 27 个成员国后各国

① 全称《修改欧洲联盟条约、建立欧洲共同体的各项条约和若干有关文件的阿姆斯特丹条约》（Treaty of Amsterdam Amending the Treaty of the European Union, the Treaties Establishing the European Communities and Certain Related Acts），该条约签署于 1997 年 10 月 2 日，这项条约主要对 1951 年签署的《巴黎条约》、1957 年签署的《罗马条约》和 1992 年签署的《马斯特里赫特条约》进行了修订。

② 全称《修改欧洲联盟条约、建立欧洲各共同体诸条约和某些附件的尼斯条约》（Treaty of Nice Amending the Treaty on European Union, the Treaties Establishing the European Communities），该条约由欧盟部长理事会于 2001 年 2 月 26 日正式签署，刊登于 2001 年 3 月 10 日的《欧洲共同体官方公报》（文号为 2001/C80/01）。

在欧洲议会中占有的席位数量，为此后接收新成员国做好了安排。

在德国和意大利的共同倡议下，2001 年欧盟成立了制宪筹备委员会，该委员会负责《欧盟宪法条约》的制定，旨在欧盟全体成员国实施统一的宪法。2004 年 10 月，欧盟成员国签署了《欧盟宪法条约》，但接下来在成员国公民投票的过程中，因多国产生争议条约的推行被搁置。此后在默克尔的任期内，2007 年 6 月 23 日，欧盟各国首脑就替代《欧盟宪法条约》的新条约草案达成协议，即后来通过《里斯本条约》第 6 条赋予效力的《欧盟基本权利宪章》，该宪章于 2009 年 12 月 1 日与《里斯本条约》一起生效。

在欧盟的扩大方面，在施罗德任期内，欧盟完成了历史上最大规模的一次扩大。2004 年 5 月 1 日，10 个国家①同时加入欧盟。德国在欧盟东扩过程中发挥了积极的推动作用。

二　施罗德的欧洲观：德国对欧洲承担着特殊的责任

在施罗德的回忆录中，他回顾自己有关欧洲的认识时，认为其早年并非怀揣欧洲梦想，而是带着更多的怀疑。其欧洲观也是一步步形成的。在担任下萨克森州州长期间，欧洲对他来说还只是一种现实的存在，只是进行旅游、了解其他文化和生活方式的一种可能。在担任德国总理初期，他还持有"反欧主义"论调。1998 年 12 月，施罗德在萨尔布吕肯（Saarbrücken）社民党为欧洲议会选举召开的党代会上发言时说："布鲁塞尔不应把德国的钱白白花掉"，当然施罗德后来也承认当时措辞不当，但他强烈表达出德国的不满，德国当时作为欧盟的纯出资者，对欧盟财政的贡献和所能得到的财政返还之间存在不平衡关系。但实际从总体上看，欧洲一体化使德国经济获益良多。德国几乎是所有欧盟其他成员国的第一贸易大国，特别是东欧国家。伴随着欧盟的扩大，德国在欧盟内的出口额上升，由此德国获得了

---

① 这 10 个国家分别是波兰、匈牙利、捷克、斯洛伐克、斯洛文尼亚、爱沙尼亚、立陶宛、拉脱维亚、马耳他和塞浦路斯。

数以百万的劳动岗位。①

施罗德在担任总理期间对于欧洲政治的认识也不断深入。他关于欧洲一体化、"欧洲大厦"设想的必要性认识，是源于对欧洲在民族主义之下所经历的苦难的反思。施罗德在其书中写道："我越深入欧洲政治之中，就越清楚地看到，这个欧洲里面，过去和现在都存在着对德国某些不可能完全消除的保留看法。这种认识是一个过程，我由此得出的教训是，要接受并解释这种偏见：因为有这样的历史，所以德国对欧洲承担着特殊的责任。任何一个联邦总理都必须牢记这一重大责任，尤其是现在，德国在历史上第一次能够成功地、幸福地、完完全全地与所有邻国和平相处。"②

在施罗德看来，欧洲的社会模式问题比欧洲宪法问题更重要。他认为，欧盟宪法进程的失败是因为欧洲范围内缺少有关欧洲社会模式的讨论。施罗德曾竭力推动有关"第三条道路"的讨论，例如2000年6月，他邀请14个国家和政府首脑到柏林参加以"现代政府管理"为主题的讨论。施罗德在其回忆录中称，与会者一致认为，市场经济只有与社会责任相结合才有前途，现代化的政府管理应将经济增长、努力实现充分就业、社会公正和环境保护紧密相连。

有关"第三条道路"的讨论，让施罗德看到将欧盟作为一种社会模式进行探讨的可能性，这也是施罗德起草"施罗德-布莱尔文件"（Schröder-Blaire-Papier）的动机所在。施罗德有关欧洲社会模式的思想，当时也得到德法政界和思想界的一些呼应。2002年，法国前总理若斯潘在一次讲话中主张加强融合欧洲的社会政策，倡导实施欧洲就业公约、推行欧洲社会保险卡。德国哲学家、思想家尤尔根·哈贝马斯高度评价若斯潘的主张，他

---

① 〔德〕格哈德·施罗德：《抉择：我的政治生涯》，徐静华、李越译，凤凰出版传媒集团、译林出版社，2007，第185页。

② 〔德〕格哈德·施罗德：《抉择：我的政治生涯》，徐静华、李越译，凤凰出版传媒集团、译林出版社，2007，第186页。

认为若斯潘讲述了未来在欧洲应该如何生活。

施罗德倡导欧洲国家实施开明的对内、对外政策。在对内政策领域，施罗德一直强调经济发展与社会公平之间的平衡。在对外政策领域，欧洲需要应对那些会动摇全球的社会冲击，因此，有必要改善欧洲的基础，在一些政治领域承担更多的国际责任。

三 施罗德设想的"法德英领导模式"失败

在施罗德执政的初期，在欧盟的领导模式上，他曾经有意弱化德法轴心，增强英国在欧盟的领导力，希望形成法德英三角的平衡关系，具体表现为欧盟德法轴心逐步向法德英三角关系发展，三国相互借重、相互牵制、共同主导欧洲事务的趋势曾经日益突出。在施罗德任期内，如何平衡法德英三角关系成为德国欧盟政策的重要任务之一。施罗德执政时期，德国和英国的关系一改科尔时期"话不投机"的局面。施罗德 2002 年连任总理后，第一个出访的国家就是英国。施罗德和时任英国首相布莱尔还共同出台了"施罗德—布莱尔文件"。施罗德希望效仿英国的"第三条道路"，在德国实行"新中间"道路，但最终英国还是让施罗德失望了，他在回忆录中写道："我在担任总理的初期曾认为，德法关系可以通过英国的加入而得到充实，并由此发展为三角关系。但这种想法只是一个设想，在可预见的时期内，英国不可能推动欧洲的前进。相反，英国会竭力保持其在跨大西洋关系中的中间人的作用，即使这可能损害欧洲一体化进程。"① 特别是在2005 年 6 月施罗德的第二届任期接近尾声时，英国首相布莱尔的态度造成欧盟 2007~2013 年财政预算无法达成一致，让施罗德有关"法德英领导模式"的设想走向失败。

在施罗德看来，对于欧盟未来的设想，欧盟成员国分为两派：德法等国是想要将各个成员国在经济、财政、内政、司法，还有外交和安全政策

① 〔德〕格哈德·施罗德：《抉择：我的政治生涯》，徐静华、李越译，凤凰出版传媒集团、译林出版社，2007，第 180 页。

领域的管辖权集中到欧盟层面，将欧盟建设成为一个政治联盟；而英国及中东欧国家则认为欧盟主要是一个共同的市场，参与者需要统一的经济规则，政治领域应由成员国自行决定。作为原来华沙成员国的中东欧国家加入欧盟后，不情愿把主权移交欧盟。施罗德曾经对英国的欧洲政策寄予厚望，但后来又表示非常失望，他认为，英国的欧洲政策和执政者关系不大，主要是英国人有挥之不去的帝国情结，同时受到与美国的特殊关系的影响，英国比其他国家更愿意接受美国的意图，而不愿意为欧洲的未来付出努力。

四　强调德国利益的欧洲政策

1998 年，施罗德参加联邦议院的选举活动时，其所持有的对欧盟的批判态度迎合了选民的心理，让选民感觉到新鲜，认为施罗德不同于人们以前已经习惯的总理候选人。这也反映了当时的德国民众对所谓的布鲁塞尔官僚机构的不满，以及对货币联盟和欧盟东扩的持续担忧。在 20 世纪 80 年代末，50% 以上的德国人希望加快欧洲统一的进程，而 10 年后，这一数字只有 10%。2/3 的人认为，联盟的财政负担没有在各个成员国之间公平分配。事实上，1997 年，德国向布鲁塞尔转让的 102 亿欧元比它收到的农业和结构性援助要多得多，德国占欧盟净付款的 60%。

大选获胜后，施罗德在一些公开场合发表的言论继续表现出对德国在欧盟财政中贡献太多的不满。在施罗德看来，许多合作伙伴有这样的想法：当政治上出现危机时，当对财政资源有不同的期望时，如果德国人出资，危机就会得到解决。德国希望在未来减少对欧盟财政的支付。尽管施罗德对欧盟的财政进行了合理的批评，但他在那一阶段的言论让人能够多少察觉出他对欧洲的怀疑和"反欧洲"的情绪。1998 年 12 月，施罗德在联邦议院发表的关于德国欧洲政策的政府声明中强调，德国不可能也不想继续推行"试图用净支付来购买邻国的善意"的政策。在关于 2000 年至 2006 年欧盟财政框架的磋商中，他将呼吁改善"财政分摊的公平性"（Beitragsgerechtigkeit）①。

施罗德对于德国利益的明确强调是其欧洲政策不同于科尔的欧洲政策的一个显著特点，特别是在他的第一个任期内。与他的前任相比，或许正如多萝西·拉马奇（Dorothea Lamatsch）指出的那样，对施罗德来说，"欧洲不是一项义务，而是一种选择"。② 施罗德将欧洲政策视为国内政策的延伸，因此与他同时代的希拉克、布莱尔和西班牙首相何塞·玛丽亚·阿斯纳尔在欧洲政策的态度上只有细微差别。

五　施罗德欧盟财政改革受挫

1999 年 1 月 1 日，德国就任欧盟轮值主席国，这给了施罗德进行欧盟改革的机会。1999 年 3 月，欧盟特别首脑会议在德国首都柏林举行，经过艰苦谈判，在德国做出很大的让步后，欧盟成员国就欧盟改革方案《2000年议程》（Agenda 2000）达成了最终协议。

《2000 年议程》是德国任轮值主席国需要推进的主要内容之一，该议程旨在协调欧盟的长期财政规划与即将到来的东扩相一致，其目标是从根本上改革共同农业政策（GAP）以及结构基金和团结基金，这些基金花费了欧盟 85% 的资金，主要受益国是欧盟的不发达地区。作为欧盟财政最大的出资国，施罗德的本意是希望借助轮值主席国机会减轻德国的财政负担，削减（占欧盟财政最大份额的）农业补贴，重新安排用于贫困地区的开支，对财政分摊进行改革，以便使欧洲联盟为接纳新成员做好准备。准备入盟的中东欧候选国拥有庞大的农业部门和较低的人均 GDP，它们入盟后，将成为欧盟结构基金和团结基金这两种最具吸引力的财政资金的净受益者。

---

① Gerhard Schröder，"Erklärung der Bundesregierung-Vorschau auf den Europäischen Rat in Wien am 11. /12. Dezember 1998 und Ausblick auf die deutsche Präsidentschaft in der ersten Jahreshälfte 1999"，https://www. bundesregierung. de/breg-de/service/bulletin/erklaerung-der-bundesregierung-vorschau-auf-den-europaeischen-rat-in-wien-am – 11 – 12-dezember – 1998-und-ausblick-auf-die-deutsche-praesidentschaft-in-der-ersten-jahreshaelfte – 1999 – 806406.

② Derothea Lamatsch，*Deutsche Europapolitik der Regierung Schröder 1998 – 2002*，Hamburg：Verlag Dr. Kovac GmbH，2004，p. 69.

但事与愿违，从 1999 年 3 月 25 ～ 26 日在柏林举行的欧洲理事会的筹备工作开始，德国的建议就遭到了抵制。

由于当时德法两国领导人关系较为紧张，德国的提议没有得到法国的支持，所以，在 1999 年的柏林峰会上，德国得到的教训是，当法国不同意的时候，要改变欧盟财政预算的现状是困难的。最终的结果是，德国关于把给予成员国的农业支出减少 25% 的提议没有被采纳，法国作为共同农业政策的主要受益国在这个问题上丝毫不让步，希拉克甚至将该提案斥为"欧洲怀疑论，甚至是民族主义"。西班牙拒绝稳定欧盟开支，因为该国特别受益于结构基金和团结基金。英国希望保留撒切尔在 1984 年推动的预算摊款回扣（Beitragsrabatt）。施罗德也没能成功地大幅减轻德国在欧盟财政中的净支付压力，主要原因是法国不同意。法国认为，德国希望欧盟迅速扩大到东部，并将从中受益最多，所以德国应该为此付费。鉴于上述三个国家坚决捍卫它们各自的利益，施罗德最终不得不放弃他的诉求。由此，轮值主席国的身份还削弱了德国政府的谈判地位。德国外长菲舍尔说，施罗德和希拉克之间的冲突导致了"深深的不信任"，两位领导人在未来的几年里都会以这种不信任互相对抗。[①]

在柏林峰会上，面对其他成员国对德国的抵制和拒绝，施罗德不得不做出痛苦的让步，继续沿袭科尔的路线。经过长时间的谈判，各国元首和政府首脑就未来 7 年的财政框架达成一致。与前几次峰会一样，为了避免欧洲一体化的停滞，德国承担了比其他大国更重的财政负担。也就是说，尽管在峰会前施罗德的政府声明表达了公平分摊的要求，但在峰会谈判中，施罗德还是将降低德国在净支付方面的利益需求让位给德国从欧洲联盟进一步发展中可获得的利益，这样也就接近了他的前任科尔和外交部长菲舍尔的欧洲政策路线。施罗德在谈判中清楚地认识到，"如果我们国家不承担欧洲的领导任务，欧洲将在喧闹中四分五裂"，施罗德还向出席全体大会的

---

① Joschka Fischer, *Die rot-grünen Jahre. Deutsche Außenpolitik-vom Kosovo bis zum 11. September*, Köln: Kiepenheuer & Witsch, 2007, p. 296.

科尔询问经验。这位前总理以一种胜利的姿态说道："这就是我 16 年来一直告诉你们的！"在越来越浓的欧洲怀疑论的气氛中，没有一个政治家公开说"承担领导任务"意味着把自己的财政利益放在一边。①

六　施罗德借轮值主席国身份推迟《欧盟废旧汽车管理条例》的实施

虽然柏林峰会上施罗德做出了让步，但在他的欧洲政策中，并没有停止对德国国家利益的强调。在担任轮值主席国期间，为了保护德国汽车制造行业的利益，施罗德推迟了《欧盟废旧汽车管理条例》的实施。

《欧盟废旧汽车管理条例》是欧洲联盟为保护环境、控制车辆排放的有害物质、减轻环境的负担、消除废旧汽车的污染②而制定的一项在欧盟所有国家实施的政策。条例提案的关键内容包括：生产者应承担回收废旧汽车的费用，并对回收率、材料的可回收比例提出严格限制和时间上的规定，并要求在生产的同时确保推动使用环境可以承受的原料。该条例引发的利益冲突的分界线为：汽车制造业、配件工业、工会、那些占据着大量生产份额的地区和州的政府以及政党会对这一计划加以反对；环境协会、那些自己没有产品的州的政府、政党以及经济协会会支持委员会的这一计划。此外可以预料的是，那些保持着稳健的投资力度、拥有一定的工作岗位的有影响力的汽车工业企业会对这项政策施加压力。汽车生产地集中在当时 15 个欧盟成员国的 6 个中。汽车制造在单个国家占据的经济比重大相径庭（例如欧洲的汽车一半是在德国生产的），并且不同的生产线带来利益内容

---

① Stephan Bierling, *Vormacht Wider Willen: Deutsche Außenpolitik von der Wiedervereinigung bis zur Gegenwart*, München: Verlag C. H. Beck, 2014, pp. 109 – 110.

② 在条例出台前，每年欧盟范围内有 800 万 ~ 900 万辆汽车报废。废旧汽车的主体部分70% ~ 80% 是金属成分，应进行金属废料的再循环，其余部分是不同的人造材料的混合，有橡胶、玻璃、针织材料、纤维、油、纸和粘胶，这些材料直接放置在垃圾场对环境是十分有害的。据统计，废旧汽车中的有害物所构成的垃圾占欧盟每年有害垃圾的 10% 。另外每年大约有 7% 的废旧汽车的车主为了逃避缴纳汽车回收费，将旧车丢弃在街头路边，或埋在田野里，有的运到东欧转卖。这种状况一方面会滋生非法旧车市场，另一方面对环境保护非常有害。

也不同。如果由生产者来承担所有的环保责任的话，显然每个成员国的负担是不一样的，并且对于汽车生产大国——德国来说，条例的出台必然会使其汽车工业蒙受很大的损失。

在理事会决议前，大众汽车董事长费迪南德·皮耶希（Ferdinand Piech）直接向施罗德进谏，使得施罗德出面干预此事，更换了德国的环境部长。同时德国立场的转变，使得持反对态度的德国、英国、西班牙三国在理事会中能够形成阻断少数（Sperrminorität）所必需的票数，因此决策被延期，并且只能等到1999年下半年芬兰接任理事会主席时才能重新进行。德国卸任轮值主席国后，1999年7月针对德国的反对在理事会达成了一项妥协：生产者回收的义务将从2006年起才开始执行，替代原来从2003年起开始执行的计划。①

对于该条例，德国国内的立场不统一：经济部维护汽车生产者的利益，环境部捍卫委员会的提案。最后是最高层联邦总理出面干涉，解除了环境部长的职务，在理事会上投了反对票。而德国总理的决定不仅是对部长职权的侵犯，也是对联盟伙伴的否认，因为绿党领导的环境部为使此条例得以通过曾竭尽全力，并且将之作为新政府为经济方向定高调的政绩。德国总理的决定被媒体片面地归因为工业施加影响，成为对康采恩的权力成见的证明，被评价为政治和经济相勾结的结果。

红绿政府中总理施罗德和外长菲舍尔在一体化路线上的差异实际是延续了科尔时期德国政界"主权主义者"和"一体化主义者"之间的冲突，当时巴伐利亚州州长斯托伊贝尔以一个更具民族国家导向的欧盟来反对科尔的欧洲政策愿景。菲舍尔是在科尔的原则基础上推行传统路线，施罗德则更倾向于以德国国家利益为导向。然而，在红绿联盟中，两种观点的支持者在内阁会议桌上相对而坐。总理在这里有一个优势，甚至在选举前，

---

① Europäischer Rat, "Gemeinsamer Standpunkt（EG）Nr. 39/1999 im Hinblick auf den Erlaß der Richtlinie 1999//EG der Europäischen Parlaments und des Rates über Altfahrzeuge", https://eur-lex. europa. eu/legal-content/DE/TXT/PDF/? uri = CELEX：51999AG0039&from = DE.

他就在与菲舍尔的争论中强调："在红绿合作中，必须明确：大的一方当厨师，而另一方则是服务员。"后来施罗德迎来的情况是，不断增加的欧盟峰会外交加强了国家元首和政府首脑相对于外交部长和其他部门代表的权力。施罗德还从内容上证明了他在欧盟事务中的首要地位："一体化进展越快，欧洲政策就越成为欧洲的国内政策。这使得它成为一项跨领域的政策，是属于总理府的工作。①"在他的 7 年任期内，他反复证明了这一点。实际上，这就是穆拉维斯克所说的国内政治博弈。理性行为意味着国家会采取最适宜的方式来实现其目标，经济相互依存的成本和收益是国家优先选择的首要决定因素。因而此时德国的理性选择是最大限度地维护本国的经济利益，使其蒙受尽可能小的损失。

在《欧盟废旧汽车管理条例》问题上，大多数其他欧盟国家认为，德国改变立场仅仅是代表国家经济利益，违反了规范的决策程序。丹麦环境部长甚至指责柏林："任何一个大国都不能以这种方式滥用其欧盟主席国的身份。"如果单纯地从德国的国家利益角度出发，条例不通过是最好的结果，但在欧盟发展的大趋势下，根据对成本/收益的分析，通过讨价还价，令国家利益做出最少的牺牲，是国家理性选择的必然结果。在对国家利益做出适当让步，使条例得以延期实施的前提下，德国还为自己争取到了一定的时间和空间。

七　德国带头弱化了《稳定与增长公约》的标准

1996 年，德国财政部长威格尔和总理科尔顶着许多欧盟成员国的巨大阻力，在《稳定与增长公约》中推动了债务标准，目的是迫使欧元区国家在欧洲货币联盟生效后仍保持稳健的财政预算管理。欧盟委员会必须定期审查欧元区国家的中期财政规划，如果某个国家有可能超过《稳定与增长公约》中规定的预算赤字和债务总额分别占 GDP 的 3% 和 60% 的限制，则

---

① Sebastian Kohlmann, *Frank-Walter Steinmeier: Eine politische Biographie*, transcript Verlag, 2017, p. 195.

应通知欧盟经济和财政部长理事会（Rat Wirtschaft und Finanzen，简称 Ecofin），理事会以特定多数表决采取行动，可以发出预警并建议采取措施减少赤字。如果这个国家仍不遵守，就会受到制裁。但科尔并没有成功实现对违反公约的行为进行自动处罚，从而使该程序存在政治回旋余地，特别是决策权不在委员会，而在财政部长会议，也就是说决策权掌握在各国政府手中。

2001 年 1 月 1 日，希腊加入欧洲货币联盟。希腊的例子说明以德国为首的欧元区国家对商定的准则的解释相当宽泛。希腊实际上打破了 60% 的债务标准，只是通过短期的税收操纵和伪造的预算数字来满足其他的趋同标准。但无论是欧盟国家和政府的领导人，还是委员会及欧洲央行的第一任行长杜森伯格（1998~2003 年任职）都没有认真考虑欧洲统计局的警告性呼吁。从政治上看，希腊的欧元区成员资格是可取的，欧洲货币联盟的扩大可以证明统一货币的成功。而 1999 年 12 月希腊在赫尔辛基首脑会议上表现得很合作，没有阻止欧盟按照德国的愿望与土耳其进行入盟谈判，这可能也是德国放松标准的原因之一。

在希腊加入欧元区 9 个月后，2001 年秋季，欧盟经济与货币事务专员佩德罗·索尔贝斯（Pedro Solbes）向欧盟经济和财政部长理事会建议，对德国和葡萄牙的过度预算赤字提出警告，这使德国政府陷入窘境。一方面，德国已经制定并执行了稳定标准，几十年来一直宣扬稳健的预算政策；另一方面，来自布鲁塞尔的预警将成为反对派在选举年攻击红绿联盟经济和财政政策的最佳武器。此外，政府内部也存在紧张关系。虽然财政部长汉斯·艾歇尔（Hans Eichel）乐于借"蓝函"的东风，执行其紧缩路线，也建议菲舍尔接受它，但施罗德担心会在 2002 年秋季的联邦议院选举中受到公开指责并因此失去选票。所以，施罗德说服艾歇尔效忠于他的路线，并采取与委员会对抗的方式，因为关于预警的决定必须由理事会做出。

在理事会中，大多数成员支持了德国的立场。例如葡萄牙，其自身也受到警告，自然希望标准有所松动；法国和意大利的财政预算也开始失控，此时它们希望或许可以利用这个机会，放弃《稳定与增长公约》中有关稳定的部分；英国、丹麦和瑞典原本就从根本上对欧洲货币联盟持怀疑态度，并希望遏制超国家委员会的权力；而卢森堡也认为"蓝函"是一个过于严厉的措施。只有芬兰、荷兰、奥地利和比利时——当涉及稳健的财政预算政策时，它们以往都是德国的传统盟友——主张使用预警系统，但由于此时德国已经站到了对手的阵营中，它们变成了孤立的少数。鉴于明显多数支持德国的立场，财政部长们免去了正式投票，迫使委员会撤回预警。德国政府取得了胜利，但也付出了高昂的代价：《稳定与增长公约》的可信度和影响力被动摇了，稳定的欧洲货币联盟的老盟友被冷落了，较小的欧盟成员对大国的支配地位感到不满。奥地利财政部长讽刺道："如果只有葡萄牙被列入议程，那'蓝函'5 分钟内就已经发出去了。"[1]

德国有关《稳定与增长公约》立场的改变，为之后所有的违例开了先河。德国和法国在 2002 年、2003 年都超过了 3% 的预算赤字限制，欧盟委员会对两国发起了诉讼，但在两国的压力下，欧盟经济和财政部长理事会又将其暂停。此时，德国的高额新债主要是由经济缺乏增长、税收收入停滞和失业率上升造成的。施罗德在那个时候已经放弃了遵守《稳定与增长公约》的所有尝试。同样处于经济危机中的法国和意大利也支持德国。委员会主席罗马诺·普罗迪（1999～2004 年任职）也站出来表示，他非常清楚，《稳定与增长公约》是愚蠢的——就像所有僵化的决定一样。由于德国政府拒绝紧缩，欧洲央行行长杜森伯格和他的继任者让·克劳德·特里谢（2003～2011 年任职）拒绝降低利率以促进消费和投资，德国在随后的几年里主导了对《稳定与增长公约》的抵制。

面对成员国屡屡打破趋同标准的情况，欧盟委员会试图寻找迫使成员国走上紧缩道路的办法，而施罗德和希拉克则联手尝试为趋同标准添加一

---

[1] Stephan Bierling, *Vormacht Wider Willen: Deutsche Außenpolitik von der Wiedervereinigung bis zur Gegenwart*, München: Verlag C. H. Beck, 2014, p. 112.

些松动的条件。施罗德首先对自己的财政部长艾歇尔施压。施罗德向艾歇尔明确表示，《稳定与增长公约》的任何改革最终都必须由国家元首和政府首脑批准，而不是由财政部长批准，对此，艾歇尔再次让步。然而，当艾歇尔在 2005 年 3 月初向欧盟经济和财政部长理事会提出德国的要求时遭到了广泛的反对。在荷兰和奥地利的带领下，大多数欧盟国家反对放宽该公约，法国、意大利和希腊加入了德国的行列，会议无果而终。2005 年 3 月欧盟峰会举行前夕，在欧盟经济和财政部长理事会的一次特别会议上，德国、法国和意大利联手再次施压。这三国的 GDP 总和占欧洲货币联盟国内生产总值的 75%，面对强大的压力，其他成员国妥协了。最终在欧盟峰会上，国家元首和政府首脑们没有进行太多的讨论，就决定修改赤字规则以使其更加灵活。峰会决定，今后，委员会将不再对适用于以下"相关因素"的国家提起诉讼：包括任何"负增长"或"极低增长"，不再像过去那样必须至少达到国内生产总值 2% 负增长。其他可能造成超过 3% 的赤字上限的原因包括研发方面的高额支出、大型投资或养老金、医疗方面的改革。就此，德国可以把统一成本作为其过度负债的一个"相关因素"。最后一点是，在诉讼程序开始时，预算违规者也将被给予更长的削减赤字的最后期限。

这一结果弱化了《稳定与增长公约》的趋同标准，实现了施罗德长期以来追求的目标。在德、法、意尝试弱化公约的趋同标准的时候，三国领导人的主要用意就是突破欧盟作为外部控制者对其国内预算的严格监督，避免痛苦的整顿措施，他们这样做完全是出于国家利益和国内政治的原因，仿佛经济和货币联盟并不存在。但这一结果也带来很多负面效应。

德国作为《稳定与增长公约》的缔造者，现在却成为宽松赤字制度的代言人，将科尔所信奉的所有欧元区国家的稳健的财政预算是货币联盟成功的基本前提抛之脑后，将上一届政府竭力争取的稳定规则放在一边。同时，德、法、意三国在这个问题上的强硬立场使欧盟委员会的独立自主性和作为超国家一体化倡导者的声誉受损。而那些在金融和货币问题上通常支持德国的较小的欧盟成员国发现自己不仅被德国抛弃，而且被迫走上了适合德国的路线。然而，规则的改变进一步证明政治上的权宜之计胜过经济上的巩固。自1992年《马斯特里赫特条约》签署以来，欧洲货币联盟国家公开违反它们在趋同标准和《稳定与增长公约》中为自己制定的规则，而且每次违反都有从政治上可以理解的原因。无论如何，欧元区的三大国对规则及欧盟权限的随意处理和突破并没有为南欧的小国树立良好的榜样，而这些小国原本也不是稳固的经济体。例如，希腊和葡萄牙在加入欧元区后，没有利用主权债务利率大幅下降产生的新的财政回旋余地来投资基础设施和教育，或进行经济改革。相反，它们继续使官僚机构膨胀，增加养老金、福利和公务员的工资。在西班牙和爱尔兰，廉价的货币和宽松的银行贷款导致房地产市场产生巨大泡沫。南部的欧元区国家单位劳动成本的上升，损害了它们的竞争力（相对于北欧国家）。这种经济实力上的差异反映在各国的经常项目收支上，即货物和服务的进出口盈余。虽然德国、荷兰、芬兰、丹麦和奥地利实现了大量盈余，但希腊、西班牙、葡萄牙和爱尔兰的赤字在增加。这些不平衡增加了风险，即一个不可预见的事件或所谓的外部冲击，可能使欧元区陷入动荡。

八　施罗德力推欧盟机构改革及《欧盟宪法条约》

为了迎接欧盟东扩、解决欧盟的体制问题，欧盟自推出《2000年议程》就开始准备机构改革，在2001年12月的尼斯峰会上，相关讨论达到了高潮。尼斯峰会上德法在一些问题上取得了一致的意见，二者在包括委员数量的上限和扩大多数票决议两个重要的问题上立场相似，大家还就重新确定部长会议的投票权重和加强大国的力量达成了一致，争论的焦点在于德国和法国是否应该继续在理事会拥有相同的票数。德法都希望再次赋予理事会更多的政治影响力，那么各国在理事会的票数就尤为关键。尽管法国最初表示愿意讨论在分配票数时考虑德国的人口优势——8200万德国人对比5900万法国人，但希拉克在2000年7月1日接任理事会主席后又反悔了。他坚持平等，并强调"核大国"法国在欧盟中必须永远拥有与德国相同的实力。在阿登纳和戴高乐时期已然如此，而施罗德的前任科尔在统一后也向密特朗确认了这一点。科尔曾于1996年12月在联邦议院强调，德国作为欧盟最大的成员国，远远没有"施加霸权主义的影响"，并保证："清楚地讲：我们不想在欧盟框架内比其他大的成员国获得更大的分量。"①而德国红绿政府并不想遵循这样的说法，德国认为基本标准是人口规模，没有更好的标准。德国直言不讳地宣扬了其人口优势。施罗德和希拉克之间关于票数分配的分歧给整个会议蒙上了一层阴影。

经过为期四天的激烈交锋，德国总理施罗德才接受德国与法国、英国和意大利一样，均获得理事会总票数345票中的29票。但德国在某种程度上比其他国家"更平等"，会议决定，此后部长理事会做出决定时不仅需要获得73.4%的票数，而且需要得到至少占62%欧盟人口的欧盟国家的赞同。这一复杂的程序确保了德国在理事会中获得阻止提案通过的少数票（Sperrminorität）。在欧洲议会中，德国保留了其99名议员，而除卢森堡外的所有其他国家都必须向欧盟新成员让出席位。此外，施罗德还阻止了希拉克提议的使中东欧国家处于不利地位的做法。最后，施罗德实现了这样的目标：如果至少有八个国家已经达成共识，具有合作意愿的国家将被允许在未来的许多领域进行更密切的合作。他满意地宣布："德国的分量增加了。"德国破坏了法国不惜一切代价维护理事会均势和组织南欧国家反对德国的努力。德国在促进中东欧候选国入盟方面也获得了成功。与以往的理事会会议相比，德国政府不再"独善其身"。

这使得德法的关系进一步紧张。在前几次峰会上，德法集体领导演变为德法之间的对立，甚至可以说是公开对抗。德法的紧张关系也给一些成员国首脑带来了担忧。他们担心如果这种情况继续下去，欧盟将处于真正

---

① Deutscher Bundestag, *Stenographischer Bericht, 148. Sitzung*（*BT-Plenarprotokoll 13/148*），Bonn, Donnerstag, den 12. Dezember 1996, p. 13331, https://dserver.bundestag.de/btp/13/13148.pdf#P. 13432.

的危机之中。在尼斯达成最低限度的共识后，对欧洲一体化的评估结果是令人清醒的。自马斯特里赫特的欧洲货币联盟决定以来，欧盟的深化并没有真正取得进展。从 20 世纪 90 年代中期开始，科尔、密特朗和德洛尔的一体化三人组相继离开政治舞台后，新一代的欧洲大国领导人更贴近"主权主义者"的行事风格，他们重视自己国家的利益，削弱了委员会及其主席的力量。欧盟东扩还有可能加剧联盟内部的离心力。

老一代的"一体化主义者"对于欧洲政策停滞不前表示担忧。德洛尔在 2000 年 1 月建议，欧共体创始国的"先锋派"（Avantgarde）应缔结一项"条约中的条约"，以推进新的、雄心勃勃的项目。四个月后，德国外交部长菲舍尔公开表示了类似的想法。在柏林洪堡大学的一次演讲中，他提出了对欧洲一体化"最终性"的看法。他主张建立一个拥有两院制议会和共同政府的联邦（Föderation），这个联邦最初应该包括一个由具有强烈团结意愿的国家组成的"先锋队"，它将作为其他成员的"重心"（Gravitationszentrum），并以宪法条约为基础。[①] 国际社会对菲舍尔的提议的反应在沉默和拒绝之间徘徊。在欧洲，几乎没有人还想支持欧洲联邦国家的概念。

德国在欧盟中不可或缺的伙伴——法国即将接任理事会主席国，法国不想使其欧洲政策议程负担过重，自然也不支持菲舍尔的想法，何况菲舍尔的思想与法国的思想背道而驰。因此，希拉克在 2000 年 6 月 26 日面对联邦议院的讲话中指出，德国人和法国人都不想要"一个欧洲超级国家"，各个成员国将仍然是"各国人民最重要的基础依托"。尽管他也谈到了一个"先锋集团"，但他认为这与德洛尔的"先锋"概念或菲舍尔的"重心"的含义都不同。对于希拉克来说，先锋集团是由几个成员国在某些政策领域组成的松散的联合体，而不是通向联邦的道路。同样，他对"欧盟宪法"的理解是扩大化的欧盟组织章程，而不是通向联邦国家的法律性

---

① Joschka Fischer, "Rede des Bundesministers des Auswärtigen Joschka Fischer", am 12. Mai 2000 in der Humboldt-Universität in Berlin, https://www. bundesregierung. de/breg-de/service/bulletin/rede-des-bundesministers-des-auswaertigen-joschka-fischer – 808150.

质的飞跃。①

　　在结束对欧盟的所有批评和部长理事会投票权重的讨价还价之后，施罗德在 2001 年 11 月的社民党会议上提出了关于欧洲问题的主导提案，即所谓的"施罗德文件"（Schröder-Papier）。这一提案让德国和其他国家都感到惊讶，因为施罗德重拾了德国的传统立场，即把委员会发展成一个"强大的欧洲行政机构"，通过赋予欧洲议会充分的预算主权来扩大其权利，并使理事会成为"一个欧洲国家的议院"。而两院制让人联想到德国的分权模式。同时，施罗德希望委员会主席由欧洲议会选举产生，划定欧盟与其成员之间的权限，并根据辅助性原则将部分农业和结构性政策转回给各国。这样做他可以满足德国各州的要求，自 1993 年德国宪法法院做出马斯特里赫特裁决以来，各州一直试图越来越多地干预德国的欧洲政策，并对其权限感到担忧。最终，这样做还可以实现施罗德反复敦促的削减德国的支出。

　　施罗德在欧洲政策上立场的转变是出于战略考量。此时他支持一体化的立场一方面可以让他在 2002 年即将举行的联邦议院选举中避免其他党派攻击他对欧洲一体化做得太少；另一方面可以抵消菲舍尔在欧洲政策倡议上的加分，并抵消了菲舍尔自洪堡大学演讲以来吸引的众多目光。施罗德在国内和欧盟政策方面得了分，但欧盟内部的反应却不太令人鼓舞，法国和英国甚至粗暴地拒绝了这些建议。它们既不愿意接受有限的主权权利，也不愿意接受德国式联邦国家作为未来欧洲的模式。法国还担心那样会削减农业补贴。

　　2001 年 12 月，在莱肯举行的欧盟首脑会议成立了"欧洲未来大会"（Konvent zur Zukunft Europas）（就是通常所说的欧盟制宪筹备委员会），当时上述异议仍未得到解决。阿姆斯特丹和尼斯的谈判过程表明，通过政府间会议改变条约十分艰难，这次欧洲理事会将这一任务委托给一个由 15 名

---

① Jacques Chirac, "Rede von Jacques Chirac, Präsident der Republik, vor dem Deutschen Bundestag", Berlin, 27. Juni 2000, https://www.bundestag.de/parlament/geschichte/gastredner/chirac/chirac1 - 244734.

政府代表、30 名国家议会成员和 16 名欧洲议会成员以及两名委员会代表组成的制宪筹备委员会。然而，成立该委员会是为了改革现有的规范，而不是为了起草一部严格意义上的"宪法"。

经过几年的争吵，德国和法国再次携手合作。2002 年秋天，施罗德和希拉克终于能够就解决欧盟农业政策改革长期争议的问题及软化《稳定与增长公约》标准的问题进行合作了。促使施罗德和希拉克走在一起并使他们积极参与欧洲政策的原因是，他们共同拒绝了美英对伊拉克的战争威胁。柏林和巴黎的倡议决定了制宪筹备委员会的工作进程，该委员会自 2002 年 2 月以来定期举行会议。为了强调这一项目的重要性，两国政府在磋商的最后阶段都派出了外交部长参加会议。重振德法伙伴关系的高潮体现在 2003 年 1 月 22 日的"庆祝爱丽舍条约 40 周年的联合宣言"中。时隔半年，当制宪筹备委员会于 2003 年 7 月 18 日提出其 253 页的宪法条约草案时，人们发现其中包含大量的德法共识机制。

草案内容包括：由国家元首或政府首脑选举产生的任期两年半的"欧洲理事会主席"应取代每六个月一次的欧盟理事会轮值主席，确保与委员会主席一起进行审议的连续性，并在共同外交与安全事务中对外代表欧盟。"欧盟外交部长"将担任外交部长理事会的永久主席，拥有正式的倡议权，并以"欧洲对外行动处"（EAD）为基础。"外交部长"兼有共同外交与安全政策高级代表、外交部长理事会主席及欧盟外交事务专员的职能。菲舍尔尤其坚持将该办公室与委员会联系起来，从而使其具有超国家的因素。同样，条约草案在共同外交与安全政策领域为特定多数表决提供了便利。与棘手的尼斯妥协方案相比，草案提议特定多数只需是"成员国的多数并代表联盟至少 3/5 的人口"。有了这一"双重多数"，在尼斯进行了大量讨价还价的理事会加权投票就不再需要了。总的来说，这些提案简化了欧盟的决策能力，因为它们减少了理事会中阻挠联合的可能性，但它们也加强了欧盟的政府间性质，这是希拉克一直希望的。总理施罗德同意加强欧盟政府间性质的事实证明，他在"施罗德文件"中的"一体化"立场更多地应被看作一种竞选策略，他在内心深处仍然是一个"主权主义者"。

施罗德在 2004 年 7 月 2 日关于宪法条约的政府声明中强调了联邦德国在权力方面的收获："毫不避讳地说，德国在联盟中的地位将因双重多数而得到加强。"为了实现这一目标，作为整体妥协的一部分，他已经准备"从 2009 年起，在欧洲议会中放弃德国的一些代表席位"①。2004 年 10 月 29 日，欧盟 25 位国家元首和政府首脑签署了《欧盟宪法条约》，这是十多年来欧盟最重要的政治改革提案。他们在罗马签字，选择这一地点是为了与联盟的前身——欧洲共同体在 1957 年通过《罗马条约》成立的地方建立直接联系。

《欧盟宪法条约》规定，如果到 2006 年底至少有 20 个国家通过了草案，欧洲理事会将再次更新该文本，通过这种方式，各国元首和政府首脑希望在最后一刻还能为持欧洲怀疑论的国家保留可能性。因此，在法国和荷兰投下反对票后的几周内，一些国家批准了该条约。但其他许多国家暂停了批准程序。德国于 2005 年 5 月以 96% 的联邦议院议员通过了该条约，联邦参议院除梅前州弃权外也一致通过了该条约，但联邦总统霍斯特 - 科勒（2004 ~ 2010 年任职）因宪法申诉未果，尚未签署该条约。然而，联邦宪法法院在（法荷）两次公投失败后停止了审查，所以德国最终没有批准《欧盟宪法条约》。公投失败后，希拉克很沮丧，因为如果法国无法采取行动，就不能重启《欧盟宪法条约》的讨论，欧洲理事会在 2005 年 6 月中旬的布鲁塞尔首脑会议上呼吁设置"反思期"（Reflexionsphase）。在施罗德执政的最后几个月里，红绿政府雄心勃勃的欧洲政策计划失败了。

九　德国在欧盟扩大问题上的两难处境

对于欧盟扩大问题，德国领导人的心理是复杂的。一方面，从国内民

---

① 　Gerhard Schröder, "Regierungserklärung von Bundeskanzler Gerhard Schröder, zur Einigung der Staats-und Regierungschef der Europäischen Union auf eine europäische Verfassung vor dem Deutschen Bundestag", am 2. Juli 2004 in Berlin, https://www. bundesregierung. de/breg-de/service/ bulletin/regierungserklaerung-von-bundeskanzler-gerhard-schroeder - 792442.

众的舆情看，此时德国人对于欧盟扩大疑虑增加。2001 年春天，42% 的德国人反对欧盟扩大，而只有35% 的人支持欧盟扩大。在欧盟 15 个国家的平均值中，只有法国人和奥地利人对欧盟扩大的看法更为消极。[①] 虽然德国红绿政府外交政策的目标之一是通过接纳新成员来稳定中东欧地区，但面对 2002 年的大选，加速推进欧盟扩大显然会造成选民的丢失。另一方面，红绿政府的核心关切之一就是减少对欧盟的净财政支出。伴随着欧盟的扩大，其他欧盟伙伴势必让德国承担更多的代价。另外，施罗德也希望避免给中东欧人留下印象，认为德国没有解决他们的关切。

　　这种两难的局面导致了一种矛盾的政策。一方面，施罗德和菲舍尔数次前往波兰，向这个迄今为止最重要的中东欧国家保证对其入盟的支持。1999 年 12 月在赫尔辛基举行的欧盟首脑会议上，施罗德总理投票支持保加利亚、拉脱维亚、立陶宛、马耳他、斯洛伐克和罗马尼亚作为下一批的候选国。一年后在尼斯，他甚至作为中东欧国家在理事会投票权重调整的代言人。另一方面，施罗德在这些国家加入欧盟的方式上坚持国内政治利益导向。例如，2001 年 12 月，在哥德堡举行的欧盟峰会上，他推动通过了一个为期七年的加入国劳动人口自由流动的等待期的决议，以封闭德国的劳动力市场，防止移民。

　　德国希望进行欧盟财政政策改革，施罗德在 2002 年 6 月接受《法兰克福汇报》的采访时表示，拒绝进一步承担更多的负担。"新的直接援助对德国来说太昂贵了！欧盟的扩大要求那些多年来享受布鲁塞尔帮助的国家现在必须放弃一些东西。"[②] 其中"那些国家"是指西班牙、法国和爱尔兰，它们是农业补贴的三个最大受益者。但面对改革反对者大军，施罗德只取得了部分成功：加入国最早将在 2004 年获得直接援助，但到 2013 年才可以达到现有成员的受援水平，农业政策的总支出将保持在希拉克要求的 453

① Stephan Bierling, *Vormacht Wider Willen: Deutsche Außenpolitik von der Wiedervereinigung bis zur Gegenwart*, München: Verlag C. H. Beck, 2014, p. 123.

② "Schröder stellt sich gegen EU-Kommission", *Frankfurter Allgemeine Zeitung*, 16.06.2002, https://www.faz.net/aktuell/politik/eu-politik-schroeder-stellt-sich-gegen-eu-kommission - 161793.html.

亿欧元的水平，但从 2007 年开始冻结。

施罗德对东扩的历史意义深信不疑，为此他把德国财政利益放在一边。2002 年 12 月 4 日，在联邦议院的一次辩论中，他争辩说，扩大不应该以"零成本"为代价，因为"我们德国人将从政治以及经济上获益"[①]。这次会议后不久，2002 年 12 月 13 日，欧盟国家元首和政府首脑们在哥本哈根决定在 2004 年 5 月 1 日接纳 12 个候选国中的 10 个国家加入联盟。在此次峰会上，波兰向欧盟要价高昂，并顽强地同欧盟进行了计划外的三轮艰苦谈判，时间长达 10 个半小时。波兰曾一度拒绝欧盟的最后立场，迫使欧盟在晚间重新协调，并最终同意了波兰的要求。施罗德曾坚决反对波兰的要求，但在会晤间歇也不得不表示，"欧盟东扩没有波兰是不可思议的"。后来施罗德承认，在他任职期间，他"不得不学到，德国只能以豪猪（以棘刺闻名——笔者注）相爱的方式在欧洲发挥领导作用——非常小心"。这 10 个国家的加入使德国纳税人在 2004 年至 2006 年期间向欧盟额外转移了 27 亿欧元。

十　推动土耳其入盟谈判

科尔在其任期结束时曾公开反对土耳其加入欧盟，但施罗德和菲舍尔看重的是土耳其迅速增长的经济和战略重要性，坚决主张接纳土耳其入盟。施罗德和菲舍尔认为，与土耳其的入盟谈判是影响土耳其人权、民主和保护少数民族等的最佳途径。另外，选举因素也是施罗德政府支持土耳其入盟的原因之一。在 1998 年联邦议院选举中，有资格投票的 16 万取得德国籍的土耳其人中，70% 投票给社民党，17% 投给绿党。在红绿联邦政府对公民法进行改革后，土耳其裔选民的数量在 2002 年上升到 40 万，他们几乎都希望土耳其加入欧盟。

然而，在 1999 年 6 月举行的欧洲理事会科隆首脑会议上，德国希望能给予土耳其入盟候选国的地位，却未能如愿。希腊和瑞典否决了该提案。

---

① Deutscher Bundestag, *Stenografischer Bericht, 13. Sitzung*, Plenarprotokoll 15/13, Berlin, Mittwoch, den 4. Dezember 2002, https://www.bundestag.de/dokumente/protokolle/plenarprotokolle.

1999 年 12 月，赫尔辛基欧洲理事会达成了一项妥协：原则上给予土耳其入盟资格，但没有确定开始谈判的日期，这似乎无限期地推迟了这个问题。然而，在接下来的三年里，土耳其加快了改革步伐。2002 年，欧盟还没来得及做出下一个决定，此时德国联邦议院选举即将到来，施罗德担心联盟党①可能会利用这一问题。事实上，54% 的德国人反对土耳其加入欧盟，只有 28% 的人赞成。2002 年大选连任后，施罗德加快了推进土耳其入盟的步伐。他与希拉克一起，在 2002 年 12 月哥本哈根举行的欧盟首脑会议上制订了一个分步计划：如果各国元首和政府首脑于 2004 年 12 月在委员会的报告和建议基础上做出土耳其符合哥本哈根标准的决定，欧盟将毫不拖延与土耳其展开加入欧盟的谈判。

2004 年 12 月，布鲁塞尔欧洲理事会决定遵循委员会的建议，于 2005 年 10 月 3 日开始与土耳其进行正式的入盟谈判。在德国内部，这一步骤是有争议的。联盟党担心土耳其的加入会使欧盟的整合能力捉襟见肘，相反，它们主张建立"特殊权利伙伴关系"。菲舍尔反驳说，特别是在"9·11"事件之后，支持阿拉伯世界的转型进程非常重要。希拉克与大多数欧盟领导人支持德国政府，但由于奥地利以否决相威胁，欧盟外交部长们在 2005 年 10 月 3 日午夜前才与土耳其达成"谈判框架"。"谈判的共同目标是加入"，但文件规定了条件和限制。尽管欧盟为候选国设定的入盟标准比以往任何时候都要高，但土耳其立即同意了谈判框架。因此，在《欧盟宪法条约》被搁置 4 个月后，在因竞选失败下台后不到两个星期，红绿政府也算是实现了一个重要的欧洲政策目标。

小 结

外界对于施罗德红绿联合政府的外交政策褒贬不一。

"一体化主义者"对此大加批评。例如，科尔认为，红绿政府同意过早

---

① 联盟党是指德国基督教民主联盟（简称基民盟，CDU）及其在巴伐利亚州的姊妹党基督教社会联盟（简称基社盟，CSU）。

接纳希腊加入欧元区和放宽以及削弱《稳定与增长公约》是两个错误的政治决策，它们不但对欧元稳定造成不利影响，更使整个欧洲都深受其害。欧元不仅是一种支付手段，更是欧洲实现政治一体化的先决条件。而红绿做出这两个决策既不是为了维护德国的利益，也不是为了维护欧洲的利益，而是完全出于政党政治利益的考虑。科尔认为，1998 年红绿政府执政后，推迟了对德国而言重要的改革和整固措施，出于选举策略对一些改革建议加以阻挠。施罗德在其任期结束前也认识到了这些失误，并在内政上调整了路线。科尔批评红绿政府置德国、欧洲和整个世界的未来于度外，优先考虑日常政治的得失以及政党政治和选举策略因素。另外，科尔还认为，施罗德主张走"德意志道路"，结束以美国为标杆的时代，给德国的欧洲政策以及与美国的关系带来了严重的负担。[①]

一些政治家、理论家认为，施罗德执政的红绿联合政府将德国引入了"正常的""德意志道路"，德国人不必再隐藏自己，应该为自己、为欧洲担负起责任。例如，历史学教授格雷戈尔·溯尔根（Gregor Schöllgen）认为，施罗德总理把德国送上了"德意志道路"[②]，德国由此出发，展现出来的新的自信并没有引起邻国的担忧。如前文所述，在德国刚统一时，其他欧洲国家对于因统一而形成的一个过于强大的德国表现出了担忧和害怕。溯尔根教授认为，在施罗德时期，以前的害怕已经让位给"对于一个地处欧洲中部无法被治愈的病夫的担心"。溯尔根认为，跨大西洋时代已经终结，欧洲完全不必隐藏自己。此时的欧洲人虽然有不足之处，但他们能够完成别人无法完成的事情。[③] 德国社民党政治家、"新东方政策"的理论奠基人艾根·巴尔（Egon Bahr）认为，"德意志道路"是理所当然的，而且

①〔德〕赫尔穆特·科尔：《忧心欧洲：我的呼吁》，郑春荣、胡莹译，同济大学出版社，2015，第 52～55 页。

② Gregor Schöllgen, *Der Auftritt-Deutschlands Rückkehr auf die Weltbühne*, Berlin/München: Propyläen Verlag, 2003, p. 133.

③ Gregor Schöllgen, *Der Auftritt-Deutschlands Rückkehr auf die Weltbühne*, Berlin/München: Propyläen Verlag, 2003, pp. 159–163.

是正常的。巴尔认为，"德国不应逃避历史，也不应成为历史的俘虏。我们已经长大，自己对自己的道路负责，当然也包括自己所犯的错误"。① 德国特里尔大学政治学教授毛尔认为，要用"文明力量"理论来评价红绿联合政府的外交政策。毛尔指出，虽然红绿联合政府一直致力于国际关系的文明化，但政策结果与预期相差甚远。②

施罗德时期，德国外交政策经历了巨大的转折，不仅让人看到德国向"一个拥有主权的德国的正常状态"的回归，还让人看到德国的克制文化传统被打破。中国学者吴江在其著作《平衡的艺术：德国红绿联合政府外交研究（1998~2005）》中指出，不同的国际关系变量形成合力，共同导致德国外交面临不同平衡术的挑战。在应对这些平衡术的过程中，红绿联合政府的外交形成了"克制文化"和"责任文化"交织共生的特点。而在默克尔时代，虽然红绿联合政府已经退出了联邦层面的政治舞台，但是"责任文化"与"克制文化"相交织的德国外交平衡的挑战一直在继续。③

第三节　默克尔时期的欧洲政策

2005 年 11 月，默克尔在德国第 16 届联邦议院选举中当选为联邦总理，其所在的联盟党与社民党组成了大联合政府。默克尔上任之际，正值欧盟处于动荡时期：2005 年初夏，《欧盟宪法条约》被否决，使欧盟陷入严重的危机，欧盟发展陷入停滞状态。希拉克因为公投失利而无能为力；施罗德因推进《2010 议程》而使国内陷入政治动荡，并且失去了大选；布莱尔的政治威信因日益恶化的伊拉克战争而被削弱。所以默克尔当选总理后，

---

① Egon Bahr, *Der Deutsche Weg-Selbstverständlich und normal*, München: Karl Blessing Verlag, 2003, pp. 145 – 155.

② Hans Maull, Sebastian Harnisch and Costanin Grund, eds., *Deutschland im Abseits? Rot-grüne Außenpolitik 1998 – 2003*, Baden-Baden: Nomos Verlag, 2003, p. 17.

③ 吴江：《平衡的艺术：德国红绿联合政府外交研究（1998~2005）》，社会科学文献出版社，2016，第 10 页。

欧洲政策对默克尔来说是一个可以有所作为的领域。

自 2008 年以来，欧盟经历了多重危机，因此默克尔也被称为"危机总理"。在应对危机的过程中，德国的领导地位和领导作用更加凸显。其他成员国在很多时候也默认和接受德国的引领，有时甚至对德国寄予厚望。2013 年，默克尔第三次当选总理后，公开宣誓将实行更为积极的外交政策，承诺在欧盟内承担更大的责任。但事与愿违，随着全球秩序和国际形势的变化，特别是近年来民粹主义上升，欧美关系的变化，德国政治生态也出现了前所未有的结构性改变，德国引领欧盟改革及应对危机的能力和意愿受挫，德国的领导作用有所削弱。

一 默克尔以经济实力和谈判技巧破局

2005 年 12 月中旬，在当选德国总理几个星期后，默克尔在布鲁塞尔的欧洲理事会上成功地打破了在欧盟财政框架问题上长期存在的僵局，德国在未来财政负担分担上做出了让步。默克尔同意从 2007 年到 2013 年，德国将以国内生产总值的 0.43% 向布鲁塞尔支付更多的费用，超过 2004 年的 0.37%，也超过其他国家。她还同意放弃为德国东部地区保留的 1 亿欧元，用以支持波兰。默克尔就像她的欧洲政策导师科尔一样，利用德国的经济实力来推动欧盟的发展。而随着欧盟国家从法国和荷兰的公投否决中清醒过来，2006 年，可以明显地看到欧盟大多数成员国希望在原则上坚持宪法程序。

2007 年 1 月 1 日，德国接任欧盟理事会主席国，此时德国面临着为欧盟进一步行动制定路线图的任务，默克尔成功地完成了这一任务。2007 年 3 月底，在庆祝《罗马条约》签署 50 周年之际，欧盟所有成员国领导人共同发表了《柏林宣言》，在这份宣言起草的过程中，默克尔力排众议，提出欧盟"应在 2009 年的欧洲议会选举中建立新的共同基础"[①]。2009 年欧洲

---

① "Berliner Erklärung", 25. März 2007, https://www.france-allemagne.fr/Berliner-Erklarung – 25-Marz – 2007, 1942. html.

议会选举这个时间点造成了"有益的时间压力"。2007 年 6 月 14 日，默克尔在政府声明中指出："最近几周，有争议的问题已经被减少到可控的数量。然而，其中一些问题的确还很棘手。"①

几天后在布鲁塞尔举行的欧洲理事会上，默克尔以她高超的谈判技巧促成欧洲理事会就政府间会议授权草案达成一致，解决了所有的争议问题。政府间会议应在 2007 年底前完成其工作。欧盟委员会主席巴罗佐称赞说："德国担任主席国期间取得的成功，在几个月前，甚至在几天前，许多人认为是无法实现的。"② 但德国也不得不接受对《欧盟宪法条约》的让步，其中有象征性的内容，如放弃宪法、国旗和国歌等术语以及"欧洲外交部长"的头衔等；但也有实质性的内容，如新设英国"选择退出"的选项（"Opting-out"-Möglichkeiten）以及对波兰做出让步，即尼斯的双重多数投票方案将适用到 2017 年，并在之后持续对小国形成特殊保护。在默克尔的推动下，理事会达成的最重要的成果是，2007 年 12 月 13 日签署的《里斯本条约》使欧盟走出了停摆两年多的危机。

在欧洲一体化陷入停滞后，民众中欧洲怀疑论者增加，因此默克尔还致力于寻找一个可以让欧洲怀疑论者的眼球重回到欧盟的议题。2007年 1 月，默克尔在作为理事会轮值主席向欧洲议会发表的就职演说中强调，她希望在欧盟春季峰会和德国担任主席的八国集团峰会上"为从2012 年起达成全球气候协议奠定基础"③。3 月，在德国的领导下，欧盟的国家元首和政府首脑同意推动欧盟成为气候保护的先锋，目标是到

---

① "Bulletin Der Bundesregierung, Nr. 65 – 1 vom 14. Juni 2007, Regierungserklärung von Bundeskanzlerin Dr. Angela Merkel zum Europäischen Rat in Brüssel am 21. /22. Juni 2007 vor dem Deutschen Bundestag am 14. Juni 2007 in Berlin", https://www. bundesregierung. de/resource/blob/975954/766116/cbab01002a2fa6d3b583278be7e1a1d2/65 – 1-bk-data. pdf? download = 1.

② Auswärtiges Amt, "Bilanz der deutschen Ratspräsidentschaft", 27. 06. 2007, https://www. auswaertiges-amt. de/de/newsroom/070627-bilanzpraesidentschaft/222572.

③ "Bulletin Der Bundesregierung, Nr. 04 – 2 vom 18. Januar 2007, Rede von Bundeskanzlerin Dr. Angela Merkel vor dem Europäischen Parlament am 17. Januar 2007 in Straßburg", https://www. bundesregierung. de/resource/blob/975954/766008/52f56a079cc0136046778a24af5f5160/04 – 2-bk-data. pdf? download = 1.

2020 年，可再生能源将占欧盟能源消费的 20%，污染物排放将减少 20%。有了这个结果，默克尔在 2007 年 6 月初的海利根达姆（Heiligen-damm）八国集团峰会上成功地说服了对气候保护持极端怀疑态度的美国总统布什参与后京都进程。

然而，2008 年底美国房地产次贷危机和金融危机发生后，由于经济大规模滑坡，在欧盟国家，甚至是在从危机中恢复较快的德国，气候政策也被放在次要位置。在接下来的一年里，当涉及欧盟关于二氧化碳限制的具体协议时，默克尔采取了软性路线。她实现了确保汽车排放准则不会像委员会希望的那样最早在 2012 年适用，而是在 2015 年才开始适用，并且从 2019 年起才会实施罚款的目标。默克尔还实现了对能源密集型企业的特别保护，为欧盟的排放交易系统分配了免费的污染配额。这一立场反映了这样一个事实，即德国的经济比任何其他同等规模的国家更依赖于工业产品的出口，特别是昂贵汽车的销售。在 2008 年 12 月中旬欧盟峰会召开前不久的一份政府声明中，默克尔直接谈到了这个问题。"推动汽车制造商为保护世界气候而投资，而他们最终在经济上无法负担。对他们进行惩罚，使他们处于不利地位，这实在不公平……现在欧盟的情况是，到目前为止，我们是工业密集度最高的国家……我们愿意让德国成为欧洲经济前进的火车头。但是，只有在我们可承受的条件下，并且在我们的企业不流失的情况下，这才能进行。"① 与她的前任一样，默克尔也对德国汽车工业倍加关注。在德国的压力下，2013 年 6 月底的欧盟峰会推迟了委员会、欧洲议会和理事会主席国在"三边对话"（Trilog）中达成的妥协，即规定从 2020 年起每辆车每公里的最大污染物排放量为 95 克二氧化碳。这也表明，默克尔再次希望尽可能地降低德国高端制造商的负担。

---

① "Bulletin Der Bundesregierung, Nr. 133 – 1 vom 4. Dezember 2008, Regierungserklärung von Bundeskanzlerin Dr. Angela Merkel zum Europäischen Rat in Brüssel am 11. /12. Dezember 2008 vor dem Deutschen Bundestag, am 4. Dezember 2008 in Berlin", https://www. bundesregierung. de/resource/blob/975954/767830/7debe9da1774c056af30f8bd740732aa/133 – 1-bkin-data. pdf? download = 1.

二 多重危机中默克尔的欧洲政策①

在默克尔任期内，欧盟经历了欧债危机、乌克兰危机、难民危机、新冠肺炎疫情等多重危机，默克尔凭借其卓越的政治才能和政治威信，领导欧洲度过了危机，被外界称为"危机总理"。

（一）欧债危机中默克尔在欧洲政策与国内政治之间施展平衡术

2008年，由于德国担任主席国的成功，欧盟似乎重新站稳了脚跟，而此时爆发了全球金融危机。它动摇了欧洲货币联盟的基础，并将欧盟带入一场长期的生存斗争。伙伴的期待和国内的民意成为欧债危机中德国欧洲政策天平两端的砝码。

在对希腊的援助计划中，德国基本上面临着与海外军事干预相同的困境：一方面，伙伴国期望德国为抗击危机做出巨大贡献；另一方面，德国民众不希望承担沉重的义务。但二者之间也有差异：首先，德国因其经济实力成为欧债危机中最重要的行为体，不像在外部军事任务中那样在美国、英国或法国的夹缝中行动；其次，欧洲一体化是德国外交政策中最重要的目标，不应受到影响；再次，德国是欧盟最大的出口国，欧洲经济的稳定对德国意义重大；最后，公民对巨额援助计划和欧洲央行货币政策规则的软化的抵制，甚至比对德国进行海外军事部署的抵制还要强烈。默克尔发现自己处于两极矛盾之中，外交政策的要求和国内政治的偏好处于一个天平的两端。

也正是由于国内政治的原因，在欧盟达成7500亿欧元的救助计划后，法国总统萨科齐公开宣布自己是欧盟峰会的赢家，而非默克尔。默克尔却表现得非常低调，其中部分原因是由他们各自的性格所致。默克尔不习惯炫耀，而戏剧性的表演和胜利的姿态是法国总统的天性。另外，法国和德国国内的政治局势需要其领导人表现出不同的公开立场。萨科齐必须证明，

---

① 本书第五章将对默克尔任内的危机应对进行详细的案例分析，为避免内容上的重复，本节仅进行粗略阐述。

德国并不能单独决定欧洲货币联盟的命运。默克尔却不能向国内民众吹嘘达成了救助计划，因为德国民众会因此担心德国人必须承担欧元救助的大部分费用，当时党派内部、国内政治的压力也不允许她那样做。

总体上说，默克尔对欧债危机的处理在政治上是成功的。默克尔在其第一个任期内在外交政策领域已经赢得了很高的声誉。2008 年年中，福萨（Forsa）的民调结果显示，85% 的公民认为她在世界范围内很好地代表了德国。在欧债危机中，绝大多数德国人认为默克尔在困难的情况下尽到了职责，防止了欧洲灾难性地解体；同时也没有做出过多的财政让步，维护了德国的经济利益。德国政府的说法是：我们保证，勤俭的德国人只会做绝对必要的事情，以迫使不负责任的南欧人推行稳健的经济政策。这句话当时在德国国内政治中得到普遍认同。欧债危机是德国自统一以来面临的最大的外交政策挑战，却在联邦议院选举中几乎没有发挥任何作用，默克尔的对手——社民党总理候选人佩尔·施泰因布吕克（Peer Steinbrück）没有办法对政府的政策进行根本性的批评，因为社民党支持默克尔政府应对欧债危机的措施。这无疑是默克尔应对危机战略的成功。

尽管默克尔总理拥有很高的战术技巧，但她也没能获得对欧债危机绝对的掌控力。有记者将一篇对默克尔与欧盟关系的分析文章拟名为"没有激情的欧洲政策"①。尤尔根·哈贝马斯指责默克尔"安分守己地混日子"。事实上，默克尔本应当更强烈地强调欧元对德国经济福祉的必要性，并对质疑共同货币所带来的巨大代价提出警告。只有这样，才有可能使非常态的救助措施合法化，并压制住日益高涨的反欧元怨气。由于默克尔没能做出这些应有的解释，因此为 2013 年 2 月成立的德国选择党（AfD）的崛起提供了便利，该党提出了反欧元和解散货币联盟的主张。2013 年 9 月 22 日的选举结果或许是对默克尔作为德国领导人"失职"的一种反应。德国选择党以 4.7% 的得票率险些进入联邦议院，但它从联盟党特别是从自民党那

---

① Judy Dempsey, "Das Phänomen Merkel: Deutschlands Macht und Möglichkeiten", https://www.koerber-stiftung.de/fileadmin/bookshop/leseproben/Dempsey_Merkel_Leseprobe_26.pdf.

里吸引了大量的选票，以致于后者无法继续参与执政联盟。

（二）乌克兰危机中默克尔代表欧盟协调美俄关系

由于两次世界大战带来的沉痛教训，二战后，德国形成了"克制文化"的传统，在外交政策上奉行和平主义、反军事主义和多边主义的理念，在国际危机与冲突中多持保留立场。近年来，伴随着欧洲一体化的进程，德国在欧洲地位的不断提高，德国有意在国际事务中承担更多的责任，这就需要突破原本在其外交政策中所奉行的和平主义和"克制文化"的限制。

在处理欧债危机的过程中发挥了主导作用的默克尔于 2013 年第三次当选联邦总理，在组阁协议中，联盟党与社民党组成的大联合政府表现出积极参与建构国际秩序并为危机和冲突的解决做出贡献的意愿。① 自 2013 年起，德国政要在公开场合就德国外交政策的调整进行舆论造势。2013 年，在德国统一日的演讲中，德国总统高克要求德国在欧洲"承担更多的责任"。2014 年 1 月，在第 50 届慕尼黑安全会议开幕式上，德国总统高克、外交部长施泰因迈尔和国防部长冯德莱恩提出，德国必须时刻准备在外交与安全政策上更早、更果断且更实质性地投入。② 学界认为，德国借此宣示准备放弃僵守"克制文化"，开始尝试推行积极有为的外交政策。2014 年 8 月，在驻外大使返回德国外交部的年度会议上，外交部长施泰因迈尔发表讲话，重申了他的外交原则，呼吁德国采取更为积极的对外政策，必须勇于承担更多的责任。而 2015 年 2 月，在第 51 届慕尼黑安全会议开幕式上，德国国防部长冯德莱恩直接表示，德国已经做好准备在国际事务中发挥领导作用，她还陈述了德国可进行"有为外交"的一些具体形式。③ 如果说

---

① CDU, CSU and SPD, "Deutschlands Zukunft gestalten. Koalitionsvertrag zwischen CDU, CSU und SPD", 18. Legislaturperiode, Berlin, 2013, p. 10, https://archiv. cdu. de/sites/default/ files/media/dokumente/koalitionsvertrag. pdf.

② "Reden auf der MSC 2014", https://securityconference. org/msc‒2014/reden/.

③ Ursula von der Leyen, "Manuskript der Rede der Bundesministerin der Verteidigung, Dr. Ursula von der Leyen, anläßlich der 51. Münchner Sicherheitskonferenz München", 6. Februar 2015, ht-tps://securityconference. org/assets/02_Dokumente/03_Materialien/Redemanuskript_BMin_von_ der_Leyen_MSC_2015. pdf.

德国总统高克的演讲中对德国外交政策调整的最终目标还不够明确的话，那么冯德莱恩的讲话已经将德国外交政策的调整方向准确无误地表达了出来，即德国要在欧洲政治舞台担当领导者。①

但从民调上看，德国外交政策更多地介入国际事务并不是公众舆论乐见的话题。2014 年，受外交部的委托，科尔伯基金会进行的民调显示，只有 30% 的德国人支持德国承担更多的责任，而 70% 的人持怀疑的态度。②

2013 年 11 月底爆发的乌克兰危机恰恰为德国推行积极有为的外交政策开启了有利的"时机之窗"，但它同时也是这一政策能否取得成功的"试金石"。

在乌克兰危机中，欧美的战略意图有所不同。美国将乌克兰危机视作削弱俄罗斯战略地位的难得的机会，同时，美国意欲借此次危机加强北约的角色，希望通过将乌克兰纳入北约，扩大北约的地缘政治范围。但是，德国等欧盟国家并不希望德俄关系、欧俄关系紧张升级。此时，德美关系正因为"棱镜门"特别是默克尔手机"窃听门"以及德国安全局"间谍门"事件陷入信任危机。所以，美国认识到自己的尴尬处境，认识到其自身在乌克兰危机中可能无法发挥太大的作用，倚重德国是较好的选择。2014 年 5 月初，默克尔访美，在与奥巴马共同出席的新闻发布会上她坦率地说出了欧美对于乌克兰危机的分歧："很明显，美利坚合众国和欧洲联盟对乌克兰发生的事件有着非常不同的评估，但我们一直在一起商讨……"③美国总统奥巴马在发布会上也表示，他非常感谢安格拉在乌克兰危机中发挥的强大的盟友的作用。美国在乌克兰危机中把领导权让位给德国，为德国在该危机中担任领导者的角色提供了空间。乌克兰危机增强了北约在维

---

① 杨解朴：《德国统一 25 周年：德国是一支怎样的力量?》，《当代世界》2015 年第 10 期，第 41 页。

② 同济大学《德国研究》编辑部：《德国快讯》2014 年第 16 ~ 17 期，http://dgyj. tongji. edu. cn/express. aspx。

③ "Pressekonferenz von Bundeskanzlerin Merkel und Präsident Obama am 2. Mai 2014", https://www. bundeskanzlerin. de/bkin-de/aktuelles/pressekonferenz-von-bundeskanzlerin-merkel-und-prae-sident-obama-am – 2-mai – 2014 – 845976.

护欧洲安全中的作用，同时拉近了欧美和德美之间的关系。例如，在威尔士峰会上，北约决定成立一支名为"尖锋"的快速反应部队，以进一步加强北约的军事能力和联合防卫实力，对此德国也未反对。不过，德国依然拒绝乌克兰加入北约，并且不赞成取消北约于 1997 年与俄罗斯就限制西方在东欧与俄罗斯边界附近驻军达成的协议。①

在与俄罗斯的关系上，虽然默克尔时期德俄之间不再是施罗德时期的"特殊关系"，但德俄两国依然是经贸、能源上的重要伙伴。俄罗斯是德国长期以来最重要的能源供给国，德俄之间经贸往来密切、贸易额巨大，德俄在政治外交上的紧张关系极有可能影响到德国的经济利益。然而，在乌兰危机中，德国对待俄罗斯的态度随着危机的演进变得越发强硬，德国甚至不惜损害自身的经济利益而率领欧盟其他国家制裁俄罗斯。与德国在 2008 年面对俄罗斯与格鲁吉亚战争时不愿对俄施加任何制裁的表现相比，在乌克兰危机中德国对俄态度的转变更为明显。德国的外交政策之所以会在此次乌克兰危机中出现上述调整，原因是多方面的。首先，德国曾经希望通过加强与俄罗斯的经贸联系加快俄罗斯国内的政治现代化及民主进程。但在多年的政治实践中，德国发现俄罗斯的政治精英显然只对技术转让和投资感兴趣；普京 2012 年重新就任总统后，德国政治精英认为，俄国内政治发展趋势不符合西方价值观，对俄不再抱有"以接近促转变"的幻想。其次，随着美国战略的东移以及德国在欧盟地位的提升，德国致力于构建包含俄罗斯在内的欧洲安全体系。在 2013 年德国政府的《联合执政协议》中强调了欧洲的安全只能与俄罗斯共同实现，没有俄罗斯的参与或与之对抗都无法达成。② 在乌克兰危机中，俄罗斯在克里米亚采取军事行动完全出乎德国预料，德国政府不得不重塑其俄罗斯政策，做好接下来俄罗斯不予

---

① 郑春荣、朱金锋：《从乌克兰危机看德国外交政策的调整》，《同济大学学报》（社会科学版）2014 年第 6 期，第 41～42 页。

② "Deutschlands Zukunft gestalten. Koalitionsvertrag zwischen CDU, CSU und SPD", 18. Legislaturperiode, Berlin, 2013, p. 170, https://archiv.cdu.de/sites/default/files/media/dokumente/koalitionsvertrag.pdf.

以合作的准备。也就是说，德俄两国之间关系的疏远及分歧与冲突的增多，使得德国在此次乌克兰危机中展现出了对俄罗斯更为强硬的一面，同时由于此次危机事关欧洲的和平秩序，俄罗斯通过兼并克里米亚及其在乌东部的行为对这一秩序提出了挑战，德国作为欧盟的领导力量，必须捍卫这一欧洲秩序。

（三）默克尔的难民政策削弱了其欧盟层面和国内层面的支持率

在欧债危机及乌克兰危机中德国在欧盟的领导地位和领导角色凸显，但当世人将关注的焦点落在德国将如何在欧盟继续发挥领导力的时候，2015 年汹涌而至的难民危机挫伤了德国的锐气。默克尔在解决难民危机的过程中在欧盟层面经常碰壁，在国内政治层面也因其难民政策而丢失了选票，拉低了其所在联盟党的支持率。

在两德统一 25 年后的 2015 年，德国已经成为欧洲政治的领导者。德国的经济实力以及在处理国际危机中的表现使其从欧盟决策集体中凸显，被推到欧洲政治的舞台中央。面对不断升级的难民潮，在谋求欧洲国家共同解决难民危机迟迟未果的时候，德国希望借助自身的行为为其他欧洲国家树立解决难民危机的标杆。默克尔公开高调表态，德国对于接收难民的数量将"上不封顶"，并在多个场合表示"我们可以做到！"（Wir schaffen das！）涌入德国的难民对默克尔心存感激，德国也受到国际社会的一致好评，被称赞为"负责任的大国"。

默克尔也因此被媒体冠以"自由世界的总理"的光环。2015 年，默克尔当选为美国《时代周刊》年度人物，该刊将默克尔称为"自由世界的总理"。该刊主编南希·吉布斯说，默克尔在 2015 年三次拯救了欧洲，使其免于崩溃：当希腊破产威胁到欧元区的生存时，默克尔以严格的条件拯救了希腊；当难民危机挑战边界开放原则的时候，默克尔将难民视为伊斯兰极端恐怖的牺牲者而不是恐怖的携带者并接纳他们；当巴黎发生暴恐事件，人们要修建围墙、关上大门时，默克尔继续坚持原有的难民政策，并向海外派兵打击"伊斯兰国组织"。在这样的光环下，已经执政 10 年的默克尔总理在道德的制高点上，通过执行"上不封顶"的难民政策做到了"言行一致"和"政治正确"。

然而，默克尔的难民政策遭到反对党和执政联盟内部的批评和抵制。其中，德国选择党的观点最为强硬，它们要求实施严厉的避难法，提出关闭边境，只接受获得难民权的难民。基民盟的姊妹党——基社盟批评默克尔释放了错误的信号，引起难民人数激增，要求默克尔发出德国已经到达接纳难民的极限的信号，为难民数量设置"国家上限"。基社盟是巴伐利亚州的执政党，而该州是德国迎接难民的门户，蜂拥而至的难民让该州不堪重负，该州的一个地方官将一巴士的难民送至柏林总理府前，表达其对默克尔现行难民政策的不满。默克尔所属的基民盟内部也对默克尔的难民政策进行公开批评：2015 年 10 月，34 名该党议员集体写信给默克尔，强调对难民"门户开放"既不符合德国和欧洲法律，也不符合基民盟的政策。2016 年 1 月，联盟党的 44 名议员（其中 41 名基民盟议员，3 名基社盟议员）再次署名向默克尔发出请求信，要求其改变目前的难民政策，重新严格遵守《都柏林公约》。[①]

默克尔难民政策导致其个人及基民盟的支持率均有所下降，基民盟在 2016 年的联邦州选举中承受不小的压力。在"德国电视一台德国趋势"的调查中，公众对默克尔的满意度从 2015 年 1 月的 71% 下降到 2016 年 1 月的 58%，基民盟的支持率也从 41% 下降到 39%。面对基民盟内对默克尔难民政策的批评之声，为保证在联邦州选举中取得胜利，基民盟副主席朱丽叶·克洛克纳在 2016 年 1 月中旬的基民盟闭门会议上直言不讳地要求那些批评者"闭嘴"。

在欧盟层面，各成员国在解决难民危机问题上却难以团结一致，欧盟难民问题的协调机制效率低下。欧盟层面勉强达成的 16 万难民的配额与涌入欧洲的难民数量相比简直是杯水车薪。默克尔要求欧盟国家按照配额接

---

① "44 Unionsabgeordnete gegen Merkel", *Der Spiegel*, 19.01.2016, http://www.spiegel.de/politik/deutschland/fluechtlingskrise－44-unionsabgeordnete-unterschreiben-merkel-brief-a－1072732.html.

受难民的政策遭到多个欧盟国家尤其是东欧国家的批评和拒绝。多个国家批评默克尔的难民政策是造成欧洲难民危机不断恶化的根源之一，包括欧盟理事会主席图斯克在内的一些政要呼吁德国改变其难民政策。巴黎暴恐事件发生后，许多欧洲民众将穆斯林难民/移民与恐怖袭击相联系，对欧洲国家进一步接收难民进行抵制。

在这种背景下，各成员国对于进一步接纳难民自行其是、各有说辞。英国没有参与欧盟难民配额计划，但同意接纳叙利亚邻国难民营中的 2 万难民。对于进一步接纳难民，首相卡梅伦说，每年 30 万的净移民人数对英国而言已经难以为继，英国将在 2017 年举行全民公决决定是否退欧，民众对难民的抵制情绪会对全民公决造成不利影响。按照欧盟难民配额计划，法国将接纳 2.4 万难民。在巴黎暴恐事件发生后，法国反难民的极右翼政党在地区选举中获得了空前支持，这将不利于法国进一步接收难民。在接纳难民问题上，一些东欧国家原本就严格控制，巴黎暴恐事件发生后更是威胁拒收难民，波兰极右翼政府上台后完全改变了前政府支持欧洲政策的做法，不再履行欧盟的难民配额计划。科隆事件后，波兰和捷克等国实行了更严格的审查制度，而斯洛伐克总理直接宣布将拒绝接受穆斯林难民。瑞典是第一个向叙利亚难民发放永久居留权的国家，2015 年，瑞典接收了超过 16 万难民的申请。随着难民危机愈演愈烈，2015 年 11 月，瑞典首相勒文宣布该国已没有能力继续执行宽松的难民接收政策，将采取措施减少进入瑞典的难民数量。科隆事件后，包括瑞典、丹麦在内的北欧国家纷纷加强了边境管控措施，不能出示有效证件的人员被拒绝入境。如果欧盟各国重启边境控制，将意味着欧洲一体化的严重倒退。

2016 年 3 月，为缓解国内、国际政治舆论的重压，默克尔将土耳其作为解决难民问题的重要抓手，力推欧盟与土耳其达成旨在减少从巴尔干一线进入德国（欧盟）难民数量的《欧土协议》。根据该协议，非法入境欧盟的难民将被遣送回土耳其，同时欧盟将按 1∶1 原则帮助安置土耳其境内的叙利亚难民。欧盟向土耳其提供数 10 亿欧元的援助，并承诺加快土耳其入盟谈判、给予土耳其公民进入申根区的免签待遇。在其后的谈判中，欧盟认为，只有当土耳其满足欧盟设定的 72 项条件，才能给予其公民进入申根区的免签待遇，但土耳其还有 5 项条件尚未达标，其中双方就是否修订土耳其反恐法案严重对立。为打破僵局，双方决定将欧洲议会的表决推迟到 2016 年 10 月。土耳其外长曾威胁欧盟，如果 2016 年 10 月土耳其公民还不能享受免签入境申根区的待遇，土耳其将废止难民协议。事实上，欧盟在土耳其免签待遇和入盟进程谈判中，使用的是"拖"字诀，而土耳其利用难民问题不断向欧盟要价、劫财。2017 年 4 月 16 日，土耳其通过的修宪公投将改变土耳其的宪政体制。公投的关键内容是将土耳其从议会制改为总统制，总统将拥有更多的权力。这将使土耳其推行了近百年的世俗化努力完全被瓦解，同时使土耳其存在演变为独裁国家的风险，与西方的民主价值观渐行渐远。这样在达成《欧土协议》时所形成的暂时性平衡将可能被打破，埃尔多安不会再为了加入欧盟而继续履行《欧土协议》，欧盟也将彻底关闭接纳土耳其为成员国的大门。随着叙利亚伊德利卜省战事升级，土耳其安置难民的能力和意愿下降。同时，欧盟资金支持力度难以达到土方期待。2020 年 2 月底，土耳其"开闸"放难民进入希腊，难民继而前往欧洲其他国家，而希腊方面动用催泪弹阻止难民入境，难民问题再次激化。

在欧洲层面，难民危机考验了德国在欧洲的领导力，欧洲联合的脆弱性凸显。在这种情况下，德国作为欧盟的主导力量，将继续协调欧盟国家在难民危机中的合作，保卫欧洲的外部边界，严格审查难民身份，减少难民数量。德国还试图积极促进国际社会的广泛参与；欧盟仍在积极与土耳其协商，希望其承担更多的接纳难民的义务；同时对中东北非的难民来源国提供援助，将难民留在这些国家。但事实上这三个方面均存在困难和风险。国际社会在解决难民危机方面很难协调一致，只能依靠各方力量本着人道主义救援的原则，对难民实施救助。土耳其方面表示在难民接收方面已经达到了极限。而对中东北非的难民来源国提供援助存在另一种风险，即它们获得了援助却留不住难民。但无论如何从源头上着手解决难民问题，从而长久地、明显地降低难民人数，应该是最有效的途径。

（四） 新冠危机中默克尔以政治威信领导德国和欧洲

默克尔本人在新冠危机中的表现以及德国政府所采取的控制疫情、恢复经济和保证民生的措施给民众带来了社会安全感，因而提升了政府、联盟党乃至默克尔个人的民众支持率。突如其来的新冠疫情造成德国对欧政策经历了一些波折后，德国比以往更加强调欧洲联合的重要性。2020 年下半年，德国利用欧盟轮值主席国的任期，尝试规划和调整欧盟对内对外政策，力图通过发展关键领域、完善欧盟对外法律制度、构建国际新秩序增强欧盟在全球竞争中的实力和影响力。

面对疫情，默克尔作为接受过良好的科学训练的总理，在多次讲话中以恳切的语气和感同身受的情绪请民众务必认真对待，让民众认识到形势严峻，增加了民众对总理本人和政府的信任。2020 年 3 月 18 日，默克尔就新冠疫情发表的电视讲话对于德国成功抗击第一波疫情起到了关键的作用。她说："自德国统一以来，不，自二战以来，我们的国家还从未面临这样一次必须勠力同心去应对的挑战……"[1] 专家们认为，默克尔的这一演讲对德国民众产生的直接影响力可能为以往历次演讲所不能及，对增强民众的凝聚力、激起共鸣发挥了作用。2020 年 12 月 31 日，默克尔在新年讲话中语重心长地让民众了解到第二波疫情形势异常艰难，"新冠疫情过去是，现在仍然是世纪性的政治、社会和经济挑战。""在过去 15 年里，我们从来没有像今年这样困难。"[2] 默克尔总理被外界称为"危机总理"，在她的领导下，德国联合其他国家带领欧盟走出了欧债危机、乌克兰危机、难民危机。在新冠疫情面前，她在多次讲话中反复强调的中心思想和表现出的情绪让

---

[1]　Angela Merkel, "Fernsehansprache von Bundeskanzlerin Angela Merkel", https://www. bundeskanzlerin. de/bkin-de/aktuelles/fernsehansprache-von-bundeskanzlerin-angela-merkel – 1732134.

[2]　Angela Merkel, "Neujahrsansprache der Bundeskanzlerin: Mit Hoffnung in das neue Jahr", https://www. bundeskanzlerin. de/bkin-de/mediathek/bundeskanzlerin-merkel-aktuell/merkel-neujahrsansprache – 2020 – 1833732.

民众意识到形势的严重性和遵守防疫措施的必要性，对于抗击疫情发挥了很重要的作用。

在抗击新冠疫情的过程中，除了默克尔本人的政治威信发挥作用外，更重要的是，德国政府采取的各类措施对于抗击疫情、稳定经济发挥了作用。从绝对数字上看，德国的确诊病例数与死亡人数都已经相当巨大①，但考虑到德国的人口规模，德国的疫情控制要好于英、法等欧洲国家②。一个国家疫情控制的力度不仅与其传染病防控应急机制、医疗卫生资源、医疗保险制度、社会文化环境等因素有关，更与该国经济和财政实力以及政府治理能力相关。默克尔政府在疫情期间努力做出科学决策，积极应对。在实际操作中，联邦政府试图在控制疫情与经济发展之间维持平衡：以7天每10万居民感染数为50人作为警戒标准，当感染指数超过这一警戒线，政府就会加大防控力度。另外，为了缓解疫情给企业和民众带来的消极影响，德国政府突破了其固守多年的财政政策——"黑零"政策。2020年联邦和各州启动了总额为1.3万亿欧元的经济纾困计划，其中8265亿欧元为联邦和各州提供的政府担保，其余部分联邦负担3971亿欧元、联邦州和市政当局约提供828亿欧元；社保基金支付270亿欧元，其中255亿欧元用于失业和短期工补贴。2021年，联邦政府为抗疫的后续行动额外支出约1840亿欧元，但其中也包括2020年未完全使用或未使用的资金。③

在抗击新冠疫情的过程中，德国经历了从仅关注本国防疫到与其他欧盟成员国共克时艰、捍卫欧洲一体化的转变。德国在疫情暴发初期，并未

---

① 根据德国疾控机构罗伯特·科赫研究所（Robert Koch Institute, RKI）的数据，截至2021年1月31日，德国累计确诊病例为2216363例，累计死亡病例为56945例。参见 https://www. rki. de/DE/Content/InfAZ/N/Neuartiges_Coronavirus/Situationsberichte/Jan_2021/2021 - 01 - 31-de. pdf? _blob = publicationFile。

② 其他国家的统计数据参见：https://www. statista. com/statistics/1105914/coronavirus-death-rates-worldwide/。

③ "Linken-Anfrage an Finanzminister-Corona-Kosten：Bis zu 1, 3 Billionen Euro", 31. 12. 2020, https://www. zdf. de/nachrichten/politik/corona-novemberhilfen-dezemberhilfen-kosten-bartsch - 102. html.

果断向其他欧盟成员国施以援手，而是本着本国优先的原则，限制医用防护物资的出口，关闭申根边境，并且明确反对发行"新冠债券"，德国这种"自扫门前雪"的做法令欧盟的团结和凝聚力遭到质疑，一些政治家认为，德国的做法背离了欧盟的价值理念。随着疫情的发展，面临国内外舆论的压力，德国开始为其他国家提供医疗援助、捐赠医疗物资、收治其他国家的重症患者，并且建议通过打好欧洲稳定机制（ESM）、欧洲投资银行（EIB）和欧盟多年财政预算三种财政工具的"组合拳"疏解经济压力。随后，德国做出关键性让步，与欧元区其他国家领导人共同决定设立用于经济复建的"复兴基金"。对欧元区来说，欧洲复兴基金是一个里程碑式的步骤，它开创了通过欧盟发债来满足共同体共同需求的先例。德国以往在发行共同债券的问题上一向持反对态度，在推行抗疫举措的过程中，德国的态度发生了"U 字形转变"①。这一转变一方面体现了德国对欧洲一体化的内生性需求，另一方面说明新冠疫情的冲击起到了一个外生性的推动作用，可以说是欧盟抗疫措施的制定和实施倒逼了欧洲一体化。同时也应该看到，在欧盟抗疫举措出台过程中，谈判的激烈程度暴露出欧盟内部分歧的蔓延，意味着欧盟国家再次出现紧张关系的风险性还是很高。这也促使德国在其担任欧盟轮值主席国期间致力于加强欧盟内部团结、增强欧盟凝聚力，同时强调欧盟的纪律性和制度规章。

三　德国在欧盟发展与改革中的角色

在欧洲一体化经历了 60 余年的风雨后，成员国的发展与欧盟的未来已经紧密地联系在一起。陷入困境的欧盟需要一场变革来改变目前的危机状态。2017 年，法国总统马克龙雄心勃勃高擎改革大旗，力邀德国并希望得到其支持，而德国的态度却是谨慎小心。

---

① Economist Intelligence Unit, "Country Report：Germany", Generated on January 13th 2021, https：//www-eiu-com. ra. cass. cn：8118/FileHandler. ashx？ issue_id = 850570068&mode = pdf.

（一）陷入困境的欧盟处于变革的路口

国际环境的变化以及欧盟内部的制度顽疾（市场失灵、治理体制不完善、社会认同缺失）使欧盟陷入了困境：民粹主义崛起，成员国之间缺乏团结精神，决策效率低下，经济疲软，欧盟在世界经济和政治中的地位存在下降的风险。面对这些困境，欧洲人对于如何引领欧洲一体化的前途陷入左右为难的境地。意大利埃诺迪经济金融研究院教授路易吉·圭索（Luigi Guiso）和芝加哥大学布斯商学院教授路易吉·津加莱斯（Luigi Zingales）在他们合作的论文《莫奈的错误？》中将欧洲人对待一体化左右为难的这种焦虑心理形容为：欧洲似乎掉进了一个陷阱，既不想后退，又无兴趣前进，但又因经济代价太大而不能维持现状。[①]

德国过去一直是欧洲一体化的忠实拥护和践行者，尤其为应对欧债危机，其凭借强大的经济实力推动欧盟改革，在维护财政纪律、理顺纾困机制等方面取得了不错的成绩。但近年来，德国在欧盟改革问题上较少有主动设计一体化的举措。[②]

法国总统马克龙的欧洲改革方案打破了欧洲人对一体化踯躅不前的状态。马克龙就任法国总统后，提出了重振欧盟的计划，但马克龙雄心勃勃的欧盟改革计划在德国反响寥寥，导致其孤掌难鸣。马克龙深知其改革方案必须得到德国的支持。2017年5月15日，马克龙当选法国总统首日旋即访德，在与默克尔的会谈中他谈到了欧盟改革计划，当时距离德国大选还有4个多月的时间，默克尔就马克龙的改革方案释放的是比较温和的信号。2017年9月26日，德国大选结束后，马克龙在法国高等学府索邦大学面对来自欧洲各地的学生就欧盟改革发表演讲，对欧洲未来数十年发展方向提出规划蓝图。马克龙的欧盟改革计划以民主、创新和保护为主旨，可分为安全、国防、环保、农业、移民、经济发展、教育、欧盟机构改革和欧元区改革9个方面。其改革方案的重头戏是在经济领域，包括鼓励创新、增

---

① 转引自赵柯：《欧洲是否还能重拾"爱的能力"？》，《中国投资》2018年第7期。
② 李超：《德国在欧盟中的领导作用新变化》，《现代国际关系》2020年第4期，第19页。

强欧洲经济实力；统合欧盟经济政策（协调企业税基、征收金融流通税、设立可调整的最低工资政策）用以改善欧盟内部经济发展不平衡，并堵塞共同市场的漏洞；实现共同投资，而共同投资源于共同的税收；在欧元区国家设立联合财政部长，制定强有力的预算，将现有的欧元区纾困机制欧洲稳定机制（ESM）升级为欧洲货币基金（EMF），减轻成员国对国际货币基金组织的依赖。通过多种手段和工具保证欧元区经济增长，以便有力地应对各种经济危机的冲击；敦促欧盟国家接受"多速欧洲"的发展设想；等等。

相较于曾经进行试探性谈判的"牙买加"组合，2018 年最终组阁成功的大联合政府应该是法国总统马克龙更乐见其成的，因为他终于有了一个支持其重启欧洲改革建议的合作伙伴。当时可能组成政府的"牙买加"组合中的黑黄绿三党在欧洲政策上存在严重的意见分歧，在有关欧洲未来的发展方向上，对于马克龙有关建立欧元区共同预算、深化欧元区的提议，绿党以及基民盟的部分成员认为是可以考虑的，而自民党坚决拒绝。当时马克龙或许未能预料德国新一届政府组阁一波三折，将近 6 个月后，大联合政府（黑红）再次组阁，德国人才接住他伸出的"橄榄枝"。

（二）国家利益决定了德国对待欧洲一体化的态度

尽管德国国内存在反欧元、反欧洲一体化的声音，尽管全球范围内贸易保护主义有所抬头、民族主义有所上升，但是，欧盟内部统一大市场的建立以及统一货币欧元的引入使得德国成为欧洲一体化的最大受益者，这决定了德国对欧洲一体化采取坚定的支持态度。2018 年是欧盟统一大市场成立 25 周年，25 年间德国经济已经与欧盟统一大市场血脉相连。德国贝塔斯曼基金会公布的一项研究结果显示，自 1993 年欧盟实现内部四大流通以来，德国每年因内部市场受益 370 亿欧元，相当于每人每年 450 欧元，南欧国家的年人均受益明显较低，意大利每人每年受益 80 欧元，西班牙 70 欧元，葡萄牙只有 20 欧元，同时差距还在不断扩大。① 欧盟是德国最大的出口市场，德国 60% 的出口产品销往欧盟，1/6 的就业依赖于对欧盟的出口。欧元的引入和欧元区的建立，使经济相对较弱的国家失去了依靠汇率调整抗击德国产品的屏障，"德国制造" 得以迅速占领欧盟内部市场，提升了德国经济的竞争力。2017 年底，德国经常性账户盈余占国民生产总值的 7.8%，德国对欧盟国家的贸易盈余一直被布鲁塞尔方面诟病。在当选第四任总理后，默克尔在接受采访时表示，德国对欧盟国家的贸易盈余已经出现下降趋势，目前内需成为拉动经济增长的主要动力，并且今后德国仍会通过扩大内需减少贸易盈余。②

面对美国对外政策的调整、中国的日益强大、俄罗斯政治上一意孤行以及英国 "脱欧"，德国越发强调欧洲需要团结起来以应对各种问题和挑战。默克尔在 2018 年 3 月 21 日再次就任总理后首次发表的政府声明中表示："我们的未来在于整个欧洲的凝聚力，而不是任何一个单独的国家，不是退出，也不是民族主义。只有团结在一起才能维护我们的主权、我们的利益和我们的价值观；只有团结在一起才能保证我们的繁荣不是昙花一现；也只有团结在一起，我们才能为世界和平与稳定做出贡献。"③ 默克尔在政府声明中还强调，欧洲需要在外交政策上形成合力……除了与美国和加拿大之间的跨大西洋合作伙伴关系外，这也适用于与中国和俄罗斯的关系。

反欧元的德国选择党进入联邦议院后，其抗议党的性质短期内不会发生改变。在联邦议院政策制定过程中，选择党将按照自身的政治主张对政策制定形成掣肘。而 2021 年成立的新一届 "红绿灯" 联合政府的三党在许多政策领域也存在分歧。由此，德国政府会在国内事务上投入更

---

① Bertelsmann Stiftung, "Dänemark und Deutschland größte Gewinner der europäischen Integration seit Schaffung des EU-Binnenmarkts", https://www.bertelsmann-stiftung.de/de/presse/pressemitteilungen/pressemitteilung/pid/daenemark-und-deutschland-groesste-gewinner-der-europaeischen-integration-seit-schaffung-des-eu-binn.

② "Merkel: EU in entscheidender Phase", https://www.bundesregierung.de/breg-de/service/archiv/archiv-mediathek/merkel-eu-in-entscheidender-phase – 1009898.

③ "Regierungserklärung von Bundeskanzlerin Dr. Angela Merkel", https://www.bundesregierung.de/breg-de/service/bulletin/regierungserklaerung-von-bundeskanzlerin-dr-angela-merkel – 862358.

多的精力，在欧洲政策上会更加顾及德国的利益，这从一定程度上限制了欧盟内部共识的达成与集体行动的能力。德国执政党在选票的压力下，不得不考虑对现实政治不满的选民的利益诉求。德国人一向行事谨慎，对于欧元区改革问题定会稳扎稳打、谨慎行事，德国的国家利益仍应是其制定欧洲政策的基石。

（三）德法轴心重振欧洲：和而不同

在欧洲联合的道路上，欧洲一体化的每一步都离不开德法两国的共同努力。在目前欧盟遭遇多种危机的背景下，德法轴心重振欧洲是必然的选择。但两国有着各自不同的国家利益，在政治生态、经济理念以及地缘政治的优先选项等方面均存在差异，所以在欧盟改革的问题上，德法两国存在着分歧。

2018 年，大联合政府组阁协议的第一章以"欧洲的新起点"为标题，从"建立一个民主和团结的欧洲""建立一个有竞争力和投资吸引力的欧洲""建立一个提供机遇和公正的欧洲""建立一个负有全球责任的和平的欧洲"四个方面阐释了欧盟改革的重要性。虽然在组阁协议中有关欧洲问题的声明大多是原则性的，如确认加大对欧盟预算的投入、推动防务一体化建设、逐步接纳西巴尔干国家入盟等多为无争议的既有方针重申，但总算是对马克龙提出的欧洲改革方案给出了积极的回应。默克尔第四次连任后，依照传统首访法国，与法国总统马克龙进行了长达 3 小时的工作会谈，进一步推进欧洲一体化建设是德法领导人会谈的核心议题。默克尔和马克龙一致承诺将协调立场，在 2018 年 6 月底召开欧盟峰会前，拿出欧盟改革的路线图。

德法两国最大的分歧依然是欧元区改革的问题。德国在欧元区改革问题上持谨慎态度，是源于其国家利益的考量，并且受到国内政治因素的牵制。马克龙的欧元区改革方案希望设立共同的欧元区预算和欧盟财长，默克尔虽曾表示可以考虑，但内心始终存有疑虑，担心欧元区预算就是欧元债券和债务共担的变种，这也就意味着德国人需要花费巨额资金为穷邻居埋单，这将触碰德国国家利益的红线。亲欧的社民党财长奥拉夫·肖尔茨（Olaf Scholz）上任后在接受采访时曾表示，德国不能将自己的经济政策强加于欧元区其他国家，社民党将支持稳健的财政政策，但会保留沃尔夫冈·朔伊布勒（Wolfgang Schäuble）"收支平衡的预算政策"，却没有对设立欧元区预算给出明确的表态。因为如果设立欧元区预算意味着共享信用、共发债券，甚至为重债国埋单的话，这是德国民众不能接受的。

在安全领域，马克龙提出探索欧洲独立防务，建立一支"真正的欧洲军队"，设立共同防务预算。对此，默克尔等德国政要虽表示原则性赞同，但一直对时间表、指挥权等关键问题避而不谈。例如，同意成立欧盟"快速反应部队"，却无意改变其"军事行动需经联邦议会批准"的低效决策模式。2019年11月，马克龙狠批北约"脑死亡"，德国也明确表达了反对意见，显示德国仍将在依靠北约和建设欧盟"防务自主"之间寻求平衡。

面对德国的"不合作"态度，马克龙积极争夺主导权，以推动欧盟贯彻自己的主张。2019年欧洲议会选举，在人民党党团当选为第一大党团的情况下，马克龙仍成功阻止德国籍"领衔候选人"韦伯担任最重要的欧委会主席，推动法国人拉加德以及与自己理念接近的比利时人米歇尔、意大利人萨索利、西班牙人伯雷利执掌几大欧盟机构。他主动提名德国前防长冯德莱恩出任欧委会主席，以安抚德国，但冯属"右派中的左派"，契合法国需求。默克尔在此次欧洲重大人事布局中明显缺乏主导权。①

（四）激活"魏玛三角"机制：为欧洲注入活力

近年来，德国与中东欧国家之间发生了一些矛盾和分歧，比如在欧盟难民配额分摊问题上、在中东欧国家司法改革问题上等。2018年，德国政府组阁协议多次提到了波兰：德国希望与波兰修复双边关系，对欧洲的未来共同承担责任，并且提出在"魏玛三角"机制中强化与法国和波兰的合作。默克尔开启第四任期后，出访第二站选择了波兰，2018年3月19日，

---

① 李超：《德国在欧盟中的领导作用新变化》，《现代国际关系》2020年第4期。

在与波兰总理莫拉维茨基会谈时，她强调要将组阁协议落到实处，愿与波兰一道激活"魏玛三角"机制，为欧洲注入活力。[①]

"魏玛三角"机制是德国、法国和波兰三国在 1991 年 8 月建立的三国外长的定期会晤机制，这一机制是在时任德国外长的根舍的提议下建立的。当时的时代背景是：苏联解体，冷战结束，德国刚刚完成统一，维谢格拉德集团成立，欧共体（欧盟）面临东扩。欧共体国家内部的关系、欧共体国家与中东欧国家的关系变得微妙。尽管动机不同，德、法、波三国外长一致认为三国对欧洲内的睦邻关系和未来架构承担着关键的责任。因此，德国提议成立的"魏玛三角"机制是一个为了"消除猜忌和建立平衡"而搭建的战略平台。此后，在波兰的推动下，该机制升级为峰会形式。该机制在 1994 年 3 月和 1998 年 2 月分别扩大到国防部长与政府首脑一级，合作领域也有所扩大，德、法、波三国组合也成为欧盟内领导力量的热门候选。但在欧盟东扩后，德国地缘政治的地位加强，在欧盟中的领导角色凸显，对德国而言，"魏玛三角"磋商机制的现实需求下降；随着 2004 年波兰加入欧盟，特别是在波兰民族主义政党法律与公正党（PiS）成为议会第一大党后，"魏玛三角"这一磋商机制也不再被华沙所重视；随着中东欧国家的入盟，法国最初加入"魏玛三角"机制掌控德国在东欧的动向的动机已经弱化。在此后的欧洲一体化发展过程中，当三国发生严重意见分歧或欧盟遭遇危机时，"魏玛三角"机制也曾有过重启，过后则又会在利益冲突下被弃用，直到下一次关键时刻的到来：2011 年，当三国对欧盟财政预算（2014～2020 年）安排有不同意见时，新当选的波兰总统布罗尼斯瓦夫·科莫洛夫斯基（Bronislaw Komorowski）积极倡导激活"魏玛三角"机制。2014 年，乌克兰危机中，由于波兰特殊的地理位置，"魏玛三角"机制得以重启。2016 年夏，随着英国退欧和难民危机等一系列挑战的出现，三国外长再次呼吁重启"魏玛三角"机制，并一致同意在每次欧盟会议表决前

---

① Die Bundesregierung, "Für eine gemeinsame europäische Agenda", https：//www. bundesregierung. de/Content/DE/Reiseberichte/2018 - 03 - 16-antrittsbesuch-merkel-warschau. html？ nn = 392768.

预先安排三国外长会晤。

　　德国重提激活"魏玛三角"磋商机制，一方面有需要借重波兰联合中东欧国家实现欧盟改革的考虑，另一方面应该也有通过华沙来平衡德国与马克龙改革方案中的分歧点，避免与法国发生直接的矛盾和冲突的想法。波兰与法国对欧盟未来发展的设想不尽相同，波兰外长说波兰"不是深化欧元的拥趸，也不是保护主义的粉丝"。[①]

　　从地缘政治的意义来看，"魏玛三角"磋商机制对于解决目前欧盟的问题存在优势，三个国家的人口相加有 1.8 亿，德国位于欧洲大陆的中央，是传统的西欧国家的代表；法国在地理上分属西欧，但与南欧国家在许多政策主张上相近；波兰则是东欧国家的代表。对德国而言，在"魏玛三角"机制下，三国的共同磋商可以使得欧盟成员国的利益代表性更强，同时可以通过波兰平衡法国，避免与法国的正面交锋。另外，在德法轴心基础上使用"魏玛三角"机制还能够提升德国在欧盟的领导地位。但"魏玛三角"这一磋商机制是否能够被激活，并且在今后欧洲一体化道路上是否能够发挥长期作用，一方面取决于法国的态度（德国和波兰对激活这一机制的必要性给予了充分的肯定，而法国方面却没有明确的呼应）；另一方面也取决于德、法、波三国是否能够突破各自的利益固化的藩篱，放眼长远，将这一机制发展为长效机制。

　　（五）与其他成员国矛盾增多

　　在维护德国自身利益和推动一体化的过程中，由于德国对于自身价值观的坚持和妥协精神不足，与其他成员国的矛盾、分歧增多，欧盟内部对德国的不满情绪上升。除了前面我们已经提及的欧盟改革问题、财政问题、欧洲防务问题、难民问题外，价值观问题是近年来德国与波兰、匈牙利等国家产生矛盾分歧较为集中的领域。德国认为，波兰"赋予政府对司法部门的人事任免权"、匈牙利总理欧尔班·维克托（Orbán Viktor）"借助国家

---

① 扬之：《魏玛三角——德法波临时抱佛脚？》，搜狐网，https://www.sohu.com/a/227552275_115479。

机器打压国内反对派"的做法，"危及欧洲核心价值观"。默克尔认为，德国不能对这些行为默不作声，德国支持欧盟就此惩罚这些国家。作为欧盟的"价值观卫士"，德国试图弥补成员国所谓"民主差距"，这反而加深了其与其他国家的隔阂。另外，德国对外主张欧盟"用一个声音说话"，但其自身在处理外部事务的时候往往无法做到这一点。例如，在建设从俄罗斯到德国的"北溪-2"天然气管道问题上，德国态度暧昧，虽遭遇波兰和波罗的海国家的强烈反对，德国领导人仍称其为"市场行为，政府不宜干涉"。而同样从俄罗斯通往意大利的"南溪"天然气管道几年前却在欧盟的干预下流产。当时负责能源事务的德国籍欧委会委员厄廷格称："应将政治因素考虑在内，在乌克兰危机背景下这项工程不合时宜。"这被外界指责为"双重标准"。总之，德国在欧盟外交中话语权虽大，但政策取向更多还是以自身利益为出发点，这影响了其在成员国心目中的形象。①

小 结

在默克尔执政期间，德国坚持推进始于施罗德时期的结构改革，经济保持平稳较快增长，外交取向积极。默克尔还以"危机总理"之名著称，领导德国应对金融危机、欧债危机、乌克兰危机等，使德国在欧盟内话语权大增。她宣布不连任党主席的当天，市场担忧加剧，欧元对美元汇率瞬间下跌42个基点。波兰外长恰普托维奇第一时间赞扬默克尔在稳定欧盟方面发挥的重要作用，表达对其留任总理的支持。在新冠疫情下，她因领导德国政府应对新冠肺炎疫情得到民众认可，迅速扭转支持率下滑态势，再度成为德国"最受欢迎政治家"。可以看出，各方对默克尔领导下的德国担当欧盟领导者总体是认可的。默克尔的继任者朔尔茨还需要一段时间才能扛起默克尔留下的"大旗"，这必定会带来德国领导力整体下滑。

---

① 李超：《德国在欧盟中的领导作用新变化》，《现代国际关系》2020年第4期。

　　默克尔长期执政也存在一些负面效应。默克尔这一代人生于二战后，对欧洲一体化"避免战争、维护持久和平"的作用感受不深，并不像前辈那样，对欧洲一体化抱有崇高理想和富有浪漫主义色彩，而是更多地考虑政治需要和现实利弊。默克尔为人谨慎，在欧盟改革问题上缺乏魄力，信奉"进两步、退一步"，避免"大跃进"，从不触碰底线。其对欧盟长远发展并无明确战略规划，仅以高超的技巧在各方之间维持微妙平衡。默克尔长时间执政还造成其思维固化，慕尼黑伊弗经济研究所前所长辛恩就认为，"默克尔以改革开始了总理生涯，随后却不断阻碍改革"。① 在外交领域，也有党内专家抱怨其缺乏清晰的路线和透明的、彰显德国国家利益的战略。从某种意义上讲，默克尔求稳的个性反而阻碍了德国在欧盟内发挥更积极的作用。

---

① Martin Kaelble, "Hans-Werner Sinn: Merkel war die Kanzlerin des Hier und Jetzt", https://www. capital. de/wirtschaft-politik/hans-werner-sinn-merkel-war-die-kanzlerin-des-hier-und-jetzt.

第三章

德国在欧盟提升地位发挥影响的有利因素

统一之初，德国并未谋求在欧洲事务中承担更多的责任，当时德国首先要解决的是统一所带来的沉重的财政负担问题，以及东部和西部社会制度融合过程中所面临的各方面的困难。20 世纪 90 年代到 21 世纪初，由于经济增长乏力、失业率不断攀升，德国还曾被称作"欧洲病夫"。但是，在欧债危机和乌克兰危机之后，德国在欧洲乃至世界政治中的地位和作用已经不可同日而语，有学者将德国称为"不情愿的霸权"，也有学者认为德国实现了"重新崛起"，那么到底是什么原因使德国在 1/4 世纪后走到了欧洲政治舞台的中央，担当起欧洲领导者的角色呢？本章将从德国自身经济实力的变化、德国劳动力市场改革、欧盟其他成员国的领导情况以及德国外部环境的变化等方面从新现实主义和自由制度主义的要素出发探讨德国在欧盟地位和作用发生变化的有利条件。

第一节　两德统一及欧元的引入带来德国经济实力变化①

两德统一为德国带来了地缘政治上的优势。在二战后形成的美苏两大

---

① 本节部分内容摘自杨解朴：《德国统一 25 周年：德国是怎样一支力量？》，《当代世界》2015 年第 10 期。

超级大国分治欧洲的格局中，民主德国和联邦德国是东西方力量对峙的前线。统一德国凭借其特殊的地理位置在地缘政治上的优势凸显。统一德国是欧洲邻国最多的国家，东邻波兰、捷克，南接奥地利、瑞士，西接荷兰、比利时、卢森堡、法国，北与丹麦相连，国土面积比原来的联邦德国扩大了将近1/3，人口增加了1650万左右。在两德统一前，联邦德国通过加入欧共体重塑了自身形象，逐步卸下了历史的包袱，树立起了欧洲的德国人的新形象，同时借助德法轴心成为欧洲一体化的积极推动者，并且与西欧各国建立和发展了非常紧密的关系。而中东欧国家对于德国来说是十分重要的邻居，它们与德国有着长久的贸易往来史，关系密切，其工业结构、教育体制、职业培训制度等与德国有许多相似之处。另外在匈牙利、波兰等国德语被广泛使用。东欧剧变、两德统一，进一步促进了德国与中东欧国家的政治和经贸往来，使得统一德国这一昔日东西方冲突的前沿演变为在经济、政治、社会和文化等各领域连接东西欧的主要桥梁，统一的德国也是"唯一能够将异质的、受到离心力威胁的欧洲团结在一起的国家"[①]。

欧元的引入为德国的重新崛起创造了条件。两德统一增强了德国的经济实力，但同时也给德国带来了沉重的财政负担，加上接踵而来的二战后最严重的经济大萧条，德国因经济和社会状况恶化被称为"欧洲病夫"。施罗德政府对劳动力市场的改革从制度层面使德国为迎接全球经济的挑战做好了准备，而欧元的引入则是德国经济重获增长的重要原因。欧元的引入使德国获得了比马克时代更便宜的汇率，这是由于欧元的汇率是根据各成员国的经济权重来确定，强国能够获得更便宜的汇率，这种结果非常有利于德国的出口。而其他成员国也无法通过货币贬值来提高本国在出口中的竞争力，造成原本已经很强大的德国工业迅速在欧洲大市场中占据优势地位。据统计，从2001年开始，德国贸易顺差迅速增加，且一半以上来自欧

---

① 赫尔弗里德·明克勒（Herfried Münkler）:《德国在欧洲的新角色》，https://www.deutsch-land.de/zh-hans/topic/zhengzhi/deguoyuouzhou/deguozaiouzhoudexinjiaose。

盟内部。引入欧元后，强劲的出口让德国经济迅速走出颓势，逐步实现了繁荣。如图 3 - 1 所示，根据欧盟统计局的数据，1991 年德国 GDP 总量为 15123.918 亿欧元，2019 年 GDP 为 34733.500 亿欧元。2019 年德国 GDP 是 1991 年的 2.30 倍，比 1991 年增长 1.30 倍。2019 年德国 GDP 占欧盟 28 国的 21.03%，在欧盟排第 1，世界排第 4。[①] 这一经济实力又恰好赋予德国领航欧洲经济的角色。

除了 GDP 总量，德国的人均 GDP 也有明显上涨。如图 3 - 2 所示，德国 1991 年人均 GDP 为 18910 欧元，2019 年为 41800 欧元（欧盟 28 国的平均值为 32100 欧元）。2019 年德国人均 GDP 为 1991 年的 2.21 倍，比 1991 年增长 1.21 倍。[②] 2019 年德国人均 GDP 世界（国家和地区）排名第 24，世界（仅国家）排名第 20[③]，欧盟排名第 7[④]。

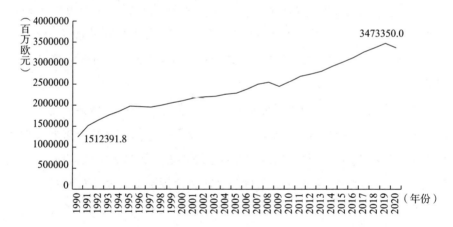

图 3 - 1　德国 GDP 总量变化曲线（以现价欧元计算，百万欧元）
资料来源：笔者根据欧盟统计局数据绘制。

---

① 欧盟统计局：https://ec. europa. eu/eurostat/databrowser/view/nama _ 10 _ gdp/default/table? lang = en。

② 欧盟统计局：https://ec. europa. eu/eurostat/databrowser/view/nama_10_pc/default/table? lang = en。

③ 世界银行：https://databank. worldbank. org/reports. aspx? source = world-development-indicators。

④ 欧盟统计局：https://ec. europa. eu/eurostat/databrowser/view/nama_10_pc/default/table? lang = en。

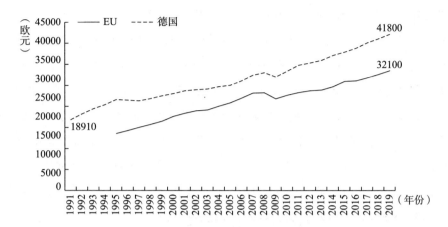

图 3 - 2　德国人均 GDP 变化曲线（以现价欧元计算，人均欧元）
资料来源：笔者根据欧盟统计局数据绘制。

长期以来，失业是德国经济社会的重点问题，在统一后该问题也逐步得到了解决。如图 3 - 3 所示，统一后初期，德国失业率持续攀升，1993 年德国失业率为 7.9%，到 1997 年达到 9.9%（峰值 1），到 2005 年达到 11.2%（峰值 2）。为了应对不断扩大的失业规模，联邦政府陆续出台了新的《劳动促进法》和《2010 议程》等政策法案，将宏观就业政策和微观劳

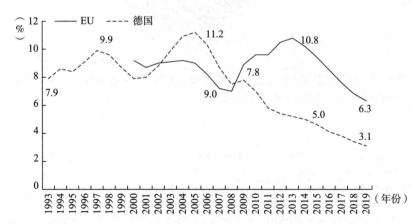

图 3 - 3　德国与欧盟 28 国失业率变化曲线
资料来源：笔者根据欧盟统计局数据绘制。

动力市场政策结合起来，并取得了显著的成效。① 2019 年，德国失业率仅为
3.1%，低于欧盟平均值 6.3% 和世界平均值 5.7%，为欧盟第二低的国家。②

统一后的德国在国际贸易领域也发展迅猛，从贸易逆差国变为贸易顺差
国，贸易地位显著上升。联邦政府自 20 世纪 90 年代以来推行的"德国制造"
战略、东部创新计划等一系列改革，增强了德国产品的国际竞争力。③ 此外，
出口导向政策也促进了德国对外贸易的发展。商品与服务进出口贸易总额占
GDP 比重（进口总额占 GDP 比重 + 出口总额占 GDP 比重）上升迅猛，1991
年商品与服务进出口贸易总额占 GDP 比重为 47.81%，2019 年为 87.98%。④
如图 3 - 4 所示，2019 年德国对外出口总额占欧盟 28 国对外出口总额的
27.1%，远高于英国 11.1%、法国 10.5%、意大利 10.3%。⑤ 1991 年德国

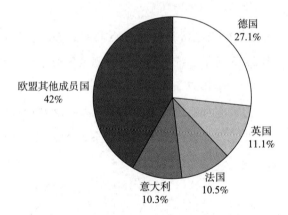

图 3 - 4　欧盟成员国出口总额占欧盟 28 国对外出口总额的百分比（2019 年）
资料来源：笔者根据欧盟统计局数据绘制。

① 丁纯：《从经济视角看德国统一后的国际地位与作用》，2021 年 7 月在《德国统一的外交》
新书发布会上的演讲。
② 欧盟统计局：https://ec. europa. eu/eurostat/databrowser/view/une _ rt _ a _ h/default/table?
lang = en。
③ 丁纯：《从经济视角看德国统一后的国际地位与作用》，2021 年 7 月在《德国统一的外交》
新书发布会上的演讲。
④ 世界银行：https://databank. worldbank. org/source/world-development-indicators#。
⑤ 欧盟统计局：https://ec. europa. eu/eurostat/databrowser/view/ext _ lt _ intratrd/default/table?
lang = en。

的贸易逆差为 87 亿美元，2019 年德国的贸易顺差为 2194 亿美元。[①]

德国经济的稳健增长也给其他欧洲国家带来了正面影响，这些影响主要通过贸易、投资、劳动力转移以及金融等渠道产生，其中最主要的是贸易和投资。在贸易方面，德国不仅通过直接需求影响别国的产出，也促进了贸易伙伴国之间的知识溢出和技术扩散，从而推动各国经济的共同发展。在投资方面，一方面，德国经济的强势增长吸引了国外的投资，促使德国技术向外转移；另一方面，德国的对外投资创造了更多就业岗位，这同样会促进德国的技术转移到其他国家，进而促进其他国家经济的增长。[②]

第二节　劳动力市场改革为德国注入活力[③]

从 20 世纪 90 年代到 21 世纪初，德国一直在消化两德统一所带来的财政负担和经济增长乏力等问题。德国联邦统计局数据显示，1991~2005 年，德国年均经济增长率仅为 1.3%，个别年份还出现了负增长（1993 年和 2003 年增长率分别为 - 1.0% 和 - 0.7%），失业率从 1991 年的 5.5% 上升到 2005 年的 11.3%[④]。在此期间，一些观察家给德国贴上了"欧洲病夫"的标签，"德国模式"也因此受到质疑。20 世纪 90 年代，面对德国经济的病态表现，从施罗德政府开始，德国通过实施《2010 议程》，对经济和社会进行了大刀阔斧的改革，尔后执政的默克尔政府支持和延续了这一政策，改革了劳动市场、削减了福利支出，具体包括：削减养老金给付水平，延长退休年龄，促进老年就业；进行医疗保险改革，将劳动力成本与医疗成本分割；消除原有的制度壁垒，放松解雇限制，创造微型工作，鼓励灵活

---

① 世界银行：https：//databank.worldbank.org/source/world-development-indicators#。

② 丁纯：《从经济视角看德国统一后的国际地位与作用》，2021 年 7 月在《德国统一的外交》新书发布会上的演讲。

③ 本节部分内容摘自杨解朴：《德国劳动力市场改革路径解析：迈向新的灵活保障？》，《欧洲研究》2015 年第 1 期。

④ Statistisches Bundesamt，https：//www-genesis.destatis.de/genesis/online。

就业；改革失业保障制度，将救济金领取和强制就业挂钩。通过上述改革，德国降低了劳动力成本，同时以长时间的工资节制为代价，获得了较强的国家竞争力，凭借出口导向型的经济增长方式，德国经受住国际金融危机和欧债危机的洗礼，走出了阴霾地带，"德国模式"也因此重获活力。

德国取得就业奇迹的原因是多方面的，其中德国劳动力市场改革中引入的灵活保障措施，为劳动力市场的繁荣以及应对后来的欧债危机做出了重要贡献。自 2015 年 1 月 1 日起，德国引入全国统一最低工资标准。对于劳动力市场的未来发展，德国经济和能源部长西格玛尔·加布里尔（Sigmar Gabriel）在"2014 年德国经济年度报告"中指出，德国需要建立新的"灵活保障"模式，以应对现代社会所要求的灵活的、有生命力的劳动力市场和工作时间模式。①

一　德国实施灵活保障模式的契机、制度优势及政策窗口

（一）两德统一为增加劳动力市场的灵活性提供了契机

两德统一给德国经济带来前所未有的负担，据统计，1991～2003 年，约有 9000 亿欧元从原西德转移到原东德。这一数字相当于德国当时全年 GDP 的一半。② 如此沉重的财政经济负担严重拖累了德国经济和社会的发展，抑制了就业、增加了失业。同时，两德统一铁幕的拉开，也为德国企业到中东欧国家建厂带来了机会。中东欧国家投资环境稳定，更重要的是，这些国家工资水平远低于德国，而且劳动规章更加灵活。"在全球化时代，投资者会在国际范围内比较税后回报率，争取最大的投资收益，他们经常

---

① Bundesministerium für Wirtschaft und Energie, "Jahreswirtschaftsbericht 2014 Soziale Marktwirtschaft heute-Impulse für Wachstum und Zusammenhalt", Februar, 2014, p. 5, http://www.bmwi.de/BMWi/Redaktion/PDF/J-L/jahreswirtschaftsbericht - 2014, property = pdf, bereich = bmwi 2012, sprache = de, rwb = true. pdf.

② Christian Dustmann, Bernd Fitzenberger, Uta Schönberg and Alexandra Spitz-Oener, "From Sick Man of Europe to Economic Superstar: Germany's Resurgent Economy", *Journal of Economic Perspectives*, Vol. 28, No. 1, Winter 2014, p. 182.

采取的战略是生产外包和海外投资"。① 在这种情形下，德国如果不采取更加灵活的劳动力市场政策以增强竞争力，必将成为跨国企业的弃儿。

（二）　开放式条款的引入为增加灵活性提供制度优势

1949 年颁布的《企业基本法》规定德国实行劳资自治，覆盖行业的集体谈判是劳资自治机制运行的基础。行业工会和雇主联合会围绕工资福利待遇、工作时间和劳动条件进行谈判，达成覆盖全行业的工资标准，而这一制度在最近 20 年发生了变化。一方面，在过去 20 年间，通过工会协议决定工资的工人数量大幅削减，企业成为独立层面，与行业工会脱离的现象越来越多；另一方面，两德统一带来的竞争压力使雇主对企业个性化、差异化管理的需求越来越迫切，企业职工委员会为保住（在德国的）就业岗位，愿意接受一些分散化的制度调整，职工委员会在劳资关系中的作用也因此得到加强。1995 年后，工会和雇主联合会在行业层面的集体谈判中就越来越多的开放式条款达成协议。这些开放式条款允许企业偏离行业范围内的工资标准。最初，这些开放式条款集中在工作时间上，但后来开始涉及工资。最初引入开放式条款只是临时用以避免破产，后来在通常状况下也被用来保证企业的竞争力。企业使用开放式条款与企业职工委员会就薪酬、工作时间等问题进行谈判。在集体谈判中，开放式条款的引入导致工资制定的流程发生前所未有的变化，即从行业层面转向企业层面。

德国工资制定的分散化与其邻国（如法国、意大利等）的情况形成鲜明的对比，在那些国家中，法定最低工资经常非常高，工会所确定的工资标准和工作时间适用于整个行业的所有公司/企业，制度变迁需要各个政治派别达成广泛共识。② 通过对比，能够发现德国在劳动力市场改革过程中存在增加工资灵活性、内部数量灵活性方面的制度优势。

---

① 杨解朴：《德国福利国家的自我校正》，《欧洲研究》2008 年第 4 期，第 135 页。

② Christian Dustmann, Bernd Fitzenberger, UtaSchönberg and Alexandra Spitz-Oener, "From Sick Man of Europe to EconomicSuperstar: Germany's Resurgent Economy", *Journal of Economic Perspectives*, Vol. 28, No. 1, Winter 2014, pp. 167 – 188.

（三）德国实施灵活保障模式的政策窗口

虽然两德统一为德国增加劳动力市场的灵活性提供了契机，但在科尔政府时期，德国在增加灵活性方面仅仅是进行了一些微调，哈茨改革才真正开启了德国灵活保障模式。在施罗德进行哈茨改革前的 2002 年，德国经济增长停滞，2003 年前几个月 GDP 开始下滑，失业率已经超过 11%。养老保险基金面临崩溃，工资附加成本增高。同时，由于当时德国违反了欧盟《稳定与增长公约》有关财政赤字的规定，政府预算政策的行动能力非常有限。德国劳动力市场及社会福利的改革势在必行，而真正为施罗德改革提供政策窗口的是联邦劳工局的职业中介丑闻事件。当时，德国联邦统计局对 5 家职业中介的业绩进行了审查，结果中介成功案例中约 70% 与事实不符。这一中介丑闻事件在公众中引起了广泛关注，使施罗德的改革得以推动。此时，由于联邦议院选举迫近，社民党党内和社民党与工会之间的意见分歧会损害社民党再次胜选的可能性，因此，来自党内和工会的反对声音受到约束。①

二 德国劳动力市场改革中的灵活性与保障性

有关欧盟灵活保障战略在德国具体实施的情况，可以从以下几个方面观察。第一，从实施灵活保障模式的起点看，欧盟委员会承认由于成员国就业制度和劳资关系各异，各国实施灵活保障模式的起点往往不同。事实上，在 2006 年欧盟正式提出灵活保障战略之前，德国就已开始了先行实践。第二，从政策形式看，欧盟是通过政策文件、通讯、意见等软法形式敦促成员国实施灵活保障战略的，其意见大多是指导性的、原则性的。而在欧盟出台有关实施灵活保障战略的软法之前，自 2002 年开始，德国历届政府的组阁协议中均对增加劳动力市场的灵活性，并辅之以恰当的社会保护和社会保障做出了相应规定。第三，从政策内容看，欧盟实现灵活保障的四项政策内容均体现在德国劳动力市场改革中。

---

① 郑春荣：《德国如何抓住改革的"时机之窗"——"2010 议程"的理念、影响与反思》，《人民论坛·学术前沿》2013 年第 22 期。

　　灵活保障模式在德国的建立经历了逐步发展的过程。德国实施灵活保障模式是从增加劳动力市场灵活性开始的，这是科尔时期劳动力市场改革的主要内容之一。到施罗德时期，灵活性和保障性都得到提高和加强。政府通过哈茨改革促进了边缘劳动力/局外人（margin/outsider）[①] 的非典型就业，提高了劳动力市场的灵活性，并为非典型就业者提供了超越传统社会保障供给的保障性。默克尔时期，政府在巩固施罗德改革的基础上，面对欧债危机的压力，提倡对核心劳动力/局内人（core/insider）实施短时工时制度，增加了内部灵活性和工资灵活性。随着劳动力市场灵活性的不断增加，2015 年引入的全国统一最低工资标准起到了增加保障性的作用。

（一）科尔时期：破除僵化、增加灵活性

　　在哈茨改革前，由于德国长期奉行高工资、高福利、高保障的"三高"政策，企业用工成本过高，不愿新增就业岗位，劳动力市场呈僵化状态。为维持高福利支出所形成的高税负体系不但降低了企业、个人生产投资的积极性，而且迫使一些资本外流。另外，德国就业制度提供高水平的就业保护，失业者的收入替代率较高，而且还有行业范围内的集体工资协议，这种过分的保护措施非但没有减少失业，反而增加了失业。同时，高福利还助长了"懒汉"思想，自愿失业者日渐增多。

　　为消除劳动力市场僵化的弊病，自 20 世纪 80 年代开始，科尔政府针对劳动力市场的困境进行了若干增强劳动力市场灵活性的改革，具体措施包括：控制工资增长率，降低用工成本；鼓励企业采取灵活的工资制度；实行灵活的工时制度；增加就业岗位，减少就业的竞争压力；启动税制改革，降低个人和企业的直接税税率；调整劳动与社会政策，将失业扶助的重点转移到增加就业者的就业机会和帮助失业者重新回到工作

---

①　在有关劳动力市场的二元化讨论中，学界将在就业保护、工资以及社会保障方面处于劣势地位的非标准就业者称为边缘劳动力/局外人（margin/outsider），而将在上述方面享有优先地位的标准就业者称为核心劳动力/局内人（core/insider）。参见：Werner Eichhorst and Paul Marx，"Reforming German Labour Market Institutions：A Dual Path to Flexibility"，*Journal of European Social Policy*，Vol. 21，No. 1，2011，p. 74。

岗位上来。[①] 此时对于增加劳动力市场灵活性的改革，大多是进行具体的、渐进式的调适。

（二）施罗德时期：在非典型就业中实施灵活保障以促进就业

1998～2005 年施罗德红绿联盟执政时期，德国劳动力市场经历了实质性改革。施罗德在第一个任期内延续了科尔时期的指导思想，将重点放在控制福利支出、增加就业培训、促进社会投资以及鼓励再就业方面，但受外部经济环境的影响，效果不理想。在第二个任期内，施罗德根据以弹性工作倡导者彼得·哈茨为首的哈茨委员会的报告，于 2003～2005 年推出了针对劳动力市场和社会保障改革的哈茨 I-IV 法案。

施罗德对劳动力市场改革的政策导向是将原先的补偿性给付转向激励型的劳动力市场政策。这种政策要求把权利与义务更好地结合起来，要做到"促压结合"（Fördern und Fordern）：一方面，增加劳动力市场的灵活性，提供更多的就业机会，对失业人员施加压力，迫使他们从事一份工作；另一方面，要为此增设相应的救助和促进计划。哈茨改革在实施激励型的劳动力市场政策、鼓励就业、促进劳动力流动、鼓励终生学习等方面与欧委会有关灵活保障战略的内容是一致的，而德国的实践要先于欧盟政策文件的出台。

在促进灵活保障的具体措施方面，哈茨改革一方面放宽对企业解雇员工的限制（2004 年起，适用解雇保护的企业雇佣职工数量的门槛从 5 人提高到 10 人），降低了解雇工人的难度，促进了劳动力市场的外部灵活性；另一方面通过推行"让就业有利可图"（making work pay）的战略，努力激活求职者的热情。多种就业促进措施被引入，以提高劳动力适应新工作的能力，从而增加劳动力市场的功能灵活性。例如，联邦就业机构（Bundesagentur für Arbeit，简写为 BA，原联邦劳工局）向失业者以及某些初次进入劳动力市场的人员提供培训抵用券，由他们自己选择到与联邦就业机构有合作关系的培训机构和企业接受培训，此举可以提高劳动者的技

---

① 姚玲珍：《德国社会保障制度》，上海人民出版社，2011，第 287～289 页。

能，为其就业和转岗创造更多的机会；同时，联邦就业机构与中介机构和企业合作，为失业者提供就业信息、安置就业，促进失业者重返劳动力市场。另外，联邦就业机构通过为自主创业的失业者提供创业补助，为迷你工作（mini-jobs）、小型工作（midi-jobs）等微薄报酬的就业模式提供多种优惠政策，增加了劳动力市场的内部数量灵活性、工作保障性、收入保障性及综合保障性。其中，迷你工作是德国增加劳动力市场的灵活性和促进就业的重要措施，是德国近年来能够取得就业奇迹的重要原因之一。

迷你工作在 1977 年被引入德国社会法典，是指收入或就业期限低于一定门槛的工作[①]，目前德国迷你工作的上限为 450 欧元。哈茨改革后，迷你工作迎来了快速增长的阶段。下面简要分析一下迷你工作对于促进就业、提高劳动力市场的灵活性与保障性的作用。

在灵活性方面，迷你工作为雇主延长营业时间、处理工作高峰问题提供了可能，同时哈茨改革废除了工作时间门槛上限的措施，还加强了迷你工作的内部数量灵活性，使雇主在迷你工作者的工作时间安排上有了更大的灵活性。在保障性方面，迷你工作者能够通过补齐社会保险缴费获得全部养老金，并且能够促进就业者从非法就业走向正式就业，从失业走向常规就业。[②] 2012 年年底，德国对迷你工作制进行了再次调整，进一步增加了迷你工作的保障性，调高收入门槛上限，并将 2013 年以后建立迷你工作关系的工作者纳入法定养老保险的覆盖范围。从统计数据上看，哈茨改革促进了迷你工作的增加，但作为兼职工作的迷你工作数量增长，远远多于作为主要工作的迷你工作的增长。由于德国有以家庭为单位税收和社会保障制度的传统，迷你工作所特有的税收优势和社会保险的特殊规则带动了女性就业、退休人员的再就业以及在校学生的兼职就业。

对于迷你工作也不乏批评者，他们认为，迷你工作虽然增加了劳动力市场的灵活性，但保障性不足，迷你工作者总体收入较低、小时工资水平

---

① 迷你工作包括工资型迷你工作和短期就业型迷你工作两类，本书专指工资型迷你工作。

② 班小辉：《德国迷你工作制的立法变革及其启示》，《德国研究》2014 年第 2 期，第 83 页。

较低，同时还存在一些社会保障权利缺失的情况。灵活保障的理论创始人卫赫根等学者有关灵活性和保障性的关系的论断或许可以解释这一看似对立的现象：灵活性与保障性是一种正和博弈[1]关系，灵活保障并不否认权衡，也不认为只有赢家没有输家，在短期内人们可能会有利益损失，但从长远看，灵活性与保障性之间的张力可以刺激共融性生长，增加收益、降低损失，同时使局外人获得更多的机会收获局内人才能收获的果实。[2] 按照这种理论，迷你工作制等一系列的非典型就业制度将在实际运行中逐步得到完善，虽然短期内会有各种利益得失，但从长远看，将会是使越来越多的社会群体受益的发展模式。

（三）默克尔时期：在标准就业中实施灵活保障以应对危机

在欧债危机前，默克尔政府收获了施罗德对劳动力市场改革的红利，同时也延续了施罗德劳动力市场改革的方向：积极促进老年就业（例如2006 年的 "50 +" 计划），进一步减少福利待遇，减轻企业赋税，放松解雇保护，为企业创造更多的活动空间，提高企业竞争力。

而在金融危机、欧债危机期间，默克尔政府主要通过缩减工时的方法增加了劳动力市场的内部数量灵活性，提供了就业及收入的保障性，使德国安然度过危机。继 2008 年失业率回落到 7.2% 后，2009 年受金融危机影响，各企业开工率降低，但由于采用缩减工时的方法增加了劳动力市场的内部数量灵活性，德国失业率仅小幅上升到 7.8%。缩减工时是通过以下四种方式实现的：一是工会和雇主达成协议临时减少工作时间，二是使用工时账户[3]将减

---

[1] 正和博弈亦称为合作博弈，是指博弈双方的利益都有所增加，或者至少是一方的利益增加，而另一方的利益不受损害，因而整个社会的利益有所增加。

[2] Ruud Muffels and Ton Wilthagen, "Flexicurity: A New Paradigm for the Analysis of Labor Markets and Policies Challenging the Trade-off between Flexibility and Security", *Sociology Compass*, Vol. 7, No. 2, 2013, pp. 111 – 122.

[3] "工时账户" 是指员工将超出原有工作计划的加班时间储存在工时账户中，企业并不在当下为员工支付这部分加班工资，而是根据工时账户中的工作时间来进行调休，在休息时间照常领取工资。在经济情况不好或者企业订单减少时，企业可以通过支取工时账户中员工工作时间的方式来度过危机，同时也为员工保住了工作机会。参见姜照辉《经济危机中的德国如何实现就业奇迹？》，《理论导刊》2012 年第 3 期。

少的工作时间从个人的工时账户中扣除，三是减少加班费，四是实施由政府和联邦就业机构支持的短时工作制。[1]

在应对危机、实施劳动力市场的灵活保障措施的过程中，集体协议在调整工作时间问题上发挥了重要作用。当危机爆发时，不同的行业部门都达成了有关削减工作时间的协议（许多企业内部也达成了协议）。工会和雇主通过协议旨在保留工作岗位，尽管不同协议所约定的雇主对工作岗位的保护程度不同、工人所承受的收入损失也不同。工作时间的调整大部分是通过长期以来建立的短时工作制来解决。短时工作制规定，当企业面临由订单减少引发"不可避免"的财政危机时，可向政府就业机构寻求帮助，就业服务机构通过提供失业保险等短期措施来使企业避免解雇工人，通常采用减少工人的工作时间并按比例支付工资的方式，工人获得原有工资的60%～67%，企业仅付出一定的"短时工资"，其余部分则由就业服务机构的失业保险来承担。[2] 在危机中，短时工作补贴的最长期限从6个月延长到24个月，德国短时工数量也从2007年每月约2万人增加到最高2009年5月的150万人。[3] 其中主要原因是德国政府加大财政投入鼓励企业使用短时工制，通过出台就业和稳定法案降低了企业申请短时工作补贴的门槛，新规定放弃了企业只有在所有员工的1/3收入减少10%的情况下才能申请短时工作补贴的规定。从2009年开始，只要有一个员工面临工作时间减少，企业就有资格申请短时工作补贴，同时新规定也简化了企业申请的行政手续，并且将短时工作工人的范围扩大到临时工人。[4]

默克尔政府除了在危机时期通过推行缩减工时的方法增加灵活性与保

---

[1] Jason Heyes, "Flexicurity in Crisis: European Labour Market Policies in a Time of Austerity", *European Journal of Industrial Relations*, Vol. 19, Issue 1, 2013, originally published online 27 January 2013.

[2] 姜照辉：《经济危机中的德国如何实现就业奇迹？》，《理论导刊》2012年第3期，第111页。

[3] Jason Heyes, "Flexicurity in Crisis: European Labour Market Policies in a Time of Austerity", *European Journal of Industrial Relations*, Vol. 19, Issue 1, 2013, originally published online 27 January 2013, p. 79.

[4] 姜照辉：《经济危机中的德国如何实现就业奇迹？》，《理论导刊》2012年第3期，第111页。

障性外，还引入了全国统一最低工资标准①，这是近年来德国劳动力市场改革中最具影响力的政策之一。这项政策虽是政治妥协的产物，但也应将其视为应对因灵活性增加而产生社会贫富不均的解决方案。从灵活保障的角度上看，伴随着劳动力市场灵活性的增加，其对于保障性的需求也会上升。上文已经提到，从20世纪90年代中期开始，工资制定已经突破了集体谈判的传统，部分从行业层面转向企业层面。这一特点决定企业在工资制定上具有灵活性，便于企业主控制和降低劳动力成本，提高劳动力市场的竞争力，进而提升出口能力。但在这种制度背景下也造成个别合同约定的最低工资标准低于行业集体合同，导致部分劳动者陷入"工作贫困"。从灵活保障的理念出发，此时收入的保障性确实需要得到加强。

（四）德国灵活保障模式的发展方向：迈向新的灵活保障？

德国灵活保障模式经历了科尔时期的单独提高劳动力市场的灵活性，施罗德时期对边缘劳动力实施灵活保障，到默克尔时期为应对危机，将实施灵活保障的对象扩展到核心劳动力。在创造了就业奇迹后，德国经济与能源部长加布里尔指出，德国需要新的灵活保障模式，即针对有工资保障的标准工作增加灵活性，为就业者和他们家庭的未来规划提供保障。② 这意味着，即使在走出危机后，灵活保障模式将超越其理论创造者给予它的定位——灵活保障模式向那些处于相对弱势的群体提供一定程度的工作、就业、收入和综合性保障，转而成为德国现代劳动力市场普遍实行的模式。而德国联邦就业机构董事会主席弗兰克·尤尔根·韦泽（Frank Jürgen

---

① 2013年11月，新的联合政府达成执政协议：德国自2015年1月起，逐步推行税前每小时8.5欧元的最低工资标准。这一标准的引入将增加劳动力市场的公平性，德国劳动者中的1/5将受益，为低工资的就业者带来福利。而这一标准的引入同样也将降低效率、增加失业风险，侵害低工资企业的经济利益，对企业和雇员造成影响。同时，最低工资标准的引入侵害了德国劳资关系传统，按照传统，工资标准应由劳资双方确定，国家应只负责最低生活保障。事实上，默克尔所在的右翼政党并不赞成引入最低工资标准，只是为了与社民党组阁，不得不就此达成政治妥协。

② Bundesministerium für Wirtschaft und Energie, *Jahreswirtschaftsbericht 2014 Soziale Marktwirtschaft heute-Impulse für Wachstum und Zusammenhalt*, Bundesministerium für Wirtschaft und Energie, Februar, 2014, p. 5.

Weise）更是提出建立灵活退休模式。这是由于新出台的 63 岁提前退休的规定对民众吸引力过大，提前退休的人数超过了预期，对劳动力市场和养老保险造成了压力。韦泽建议拿出措施吸引健康员工自愿工作到 70 岁。目前，执政联盟已经组成专门工作组讨论就业与退休之间灵活过渡的新模式。

虽然德国政要对迈向新的灵活保障模式信心十足，但是否真正能够顺利实施该模式，一方面取决于德国国内的经济、社会状况的变化情况；另一方面，在经济全球化、欧洲一体化的背景下，欧盟邻国的利益也是德国劳动力市场政策调整过程中需要考虑的因素。

从过去德国灵活保障模式的实施情况看，政府会随着整体经济、社会状况变化对灵活性和保障性进行动态的调整。例如，在危机刚开始的阶段，德国政府临时延长福利待遇的最长发放时间、降低缴费率，一系列的优惠措施和政府保证措施被引入。然而，伴随着右翼政府（基民盟/基社盟—自民党）2009 年选举获胜上台执政，社会保护被削弱。尽管随后经济复苏，但为在 2011～2014 年每年减少 0.5% 的结构性赤字，政府开始缩减福利供给，推行更加严格的劳动力市场政策，有关全国统一的最低工资标准曾一度被搁置，国家对雇主提供学徒岗位的奖励也被撤销，父母亲假的待遇被缩减。为长期失业者提供的从标准失业待遇转向最低生活保障的过渡性补贴被撤销，政府停止支付长期失业者以及其他福利接受者的养老金缴费。长期失业者也失去了获得父母亲假福利的权利。[①]

而对德国实施灵活保障措施产生影响的因素还来自欧盟其他成员国。例如，引入最低工资政策的压力就来自德国的邻国。这些国家认为，从 2000 年开始，德国的劳动力成本几乎没有增加，这与欧洲其他主要经济体形成了鲜明的对比。德国的强劲出口是建立在大量不公平的低工资基础上的。例如，法国工业部部长阿诺·蒙特布尔就曾经公开指责德国没有最低

---

① Jason Heyes，"Flexicurity in Crisis：European Labour Market Policies in a Time of Austerity"，*European Journal of Industrial Relations*，Vol. 19，Issue 1，2013，originally published online 27 January 2013，p. 79.

工资标准，大量的迷你工作对法国的就业市场造成了恶劣的影响。① 最低工资政策将解决德国邻国所共同关心的问题。

三 德国劳动力市场存在的问题及改革方向

灵活保障的措施促进了非典型工作的发展，改善了德国较为严重的结构性失业问题，但德国劳动力市场特别是低工资部门的繁荣也给德国带来了新的社会问题。

一是低工资部门比例过大，部分劳动者陷入工作贫困。德国约有730万人在低工资（低工资是指收入低于平均水平的2/3，这个界限在德国相当于每小时9.54欧元）部门就业，占所有从业人员的22%。从欧洲范围来看，德国低工资部门比例比大多数国家高。在450万哈茨Ⅳ救济金领取者中，有130万是在低工资部门工作的人，由于他们的收入不足以维持生计，所以依然需要国家的补贴来补足缺口。②

二是哈茨改革在多大程度上提高了劳动生产率的问题。哈茨改革后，德国形成了一个以非典型就业为特征的第二劳动力市场。德国4200万从业人员中只有2900万拥有具有缴纳社会保险费义务的工作，许多正规工作被劳务工或多个迷你工作、小型工作所代替。劳务工的数量自2002年起增加了50万，达82万；在过去10年，虽增加了230万个新的工作岗位，但每年人均工作小时数在持续下降。③ 这是否意味着，新的工作岗位是由原先的工作分摊到更多的人身上而增加的？

三是长期失业现象仍旧严重。2014年9月，OECD的一份研究报告指出，长期失业成为德国劳动力市场最棘手的问题。约有45%的失业者失业

---

① 《德国最低时薪8.5欧元 效果褒贬不一》，中国财经新闻网，http://www.prcfe.com/web/meyw/2014－07/14/content_1104810.htm。
② 郑春荣：《德国如何抓住改革的"时机之窗"——"2010议程"的理念、影响与反思》，《人民论坛·学术前沿》2013年第22期。
③ 郑春荣：《德国如何抓住改革的"时机之窗"——"2010议程"的理念、影响与反思》，《人民论坛·学术前沿》2013年第22期。

期限超过了 1 年，而 OECD 国家这一比例的平均值为 35%。① 在哈茨改革前，一些学者将德国劳动力市场冻结及长期失业问题归因于较高的就业保护和失业保障。哈茨改革后，一系列的改革措施削减了失业保障。福利的降低迫使长期失业者寻找工作，但由于长期失业者多为低技术工人，他们获得的工作机会较少。

德国劳动力市场一直经历着动态改革的过程，同样灵活保障的措施在德国劳动力市场也经历着不断被引入、调适、改革、创新的动态发展过程。灵活性与保障性将在未来德国劳动力市场改革中不断被提升。笔者从灵活保障的视角，对未来德国劳动力市场的改革方向做出如下预测。

第一，放松解雇保护，提高内部灵活性。

通过对德国历任政府在劳动力市场实施灵活保障战略的主要内容进行研究后，不难发现，与其他欧洲国家（比如英国）相比，德国强大的就业保护覆盖到占就业人群大多数的所有核心劳动力，因此总体而言，如何继续放松就业保护、增加劳动力市场的灵活性是改革的重点。与欧洲其他国家相比，德国工会和雇主通过集体谈判和社会对话在形成劳动力市场政策（包括灵活保障措施）时的参与程度较高，工会可能会坚持灵活保障措施应帮助维持就业和社会保护，并且促进终身学习。强大的就业保护也可能会促使雇主将提高内部灵活性和保障性作为控制劳动力成本的方法。在这种形势下，放松就业保护的立法、促进固定期限就业的扩展、引入工作福利政策，包括减少社会福利的供给时间、逐步将福利权利与劳动力市场的参与挂钩，应作为改革劳动力市场、增加灵活性的合理方向。此外改革方向还会倾向于削弱失业者的社会保护、扩展与工作相关联的福利。

第二，通过终生学习加强功能灵活性。

未来，就业稳定性将面临更多的挑战，这需要就业者更多地增强自我

---

① "OECD fordert Deutschland zum Handeln bei Langzeitarbeitslosigkeit auf", *Der Spiegel*, 03. 09. 2014, http://www. spiegel. de/wirtschaft/soziales/oecd-studie-experten-sagen-job-boom-in-deutschland-voraus-a‐989524. html.

责任。通过终身学习就业者可以提高自身的适应能力和就业能力，从而使企业的竞争力得到提高，这也符合欧盟委员会所倡导的灵活保障战略的精神。终身学习较少依赖固定的工作场所，却与个人在劳动力市场内外的就业能力密切相关。对于劳动力市场的核心劳动力、徘徊在劳动力市场边缘的劳动者，包括长期失业者，终生学习是帮助其获得更好工作的途径。

第三，为非典型就业者提供养老金。

与增加灵活性相对，保证劳动力市场中低收入者、非正规就业者的收入水平及各项福利待遇和社会保障权利则是增加保障性的改革方向。养老金不足以提供基本生活保障是非典型工作就业者在离职后会产生的社会问题，由于其就业过程不连续，在离开劳动力市场后，不能获得足够的养老金维持生计。一些欧洲学者建议，对非典型就业者的养老金进行改革，不论其由于何种原因中断职业生涯，均应获得视同缴费的权利[1]，以保证其在最终离开劳动力市场时能够获取保障生活的养老金。

第三节　欧盟其他国家领导力的局限性与德法轴心的不稳定性

一　维谢格拉德集团：利益多元、内部分化

维谢格拉德集团（Visegrad Group）是 1991 年 2 月 15 日在匈牙利的历史名城维谢格拉德成立的由匈牙利、波兰和捷克斯洛伐克组成的一个跨国组织，1992 年 12 月捷克和斯洛伐克分别独立后，该组织便由四国组成，简称 V4。该机制自 1999 年 5 月起定期举行四国政府首脑年度会晤，并在 2007 年建立了议会间合作机制以及总理级别的合作对话机制，以加强各方在欧盟和地区事务上的协调。

---

① Berndt Keller and Hartmut Seifert, "Flexicurity—The German Trajectory", *Transfer: European Review of Labour and Research*, Vol. 10, No. 2, 2004, p. 236.

在欧盟内部，这一四国集团通过新的路径来营造和扩大影响力。2004年，四国一起加入了欧洲联盟，除具备共同的地缘属性外，维谢格拉德集团成员也有相近的文化联系和历史背景。中东欧地区的独特历史造成该地区具有"边缘地带"的特殊性，具体表现在其对地区大国的依附性和警惕性，政治上具备坚持己见和怀疑他者的特质、经济上处于相对落后和惯于依赖的态势、社会上秉持民族同质和排除异己的倾向。① 在形成跨国集团机制后，它们在欧盟中能够组织集体行动，赞成或抵制欧盟的决定。例如，在欧盟应对难民危机的过程中，维谢格拉德集团表现出了团结与行动力。2015年6月19日，维谢格拉德集团（V4）在斯洛伐克首都布拉迪斯拉发举行峰会，四个成员国一致反对欧盟委员会关于向欧盟国家强行摊派4万难民的建议。2015年的峰会，V4讨论的议题涉及乌克兰局势背景下的地区安全、希腊形势、能源安全，其中包括能源联盟和气候政策。会议还总结了斯洛伐克作为维谢格拉德集团上半年轮值主席国的工作，通过了新一任轮值主席国捷克的方案，同时讨论了维谢格拉德集团的防务合作问题。

但我们也应注意，维谢格拉德集团成员国之间的差异性同样十分突出，四国参与次区域合作的政治目的存在差异，各自参与欧洲一体化的程度不同，对待欧洲一体化难以形成统一的立场，这在一定程度上影响了维谢格拉德集团的凝聚力与合作成效。② 在V4集团内部，波兰与匈牙利形成的"非自由轴心"（illiberale Achse）开始成为集团的主导者。2007年，波匈两国议会一致同意将3月23日设立为"匈牙利—波兰友谊日"，以彰显两国民间友好；奥尔班·维克托（Orbán Viktor）再次当选匈牙利总理以来，波兰与匈牙利关系日益密切，而法律与公正党于2015年再度成为波兰执政党，更将两国关系推上新台阶。两国在内政改革、抵制欧盟启动惩罚程序、

---

① 陈扬：《联合领导力：欧洲经济货币联盟中的"德法轴心"》，社会科学文献出版社，2020，第218页。
② 姜琍：《维谢格拉德集团与欧盟的互动关系及其影响》，《当代世界》2020年第1期，第41页。

反对难民分摊方面相互支持，形成了"华沙—布达佩斯轴心"（Achse War-schau-Budapest），试图抗衡德法轴心以及欧盟委员会的影响。① 而中东欧国家不仅对西欧国家不信任和怀有疑虑，对其集团内的合作伙伴国也并非完全信任，集团内部出现离心倾向。例如，在是否对俄罗斯进行经济制裁问题上四国存在明显差异：波兰同意制裁，其他三国反对制裁。捷克、斯洛伐克与奥地利在 2015 年初组建"奥斯特里茨模式"（Austerlitz-Format）［又名"斯拉夫科夫三边组织"（Slavkov trilateral）］，使维谢格拉德集团内部再度分化。又如，在欧洲复兴基金问题上，波兰和斯洛伐克表示支持，但匈牙利和捷克却多有不满。此外，相比于其他三国，近年来斯洛伐克在价值观方面更接近欧盟立场，特别是 2019 年当选的斯洛伐克首位女总统苏珊娜·恰普托娃（Zuzana Čaputová）是典型的亲欧人士，由此 V4 内部出现了分化现象。

维谢格拉德集团内部的分化现象表明 V4 集团远非铁板一块，并且 V4集团国家经济增长受益于欧盟的整体发展，德国对 V4 国家稳健的经济表现起到重要的支撑作用。② 因此，无论过去还是未来，四国能否在不同议题中发出同一种声音是由多种复杂的因素决定的，而 V4 内部的沟通协商机制并不能完全发挥协调一致的作用。V4 在加入欧盟后不断提升其在欧盟内部的地位，在其优势领域影响欧盟决策，试图通过次区域合作的优势发挥撬动集团影响力杠杆的作用，但是 V4 国家对欧盟现有的制度及规范更多的是适应与融入，难以对其产生实质性的影响。③ 维谢格拉德集团的影响力或许仅仅局限于对欧盟决定的"否决"，即共同抵制不符合其集团利益的欧盟决策。

---

① 陈扬：《联合领导力：欧洲经济货币联盟中的"德法轴心"》，社会科学文献出版社，2020，第 217 页。
② 丁纯、蒋帝文：《投入产出视角下德国经济增长对维谢格拉德四国经济影响的分析》，《德国研究》2021 年第 2 期，第 18 页。
③ 王会花：《试论维谢格拉德集团与欧盟关系的演变及特点》，《国际观察》2019 年第 6 期，第 102~103 页。

二 "地中海七国俱乐部" vs. 债权国联盟：存在理念分歧

"地中海七国俱乐部"（EuroMed 7/Club Med）也称南欧七国集团，于
2016 年 9 月在雅典成立，由同属地中海拉丁文化圈的法国、意大利、西班
牙、葡萄牙、希腊、马耳他和塞浦路斯七国组成。这些国家主张奉行扩张
性财政政策并倡导实施促增长的经济政策，所以往往也是赤字缠身的债务
国。面对世界格局的大调整和欧盟结构性的压力，七国通过机制会议进行
商讨，除了在财政政策上形成联合力量并影响欧盟决策外，也会在部长级
年度会议上就难民移民、技术合作等共同问题商讨对策、达成共识，地中
海七国会议往往也是法国在欧盟重要峰会召开前与其他六国协调立场和意
见的重要机制。但难民危机后，七国集团内部由于难民安置问题产生矛盾，
龃龉不断。

与南欧国家的经济财政发展模式、文化理念不同的是由德国、荷兰、
比利时、卢森堡及奥地利组成的债权国联盟，这些国家传统上主张实行严
格的财政纪律及紧缩政策，这些"紧缩派"也往往在经济和社会发展方面
有着较好的表现，享有良好的债券信誉。在这五个国家中，德国在欧盟发
挥的作用当然是首屈一指的，值得关注的是，英国"脱欧"后，荷兰时常
发声，且立场鲜明，有成为北部领军国的趋势，甚至被媒体称为"欧盟的
新英国"[1]。荷兰首相吕特在 2018 年 6 月的议会演讲中一反此前的"疑欧"
论调，支持欧盟团结并力争确保欧盟强大，甚至向"疑欧"民粹势力喊
话；[2] 而在德法提出欧元区预算计划后，荷兰财长沃普克·胡克斯特拉
（Wopke Hoekstra）对此公开反对，并主导波罗的海三国、爱尔兰、芬兰以
及非欧元区成员的丹麦和瑞典发表了联合文件加以抵制。这一八国组成的

---

① The Economist, "How the Dutch Will Take Britain's Place in Europe", https://www.economist.com/europe/2018/03/31/how-the-dutch-will-take-britains-place-in-europe.

② Ruth Berschens, "Mehr Geld und Klimaschutz-Mark Rutte gibt flammendes Bekenntnis zur EU ab", *Handelsblatt*, 13.06.2018, https://www.handelsblatt.com/politik/international/niederlande-mehr-geld-und-klimaschutz-mark-rutte-gibt-flammendes-bekenntnis-zur-eu-ab/22680822.html.

"汉莎同盟2.0"（Hanseatic League 2.0）指出，继续建设银行业联盟和ESM、监管预算规则的实施等才是欧元区当前改革的首要任务。相比于七国集团，债权国联盟尚未形成定期会晤机制，同时也缺少统一的政策协调，往往属于议题性、开放式的意愿联盟。①

以债权国为核心的北部国家联盟和地中海七国在未来欧洲财政一体化进程中由于理念分歧，必然会产生矛盾。如何平衡债权国与地中海七国的利益，也是考验欧盟特别是德法联合领导力的一大课题。同时，德国为维护欧盟的团结往往需要对以法国为代表的南欧国家做出妥协，这也会在债权国联盟内引发不满。

三 "德法意三角"：以宏观战略导向为主

同属于查理曼帝国"后裔"的德法意三国是欧盟前三大经济体和人口大国，三国如果形成固定的磋商机制，整合各自的领导资源，可以在欧盟内形成较强的联合领导力。但事实上，"德法意三角"的协调往往仅停留在欧盟事务的宏观战略导向上。

近年来在欧盟发展进程中，德法意三国会在欧盟重要会议或决策前举行例行会晤，商讨原则性或核心争议议题并予以表态或针对欧盟前景发表共同立场。例如，在英国公投"脱欧"后，意大利总理马泰奥·伦齐（Matteo Renzi）邀请默克尔和奥朗德在意大利举行三方会谈，就英国退欧后欧盟政治经济形势及未来欧盟建设协调立场，强化三国共同应对挑战的信心，并强调将在没有英国的情况下继续稳步推进欧盟建设，由此对外释放了积极信号；② 2017年2月，德法意三国致信欧盟委员会，建议加强外资审查特别是针对外企收购行为的"政治动机"的审查，而该建议也被欧

---

① 陈扬：《联合领导力：欧洲经济货币联盟中的"德法轴心"》，社会科学文献出版社，2020，第215~216页。

② Holger Romann，"Post-Brexit-Treffen. Drei auf der Insel"，22.08.2016，https://www.br.de/nachricht/gipfel-merkel-renzi-hollande-100.html.

盟委员会采纳。

迄今为止，德法意三国的磋商机制还未能常态化，其中主要原因是德法意三国的领导力资源不均衡，尤其是经济实力悬殊，社会发展指标的差距较大，三国在核心问题上有着不同的出发点和利益考量，这样就造成在欧盟一些至关重要的领域如财政预算、移民和难民等问题上三个国家分歧明显，很难协调一致。在抗击新冠肺炎疫情初期，作为欧盟大国的三国非但未能团结起来共克时艰，反而因抗疫物资的归属问题和边境管控问题等多次发生争执。

这就造成三国联盟目前仅仅能够发挥象征性、声明性的引领作用。德法意三方在欧盟核心问题上发挥的作用远不如德法两国，可以说"德法意三角"所发挥的实际领导作用有限。

此外，德法意三国也会不时联合西班牙就欧盟的重大战略问题进行磋商，并发表共同立场。但正如"德法意三角"所面临的问题一样，四国由于经济实力及社会发展水平的不同，在欧盟改革重要领域的具体操作层面很难协调一致，所以德法意西的联合领导力也以宏观战略导向为主。

四　德法轴心领导力的局限性[①]

（一）文化理念分歧制约跨政府合作机制的产出

无论是在稳步推进的经货联盟领域，还是在动作频仍的防务一体化领域，德法均面临根植于文化深处的理念分歧。联邦主义与邦联主义、大西洋主义与欧洲主义之间的对峙仍将持续，这制约了轴心内部领导力的成效。当前德法双边合作机制主要起到维稳作用，却无法保障德法协商的成果价值，也难以为两国领导力的发挥提供切实动力。诸如德法经济与金融事务理事会等会晤机制达成的最后成果往往流于形式，鲜有开创性方案。法国在欧洲一体化的诸多领域上颇具雄心却表现得力不从心，而德国在其不断

---

① 陈扬：《联合领导力：欧洲经济货币联盟中的"德法轴心"》，社会科学文献出版社，2020，第 202~206 页。

膨胀的经济实力面前则显得过于谨慎。[1] 过往经历表明，德法联合领导力的产出主要有赖于高层领导人的关键共识，合作机制内其他的议程决策者只能发挥极其有限的影响力。

（二）国内政局变数干扰德法联合领导力的效率

执政党的影响力波动、数次危机后的经济低迷、民众诉求的碎片化是德法共同面临的内政挑战。与此同时，德法轴心也面临"后默克尔时代"的到来和2022年法国大选的双重变数。历史上领导人的更迭虽不会改变德法关系的大局，但两国领导人的合作惯性、默契度与意愿决定了德法领导力的实质贡献。由此，德法轴心在对相应的利益关切排序时，能否做到既不顾此失彼，又推进欧洲联合在重点领域的改革，存在较大的不确定性。

（三）协调欧盟成员国之间的利益分歧困难重重

欧债危机以来，德法联合领导力在协调成员国分歧方面有所失职，加之右翼政党逐渐成长为欧洲政坛的中坚力量，欧盟内不同"抱团力量"的发声日渐差异化。这些议题或地域团体以"大国—小国、债务国—债权国、欧元区—非欧元区、经典民主—非自由民主、主流政党—民粹政党"等几个原有和新型的矛盾组合为代表，它们往往对欧盟核心议题持不同立场，由此割裂了欧盟的整体性，这为德法确立统一的集体领导目标带来困难。"多速欧洲"正在成为一种现实，欧盟各个成员国之间的经济相似性逐渐减小而差异性逐渐增强，经济的趋异使得成员国更加难以达成共识，停滞的一体化促成差异化现状的固定，并进一步演化为消极的循环。[2] 一些国家或联盟甚至公开表示对德法联合领导力的不满。除了中东欧国家对德法"多速欧洲"理念的坚决反对外，2018年3月初，荷兰联合七个欧盟成员国抗议德法的"梅泽堡声明"；对于德法提议的欧洲复兴基金，"节俭四国"（奥地利、丹麦、荷兰、瑞典）也提出了反对意见。德法如何在促进差异性

---

① 张骥：《欧债危机中法国的欧洲政策》，《欧洲研究》2012年第5期，第37页。

② 丁纯、张铭心、杨嘉威：《"多速欧洲"的政治经济学分析——基于欧盟成员国发展趋同性的实证分析》，《欧洲研究》2017年第4期，第12~14页。

一体化发展的同时，维护欧盟团结、平衡欧盟各次区域集团的利益需求并从中寻求有效的最大公约数，还是个未知数。

（四）营造改革经货联盟领域的持久动力是一大困扰

德法轴心是在特定领域内并在有限程度上的实践。[①] 通过观察不难发现，欧盟的历次改革动作或关键进展都离不开危机的倒逼：美元危机、石油危机、欧债危机、疫情危机……而一旦危机的高峰期过去，德法及其他行为体对于欧元区发展潜在问题的关注热度便会下降，德法轴心在经货联盟改革进程中的领导力实践也开始更多趋于象征行动，"默克龙"签署的《亚琛条约》及就此制定的"德法议程"（Deutsch-Französische Agenda）也以争议较小或者一体化程度较低的军事、文化、科技、基础设施等领域为重点，并未向预算改革、协调经济政策等硬骨头"开刀"。从长远来看，各国不同的经济景气周期以及在竞争力、产业结构和社会福利层面的差异化发展，决定了欧元区经济增长潜力和抗风险能力的弱势。

德国需要向法国"借权威"来弥补自身在共同外交与安全政策领域权威的不足，[②] 同时也希望在经济治理领域同其他国家协商立场，以免被认为是经济治理中的"霸权"。[③] 如何使德法加强对改革的战略重视与战术配合，并借此为欧盟及其成员国参与和执行改革创造持续动力，是未来德法轴心长久领导力实现突破的关键。

第四节 国际秩序的变化提升了德国的国际地位

一 欧盟的扩大和深化为德国提供了发挥大国作用的舞台

如果说两德统一使德国具有了大国形态的话，那么欧盟的扩大和深化

---

① 郑春荣、张凌萱：《法德轴心"重启"的限度探析》，《欧洲研究》2019 年第 6 期，第 9 页。

② 熊炜：《"借权威"与妥协的领导——德法合作的欧盟领导权模式》，《世界经济与政治》2018 年第 6 期，第 47～49 页。

③ Matthias Matthijs, "The Three Faces of German Leadership", *Survival*, Vol. 58, No. 2, 2016.

就为其发挥大国作用提供了机遇。德国统一使原东德地区顺理成章地加入欧共体，欧共体也随之完成了东扩的第一步，这也恰好为中东欧国家打开了通往欧共体的道路。基于历史的、地理的和现实的联系，中东欧国家对于统一后的德国在经济、安全、战略等方面的意义重大，而它们也渴望借助德国加入欧盟。两者的利益结合使得德国成为中东欧国家入盟的桥梁。在中东欧国家入盟的问题上，德国持积极的倡导态度：积极解决与波兰、捷克等国的历史遗留问题，在欧盟委员会上为中东欧国家入盟投赞成票。不仅如此，德国还对中东欧国家的重建提供了积极的援助。在欧盟深化进程中，德国往往采用理念引导和制度构建的方式，以所有成员国"集体行动"的方式，悄无声息地实现本国的战略意图。例如，在欧元引入前，由于德国马克已长期被视为欧洲各国货币的锚货币，各国的货币制度和央行体系已逐渐与德国模式趋同，因此在欧元引入过程中，以价格稳定为导向的货币政策及确保央行独立性成为被各国普遍接受的原则。所以，欧元区和欧洲金融体系的构建过程都深深地烙下了德国的印迹。[①]

二 欧美关系的新进展使德国国际地位凸显

在冷战时期，美国控制着西欧，联邦德国只是美国在欧洲的一个小伙伴。伴随着两德统一、欧洲一体化的深入，欧洲发展成世界政治中重要的一极。美国接受了欧洲的崛起，并将欧美贸易和经济联系作为全球经济发展的引擎，将跨大西洋联盟作为全球秩序的基石。近年来，在美国"重返亚太"的战略背景下，欧美在阿富汗、伊核等问题上的协调有所加强，更重要的是，欧美开启了跨大西洋贸易与投资伙伴关系协定（TTIP）的谈判。在 TTIP 的谈判中，对美国来说，德国具有不可替代的作用，这不仅是因为德国的经济实力以及德国在欧债危机中的良好表现，还因为美国看中默克尔在德国及欧盟中稳固的政治地位。而随着美国战略重心东移，美国希望德

---

① 杨解朴：《德国统一 25 周年：德国是怎样一支力量？》，《当代世界》2015 年第 10 期，第 40 页。

国在欧洲及周边的安全事务中发挥更大的作用。在欧美关系中，德国不再是美国的小伙伴，而是能够代表欧洲的平等伙伴之一，有时甚至发挥其他国家不可替代的作用。①

　　特朗普执政后，受到其"美国优先"立场的影响，欧美关系和德美关系已经不能与传统的跨大西洋伙伴关系同日而语。美国在提高对中国产品的关税的同时，也威胁将提高对欧盟产品的关税，美国商务部的一份报告曾宣称，将对欧盟生产的汽车征收25%的关税，而不是目前的2.5%。对欧洲国家而言，美国不再是过去那个可以长期信赖的盟友，而是随时有可能点燃贸易战火的对手。欧洲国家必须思考没有美国参与的经济自治。德国作为世界第二大出口国，在欧美贸易摩擦和其他争端中，站在风口浪尖。特朗普多次公开批评德国的防务支出没有达到GDP的2%；德国建造"北溪－2"天然气管道，造成对俄罗斯的能源依赖；德国对美国的贸易顺差巨大，从而造成德美关系龃龉不断。在国际竞争加剧、欧美关系出现逆转的国际环境下，继续推动欧洲一体化是德国的优先战略选择。而近年来，伴随着民粹主义、民族主义的兴起，英国"脱欧"，法国的极右翼以及民粹势力的发展壮大，意大利民粹主义政党进入政府，德国民粹主义政党进入联邦议院，匈牙利、波兰、意大利等国家经常以国家利益对欧盟的制度和秩序提出挑战，导致欧洲一体化原地踏步，欧盟改革举步维艰。在默克尔开启第四任总理任期后，德国外交依然以欧洲一体化为立身之本，以德法合作为推进欧洲融合的重要手段。②

三　德国在欧俄关系中发挥关键作用

　　俄罗斯是欧盟重要的政治与经济合作伙伴。冷战结束以来，欧盟同俄

---

① 杨解朴：《德国统一25周年：德国是怎样一支力量？》，《当代世界》2015年第10期，第40页。
② 杨解朴：《德国内政外交的困局》，载周弘、黄平、田德文主编《欧洲发展报告（2018～2019）》，社会科学文献出版社，2019，第101～112页。

罗斯的关系历经多次调整，欧俄关系是欧盟周边外交中最重要的一环。冷战结束后欧俄政治和经济关系是以 1997 年签订的《双边伙伴关系与合作协议》为基础。进入 21 世纪后，欧盟与北约的双东扩进一步挤压了俄罗斯的战略空间，欧俄关系面临新的调整。随着俄罗斯加入 WTO，在世贸组织框架下，欧俄关系进一步协调，而随着乌克兰危机的爆发，欧盟对俄罗斯展开了多方面制裁，欧俄政治对话相应停滞。从地缘政治的角度来看，俄罗斯作为苏联遗产的主要继承者是欧洲地缘政治的主体之一，这对于稳定的欧洲安全体系而言是至关重要的。而从经济合作的角度来看，俄罗斯是欧盟第五大贸易伙伴，2020 年占欧盟对外贸易总额的 4.8%；同时欧盟是俄罗斯最大的贸易伙伴，俄罗斯 36.5% 的货物从欧盟进口，且其 37.9% 的货物出口至欧盟。欧盟同样是俄罗斯最大的投资伙伴，2019 年欧盟对俄罗斯的对外直接投资存量达 3114 亿欧元；而欧盟对俄罗斯的能源依赖则直观地体现在双边贸易中，2020 年俄罗斯对欧盟的出口中石油占 70.6%，同时欧盟 26% 的石油与 40% 的天然气从俄罗斯进口。[①] 德国则是俄罗斯在欧盟内最大的贸易伙伴，同时德国与俄罗斯共同修建的"北溪 - 2"天然气管道将进一步深化德俄能源合作。

德国长期主导了欧盟对俄外交政策的制定，其中最为显著的是德国试图将自身对俄政策的偏好上传至欧盟层面，推动成员国协调对俄政策，并寻求在这一政策的领导地位。[②] 德国是欧盟国家中首个对俄罗斯现代化战略进行回应的国家，其在 2008 年担任欧盟轮值主席国期间与俄罗斯共同发表了建立"现代化伙伴关系"（Partner-ship for Modernisation，PfM）的声明。[③] 虽然因贸易政策未能达成协调，欧盟在 2008～2012 年并未成功地调整与俄

---

① European Commission, "Countries and Regions：Russia", https://ec. europa. eu/trade/policy/countries-and-regions/countries/russia/#：~：text = Russia% 20is% 20the% 20EU% 27s% 20fifth% 20largest% 20trading% 20partner, gas% 20and% 2027% 25% 20of% 20EU% 20imports% 20of% 20oil.

② Marco Siddi, "A Contested Hegemon？ Germany's Leadership in EU Relations with Russia", *German Politics*, Vol. 29, Issue 1, 2020, p. 99.

③ 李微、刘立群：《乌克兰危机以来德对俄双轨政策探究》，《现代国际关系》2019 年第 2 期，第 19 页。

罗斯的伙伴关系，但是 WTO 规则的引入补充了这一空缺。然而，2013 年爆发的乌克兰危机使得欧俄长期以来的政治经济合作陷入冰点，在德国的推动下，欧盟出台了多个对俄制裁措施。对于德国长期的政治合作伙伴法国来说，德国在俄罗斯问题上的发言权加剧了二者的不对称关系，德国不仅在经济体量上具有优势，还凭借地缘政治地位以及长期强化德国在欧盟对俄政策制定中的主导地位，加强了其在欧盟的领导角色。

四　德法合作重振欧洲存在机遇与挑战

在欧洲联合的道路上，一体化的每一步都离不开德法两国的共同努力。欧洲一体化陷入危机以来，两国一直尝试着通过德法合作重拾欧洲一体化的信心，推动欧盟改革。2017 年秋天，新当选的法国总统马克龙在索邦大学的演讲中提出了一揽子欧盟改革计划，呼吁"建立一个拥有主权、统一和民主的欧洲"，并期待德国的回应。而由于当时德国正处于联邦议院大选期间，德国对马克龙的改革计划表现得较为审慎。德国在组成大联合政府后，组阁协议的第一章即以"欧洲的新起点"为标题，算是对马克龙提出的欧盟改革方案给出了积极的回应。两国原本计划在 2018 年 6 月的欧盟峰会上推动成员国对欧盟改革进行讨论，却因为德国政府当时正处于由难民问题引发的执政危机之中，欧盟峰会花费了太多的时间讨论难民问题，对其他问题只是避重就轻地达成了一些脆弱的共识。欧盟改革和重振欧洲成为悬而未决的话题。2019 年，伴随着德法两国《亚琛条约》的签订以及马克龙致欧盟全体公民的公开信在欧盟刊发，德法合作推动欧洲联合进入了新的阶段。

（一）德法合作的新起点：《亚琛条约》

在《爱丽舍条约》签订 56 年之后，德法两国于 2019 年 1 月 22 日在德国亚琛签订了该条约的"2.0 版"，全称为《德意志联邦共和国和法兰西共和国有关德法合作与融合的条约》，简称《亚琛条约》，作为对《爱丽舍条约》的补充。《亚琛条约》共有 28 条，分为 6 章，其中重点内容包括：双方决定未来在欧洲政策上更紧密地协调立场，在重要的欧洲会晤前进行"定期的、所有层面的协商"，以"努力取得一致立场"，"双方部长采取相同的措辞"；双方确认在其中一方领土受到武力攻击时提供一切可能的帮助；双方在共同项目中寻求共同的武器出口规则；成立德法防务与安全理事会；加强外交合作，重点之一是推动德国成为联合国安理会常任理事国；设立共同的"公民基金"，支持和鼓励民间团体和友好城市的交往；赋予双方边境地区专门职权，配备资金，以减少跨境事务中的官僚程序；成立跨境合作委员会；协调两国在边境地区法律和管理方面的规定；双方经济合作的目标是融合为德法经济区；成立经济专家理事会；双方的政府会晤机制化，政府会晤每年至少一次，每个季度至少有一名政府成员参加对方的内阁会议；等等。

可以说《亚琛条约》是试图以德法的深度融合、相互协调来回应特朗普的"美国优先"以及英国"脱欧"对欧洲带来的负面影响，为欧洲注入了一剂"强心针"，为稳定国际秩序和欧洲秩序助力。德法两国政府、欧盟的政治精英对《亚琛条约》充满赞美之词。或许德法相互接近的每一步并没有那么举世瞩目，但通过在多个领域的逐步融合，两国一体化程度必将加深。在欧洲一体化遇到困难、原地踏步的情况下，《亚琛条约》有望为欧洲进一步融合做出实质性的贡献，同时这或许也是"多速欧洲"的一种尝试，有可能成为欧洲一体化未来发展道路的一种选择。从推动德法合作、欧洲融合的角度看，《亚琛条约》的作用是积极的、正面的，但在具体实施过程中，两国还需要解决机制上的一些问题。例如，在防务问题上，德国法律规定，所有军事行为均需得到联邦议院授权，这会造成两国不可能联合开展及时的、有效的军事行动。法方最初还提出了组建法德军事干预部队的想法，但遭到德国社民党的反对，最后在条约中表述为"双方组建共同的部队，以在第三国执行维稳行动"。

《亚琛条约》在德法两国的右翼和民粹主义阵营中引起了强烈反对。法国共和党就《亚琛条约》批评马克龙政府，其青年组织在网上发起请愿活动"对《亚琛条约》说不!"已经持续了数月的法国"黄马甲"运动的支持者认为,《亚琛条约》是马克龙要卖空法国,提议就此进行全民公决;而极右翼政党领导人玛丽娜·勒庞称马克龙正一步步地瓦解法国的主权,摧毁戴高乐在二战后为法国争取到的独特地位。在条约签订前夕,法国多地数万人举行街头抗议,还出现了攻击政府机构的暴力行为。德国右翼民粹主义政党德国选择党认为,《亚琛条约》损害的是普通纳税人的利益,使欧盟进一步成为"支付转移和财富重新分配的联盟",并且认为,《亚琛条约》对于德法关系的强调,会造成欧盟其他国家疏远德国。

(二) 欧盟改革方案:德法分歧犹在

2019 年 3 月 5 日,马克龙在欧盟成员国的 28 家重要报纸上发表致欧洲全体公民的公开信,提出"欧洲复兴"倡议。在倡议中,马克龙提醒欧洲民众即将举行的欧洲议会选举对于欧洲的重要性,指出欧洲目前处于民粹主义、分裂主义和隔离主义的巨大危险之中,呼吁选民不要在欧洲议会选举中支持民粹主义政党,同时呼吁通过欧盟改革开启欧洲的新起点。他建议欧盟从自由、保护和进步三个方面加强建设和改革。具体建议包括:建立欧洲联合边防警察和欧盟难民局,建立欧盟安全理事会,惩罚或者禁止那些破坏欧盟战略利益和基本价值观的企业,在公共采购和战略性产业方面优先考虑欧洲的企业,建立欧洲社会基本保障以及欧洲最低工资标准机制,落实严格的气候保护目标,建立欧洲气候库,加强对互联网巨头的监控和监管,等等。

针对马克龙这份新的欧盟改革倡议,德国方面给出非常谨慎的回应,德国政府发言人 2019 年 3 月 5 日表示"支持与欧盟发展方向相关的互动讨论",并拒绝做出更多的回应。而德国基民盟主席安妮格雷特·克兰普 – 卡伦鲍尔(Annegret Kramp-Karrenbauer)2019 年 3 月 10 日在《星期日世界报》发表文章,对马克龙的倡议做出系统回应。卡伦鲍尔支持马克龙关于欧盟在移民和安全领域的倡议,同意设立欧盟安全理事会,而针对马克龙设立欧盟难民局的提议,卡伦鲍尔则建议设立出入境登记机构。卡伦鲍尔还建议建立欧洲内部银行市场、设立欧盟创新预算、签订欧盟国家气候保护公约（而不是马克龙建议的建立欧洲气候库），等等。双方的主要分歧点在于卡伦鲍尔对马克龙倡议中出现的"欧洲超国家"趋势表示反对，她直言："欧洲集中制、欧洲国家主义、债务集体化、在欧洲实施统一的社会保障制度以及最低工资标准是错误的方式。"[1]

虽然卡伦鲍尔仅仅是作为基民盟领导人，代表个人对马克龙的欧盟改革计划做出回应，但作为当时默克尔培养的下届总理接班人，卡伦鲍尔的回应可以看作德国新生代政治领袖与法国总统在欧盟改革问题上的分歧以及对欧盟未来发展方向的不同设想。由此可以预见，德法合作在推进欧盟改革的路途上将"志远行难"。

---

[1]　Annegret Kramp-Karrenbauer，"Europa jetzt richtig machen"，*Die Welt*，10. 03. 2019，https://www.welt.de/politik/deutschland/article190037115/AKK-antwortet-Macron-Europa-richtig-machen.html.

第四章

德国在欧盟提升地位发挥影响的国内限制因素

受制于历史因素，德国长期保持低调，并不乐于出头和充当欧洲及世界的领导者。德国之所以能在欧盟内发挥领导作用，既得益于自身国力提升和自身领导意愿的增强，也是外部危机影响下盟友对其需求上升所致。但近年来，德国政治结构、社会生态和民意均发生了较大的变化，本章从自由制度主义的要素即国内政治结构和权力关系的角度考察德国欧洲政策的影响因素。

2017 年德国联邦议院大选后，德国内政出现了一些前所未有的困局，政党政治生态发生了巨大变化。全球化在带来便利的同时加剧了贫富分化，新冠疫情使这种社会不平等凸显。近年来在恐怖主义、难民危机等刺激下，矛盾集中爆发，最终推动社会生态和民意更加趋向保守主义。所有上述因素均会成为德国在欧洲发挥作用的制约因素。

第一节 国内政治困局

德国内政困局严重制约其对外行动能力，这是造成当前德国领导作用下降的直接原因。以 2017 年德国联邦议院大选为标志，德国政局逐渐脱离了传统稳定轨道，各党置国家利益于不顾，内斗激烈、扯皮不断，限制了联邦政府的行动能力。默克尔等人的施政重点更加偏向国内政策，对欧盟事务有所"冷落"，这在德国二战后 70 余年历史中实属罕见。近年来德国政坛呈现"大党不大，小党不小"局面，碎片化严重。在 2017 年大选后，百年大党社民党支持率不到 20%，其参与的大联合政府的稳定性大打折扣。右翼民粹主义政党德国选择党则快速崛起，在 2017 年大选中一举成为第三大党和最大反对党，2018 年又完成了进入全部 16 个州议会的目标，誓言"围剿默克尔政府"。原先边缘的政党迅速崛起，彻底颠覆了德国政治生态。

2019 年 10 月，图林根州选举，首次出现"极左、极右政党压过中间力量"的情况，传统的组阁形式均无法在议会过半数。这种局面若出现在联邦层面，将严重制约德国的内外行动能力。图林根州选举还引发了一系列连锁反应，导致默克尔的钦定接班人、基民盟主席卡伦鲍尔因领导不力决定辞职并不参与总理竞选，暴露出德国政坛内讧严重、后继无人等诸多弊端。在此背景下，德国政府更多着眼于国内事务，对于欧洲议题常常不得不选择搁置。

与此同时，德国领导层的更替也在削弱德国的领导力。默克尔自 2005 年起已连任四届总理，以 2015 年难民危机为导火索，政界、民间对其不满的声音逐渐增加，导致其地位下降。2018 年底默克尔表示放弃担任党主席并决定不再竞选连任，默克尔的继任者卡伦鲍尔及卡伦鲍尔的继任者拉舍特均未能领导基民盟走上金光大道，而基民盟也输掉了 2021 年的联邦议院大选，社民党候选人朔尔茨赢得了总理宝座，但其在欧盟层面短期内还无法拥有默克尔那样的政治威信。

一 德国碎片化政党格局带来的影响①

政党制度的特征是通过一系列相关的、并存的多个政党的特性来刻画的。这些特征既包括结构性特征也包括内容性特征，可以通过选举层面和议会层面进行分析。本节探讨的政党格局为政党制度的结构性特征，即各

① 本节部分内容摘自杨解朴：《德国碎片化政党格局的表现、原因及影响》，《德国研究》2019 年第 3 期。

政党在政党竞争中形成的力量对比的态势和它们所处的位置，以及各党派在意识形态和纲领方面内容的差异。① 近年来，欧洲国家接连遭遇了一系列危机性事件，德国民众特别是那些受全球化和欧洲一体化冲击较大的民众对建制派政党的信任度降低，右翼民粹主义政党德国选择党以及环保主义政党绿党在政治光谱的两端实现了崛起，德国政党格局发生了转型。

（一）德国碎片化政党格局的形成与表现

德国政党研究专家奥斯卡·尼德迈尔（Oskar Niedermayer）将政党的数量②、选票以及各政党在议会席位中所占的比例作为考量政党制度结构特征的主要标准，来分析政党制度的结构特点。在其 2010 年的论文中，尼德迈尔将政党制度的类型概括为一党独大的政党制度、两党占优势的政党制度、多元化的政党制度以及碎片化的政党制度。同时尼德迈尔根据政党在议会席位中所占比例界定了上述四种政党制度的类型。"一党独大"指的是一个政党在议会中获得绝对多数（绝对多数使得某一政党能够单独执政）议席，第二大政党最多只能占据 1/4 的议席，它所获得的议席份额最多是第一大政党的 1/2。"两党占优势"是指两大党合在一起必须超过某一确定的最小规模，两党之间的规模比例没有大的不对称，并且与第三大党之间保持足够大的差距。具体地说，就是两大主要政党在议会中的议席均需超过 1/4，二者议席相加至少超过 2/3（许多国家规定获 2/3 多数议席的支持可以修改宪法），第三大党的议席不能超过两大党中较小的党所获得的议席的一半。为了区分"多元化"和"碎片化"，尼德迈尔使用了议会政党的有效数额。在"多元化"的政党制度中，议会中政党数额的最高值为 5，并且不属于"一党独大"和"两党占优势"的政党制度的类型。尼德迈尔根据由西欧

---

① 在意大利政治学家乔万尼·萨托利（Giovanni Sartori）1976 年发表了《政党与政党体制》一书后，各党派在意识形态和纲领方面内容的差异也被纳入政党制度的结构性特征中。

② 尼德迈尔认为，人们可以统计所有政党的数量或者根据某一特定的标准统计重要的有声望的政党的数量，比如那些参加全国大选的政党（选举层面）或者进入议会的政党（议会层面），在对德国政党制度进行分类时，尼德迈尔将进入联邦议院的政党的数量作为考量的标准。

政党制度研究的经验值得出的惯例，将在议会中有效的政党的数量超过 5
个的政党制度归为碎片化的政党制度。①

1. 碎片化政党格局的形成

按照尼德迈尔的上述理论，自联邦德国成立后，在德国政党制度中，
两大轮流执政的"人民党"②（联盟党和社民党）一直占据优势地位③，欧
债危机爆发后的 2009 年，联邦议院大选首次打破两党占优势的政党格局，
出现了多元化的政党格局。④ 而 2013 年的大选德国的政党格局从多元化回
归到两党占优势⑤，但值得注意的是，在 2013 年的联邦大选中，自民党获
4.8% 的选票，德国选择党获 4.7% 的选票，二者因为没有跨过 5% 的门槛，
没能进入联邦议院；同时海盗党获得了 2.2% 的选票，其他政党总计获得了
4.4% 的选票，这种选票分散化的态势在历年联邦大选中几乎没有出现过，
此时德国政党格局实际上已显现出碎片化的端倪。在难民危机、英国"脱
欧"以及恐怖袭击笼罩下的 2017 年，德国进行了第 19 届联邦大选，大选

① Oskar Niedermayer, "Von der Zweiparteiendominanz zum Pluralismus：Die Entwicklung des deut-
schen Parteiensystems imwesteuropäischen Vergleich", *Politische Vierteljahresschrift*, Vol. 51,
No. 1, 2010, pp. 2 – 4.

② "人民党"作为德国政治学的概念是由政治学家道尔夫·施戴恩伯格（Dolf Sternberger）首
次使用，施戴恩伯格认为，"人民党"是这样的一种政党，它在原则上对选民和社会各个
阶层、不同世界观的成员开放。迪特·诺兰（Dieter Nohlen）则认为，"人民党"是诸如
社民党和联盟党（基民盟/基社盟）这样的大党的自我标识，通过这一标识来扩大选民基
础，为达到战略上的多数，谋求尽可能多的选票。人民党的政治言论和广告式的自我描述
的依据是将超越阶层和世界观的、广泛的选民阶层吸纳进来，并且愿意均衡地代表多样化
的利益。与这一概念相类似，但不完全一致的英文概念是"全方位党"（catch-all party）。

③ 在 1949 年第一届联邦议院选举时，德国政党结构还具有些许碎片化的特征，联盟党和社
民党的得票率分别为 31% 和 29.2%，两者的议席相加占比为 67.5%，刚刚超过总议席的
2/3，两大党的优势还不十分明显。在 2009 年之前的历届联邦议院选举中，两大党的议席
相加占比均超过 2/3，具体数据来源参见：https://wahl. tagesschau. de/uebersicht-der-
wahlen. shtml。

④ 在 2009 年的大选中，联盟党和社民党议席总和占比为 61.9%（没有达到总议席的 2/3），
联盟党的议席占 38.4%，社民党仅为 23.5%，第三大党自民党则占议席总数的 15%，超
过了社民党所获议席的一半，本段所涉及的有关政党在议会所占议席比例的数据为笔者根
据官方数据计算得出。数据来源：https://wahl. tagesschau. de/uebersicht-der-wahlen. shtml。

⑤ 在 2013 年的大选中，联盟党和社民党议席总和占比为 79.9%（超过总议席的 2/3），联盟
党达到 49.3%，社民党为 30.6%，而第三大党左翼党则获得议席总数的 10.1%。

的结果是在联邦议院中首次出现了 6 个政党，这在联邦德国的历史上尚属首次。联盟党和社民党的议席相加占比为 56.3%（没有达到总议席的 2/3），其中联盟党占 34.7%，社民党占 21.6%；同时民粹主义政党德国选择党作为第三大党进入联邦议院，并且获得了 94 个议席，占比 13.3%，超过第二大党社民党所占议席的一半。至此，德国形成了碎片化的政党格局。

2. 碎片化政党格局的表现

2017 年德国联邦议院大选之后，破纪录地有 6 个政党进入联邦议院，其中德国选择党打破了二战后从未有民粹主义政党进入联邦议院的纪录，德国也首次出现了碎片化的政党格局。此后，德国碎片化的政党格局进一步固化。两大主流政党继续走向衰落，在 2021 年的联邦议院选举中，两党的支持率相加还不足 50%，与 1983 年时两党得票率之和为 87% 的巅峰时刻无法相比。民粹主义政党德国选择党在东部联邦州呈现优势，并已成功进入所有 16 个联邦州的议会，2017 年进入联邦议院，并在 2021 年的大选中保住了其在联邦议院的席位，在德国政党体制中站稳了脚跟。环保主义政党绿党实现了强势崛起。2019 年欧洲议会选举后，绿党的民调支持率曾经超过"百年老店"社民党，有时甚至可以和第一大党联盟党比肩[1]，目前已经走在了"人民党"的道路上。在 2021 年的联邦议院大选后，德国政党格局延续了碎片化的趋势，出现了"大党不大、小党不小"的新局面，社民党、绿党和自民党三党组成"交通灯"政府，默克尔所在的联盟党获史上最差支持率，沦为在野党。

（1）两大主流政党走向衰落。

联盟党（基民盟及其在巴伐利亚州的姊妹党基社盟的统称）和社民党是德国政党体制中的两大主流政党，二战后一直由两党轮流组阁。近年来，

---

[1] 2019 年 5 月欧洲议会选举过后，德国权威民调机构福萨（Forsa）的一项民调结果显示，绿党获 27% 的支持率，联盟党获 26% 的支持率，联盟党的执政盟友社民党获 12% 的支持率。参见《德国环保主义政党绿党在德民调支持率首次登顶》，新华网，http://www.xinhuanet.com/world/2019-06/03/c_1124577257.htm。

两大主流政党却纷纷陷入多重困境，一路走衰。从得票率上看，联盟党和社民党总体呈现下降趋势。

两大主流政党在 2017 年遭遇历史性重创后，非但没有利用执政机会实现重振，反而继续走向衰落。两大主流政党勉强组阁后，先是遭遇 2018 年年中的执政危机，造成民众对联邦政府的信任度下降，联盟党和社民党的民调支持率持续走低。随后，两党在 2018 年秋季巴伐州和黑森州的议会选举中接连失利；黑森州选举失利后，默克尔旋即宣布不再谋求连任基民盟的党主席（卡伦鲍尔于 2018 年 12 月当选为基民盟主席）。在 2019 年 5 月进行的欧洲议会选举中，联盟党获 22.6% 的选票（较上届选举下降 7.4 个百分点），社民党获 15.8% 的选票（下降 11.5 个百分点）。社民党在与欧洲议会选举同一天进行的不来梅州议会选举中遭遇惨败，其在不来梅州长达 73 年的执政地位被终结。在 2019 年 9 月萨克森州议会选举后，原来由基民盟和社民党组成的联合政府无法存续，二者得票相加还不及 40%（其中基民盟获 32.1% 的选票，下降 7.3 个百分点；社民党获 7.7% 的选票，下降 4.6 个百分点）。在同一天进行州议会选举的勃兰登堡州，虽然社民党抵抗住了德国选择党的进攻，勉强保住了第一大党的地位（获 26.2% 的选票，下降 5.7 个百分点），但基民盟让位给德国选择党，沦为该州第三大党。2019 年，欧洲议会选举及接下来的几个联邦州议会选举结束后，两大主流政党均面临严峻的挑战。但两大政党并没有能遏制其颓势，在 2021 年进行的联邦议院大选中，默克尔所在的联盟党获得 24.1% 的支持率，创史上最低纪录，痛失第一大党地位；社民党以 25.7% 的支持率险胜；绿党创历史最佳成绩，以 14.8% 的支持率位列第三；自民党、德国选择党、左翼党分获 11.5%、10.3% 和 4.9% 的支持率；其他政党获 8.7% 的选票，较上届大幅增加。由于选票比较分散，两大党得票结果相差无几，两党均无再次组成大联合政府的意愿，而组阁政党所占议席相加需达到 50% 的标准，最终经过谈判，由社民党、绿党和自民党这三个分布在政治光谱不同位置的政党组成了前所未有的三党联合政府。

　　基民盟的衰落与其党内的矛盾及人事安排不当有密切关系。随着2021年大选临近,执政的基民盟面临多重挑战。第一,在临近大选之时,基民盟党首及总理候选人需要重新调整。2020年2月,图林根州州长选举中出现政治闹剧①,导致基民盟发生"地震",基民盟党主席安妮格雷特·克兰普-卡伦鲍尔宣布放弃下一届联邦总理的竞选,并将在2020年夏天辞去基民盟主席一职。在选举周期的后期,基民盟重新调整领导人及总理候选人是非常不寻常的。图林根州的政治闹剧成为卡伦鲍尔辞职的导火索,而这反映出卡伦鲍尔自身能力不足、在党内和民众中缺乏支持,基民盟内部矛盾深重,现任总理默克尔与基民盟党主席的关系尴尬。受新冠疫情的影响,选举基民盟党主席的党代会被推迟,但综观基民盟目前的政治人物,总体上很难找出像科尔和默克尔这样的时代精英领导基民盟再创辉煌。而最终基民盟推选出的总理候选人阿明·拉舍特(Armin Laschet)在选举过程中表现不佳,导致基民盟败北。第二,基民盟需要在关键政策上重新定位自己。由于默克尔一度秉持中间路线,造成基民盟内部的分裂,中间派和保守派矛盾深重。为了维护内部团结,基民盟需要在许多重点政策领域有明确的主张。缺乏明确的政策路线也是卡伦鲍尔失分的原因之一。另外,由于德国政党格局的变化,绿党和德国选择党在许多政策领域提出了令人信服的政策选择。目前作为在野党,基民盟为了挽回流失的选民,亟须在政治主张方面更具吸引力。

　　2017年大选后,联盟党与其他政党组阁遇到困境,社民党勉为其难地转回头与联盟党组成执政联合。在2018～2019年的多次选举中,社民党接连遭受重挫,在原本颓势的基础上继续衰败,在支持率方面一度排在联盟党、绿

---

① 在2019年秋季的图林根州议会选举中,左翼党和极右翼德国选择党成为第一和第二大政党,这一结果给该州的组阁造成困难。组阁谈判几经周折后,左翼党、绿党和社民党形成联合组阁意向。在2020年2月举行的第三轮州长选举中,德国选择党议员一致为自民党的候选人托马斯·克梅里希(Thomas Kemmerich)投了支持票,而大多数基民盟的议员也给自民党的候选人投了票,造成克梅里希以一票的优势挤掉了左翼党的原州长。克梅里希当选后,舆论一片哗然,称其为选择党的州长。德国民众走上街头抗议。自民党、基民盟均受到来自各方舆论的批评。迫于舆论压力,当选一天后,克梅里希宣布辞职。

党和德国选择党之后。对于社民党来说，值得庆幸的是，其总理候选人奥拉夫·朔尔茨（Olaf Scholz）在 2021 年大选中表现突出，社民党内部也在关键时刻表现得异常团结，再加上基民盟和绿党的总理候选人屡屡出现失误，社民党得以险胜。即便如此，社民党也不得不重新思考如何重振的问题。近年来，由于与联盟党政策取向上的趋同，社民党一直在思考通过"向左转"实现本党重振的问题。社民党主席马丁·舒尔茨（Martin Schultz）在参加 2017 年联邦议院大选时，就试图突出社会公正、社会保障等方面的内容，希望在该党的传统领域重新找回话语权。在 2019 年 12 月的党代会上，新一届社民党领导层提出了"向左转"的政治主张，凭借"社会福利新国家"这个新概念告别了以"新自由主义"为标志的施罗德时期。然而，社民党的这一方向性的调整，似乎部分印证了在《2010 议程》实施后，劳动和社会公平党最终分裂并与左翼政党合并的正确性。社民党向"社会福利新国家"转变的过程，是否证明当初部分党员的"叛离"并非完全错误？而一个真正实现了"向左转"的社民党又将如何处理与左翼党在政治光谱上的差别呢？

（2）德国选择党站稳脚跟。

由于历史原因，相对于近年来欧美国家民粹主义的崛起，德国曾经是个特例。尼德迈尔在其 2010 年的论文中曾提到"一个保守主义的或者说重要的右翼民粹的或右翼极端的、代表着权威主义那一极的政党，在德国不存在"。[①] 当时他肯定未料到于 2013 年 2 月成立的右翼民粹主义政党德国选择党利用"反欧元""反难民"等话题在德国政党竞争中异军突起，并在 2017 年的联邦大选中以得票率第三的成绩挺进联邦议院，打破了二战后从未有民粹主义政党进入联邦议院的纪录，改变了德国的政党格局。

德国选择党成立之初是以"反欧元"的政党出现的。2013 年 9 月，在德国联邦议院选举中，成立不久的德国选择党利用民众的"疑欧"心理，

---

① Oskar Niedermayer, "Von der Zweiparteiendominanz zum Pluralismus: Die Entwicklung des deutschen Parteiensystems imwesteuropäischen Vergleich", *Politische Vierteljahresschrift*, Vol. 51, No. 1, 2010, p. 12.

吸引了一定数量的选民，获得了 4.7% 的支持率，离进入联邦议院仅差一步。2015 年发生的难民危机、默克尔的难民政策以及此后德国连续发生的恐怖袭击事件为德国选择党的崛起提供了机会。由于提出抵制宽容的移民和难民政策、打出反伊斯兰主义的口号，德国选择党的支持率自此迅速攀升，在德国联邦州选举中也表现不俗，屡创佳绩，自 2018 年起，德国选择党成功跻身所有 16 个德国联邦州议会。在 2017 年联邦议院选举中，德国选择党以 12.6% 的得票率成功进入联邦议院，并在 2021 年的大选中以10.3% 的得票率稳定在联邦议院中。在 2014 年的欧洲议会选举中，德国选择党获 7.1% 的支持率，赢得 7 个席位，因而成为欧洲保守党和改革党（European Conservatives and Reformists，ECR）党团成员。在 2019 年的欧洲议会选举中，德国选择党获 11% 的选票，较上届选举增加了 3 个百分点。

目前在东部联邦州德国选择党呈现较大优势。在各类选举中，德国选择党表现较为出色。2017～2018 年，伴随着下萨克森州、巴伐州和黑森州的议会选举，德国选择党成功进入全部 16 个州议会。截至 2021 年底，德国选择党在东部 5 个州中的 4 个州议会选举中支持率均超过 20%，仅 2021年在梅前州议会选举中支持率从 2016 年的 20.8% 下降到 16.7%，未达到20%。在 2019 年 5 月的欧洲议会选举中，德国选择党获得 11% 的支持率（上升 3.9 个百分点）。

但是，德国选择党在西部州的支持率远远低于东部州，在 2020 年汉堡举行的议会选举中，德国选择党获得 5.3% 的选票，比四年前还略有下降。德国选择党在东、西部的支持率差异巨大的原因是多方面的。其中，最主要的是东、西部经济和社会发展不均衡，东部的失业率高于西部，生活水平与工资水平不及西部等。[1] 东部地区民众对政府现行的政策，特别是移民政策不满。移民对于东部劳动力市场的冲击远大于西部地区，造成东部地

---

[1]　德国联邦统计局数据显示，1999 年德国东部地区的失业率超过 17%，2019 年 8 月已下降至 6.4%，但西部地区只有 4.8%；收入方面，2017 年底，德国东部平均税前工资约 2600欧元，仍明显低于西部的 3369 欧元。

区排外情绪高涨，德国选择党的反移民路线并没有在西部地区得到很多共鸣。而德国政府决定在 2038 年前逐渐关闭所有的煤电厂，主要触及的是东部地区煤矿工人的利益。另外，德国选择党比较善于抓住一些话题展开舆论攻势，煽动民众的不满情绪，并为民众描绘出重新制定游戏规则的愿景图，使这些民众在追随德国选择党的道路上找到归属感。

（3）绿党实现崛起。

与两大主流政党走衰的趋势不同，德国绿党呈现的是逆势而起的姿态。绿党自成立以来，曾在 1998～2002 年以及 2002～2005 年与社民党组成过红绿联合政府，在上述两次大选中，绿党的得票率分别为 6.7% 和 8.6%。在 2009 年的大选中，绿党得票率突破 10% 的大关，达到 10.7%。在此后历次联邦大选中，绿党的得票率均在 8%～9%。绿党在 2017 年的大选中得票率为 8.9%，比上一次大选仅增加 0.5 个百分点，位列进入联邦议院 6 个政党之末。而 2017 年联邦大选以来，绿党在联邦州议会选举和欧洲议会选举中的表现绝对吸引眼球。绿党实现了强势崛起，在联邦州议会选举及欧洲议会选举中表现出色。

在 2018 年巴伐州和黑森州议会选举中，绿党分别获得 17.6% 和 19.8% 的选票，较上届该两州议会选举分别增加 9 个百分点和 8.7 个百分点。在黑森州绿党还与获胜的基民盟共同完成组阁。在 2019 年举行的不来梅、萨克森以及勃兰登堡三个联邦州议会选举中，绿党分别获得 17.4%、8.6% 以及 10.8% 的支持率，相较于上届选举均有所增加。在 2019 年 5 月的欧洲议会选举中，绿党取得了 20.5% 的支持率（增加了 9.8 个百分点），仅略低于联盟党 22.6% 的支持率。[①] 在 2019 年欧洲议会选举之后，绿党在民调支持率方面甚至可以与联盟党比肩。在 2020 年汉堡州议会选举中绿党获得 20.4% 的支持率，比上届选举增加了 11.9 个百分点。在 2021 年德国联邦议院选举中，绿党以 14.8% 的支持率创历史最佳成绩，并成功进入内阁。

---

① 数据来源：https://wahl.tagesschau.de。

在此期间，绿党的党员人数飞速增长，从 2017 年的 6 万出头增加到 2020 年初的 9.5 万。① 许多媒体认为，作为"反政党的政党"而成立的环保主义政党绿党，经过 40 年的演变，正发展成为新的"人民党"。这一话题在 2011 年就曾经被提起，而这次还增加了一项新的内容，即绿党将取代社民党的地位，与社民党的力量对比将会调换。绿党前主席罗伯特·哈贝克（Robert Habeck）也不否认绿党或将成为新的"人民党"。

与德国选择党的优势在东部联邦州相反，绿党的优势在西部联邦州，这与绿党的传统选民主要集中在德国西部城市尤其是大学城有关。更重要的原因在于，对东部联邦州的选民来说，绿党提出的加快退煤和气候保护进程的主张，虽然得到遭受了两个炎热夏季的德国人的认同，但可能带来东部经济竞争力进一步受损和工作岗位进一步丧失的问题。另外，能源转向的花费也会提高他们的生活成本，加重其生活负担。

（二）德国政党格局转型的原因

政党格局发生变化的原因是复杂多样的，政党竞争是政党格局发生变化的重要原因之一。也可以说，每个政党的发展和变化都与政党竞争的环境密切相关，由此出发，可以从政党竞争的角度对政党制度变化的原因进行归纳和分析。尼德迈尔将可能会导致政党制度发生结构变化的原因归为三类：政党竞争的供给因素、选民的需求因素以及政党竞争的框架条件。政党竞争的供给因素是由资源投入以及政党体制内政党的政治行动决定的；选民的需求因素是由选民的偏好和行为方式来控制的，同时又与经济、社会和文化的转型进程有关；政党竞争的框架条件受到选举权的规定、政党筹款的规定以及禁令约束、媒体的发展变化、政治沟通的变化等因素的影响。② 下面借用尼德迈尔的理论，将政党竞争的供给因

---

① 数据来源：德国绿党主页，https://www.gruene.de/partei。

② Oskar Niedermayer，"Von der Zweiparteiendominanz zum Pluralismus：Die Entwicklung des deutschen Parteiensystems imwesteuropäischen Vergleich"，*Politische Vierteljahresschrift*，Vol. 51，No. 1，2010，p. 8.

素和选民的需求因素作为相关变量分析德国政党格局变化的原因，限于本书篇幅以及政党竞争的框架条件对德国政党格局变化的影响程度，对于尼德迈尔所列的政党竞争的框架条件在这里不做讨论。

1. 政党供给因素的变化对政党格局的影响

在西方传统政党与选举制度下，每个政党均需为其政策纲领找到一个核心品牌，用来构建该党的核心领导力并使其获得身份认同，以便吸引选民为其投票。对于"人民党"或者说希望成为"人民党"的政党来说，仅仅依靠核心领导力是不够的，要吸引更多的差异性选民，还必须提升宽泛的次要领导力。从理论上说，核心领导力和次要领导力相结合搭建起"选民接受的政策走廊"（Akzeptanzkorridor），在这一"走廊"里，政党必须遵守其政策路线，只有当政党能够为它的选民提供完美的并且是可以理解的理由的时候，政党才可以偏离这个"走廊"，而这却对政党政治沟通策略提出了更高的要求。[1] 然而，在现实政治中，阶级结构的变化，危机引发的政治、经济、社会结构和国际环境的变化等诸多因素会对政党政策纲领产生影响，德国两大主流政党在政党竞争中出现了政纲趋同的现象，同时其治理行为偏离了核心选民，导致其核心领导力受损、选民流失；而绿党和德国选择党利用国内外环境的变化，适时地调整其政纲，提升了其核心领导力，赢得了选民的支持。

（1）主流政党竞选纲领趋同。

在传统上，德国两大"人民党"所秉持的不同的核心品牌也是它们在政党竞争中的矛盾分界线：联盟党的核心品牌在于其经济领导力，而社民党的核心品牌是其社会领导力。一直以来，为了获得"人民党"的特性，联盟党需通过社会领导力对经济领导力进行补充，社民党需通过经济领导力对社会领导力进行补充。二战后，德国逐渐形成了中产阶级占多数的橄

---

[1] Oskar Niedermayer, "Von der Zweiparteiendominanz zum Pluralismus：Die Entwicklung des deutschen Parteiensystems imwesteuropäischen Vergleich", *Politische Vierteljahresschrift*, Vol. 51, No. 1, 2010, p. 9.

榄形社会结构，由于社会阶级结构的变化，两大主流政党为了最大限度地争取选民，获得选举的胜利，在意识形态、竞选主张等方面不断趋中。以2017 年联邦议院大选的竞选纲领为例，两党在欧洲政策、社会政策、经济和财政政策、环境和能源政策等领域都有较高的相似度。实际上，两大主流政党的政策趋同就是离开了它们各自选民接受的政策"走廊"，在没能给出选民可以接受的理由的情况下，这样的改变对于两党的选举结果均会产生不利影响。

（2）主流政党的治理行为偏离核心选民。

从联邦大选的支持率上看，社民党支持率的狂跌出现在 2009 年的联邦大选，① 也就是欧债危机刚刚开始的时候，但实际上社民党的衰落与前任总理施罗德对政党供给因素的调整，即对社会政策的调整有关。2003 年，社民党为解决德国社会国家②的矛盾冲突③，推出了旨在减轻社会国家在劳动力市场、退休金、税收和医疗等领域负担的《2010 议程》改革方案。社民党通过改革调整了该党的立场，却忽视了社民党的社会核心领导力，同时也未能通过加强经济领导力对选民接受的政策"走廊"予以平衡，因此其政策调整引发了选民的接受危机，这一危机也直接导致了 2005 年施罗德提前结束其总理生涯。由原社民党的选民组成的针对《2010 议程》的抗议团体与民社党（PDS）合并后成立了左翼党，并在 2005 ~ 2017 年的历届联邦

---

① 1998 年大选社民党支持率为 40.9%（联盟党为 35.1%），2002 年大选社民党支持率为 38.5%（联盟党为 38.5%），2005 年大选社民党支持率为 34.2%（联盟党为 35.2%）；2009 年大选社民党支持率为 23%（联盟党为 33.8%），2013 年大选社民党支持率为 25.7%（联盟党为 41.5%），2017 年大选社民党支持率为 20.5%（联盟党为 32.9%），2021 年大选社民党支持率为 25.7%（联盟党为 24.1%）。数据来源：https://wahl. tagesschau. de/uebersicht-der-wahlen. shtml。

② 社会国家（Sozialstaat）亦被翻译为"社会国"或"社会福利国家"，实际上，对于其内涵学界给出的答案不尽相同，普遍接受的是"国家对社会正义、公共福祉与社会安全负有广泛的责任，换言之，社会国就是致力于或是应当致力于社会任务的国家"。参见：张放《德国"社会国"思想的内涵、流变及其启示》，《经典中的法理》2013 年第 1 期，第 240 页。

③ 从 20 世纪 90 年代到 21 世纪初，德国一直在消化两德统一所带来的财政负担，经济增长乏力，与此同时，全球化竞争升级以及随之而来的全球化的负面效益凸显，人口老龄化的挑战加剧，福利国家不堪重负，使得德国社会国家矛盾冲突出现。

议院选举中进入议会，分流了社民党的选民。① 在德国的政党谱系中，社民党的左边又增加了一个政党。

在 2009 年联邦大选中，社民党败北沦为在野党，这本是其重建选民信任的机遇，而欧债危机的严峻形势却为擅长领导经济的联盟党提供了大施拳脚的机会，在拯救"欧元区"、救助"重债国"的大任务面前，社民党的重振失去了"时机窗口"。2013 年，社民党与联盟党组成大联合政府后，联盟党采纳了社民党的许多社会政策领域主张，甚至连每小时最低工资标准法案的颁布，也让外界感觉是在联盟党领导下对《2010 议程》的回调，在大联合政府中，社民党没有能够充分展现其核心品牌社会领导力。社民党意识到了这一点，马丁·舒尔茨在备战 2017 年联邦大选时打出了"社会公平"的口号，舒尔茨曾被民众作为新面孔、新点子的选项，"舒尔茨效应"显现，但舒尔茨本人及社民党没能抓住这次机会。在德国民众看来，社民党 2017 年大选的竞选纲领最终还是没能挖掘出令选民兴奋的议题，对于"社会公平"的竞选口号缺乏具体的实施措施，最终导致惨败。2018 年组成大联合政府后，社民党更是经历了可怕的梦魇，非但没有利用执政的机会提升自身的核心领导力，反而被绿党和德国选择党一路赶超，沦落为排名第四的政党。

对于联盟党来说，难民危机促使其供给因素发生较大变化，而这一变化导致联盟党的部分选民转投德国选择党或其他政党。难民危机发生后，德国最初是希望寻求欧盟共同的解决方案，此时默克尔在难民政策上表现出犹豫和无能为力。在难民死伤事件发生后，从人道主义援助的角度出发，德国打破了《都柏林公约》，接纳了匈牙利境内的叙利亚难民，此时德国上下洋溢着对难民的"欢迎文化"。随着德国难民数量的暴增，德国重新收紧德奥边界，但接纳难民不设上限的原则没有改变。科隆事件爆发后，默克尔的难民政策的方向有所改变，其召集各部门积极参与修改移民法，控制和减少移民

---

① 在 2005 年、2009 年、2013 年和 2017 年的联邦议院大选中，左翼党分别获得 8.7%、11.9%、8.6% 以及 9.2% 的得票率。

数量。大量难民的涌入给德国政治和社会带来了诸多问题，而其症结就在于默克尔实施了"上不封顶"的难民政策。默克尔在难民政策上的失误以及由难民政策引发的党内龃龉也使民众对联盟党的信任大打折扣。难民危机发生以前，联盟党的民调支持率为42%①，科隆性侵案发生后，2016年2月联盟党的支持率下降到35%，② 2017年联邦大选时，联盟党的支持率还有32.9%，到2019年5月欧洲议会选举时，联盟党的支持率就只有28.9%了。

（3）德国选择党和绿党在供给因素上各显其能。

德国选择党的发展战略之一是利用热点话题吸引选民，提升支持率。在难民潮得到控制、难民问题得到缓解的背景下，选择党又将话题引向欧盟改革，在2019年欧洲议会选举中宣称：如果现有对欧盟改革的提议未能在合理的时间框架内得到实施，德国要么退出欧盟（Dexit），要么有序解散欧盟，成立一个新经济和利益共同体；并且将征求公民对"脱欧"的决定，这在我们直接民主模式中是非常自然的事情。③ 其政策主张受到对社会安全感到忧虑、对主流政党感到不满、反欧洲一体化、反全球化的民众的支持。在2019年欧洲议会选举中，选择党在德国东部地区获得了较高的支持率，在部分选区支持率甚至超过30%，远远领先于基民盟和社民党。

2018年欧洲国家的极端气候为致力于应对气候变化、保护环境的绿党带来了向选民展示其核心领导力的机会。2018年，一个瑞典女孩发起了全球反气候变化罢课运动，得到包括德国在内全球100多个国家和地区的学生响应。而正是这一运动激发了德国民众关注地球未来和生活方式的热情，他们将关注的领域扩展到公共卫生、能源资源、气候难民、国际和平等，并且进一步上到如何在社会中实现更大的公平，即构建一种超越社会阶层的公民社会。在德国民众对传统主流政党失望而又不愿意将选票投给选

---

① 数据来源：https://www.tagesschau.de/inland/deutschlandtrend-395.html。

② 数据来源：https://www.tagesschau.de/inland/deutschlandtrend-475.html。

③ 吴将：《德国右翼民粹政党为欧洲议会大选造势：要么德国脱欧，要么解散欧盟》，第一财经，https://m.yicai.com/news/100095385.html。

择党的时候，这一社会文化环境的变化为绿党带来了机遇。绿党抓住了这一机遇，提出了恰当的政策，在适应选民偏好的同时也塑造了选民的偏好，绿党在竞选纲领中比较集中地体现了气候变化和环境保护等议题，同时也与整个社会的现代化议题联系紧密，如提出加强构建公民社会、加强社会政策供给等倡议。绿党通过政纲的调整，正在致力于走向成为"人民党"的道路上。

2. 选民需求因素的变化对政党格局的影响

德国政党格局从两党占优势到多元化再到碎片化，其间最大的变化就是主流政党走弱，德国选择党和绿党在政治光谱的两端分别实现了崛起。下面从选民需求变化的角度分析德国政党格局发生上述变化的原因。

在西方政治体制中，选民的需求，或者称作选民的偏好，也就是普通民众的利益和意志，决定着政治的基本走向。各政党的政治纲领与制度设计大多是以满足选民的需求、争取最大数量的选民为主旨。每个政党会根据选民的需求调整其政策方向，并且运用社会政治权力塑造选民的偏好。德国政党格局发生变化的重要原因之一就是主流政党没有适时地调整政策方向以适应选民需求的变化，而德国选择党和绿党抓住了这一时机，调整了自己的政策，甚至塑造了选民的偏好。

德国两大主流政党所推行的政策在适应选民需求、塑造选民偏好方面往往无法达到预期效果，有时甚至适得其反，导致丧失选民的信任，这也是两大政党走弱的重要原因之一。随着世界的发展和社会的进步，选民的需求也在不断发生变化，且日益多元化。政策不断趋同的两大主流政党针对许多社会问题的解决方案基本相似，追求个性化和希望其个人偏好能够被精准对接的选民无法在主流政党那里找到满足其个人需求的通道。他们会对主流政党产生厌倦、不满的情绪，同时会寻找那些能够满足其需求的政党作为利益代言人。默克尔的中间路线一直遭到基民盟内部以及其姊妹党基社盟的反对，同时也是导致默克尔当时在党内支持率下降并最终辞去党主席一职的重要原因之一。"百年老店"社民党一度是党员人数最多的德国政党，却曾经在支持率上沦为德国第四大党，其衰落的主要原因就是在政策上与联盟党过于趋同，忽略了选民主体——社会中下阶层的利益关切。

两大主流政党在轮流执掌政府期间，也没有很好地利用自身的政治动员能力和治理能力去塑造选民的偏好。施罗德曾希望借助哈茨改革重塑选民对于福利国家的偏好，但改革触动了社民党核心选民——中下阶层的利益，导致选民背离，施罗德被迫提前下台。默克尔的难民政策也是导致默克尔本人和基民盟支持率下降的重要原因。起初，默克尔的难民政策是得到德国民众的欢迎和赞同的，但当德国民众发现在难民政策下，他们自身的安全、利益遭受了损失的时候，他们的偏好就发生了变化。"政治正确"的原则非但没有能塑造选民在接收难民方面的偏好，反而导致联盟党在2017年联邦大选中遭受历史性重创。

对于选民来说，德国选择党向他们提供的是能够改变目前自身状况和社会制度的机会，描绘的是一幅能够重新制定游戏规则的愿景图。第一，如上文所述，主流政党政纲和意识形态的趋中，会导致部分中产阶级选民产生政治冷漠心理，甚至厌倦政治，他们会对追求"标新立异"的德国选择党产生兴趣。第二，在欧债危机、难民危机和恐怖袭击的多面夹击下，德国民众的不公平感、社会不安全感和失望上升，同时对德国政府处理危机事件的做法不满。带有这种不满情绪的选民选择为德国选择党投票，很大部分的目的是惩罚主流政党。第三，在全球化和欧洲一体化的负面效应作用下，德国部分中下阶层民众的利益受损，收入和生活水平下降，社会地位也随之下降。2008年金融危机以来中产阶级贫困化、下层群体增加的趋势更为明显。这部分民众会认为他们作为德国福利国家的一员，相对于移民和难民被忽略了。这一在全球化浪潮和欧洲一体化进程中感到被忽视、被伤害的群体一方面在德国选择党反全球化、反欧洲一体化的抗议声中找到了共鸣；另一方面认为自己的失败应该被视为社会问题，希望借助德国选择党找到批评社会的机会。

追求"标新立异"的想法、贫困加剧、多种不满情绪的叠加导致选民的偏好和行为方式发生改变，其结果就是他们选择成为民粹主义政党——德国选择党的支持者。

绿党的崛起、支持率的增加与选民需求的变化关系紧密。第一，如上文所述，越来越多的选民意识到气候变化正危及自身的生活环境和社会安全，环境保护和应对气候变化的问题日益严峻。第二，许多选民对执政的两大主流政党不满，但又不认同德国选择党的主张，他们愿意把机会留给内部团结的绿党，期望绿党能够改变目前德国的政治局势。第三，一些选民关注到绿党重点关注的领域在不断扩大，他们认为未来绿党能够给社会生活的方方面面带来改变。

（三）德国碎片化政党格局对国家行动能力的影响

从两党占优势到多元化再到碎片化的政党格局，使德国政党政治发生了结构性的转型。这一转型既给德国的政治稳定性带来影响，也使德国的对外政策发生了变化，同时给德国的民主参与带来了影响。

1. 碎片化政党格局对民主参与的影响

从统计数据上看，2017 年德国联邦议院大选之后，在联邦州议会选举和欧洲议会选举中，选民的参选率几乎均高于上一届[①]，多个选举较上届有超过 10 个百分点的增长，其中 2019 年 9 月萨克森州议会选举的参选率提高了 17.5 个百分点。从人数上看，萨克森州约有 52.3 万以前不参加选举的人，参加了 2019 年州议会选举；勃兰登堡州约有 26.4 万以前不参加选举的人，参加了 2019 年州议会选举。萨克森州和勃兰登堡州共有 34.8 万以前不参加选举的人为德国选择党投票。

随着德国碎片化政党格局的形成和固化，一些原本对两大"人民党"

---

① 唯一的例外是黑森州，2018 年该州议会选举的参选率低于上一届。具体数据统计如下：2017 年 9 月联邦大选的参选率为 76.2%（上届为 71.5%），2017 年 10 月下萨克森州议会选举的参选率为 63.1%（上届为 59.4%），2018 年 10 月巴伐州议会选举的参选率为 72.3%（上届为 63.9%），2018 年 10 月黑森州议会选举的参选率为 67.3%（上届为 73.2%），2019 年 5 月欧议会选举的参选率为 61.4%（上届为 48.1%），2019 年 5 月不来梅州议会选举的参选率为 64%（上届为 50.2%），2019 年 9 月勃兰登堡州议会选举的参选率为 61.3%（上届为 47.9%），2019 年 9 月萨克森州议会选举的参选率为 66.6%（上届为 49.1%）。数据来源：https://wahl. tagesschau. de/wahlen/2019 – 09 – 01-LT-DE-SN/index. shtml；https://wahl. tagesschau. de/wahlen/2019 – 09 – 01-LT-DE-BB/index. shtml；https://wahl. tagesschau. de/uebersicht-der-wahlen. shtml。

轮流执政抱有冷漠和失望态度的选民对政治参与表现出了兴趣，或为表达自身的诉求，或为表示自身的不满加入了投票的队伍。从某种意义上说，德国政党格局的变化与选民的民主参与是相互影响的。选民人数的增加是德国政党格局发生变化的原因之一，而德国政党格局发生变化后，又吸引了某些选民加入投票的队伍。政党格局的变化与民主参与的相互影响使我们认识到，虽然碎片化的政党格局增加了选举的不确定性，但从另一方面也可以理解为，碎片化的政党格局覆盖了更多选民的关切，激发了他们利益表达的热情，对代议制民主的发展或有正向的意义。从这个逻辑延伸出去，或许未来德国政党政治中还会出现新的"黑马"，为现代多元化的政治需求代言。

2. 碎片化政党格局对德国政治的影响

自德国碎片化的政党格局形成后，德国政治失稳的话题一直受到学者们的热议。笔者认为，德国碎片化的政党格局给德国政治稳定性带来如下不确定因素。

第一，碎片化的政党格局给联邦层面和州层面的政府组阁带来困难。2017 年联邦大选后，德国经历了史上最长的组阁谈判。而 2019 年 9 月萨克森州和勃兰登堡州议会选举后，又将面对组阁困难的问题。2021 年联邦大选后，由于选票分散，新一届政府不得不由意识形态差距较大的三党组成联合政府。

第二，碎片化的政党格局给联邦层面和州层面的政府稳定性带来挑战。在碎片化的政党格局下，议会议席分散，往往是政党谱系中相去甚远的多个的政党勉强组阁，这不但使组阁谈判变得困难，而且在政府维系过程中，往往也会龃龉不断、分歧加重，还会引发选民对政府更加不满，造成政府解散、重新选举的情况发生。

第三，碎片化的政党格局给德国政党政治的发展提出了挑战。如果说两大"人民党"的衰落是由于它们没有适时地根据选民的需求调整政党的政策供给的话，那么走在"人民党"道路上的绿党应该如何规划下一步的发展呢？绿党如果在坚持维护核心选民利益的同时扩大在其他领域的政策供给，那么它与在政纲中增加环保和应对气候变化内容的两大"人民党"又有什么区别？如果不进行政纲的调整，绿党的主张又显然不符合东部州选民的需求。仔细思考，无论是传统主流政党，还是绿党及德国选择党，在碎片化的政党格局下，都面临如何定位和寻找自身发展的政治空间的问题。

3. 碎片化政党格局对德外交政策的影响

在碎片化的政党格局下，联邦政府的对外政策将偏向于保护主义和保守主义，并把气候保护、环境保护和人权保护问题作为对外政策的重点内容之一。如上所述，德国政党格局发生的最大变化就是主流政党萎缩，德国选择党和绿党在德国政党体制中地位升高。在德国选择党势力不断壮大的情况下，两大主流政党为在政党竞争中不再丢分，并且努力挽回流失的选民，会调整某些领域的政策，向德国选择党靠近。在对外政策上德国将会表现得小心翼翼。一方面，与欧盟以外国家交往时，德国会更加强调维护德国的利益，比如实行严格的外资投资审查制度、保护德国在关键基础设施领域的核心利益等；另一方面，在欧盟内部，德国将不会再像以前那么热衷于关注欧洲改革以及再造欧洲等问题，将更加专注于国内事务。虽然德国的政治家都知道，推进欧洲一体化符合德国的利益，但在短期内，他们缺少为此承受选民惩罚的勇气。60 余年逐渐形成的欧洲认同正在减弱，两次世界大战的历史教训正在被消解。鉴于绿党的崛起以及绿党在联邦层面和州层面参与组阁的可能性，德国未来在对外政策领域将更加重视环境保护和应对气候变化的国际合作，并会将强调保护人权的问题作为国际交往的重点议题之一。而加强环境保护和应对气候变化的政策，是目前包括德国在内的欧洲民众的重点需求之一。在总结欧洲议会选举失利的闭门会议上，基民盟主席卡伦鲍尔对没有适应选民需求做出了自我批评，指出造成这一结果的原因包括联邦政府未能就公民关注的问题比如应对气候变化等给出满意答案。目前德国的各个政党都将加强本党在这个领域的政策供给作为工作的重点之一。

二　德国民粹主义的兴起带来的影响

民粹主义已经成为世界范围内广受关注的热点问题，有学者认为，西方民主国家迎来了一个"民粹主义时刻"。民粹主义政党的兴起引起了很多学者和政治家的担忧。它们以民主为旗号，却试图通过选举、公投等方式操纵民意来绑架政府决策，反对精英政治。由于历史的原因，与欧洲其他国家相比，民粹主义在德国的发展一直是一个特例。近年来，德国比较有代表性的民粹主义政党只有海盗党和德国选择党。以反对影音专利版权、支持盗版、倡导网络信息自由下载的海盗党似乎只是昙花一现，而以反欧元和反难民政策而广受关注的右翼民粹主义政党德国选择党迅速壮大，在州议会选举中高歌猛进，并在 2017 年联邦大选中进入德国联邦议院，在2021 年联邦大选中以超过 10% 的支持率稳定在联邦议院中。

下文将以德国选择党为例，从德国政治生态的变化、危机性事件的影响、欧美民粹主义的泛滥、反欧洲一体化、反全球化等角度分析德国民粹主义兴起的背景和原因，梳理德国选择党的政策纲领和决策机制，深入剖析德国选择党的兴起给德国社会生态、德国政治格局、德国欧洲政策、欧洲一体化带来的影响。

（一）德国民粹主义兴起的背景和原因

以德国选择党为代表的德国民粹主义兴起的背景和原因可以归结为以下四个方面。

第一，德国政治生态的变化为民粹主义的兴起提供了机遇。

德国政治生态的变化表现在主流政党党员人数的流失以及政治影响力的下降。德国政党研究专家尼德迈尔对 1990 年以来德国 6 大主流政党的党员人数进行了统计：[①] 6 大主流政党的党员人数从 1990 年的 240 万下降到

---

① Oskar Niedermayer, "Mitgliederentwicklung der Parteien", Bundeszentrale für politische Bildung, 18 September 2020, https://www.bpb.de/politik/grundfragen/parteien-in-deutschland/zahlen-und-fakten/138672/mitgliederentwicklung.

了 2015 年的 120 万。在这期间，左翼党党员缩水现象最为严重，规模仅为原民主社会主义党的 1/5；自民党党员流失了 2/3；社民党党员减少了 1/2；基民盟党员减少了 2/5；基社盟党员减少了 1/5；只有绿党党员人数增加了近一半。党员人数缩水的同时，多数主流政党对于社会各阶层的影响力持续下降。1990 年，6 大主流政党的党员人数占符合条件加入政党的德国公民人数的 3.7%，而到 2016 年这一比例仅为 1.8%。[①] 此外，目前大联合政府执政两党政治纲领的趋同及其内部的纷争也造成它们对于民众吸引力的减弱。两大党（联盟党和社民党）的国内社会政策、外交政策等日益趋同，外界批评联盟党中的基民盟更加趋于 "自由化"，社民党更多地转向 "新中间道路"。两大政党内部矛盾也造成了其党员退党、选民流失。

第二，危机性事件引发了民众对现实政治的不满。

欧洲国家连续遭遇了欧债危机、难民危机、英国 "脱欧"、恐怖袭击、新冠危机等一系列危机性事件后，德国选民对建制派政党的信任度持续下降。另外，左右两党在结束 2005～2009 年大联合政府的任期后，2013 年、2017 年连续两度重新组成了大联合政府，某些选民对大联合政府处理危机性事件的方式存在不满心理，在一些 "大问题" 上希望寻求建制派的对立面，需要通过民粹主义政党的激情政治表达出自我的情绪。

近年来，德国发生了多起恐怖袭击事件，慕尼黑、罗伊特林根、维尔茨堡、柏林等地成为恐怖主义的 "新灾区"。由于恐怖袭击往往与难民问题相关联，这对政治精英和主流媒体原来所信奉的 "政治正确" 造成了很大的冲击。在欧债危机、难民危机及恐怖袭击的夹击下，德国民众的恐惧感与担忧上升，部分民众反难民的情绪倍增，种族主义情绪回升，从而转投德国选择党阵营。

第三，全球化和欧洲一体化的负面效应为民粹主义政党提供了选民基础。

---

① Oskar Niedermayer, "Rekrutierungsfähigkeit der Parteien", Bundeszentrale für politische Bildung, 26 August 2020, https://www.bpb.de/politik/grundfragen/parteien-in-deutschland/zahlen-und-fakten/138674/rekrutierungsfaehigkeit.

　　全球化和欧洲一体化进程促使德国政治、经济以及文化的各个层面都处于一种开放的状态，随之产生了新的分歧线，即自由世界主义的拥护者和传统的闭关锁国主义者的分歧。前者将新时代看作盈利的机会，而后者则认为新时代充满危机，会带来损失。德国选择党属于后者，但其不完全支持闭关锁国，主要是在政治和文化层面有着自己的特征。贫困人口的增加使德国社会的中下阶层对全球化、欧洲一体化的忧虑日益增长：德国于2016年公布的《贫困与富裕状况报告》中提到2016年德国贫困人口比例高达15.7%，而2005年该数据只有5.5%。① 德国贫困人口增加的原因十分复杂。全球化以及德国为了提高全球竞争力所进行的结构性改革无疑是造成许多低技能劳动者长期失业的原因之一，而全球经济危机造成的中产阶级缩水、民众中的中低收入者越来越多、财富结构固化、赤贫人口增加也是一个原因。目前，右翼民粹主义政党德国选择党已经成为民众表达对现实政治、对全球化不满的通道，如果这些被社会主流、政治精英忽视的"被沉默"的阶层站到民粹主义政党的阵营的话，那么这对于德国政党格局的影响是不可预测的。欧债危机与难民危机加剧了民众对欧洲建制派精英的怀疑，普通民众在欧洲一体化过程中感受到经济与政治条件的不平等加剧，因此对主流政党的信任感迅速下降。从欧债危机到难民危机，诸多危机事件加剧了欧盟成立之初的弊病，而政治精英与主流媒体大多宣传的欧盟团结一致以及利用"危中之机"深化欧洲一体化并未圆满实现。

　　第四，欧美民粹主义的泛滥对德国选择党起到了鼓舞作用。

　　2016年11月，特朗普当选美国第45任总统，这意味着美国民意的天平越发偏向持反移民立场以及对经济全球化与西方主流价值观质疑的特朗普，美国人希望另择出路。特朗普的胜利进一步刺激了欧洲右翼民粹主义

---

① Die Bundesregierung, "Lebenslagen in Deutschland-der Fünfte Armuts-und Reichtumsbericht der Bundesregierung", https://www.armuts-und-reichtumsbericht.de/SharedDocs/Downloads/Berichte/5-arb-langfassung.pdf?_blob = publicationFile&v = 6.

势力的上升。此外，一些西方学者将英国"脱欧"视为民粹主义攻城略地的一大胜利，而这一胜利对于欧洲其他地区的民粹主义也起到鼓舞作用。意大利修宪公投的失败、奥地利总统选举、荷兰大选以及法国勒庞在第一轮总统大选中的成绩都显示出民粹主义搅动欧洲政局的能力。近年来，北欧国家的极右翼政党也大有上升之势。在受欧债危机影响严重的南欧国家，左翼民粹政党利用民众对现实经济状况的不满，在近年来的国家议会中也获得了较高的支持率。这些现状对于处于德国政党竞争中的德国选择党起到鼓舞的作用。

（二）逆势而起的德国选择党及其政治纲领与决策机制

在上述背景之下，德国选择党以吸引眼球的话题逆势发展。德国选择党于 2013 年 2 月 6 日在柏林成立，该党由德国学者和经济界人士创立，以反欧元主张和反难民政策而广受关注。该党以"选择党"为名，主要是针对德国政府在欧债危机中的援助政策。在欧债危机中，一些欧盟国家的支付能力受到挑战，经济趋向衰退。为了阻止危机，德国对这些国家采取了一系列救助措施，并坚称它在政策上"别无选择"（alternativlos）。[①] 而选择党则认为还存在其他的选择方案，并提出废除欧元、重新启用德国马克或者建立一个小型的货币联盟等替代主张。

与上面提到的多数主流政党党员流失的颓势相对，2013 年成立的德国选择党发展迅速，2014 年其党员达 1.2 万人，同年选择党以 7.1% 的支持率获得 7 个席位，成功进入欧洲议会，2015 年其党员发展到 2.2 万人。此后，这一右翼民粹主义政党发生了分裂，党员减少到 1.6 万人，但其发展势头不减，截至 2016 年 12 月，该党已经拥有党员将近 2.6 万人。[②] 2015 年

① "Scheitert der Euro, dann scheitert Europa", Textarchiv des Deutschen Bundestags, 2010, https://www.bundestag.de/webarchiv/textarchiv/2010/29826227_kw20_de_stabilisierungsmechanismus-201760.

② Oskar Niedermayer, "Mitgliederentwicklung der Parteien", Bundeszentrale für politische Bildung, 18 September 2020, https://www.bpb.de/politik/grundfragen/parteien-in-deutschland/zahlen-und-fakten/138672/mitgliederentwicklung.

发生的难民危机、默克尔的难民政策以及此后德国连续发生的恐怖袭击事件为选择党的崛起提供了机会。其支持率的提高是与一些危机性事件和话题相关的。根据 2017 年 1 月发布的 7 家民调机构的统计数据，德国选择党的支持率一度达到了 10.5% ~ 15%[①]。由于默克尔政府自 2016 年收紧了难民政策，其效果逐渐显现，难民的数量得到了有效控制，同时由于德国经济表现良好，选择党的支持率有所下降。2017 年 8 月，根据 7 家民调机构发布的统计数据，选择党的支持率下降到 7% ~ 10%[②]。

在我们研究德国选择党的政治纲领之前，首先要解答的一个问题就是为什么德国选择党是一个右翼民粹主义政党。在德国选择党的政治纲领和动员讲话中主要谈及的都是民粹主义的经典主题。德国选择党批评政治阶层的腐败与自利，控诉政治精英与民众的距离较大，其主要诉求是政党和政治阶层的影响力应当被限制。德国选择党还对不考虑民意以及没有民众直接参与的政治决策，如欧洲一体化、移民政策、接受大量难民等持批评态度。另外，德国选择党的政治风格也是激进的民粹主义风格，它们利用媒体的关注度聚焦丑闻，阶段性地通过媒体促使许久没有成为政治话题的话题再次引发舆论争端，比如欧洲一体化所带来的移民运动、多元文化的生活形式、性别关系的解放以及政治修正概念下政治文化的改变。

德国经济研究所（IW）2017 年 7 月的一份研究报告显示，德国选择党的选民从最初阶段就呈现极端化倾向。早在 2013 年春该党成立阶段，该党的选民在几乎所有议题上所持的立场都比其他选民更为激进。在以批评伊斯兰主义的"教授党"形象示人的早期，该党的支持者所持的政治立场就是各党选民中最激进的。在难民接纳问题上，2013 年底有超过 70% 的该党支持者表示拒绝，到 2014 年底这个比例更是增加到 83%，明显高于其他政治阵营。而在诸如全民公决这样相对温和的议题上，这一群体的

---

① 数据来源：https://www.wahlrecht.de/umfragen/index.htm。

② 数据来源：https://www.wahlrecht.de/umfragen/index.htm。

意见也比其他人激进得多，有88%的人表示赞同全民公决，而这个比例在联盟党支持者中仅为34%，在社民党支持者中为36%。报告显示，该党的支持者在几乎所有领域都持边缘化的立场：对Pegida（"欧洲爱国者抵制西方伊斯兰化"）① 游行的同情高于平均水平，比一般人更担心金融危机卷土重来，对土耳其裔德国人所持的批判态度也较一般人严厉。此外，2016年春有80%的该党支持者认为德国不够公平，这个比例甚至超过了左翼党的支持者。他们对联邦政府的政策也极为不满，不满意率高达96%，2017年4月甚至一度达到98%，不仅大大高于平均水平，而且高于左翼党支持者（74%）。

像大多数民粹主义政党一样，德国选择党更愿意提出反应性的要求，它想要阻碍特定进程的发展，更愿意看到进程的倒退。这一点在德国选择党的成立历史中得到体现，该党就是为了反对欧元而成立的，它们希望取消欧元和实现较低程度的欧洲一体化，希望能够回归到贸易联盟的状态。该党认为，欧洲国家是世界自由民主政治的灯塔，但如今欧洲政治正呈现一种反民主化的倾向，欧盟的政策、行为并不能直接受到欧盟范围内的公民管控、监督。② 因此，该党反对欧盟各国的集体行动，主张欧盟应归还部分民族国家所让渡的权利。该党认为，面对欧债危机，德国并非像默克尔所说的"别无选择"。德国应该结束对其他国家的援救政策，欧元区应当有序解体，取而代之的是重新引入各国货币或者组成更小规模但稳定的货币联盟，进而减少欧洲国家的共同行动，回归成员国各自负责的经济社会政策。该党希望重新获得民族国家主权以及重新建立法治国家机构，同时也希望阻止难民和劳工移民进入德国，政治难民的基本权利应该被废除。此

---

① Pegida运动是在欧洲/德国兴起的以反移民、反对西方伊斯兰化为主要口号的排外运动，德语全称为：Patriotische Europäer gegen die Islamisierung des Abendlandes，简称Peglda，一般译为欧洲爱国者抵制西方伊斯兰化。

② Alternative für Deutschland，"Programm für Deutschland-Das Grundsatzprogramm der Alternative für Deutschland"，27 June 2016，pp. 15 – 21，https://www. afd. de/wp-content/uploads/sites/111/2017/01/2016 – 06 – 27_afd-grundsatzprogramm_web-version. pdf.

外，德国选择党还希望遏制性别多样性发展的趋势，重新建立小市民家庭和按性别分工的旧传统，在德国限制多元文化的生活方式，限制穆斯林的宗教信仰自由，实现德国民族文化的霸权。① 2016 年 5 月，选择党在斯图加特召开的全国党代会上通过了明确的反伊斯兰教的党纲，认为伊斯兰教存在与德国《基本法》不相符的地方，呼吁在德国"禁止清真寺建高塔、用扩音器呼报祈祷时间"等。选择党曾经的领导人弗里克·佩特里（Frauke Petry）更是提出过诸如"伊斯兰不属于德国"等口号。② 德国选择党公开主张效仿瑞士进行民主改革，在联邦州层面引入全民公决，这在广泛意义上也可以理解为是保守的和反应性的要求。

总的来说，德国选择党的特性在于其对于过去政治时代的导向性，它希望从过去的经验中寻找解决当下问题的方法。因此，德国选择党自以为是作为旧联邦德国的政党而存在的。如果考察德国选择党的基本纲领的话，会发现政党内部受到联邦德国时期意识形态（如秩序自由主义、基督教保守主义、种族民族主义和民族文化主义、国家利益至上主义等）的影响。经济上德国选择党并没有像法国民粹主义政党国民联盟选择左倾，在议会选举的政治纲领草案中仍然保留秩序自由主义和新自由主义的要求，但是也对"劳资关系"提出批评，不仅要求最低工资，也要求延长有 10 年以上工作经历的失业者或者是有孩子（或有其他需要抚养的家庭成员）的失业者领取失业金的时间。同时德国选择党拒绝自由贸易协定（比如 TTIP 和 CETA）的签订。③

该党的政治纲领内容未来也可能会发生变化，因为党的内部有不相上

① Alternative für Deutschland, "Programm für Deutschland-Das Grundsatzprogramm der Alternative für Deutschland," 27 June 2016, pp. 51 – 56, https://www. afd. de/wp-content/uploads/sites/111/2017/01/2016 – 06 – 27_afd-grundsatzprogramm_web-version. pdf.

② "AfD-Parteitag: AfD beschließt Anti-Islam-Kurs mit großer Mehrheit", *Süddeutsche Zeitung*, 1 May 2016, https://www. sueddeutsche. de/politik/afd-parteitag-afd-beschliesst-anti-islam-kurs-mit-grosser-mehrheit – 1. 2975205.

③ Alternative für Deutschland, "Programm für Deutschland-Wahlprogramm der Alternative für Deutschland für die Wahl zum Deutschen Bundestag am 24. September 2017", 23 April 2017, https://www. afd. de/wp-content/uploads/sites/111/2017/06/2017 – 06 – 01 _ AfD-Bundestagswahl-programm_Onlinefassung. pdf.

下的三股势力：开明的保守派、种族民族主义者和新自由民族主义者。①

　　除了政治主张的"非主流"，选择党的组织形式相对于其他政党更加严密、有序，决策方式也较为专制，到目前为止其内部意志和主张的形成过程尚未完全对外部公开。

　　选择党的组织结构分为联邦组织、州组织以及地区性组织三个层面，选择党的权力主要集中在联邦组织领导人和州组织领导人手中，较容易实现意志统一和资源整合。选择党的领袖对党的控制能力比较强，这一点在佩特里于2015年7月取代该党的创始人卢克成为新领袖后体现得尤为突出。面对不断发酵的穆斯林问题、难民问题，经济学家出身的卢克拒绝把反伊斯兰教、反难民政策引入党的议题，从而招致佩特里等人的不满。经过几个月的权力竞争，佩特里胜出，卢克及其追随者退党。之后，佩特里在党内的地位不断得到巩固，并且成功地将党的议题由经济问题向难民问题、穆斯林问题延展，也正是从这时起，选择党进入快速发展阶段。但选择党领导层矛盾频发，2017年4月领导层更迭，亚历山大·高兰（Alexander Gauland）、爱丽丝·魏德尔（Alice Weidel）当选为党主席。2017年9月25日，联邦大选结束后的第二天，佩特里与选择党高层决裂，宣布不会加入德国选择党党团，而是作为独立议员进入联邦议院。2017年12月，领导层再次变化，约尔格·默森（Jörg Meuthen）代替魏德尔担任双主席之一。2019年，蒂诺·克鲁帕拉（Tino Chrupalla）成为高兰的继任者。

　　选择党的政策和行动受核心领导人影响很大，且话语权集中在领导人手中，对外能保持"用一个声音说话"。比如，佩特里提出的"与德国《基本法》相违背的伊斯兰教不属于德国"的观点很快便成为选择党对外宣传的重点，并且被及时写入党纲。此外，选择党在决策过程中对民主原则的重视程度并不高。根据《德国选择党联邦组织党章》的规定，"联邦

---

① Alexander Häusler and Oskar Niedermayer, "Debatte: Ist die Alternative für Deutschland eine rechtspopulistische Partei", 17 January 2017, https://www. bpb. de/politik/extremismus/rechtspopulismus/240956/debatte-alternative-fuer-deutschland.

纲领委员会以在场成员简单多数同意即可做出表决"，"联邦技术委员会成员选举委员会主席及其代表。委员会以在场成员简单多数同意即可做出表决"。《德国选择党党代表大会议事规程》第三条"会议领导人"相关规定要求，"对于会议决议细节的不一致可以经由会议主席团多数决定，在票数相等的情况下则由会议领导人决定"；第九条"表决"相关规定指出，"会议成员秘密、简单多数表决即可通过"。[①] 可见，选择党的决议主要经由简单多数通过，而"在场成员简单多数"的原则使"改弦更张"更容易。

（三）德国选择党对社会生态和政治格局的影响

德国选择党的支持者年龄分布较为均衡，支持者主要是包括失业者和自由职业者在内的广泛的社会中下阶层。2013 年德国联邦议院选举研究调查结果显示，选择党在 18～29 岁的选民中的得票率为 6%，在 60 岁以上的选民中的得票率为 4%。选择党在失业人群中的支持率为 7%。选择党的选民遍布德国所有中下阶层群体，年龄分布也较为均衡，这为它在选举中不断壮大势力提供了持续且可靠的选民基础。从趋势来看，其支持者主要是文化程度较低、领着平均水平工资、住在比较偏僻的乡村并且对欧洲一体化和全球化持怀疑态度的男性。这些人往往将自己分类为中间派或者是中左，并且不会定期地去参加选举，他们对难民政策不满，对犯罪事件担忧，深感自己远离德国民主政治生活。这些选民认为自己在未来会是经济、文化和政治上的输家。

德国选择党的兴起实际上反映了德国社会阶级结构的深刻变化。二战结束以后，尤其是新科技革命兴起后，德国的社会阶级结构变得非常复杂，第三产业逐渐占据经济的主导地位，相关产业的从业人员也超过了第一、第二产业，从而使第三产业从业者逐渐成为德国社会的主流阶层。德国形成了中产阶级占多数的橄榄形的社会结构。西德人相信当时的联邦德国正朝着均质化的中产阶级社会发展，大多数人属于中产阶级这一观念在原西

---

① Alternative für Deutschland, "Bundessatzung-Alternative für Deutschland", 1 December 2019, https://www.afd.de/satzung/#%C2%A711.

德人的意识里依然根深蒂固。在这一背景下，德国主要政党为了取得选举胜利，在意识形态、竞选主张等方面不断趋中。然而，中产阶级只是以一定收入划分的社会人群的聚合，它不像工人阶级那样具备统一的"阶级意识"，它的政治趋向与旧的社会阶级和阶层有很大不同，大部分人没有明确的政治主张和阶级认同，通常只是在选举中根据候选人和政党的某些具体政治方案来决定自己的选举行为。因此，各大政党选取趋中的意识形态虽然得到了大部分中间选民的支持，但也带来了部分选民的政治冷漠，近似的竞选议题不再能引起他们的兴趣。阶级结构的变化为"标新立异"的政党提供了选民土壤，选择党的兴起与此有关。

欧盟一份关于生活质量满意度的统计数据显示，2018 年德国得分为 7.4分，在欧盟成员国中与捷克并列排名第 10 位，略高于欧盟国家 7.3 分的平均水平。德国人对自身的"经济状况"满意度的评分只有 6.8 分，尽管德国人均收入更高，但此项评分远低于邻国丹麦、荷兰。① 在"新自由主义"主导的社会政策下，下层阶级的不公平感更加强烈，而且他们再次感受到了物质贫困的威胁。欧盟东扩和难民问题进一步加重了德国中下阶层群体的忧虑。一些民众担心德国就业会受到来自东欧、土耳其移民的影响。这些因素导致民众对德国社会市场经济制度、欧洲一体化、全球化的质疑。

在最近几年里一直有关于社会分裂的警告，但是大多是指社会下层依赖福利社会的发展，社会上层与下层的直接差距和鸿沟会越来越大。但是德国选择党的兴起带来了一个信号，即德国社会的分裂也正发生在社会中产阶层中。

研究表明，右翼民粹主义的支持者往往是那些原先属于建制派的"功利导向者"，他们原来是中产阶层，由于遭遇职业危机或生活危机其社会阶层降低。这些人不仅存在于工人群体中，也存在于受过高等教育的阶层中。他们中有一些人感觉自身的福利待遇受损，还有一些群体感觉自身的特权

---

① 数据来源：欧盟统计局新闻公告，https://ec.europa.eu/eurostat/documents/2995521/10207
020/3－07112019-AP-EN.pdf/f4523b83-f16b-251c-2c44-60bd5c0de76d。

受损。

在德国有许多人经历过生活或是职业危机，并经历社会阶层的下降，但并不是他们中的所有人都会选择支持德国选择党。研究表明，选择支持右翼民粹主义政党的人通常在年轻时拥护左翼自由主义思想，而在遇到职业危机并经历了人生失败之后才转向右翼民粹主义政党。之所以会发生这样的转向，是因为选择右翼民粹主义政党的选民，想要从他们的失败中找到批评社会的机会。他们认为，作为建制派的成员，作为社会大多数，相对于外来移民，他们在很大程度上被忽略了。这样一来，他们的失败不再是个人的失败，而那些没有失败的、过得好的人要对他们的失败负责，他们的失败要被视为社会问题。这种观点发端于嫉妒、怨恨。

右翼民粹主义政党会从两方面安慰他们的支持者，通过将支持者的个人无能与失败转换为集体的愤怒，并且为这些失败者和社会地位低下的选民重新制定游戏规则，描绘社会图景，将他们从失败的羞愧中解放出来。这一社会图景并没有遵循理性的意识形态，而是遵循了去除损失的逻辑。右翼民粹主义政党允诺将重新建立工业模式下的社会秩序和传统意义上的家庭秩序等。在这个意义上，右翼民粹主义政党并不是在排外、反移民、反难民运动的第一线，而是在反后现代化、地位下降的阶层反对上升阶层和关于社会特权等斗争的第一线。总的来说，支持右翼民粹主义政党的选民群体虽各有不同，但就其个人发展状态而言，是处于向下走的趋势，而这并不是以特定的社会经济状况或者社会阶层的归属情况进行衡量。

自成立之初，选择党就显示出了极强的组织性和极为专业的竞选能力。在其成立的2013年举行的联邦议院大选中选择党就获得不俗的成绩，其4.7%的得票率离跨进联邦议院（得票率须达到5%）的大门仅一步之遥。近年来，选择党在德国联邦州选举中屡创佳绩。2014年8月，选择党在萨克森州获9.5%的支持率（在州议会126个席位中获14席），首次跻身州议会；2014年9月，选择党在勃兰登堡州和图林根州分别获得12.2%的选票（在州议会88个席位中获11席）和10.6%的选票（在州议会91个席位中获 11 席）；2015 年 2 月，选择党在汉堡州议会选举中获 6.1% 的支持率（在州议会 121 个席位中获 8 席）；2015 年 5 月，选择党在不来梅州议会选举中获 5.5% 的选票（在州议会 83 个席位中获 4 席）；2016 年 3 月，选择党在巴符州、莱法州和萨安州分别获得 15.1%、12.6% 和 24.3% 的选票，在三州议会中分别获得 23 席、14 席和 25 席。2016 年 9 月，选择党在梅前州和柏林州议会选举中分别斩获 20.8% 和 14.2% 的选票，成功进入州议会。2017 年 3 月，萨尔州的议会选举拉开了德国超级选举年的序幕，德国选择党以 6.2% 的选票排在第四位，毫无悬念地进入州议会。在 2017 年 5 月的石荷州选举中，德国选择党获得 5.9% 的选票，挺进州议会。同样在 2017 年 5 月举行的德国北威州议会选举中，德国选择党获得 7.4% 的选票，首次进入北威州议会，成为该州第四大政党。在 2017 年的联邦大选中，德国选择党以 12.6% 的得票率挺进联邦议院，打破了二战后从未有民粹主义政党进入联邦议院的纪录，改变了德国的政党格局。在此后的各类选举中，德国选择党表现尚可，2018 年随着在巴伐州和黑森州的州议会选举中获胜，德国选择党成功进入全部 16 个州议会。在 2019 年 5 月的欧洲议会选举中，选择党获 11% 的支持率。2019 年在勃兰登堡州、萨克森州和图林根州三个东部州议会选举中，选择党高歌猛进，分别获得 23.5%、27.5% 和 23.4% 的选票。[①] 2021 年，德国选择党在萨安州和梅前州分别获得 20.8% 和 16.7% 的选票，相较于 2016 年均有所下降。在 2021 年的联邦议院选举中，德国选择党也以 10.3% 的选票稳定了其在联邦议院的席位。德国选择党作为二战后第一个民粹主义政党进入德国联邦议院，在东部德国获得了重要的地位，已经在德国政党体制中站稳了脚跟。

（四）德国选择党的发展趋势及对欧洲一体化的影响

第一，德国选择党的存在具有合理性。正如《21 世纪的民粹主义：西欧民主的幽灵》（*Twenty-first Century Populism: The Spectre of Western European*

---

① 数据来源：https://wahl.tagesschau.de。

Democracy）的作者在书中所写的那样：民粹主义的幽灵之所以在西欧甚至整个欧洲徘徊，是因为它们"巧妙地把欧洲一体化和全球化浪潮所引发的就业压力，安全担忧，种族的、民族的、文化的危机，特别是身份认同的焦虑与民众对代议制民主的不满联结起来，从而发动了一场又一场富有强烈个性色彩的较为成功的民主斗争"。① 各个国家社会问题的变化状况以及各个政党的调整情况，就成为它们发展演变的关键。因此，很多小型政党"铤而走险"，选择激进主义的路线，而且越走越远。为迎合选战的需要，一些新兴政党不断打破原有的社会原则，甚至将一些标新立异的行为作为自己的"卖点"。德国选择党就是以此为生存之道，选择党领导层的决策方式则可以让它的政策不断突破"禁忌"。德国选择党的兴起可以看作该党追随选民意志且不断煽动和塑造选民意志的结果。在德国主流政党的政治原则与政策价值逐渐趋同的情况下，德国选择党将矛头直指传统的政党政治，利用腐败问题、经济问题、民族问题、宗教问题等获取选民的支持。同时，新媒体技术的发展也为民粹主义的发展提供了便利的宣传平台。利用新媒体，德国选择党不仅成功地打破了传统媒介对"政治不正确"议题的封锁，而且成功地吸引了传统媒介的关注。

第二，德国特殊的历史、文化、社会、经济背景对德国选择党的发展有一定的制约作用。由于历史的原因，德国在欧洲仍然是个特例，德国民众在为民粹主义政党投票时表现得比较慎重。德国从欧洲一体化中获益，经济增长率和劳动力市场的数据也会在一定程度上抑制德国选择党舆论宣传的渲染力。德国选择党的政治纲领不具备持久吸引选民的政策基础，并且执政党也适时地调整了难民政策，打击恐怖主义，加强国内安全，挽回了一些选票。另外，危机叠加、民粹主义泛滥以及欧盟政治局势面临多种不确定性使得德国民众的求稳心态上升，基于对二战的反思，德国部分民众对于带有极右翼色彩的德国选择党的恐惧也会超过对难民潮的恐惧，这

---

① Daniele Albertazzi and Duncan Mcdonnell, eds., *Twenty-first Century Populism: The Spectre of Western European Democracy*, Palgrave Macmillan, 2008.

些都能起到抑制德国选择党上升的作用。民粹主义政党或将长期存在于德国的政治生态中，但是德国选择党几乎没有可能参加组阁，到目前为止，还没有其他政党意愿与德国选择党组阁。

第三，德国选择党的存在迫使主流政党在欧洲一体化等政策领域小心行事。德国选择党是否会成为德国政党体系中地位稳固的政党既取决于该党选民的忠诚度，也取决于主流政党的应对政策。德国选择党的不少选民的忠诚度并不高，他们只是想给建制派政党一个教训，但是不可否认的是，德国选择党拥有很多潜在的选民。另外，面对德国选择党的兴起，主流政党所采取的政策也非常关键。如果主流政党在经济层面更多地转向保护主义和社会公平，在文化层面转向保守主义，在政治层面转向民族主义国家而非更多的一体化，那么德国选择党会走向衰落甚至消失；如果主流政党没有采取上述的转向措施，那么德国选择党会继续公开抨击自由主义和现代化，并发展成一种新的政党类型——怀旧的政党，并且得以通过各种政治决策渠道对德国政治施加影响。

三　碎片化政党格局下德国绿党崛起①

2017 年第 19 届德国联邦议院选举结束后，德国政党格局发生了一系列重大变化，其中最为显著的一个变化便是绿党的强势崛起。在 2017 年大选后，德国绿党民调支持率曾经一路高企，偶尔还能与联盟党比肩，在 2021 年大选中以超过 14% 的历史最好成绩进入内阁。而 2017 年大选时其得票率仅为8.9%，四年后绿党取得了前所未有的好成绩。如果说 2013 年成立的德国选择党是借助其标新立异的政治话题吸引选民的话，那么成立四十年的绿党近年来成功发展的原因又是什么呢？自成立以来，绿党一直将环境和气候议题作为其核心品牌，为什么自 2018 年以来忽然支持率成倍上涨？在德国碎片化的政党格局下，绿党的强势崛起是昙花一现还是一个中长期的状态？绿党地

---

① 本节部分内容摘自杨解朴：《碎片化政党格局下德国绿党崛起的原因及影响》，《当代世界与社会主义》2020 年第 3 期。

位的上升将会给德国未来的政策走向、欧盟的发展方向乃至中欧关系带来哪些影响？围绕上述问题，本部分梳理了近两年来德国碎片化政党格局下各主要政党的发展态势，借助"议题所有权"（Issue Ownership）理论对绿党强势崛起的原因进行分析，并在此基础上探讨绿党的崛起对德国内政及外交带来的影响。

（一）议题所有权视角下绿党崛起的原因

近年来，由于极端天气情况的增多和环保运动在欧洲的流行，环保和应对气候变化成为欧洲国家最重要的政治议题之一，欧洲国家的绿党以及环保组织成为这一趋势的受益者。但就德国而言，20 世纪 80 年代中期，德国从一个气候政策的落后者发展为（国际和欧盟）气候政策的领导者，联邦政府（多数时间是绿党外的其他政党执政）发挥着积极的领导作用，两大主流政党早已将气候保护、可持续发展等议题纳入它们的政治纲领和执政协议，并且从科尔时期开始，德国的领导人就积极推动解决欧洲和全球的气候保护问题。也就是说，生态与经济的协同发展、应对气候保护等问题早已成为其他主流政党的重要议题。那么，为何近两年欧洲发生极端天气后，德国绿党的支持率会有如此大的变化？是民众对于其他政党解决气候问题的不信任，还是绿党借此机会在政党竞争中采取了特别的行动？本部分借助"议题所有权"理论对绿党崛起的原因加以分析。

1. 议题所有权的概念及维度

"议题所有权"是伊恩·巴吉（Ian Budge）等学者[1]在 20 世纪 80 年代最早提出，在政党与选举研究领域引起较大关注的概念，其基本思想是，选民将某些议题与某些特定的政党联系起来，因为公众认为这些政党更适合处理这些议题，所以它们在这些议题上占有优势。在这一理论下，政党应该关注它们"拥有"的议题以及选民行为，当选民认为某个政党拥有某

---

① Ian Budge and Dennis J. Farlie, *Explaining and Predicting Elections: Issue Effects and Party Strategies in 23 Democracies*, London: Allen & Unwin, 1983.

个他/她认为重要的议题时，该选民选择该政党的机会就增加了。学者们对于议题所有权的定义不一而论，其中较有代表性的是约翰·R. 彼得罗奇克（John R. Petrocik），他认为，议题所有权是某些政党能够更好地处理某些问题，或具有更好的解决选民关心的问题的能力。这是政党因其政策和纲领的裨益而享有的声誉，缘于政党在历史上对这些问题的关注、倡议和创新行为，让选民相信某个政党（及其候选人）在这些问题上更加真诚，并致力于对这些问题采取行动。①

彼得罗奇克的定义中蕴含了多个模糊的维度，斯特凡·沃尔格雷夫（Stefaan Walgrave）及其合作者在彼得罗奇克等学者的基础上将议题所有权区分为两个明确的维度，即关联性议题所有权（Associative Issue Ownership）和能力议题所有权（Competence Issue Ownership）。前者是指选民以政党对议题关注的历史为基础，自发地将某一议题与某个政党联系起来，而与该党是否具有解决这个问题的能力无关；后者是指政党被认为能够胜任、处理和解决某些特定问题。②

以往，西方学者进行了许多实证研究来测量政党在议题所有权上的能力维度，学者们用类似于"处理某一问题的最佳政党"作为指标来评估政党的能力议题所有权。研究发现，能力维度受到政党偏好的强烈影响，当选民对政党进行甄别时，往往将其首选政党作为能够胜任和处理几乎所有问题的政党，而且受到该党能力和位置因素的影响，所以"最佳"这一指标不仅可以衡量政党在特定问题上的处理能力，还可以对政党进行一般性的评估。③ 与学者们对能力维度研究的热情相比，鲜少有学者对关联性维度进行研究。沃尔格雷夫通过实证研究发现，关联性通常与学者对党派议题

① John R. Petrocik, "Issue Ownership in Presidential Elections, with a 1980 Case Study", *American Journal of Political Science*, Vol. 40, No. 3, 1996, p. 826.

② Stefaan Walgrave, Jonas Lefevere and Anke Tresch, "The Associative Dimension of Issue Ownership", *Public Opinion Quarterly*, Vol. 76, No. 4, 2012, p. 772.

③ Stefaan Walgrave, Anke Tresch and Jonas Lefevere, "The Conceptualisation and Measurement of Issue Ownership", *West European Politics*, Vol. 38, No. 4, 2015, pp. 786 – 787.

能力的评估有差异，但关联性维度不会受到政党偏好的影响。这两个维度都会影响到基于党派评估进行的投票。能力议题所有权具有直接影响。关联性议题所有权仅在投票者认为议题很重要时，才对投票产生影响；而当投票者认为议题不重要时，关联性议题所有权对投票产生的影响较小。沃尔格雷夫认为，由于关联性议题所有权与政党偏好无关，所以更能充当对各政党看法的"过滤器"。[1]

研究者们还发现，如果某一政党反复、长期地关注其他政党的议题，可以使该政党成为议题的关联所有者（associative owners of issues）。但这一政党无法窃取选民对原来政党的关联性，而只能就这一议题充分沟通，提高该政党在选民心目中处理该问题的能力，从而使之成为它的优势。也就是说，政党可挑战其他政党的能力议题所有权，但在攻击其他政党的关联性议题所有权时会遇到困难，因为强调其他政党的关联性议题所有权往往会加强选民对议题所有权的现有看法，反而给议题拥有者加分。[2]

2. 气候政治议题所有权视角下绿党及两大主流政党的角色定位

（1）绿党：气候政治的议题所有者。

绿党从成立之初就以"生态"为核心标签，内容包括气候保护、能源、环境保护等。[3] 绿党的前身部分来自20世纪70年代的绿色生态运动，1980年绿党成立时，将"生态"作为四大基本原则之一写入党纲。两德统一后，绿党重新调整定位，承诺要在德国扮演改革党的角色，在其制定的联邦议院选举方案中，强调要使党的生态目标更加贴合德国社会市场经济和外交政策路线。2002年红绿联合执政时期，绿党通过新的基本纲领（《未来是绿色》），其核心是工业社会可持续生态转型以及代际公平（在环境、

---

① Stefaan Walgrave, Jonas Lefevere and Anke Tresch, "The Associative Dimension of Issue Ownership", *Public Opinion Quarterly*, Vol. 76, No. 4, 2012, pp. 771 – 782.

② Stefaan Walgrave, Anke Tresch & Jonas Lefevere, "The Conceptualisation and Measurement of Issue Ownership", *West European Politics*, Vol. 38, No. 4, 2015, pp. 786 – 787.

③ 目前德国绿党将气候保护、能源、环境和自然保护、交通运输政策、清洁的汽车驾驶以及草甘膦列入生态的内容。参见德国绿党主页：https://www.gruene.de/oekologie。

社会、财政等领域为后代保留和创造机会）。2005 年联邦大选之后，绿党重新以"生态"为核心品牌，将与环境相适应的气候政策、社会的积极转向以及其他流动和运输政策定义为现代社会的核心问题。2020 年，绿党发布新版党纲，"生态"依旧是核心原则之一，并将气候政策视为安全政策。

　　绿党利用在联邦层面参与执政的机会、拥有联邦议院席位的机会、在各州参与执政以及进入联邦参议院的机会，推出了诸多有关环境保护和气候治理的法案、提案、政策和措施。1998～2005 年红绿联合执政期间，联邦政府推出了生态税改革、分阶段退出核能的计划以及《可再生能源法》。从 20 世纪 80 年代中期开始，绿党在联邦议院推动成立了一些专门的委员会负责环境和气候保护。绿党对于气候政治议题的贡献还体现在联邦州层面的气候治理上。20 世纪 80 年代中期，绿党成员约什卡·菲舍尔（Joschka Fischer）任黑森州环境部长期间，推行了一系列有利于能源转型的措施，不仅为黑森州后来的能源转型和气候治理打下了基础，并且为其他联邦州做出了表率。同时，该州长期保持"绿色"传统，在联邦州中属于气候治理的先行者。2012 年，该州通过《黑森州能源未来法》，规定该州到 2050 年尽可能提供 100% 的电力和暖气。2013 年，该州的可再生能源部门创造了 20000 多个就业岗位。另外，巴符州也在气候治理方面贡献突出。2011 年，巴符州选出了第一个绿党籍的州长温弗里德·克莱驰曼（Winfried Kretschmann）。在克莱驰曼治下，巴符州推出了减缓气候变化的法案等一系列具有创新性的气候政策，对其他联邦州起到了示范作用。此外，绿党在气候政治方面的倡议、提案更是远远多于其他政党，2017 年联邦大选后至今，绿党籍的联邦议院议员已经提出数百项有关气候问题的倡议及提案。[①]

　　由于绿党关注气候政治议题的历史较长，在环境保护、气候变化、可

---

① 数据来源：https://www.gruene-bundestag.de/parlament。

持续发展等议题上的倡议和创新层出不穷，在选民心目中它具有更好的解决气候政治议题的能力。以 2019 年欧洲议会选举的出口民调为例，在回答"哪个政党最有可能奉行良好的气候政策？"这一问题时，56% 的选民选择绿党，14% 的选民选择联盟党，5% 的选民选择社民党。绿党的选民在回答"哪项议题在您选择绿党时发挥了关键作用？"时，88% 的人选择气候和环境政策，39% 的人选择社会安全，31% 的人选择和平保障，13% 的人选择移民，9% 的人选择经济增长。① 根据彼得罗奇克有关议题所有权的定义，绿党具备了更好的解决气候政治议题的能力，拥有气候政治的议题所有权。

（2）两大主流政党：气候政治议题的关联所有者。

传统上，两大主流政党的核心品牌显然不是"生态"，联盟党的核心品牌是"经济领导力"，而社民党的核心品牌是"社会领导力"，它们关注气候政治议题的历史没有绿党长，但两大主流政党长期处于执政党的位置，在国家治理和国际话语权上具有优势，这有利于它们对绿党在气候政治领域的能力议题所有权发出挑战。从 1986 年（联盟党与自民党组成联合政府执政）开始，德国就推出了一系列有关气候保护的政策措施，成立了一些专门的委员会，致力于气候治理。1990 年，德国提出了针对德国和欧盟的温室气体减排目标。近年来，德国以可再生能源的形式快速采用"清洁能源"，长期实行大量减少二氧化碳排放和经济上较为成功的气候政策，在全球风能和光伏市场上占有相当比例。德国不仅在国内政治层面努力推动气候治理，而且在欧盟和全球层面积极作为，成为气候政治的领导者。1995年，科尔出席《联合国气候变化框架公约》第一次缔约方会议时，提出了德国到 2005 年温室气体减排 25% 的目标。德国在此后的 20 多次缔约方会议上都是积极的参与者，同时致力于在 G7 峰会、G20 峰会、欧盟等多边场合推动解决气候变化问题。

另外，两大主流政党在其党纲、执政协议中也反复强化其对气候政治

---

① 数据来源：https：//wahl. tagesschau. de/wahlen/2019 – 05 – 26-EP-DE/index. shtml.

的关注。例如，基民盟在其党纲中将"环境、自然和气候保护"专辟一章，社民党在其党纲中将"能源转向和气候保护"专辟一章；两党2013年和2017年两届联合政府的执政协议也将"能源转向与气候保护"以及"环境和气候"作为重点加以阐述。

长期以来两大主流政党关注气候政治议题，通过就这一议题在国内政治和国际政治层面的积极作为，在选民心目中提高了它们处理这一议题的能力，挑战了绿党在该议题所有权的能力维度。依据议题所有权理论，两大主流政党已经成为气候政治议题的关联所有者。

3. 议题所有权视角下绿党崛起的有利因素

根据上文的分析，绿党拥有气候政治的议题所有权，但在现实政治中，由于绿党仅参与了两届政府的执政，所以长期以来，两大主流政党利用其在国家治理体系中的执政优势以及国际政治中的话语权优势，已经成为气候政治议题的关联所有者。当气候政治议题与其他政治议题同等重要时，选民忽略了绿党的这一议题所有权。他们在投票时往往受到政党偏好的影响，将心目中首选政党在处理这一议题上的能力与政党的一般性评价相混淆。而当欧洲国家出现极端天气时，气候政治议题地位上升，绿党在气候政治的关联性议题所有权方面发挥作用，选民们就将选票投给了绿党。

（1）气候政治议题地位的提升为绿党的崛起提供了机会。

2018年夏天和2019年夏天，欧洲天气炎热异常，人们切身感受到气候变化所带来的伤害。2018年，瑞典女孩格雷塔·通贝里（Greta Thunberg）发起了"星期五为未来"的全球罢课运动，呼吁保护气候，全球100多个国家和地区的学生响应，德国多个地区的中学生参加了这一活动。除学生外，2019年德国数百万成年人走上街头，要求政府在气候保护问题上采取措施。根据德国广播电视一台（ARD）2019年5月的问卷调查结果，有86%的受访民众认为是人类加快了气候变化的速度。如果我们再不做出相应的大规模的动作，将难逃气候灾难。环境/气候保护与无害环境的经济政策相结合成为时代的主题，各种民调显示，气候政治议题成为各类选举中选民最关心的议题。在这种背景下，绿党在气候政治上的议题所有权凸显，人们记起绿党过去四十年都在谈论这个议题。那些目前将气候政治作为最重要的议题，而此前混淆了其首选政党与绿党在气候政治议题上所有权的选民，将选票改投给了绿党。

绿党也抓住气候政治议题地位上升的机会，展开行动，增加其在该议题上的关注度，同时将这一议题与时代使命相关联，在选民心目中树立更加务实的党派形象。例如，在欧洲议会选举的竞选纲领中，绿党列出了一系列关注地球未来的严格的环保规定，倡导健康的生活方式，希望构建经济与生态和谐发展的现代社会。绿党宣称，愿意正视气候危机、物种灭绝、数字化以及日益膨胀的民族主义等这个时代的巨大挑战，用行动来塑造这个时代。绿党的政治主张得到了很多青年人的赞同，虽然绿党的选民分布在各个年龄段，但在 29 岁以下的选民当中，绿党的支持率遥遥领先。

（2）两大主流政党在气候政治议题上能力维度的折损为绿党崛起提供了空间。

长期以来，德国被视为气候保护领域的先驱，轮流执政或者联合执政的两大主流政党也因此提升了作为气候政治议题关联所有者的"能力"维度。但近年来的数据显示，德国的气候保护成果不够理想，甚至可能无法达到自己预定的目标。尽管德国花费了约 1500 亿欧元，进行了多年的政治努力来废弃核燃料和化石燃料，转而使用风能和太阳能等可再生能源，但预计德国原定的 2020 年国家和欧盟减排目标以及清洁能源目标将落空。麦肯锡发布的全球能源转型指数显示，高电价、对煤炭的持续依赖以及"糟糕的二氧化碳排放记录"意味着德国在从化石燃料转向可再生能源方面落后于其他国家。在欧洲，包括瑞典、奥地利、丹麦、英国和法国在内的 11 个国家在减少煤炭依赖和绿化能源系统方面做得更好。与此同时，德国可再生能源的发展速度并不理想，尽管可再生能源近年来在电力行业有所增长，但在运输和供暖方面并没有取得重大进展。"德国作为一个开拓性的国家正处于失败的边缘"，[①] 同时还可能面临欧盟的罚单。

在上述背景下，民众对两大主流政党处理气候政治议题的能力产生了怀疑，与对联邦政府在许多政策领域的信任度下降一样，民众对联邦政府在气候治理方面的承诺表示出不信任。而这种情况的出现为本就拥有气候政治议题所有权的绿党提供了发挥政治影响力的空间。绿党利用各类场合宣传本党关于能源转向、减少碳排放等气候治理的政治主张及具体的行动纲领，吸引了选民的关注，提升了支持率。

（二）绿党崛起对德国内政与外交的影响

绿党凭借拥有气候政治议题所有权的优势，在气候政治议题重要性增加的情况下，迅速实现了崛起。由于气候政治议题的全球属性，崛起后的绿党不仅要在国内治理层面发挥作用，还会努力增加其在国际政治中的话语权。

1. 绿党崛起对德国内政的影响

2021 年，德国举行了联邦议院大选。与上届选举相比，绿党支持率增加了 5.8 个百分点，在联邦议院的席位数量大幅增加，在国内政治中的影响力和话语权有所提升。大选后，绿党与社民党、自民党组成了三党联合政府，这是绿党第三次入阁。在政治光谱中，绿党和社民党属于中间偏左的政党，而自民党属于中间偏右的政党。理论上说三者在意识形态、政治主张等方面存在较大差异，形成共识的难度较大，但从三党组阁的速度、执政协议的内容看，三党目前采取了尽量满足各党核心利益的做法。

在本届政府的执政协议中，几乎所有的政策计划都强调了国家现代化的主题，三党的核心利益均得到满足，社会生态、市场经济下的气候保护是绿党最为关注的内容，在绿党关注的环境议题上，各方同意加速淘汰煤炭、在 2030 年前停止使用煤炭等。此外，三党还提出，要将德国的投票年

---

① Kalina Oroschakoff, "Germany's Green Energy Shift Is More Fizzle than Sizzle", https://www. politico. eu/article/germany-climate-change-green-energy-shift-is-more-fizzle-than-sizzle/.

龄从 18 岁下调至 16 岁，这对于在年轻选民中有核心影响力的绿党和自民党来说是重大利好。

但值得关注的是，三党在政策议题上做了加法，最大限度地满足各方需求。但如此宏大计划的资金从何而来？在气候、环保领域，绿党认为保护环境需要采取全面行动，大幅增加财政支出。它的计划包括扩大公共交通覆盖范围、增加零排放汽车、关闭煤电厂、建立一套降低二氧化碳排放的税收激励制度等。而自民党实际上是主张实施"债务刹车"机制，不主张大规模扩大投资以保持联邦政府收支平衡。在新冠疫情肆虐全球的背景下，德国推出了巨额的财政纾困计划，同时也突破了德国政府一直固守的"黑零"政策，危机后经济重建和经济增长仍需要大笔资金。随着俄乌冲突影响的加剧，能源供应安全和能源价格上涨对德国经济和财政构成了难以预料的挑战。那么这是否意味着，绿党在气候和环保领域采取全面行动的主张可能会遭遇没有财政支持的尴尬？

2. 绿党崛起对德国外交政策的影响

绿党从比较激进的环保主义政党发展到今天，其外交政策经历了一个逐步温和、逐渐务实的过程。但相较于其他政党，其外交政策中会夹杂更多的"环保""人权""透明度"等标签，进而可能在某些对外政策方面表现得积极有为，而在某些方面呈现出保护主义和保守主义倾向甚至会侵犯他国主权。

在气候政治议题的地位大幅提升的背景下，德国绿党与欧洲其他国家的绿党发展迅速，在欧盟形成一股绿色旋风，直接改变了欧洲议会的席位分配格局。《里斯本条约》的"同意程序"规定欧洲议会对所有贸易类协定拥有否决权，任何协定必须获得欧洲议会多数票通过。欧洲议会在对外贸易政策领域向来有左右之争，欧洲绿党和欧洲联合左翼/北欧绿色左翼对快速推动对外自由贸易持反对态度，它们认为，对外自由贸易会损害欧盟较高的环保和劳工标准。从根本上说，欧盟不会改变推动对外自由贸易的政策立场，但绿党席位的大幅增加会抬高欧盟对外自由贸易谈判的门槛，减缓未来欧盟推动对外自由贸易的步伐，[1] 同时会影响中国与欧盟双边投资协定最后批准进程。

绿党对于气候政治议题的专注会对欧盟气候政治的发展以及欧盟与其他国家的气候合作起到积极的促进作用。2020 年下半年，德国担任欧盟轮值主席国期间，气候政治议题也是其工作重点之一。未来，中国和欧盟在气候合作领域还有进一步合作的空间和潜力。

第二节　德国社会不平等加剧[2]

新冠疫情背景下，一系列的数据表明，德国社会不平等现象加剧，具体表现为德国社会收入不平等加剧、健康不平等凸显、种族歧视加剧、教育机会不平等问题突出。德国分配制度的不合理、不公正，工作贫困加剧，暗藏的生物学上的种族主义被激活是新冠疫情下德国社会不平等加剧的原因。目前尚不清楚新冠疫情是否以及在多大程度上改变德国经济和社会状况，但其正在加速一些已经存在的趋势并增加了相关挑战。新冠疫情下德国社会不平等的加剧直接导致社会矛盾升级、社会安全受到挑战、财富分配制度成为争论的话题。另外，由社会不平等加剧引发的制度不安全会给德国社会制度带来更大的挑战和危机。

德国是发达资本主义国家之一、欧洲最大的经济体、世界第四大经济体。2020 年，受新冠疫情的影响，德国经济连续十年增长后首次出现下降，国内生产总值比 2019 年下降 5.1%[3]。新冠疫情不仅给德国带来经济衰退，还带来了社会动荡，加剧了社会不平等，引发了制度安全性的下降。新冠

---

① 何韵、史志钦：《欧洲议会选举视阈下的欧盟碎片化及其影响》，《现代国际关系》2019 年第 9 期。

② 本节内容摘自杨解朴：《新冠肺炎疫情下德国社会不平等加剧的表现、原因及影响》，《世界社会主义研究》2021 年第 9 期。

③ 德国联邦统计局：https://www.destatis.de/DE/Themen/Wirtschaft/Volkswirtschaftliche-Gesamtrechnungen-Inlandsprodukt/Tabellen/bip-bubbles.html。

疫情不是德国出现社会不平等的直接诱因，却像放大镜一般，使社会不平等问题凸显，并给德国的经济、政治、社会带来重大影响。

一 德国社会不平等加剧的经济社会背景

作为发达资本主义国家，德国分配制度的不合理造成贫富差距严重。冷战结束后，经济全球化与欧洲一体化一路高歌猛进，但与此同时，西方发达国家社会财富分配出现了高度不平等。2019 年德国市场收入的基尼系数为 0.5，高于经合组织 0.468 的平均数[1]。2019 年，美国最富裕的 1% 的人口占据了总人口 94.5% 的人的净资产，德国最富裕的 1% 的人口的净资产超过了总人口 87.1% 的人所拥有的净资产总和。[2] 这种贫富差距不断拉大，根据德国经济研究所 2020 年 7 月的数据，德国最富裕的 10% 的人约占总财富的 67%，2017 年这一数据为 55.4%，最富裕的 1% 的人占有总财富的 35%，而最贫穷的 5% 的人只占有总财富的 1.4%。[3] 其他欧洲主要经济体的这一数据也同德国相差不多，欧美国家的贫富分化由此可见一斑。巨大的贫富差距造成了欧洲底层民众和精英阶层之间的分化与对立。在过去 20 年，低收入者陷入贫困的风险不断上升。1998 年德国贫困人口比例为 10.3%，而 2019 年达到创纪录的 15.9%，即德国约 1/6 的公民无法维持生计。失业者（占比 57.9%）、单亲父母（占比 42.7%）、流动人口（占比

---

① 在德国，通过重新分配来减少市场收入中的高度不平等现象是相对有效的。在德国人缴纳税收和社会捐款并获得国家社会福利之后，2019 年德国可支配收入的基尼系数为 0.289，低于经合组织 0.315 的平均水平。数据来源：DGB Bundesvorstand, "DGB Verteilungsbericht 2021: Ungleichheit in Zeiten von Corona", Berlin, Januar 2021, p. 60, https：//www. dgb. de/themen/ + + co + + 37dffeb0 − 5bc3 − 11eb-ac48 − 001a4a160123。

② DGB Bundesvorstand, "DGB Verteilungsbericht 2021: Ungleichheit in Zeiten von Corona", Berlin, Januar 2021, p. 71, https：//www. dgb. de/themen/ + + co + + 37dffeb0 − 5bc3 − 11eb-ac48 − 001a4a160123.

③ 德国经济研究所：https：//www. diw. de/de/diw_01. c. 793802. de/publikationen/wochenberichte/2020_29_1/millionaerinnen_unter_dem_mikroskop_datenluecke_bei_sehr_ho_geschlossen_konzentration_hoeher_als_bisher_ausgewiesen. html；https：//www. diw. de/de/diw_01. c. 793891. de/vermoegenskonzentration_in_deutschland_hoeher_als_bisher_bekannt. html。

35.2%）和有三个或更多孩子的家庭（占比 30.9%）陷入贫困的风险最高。[1]

作为非典型移民国家，近年来德国移民数量大幅增加，移民贫困问题随之而来，种族歧视事件也时有发生。2019 年，德国 2120 万人有移民背景[2]，占总人口的 26%，这一数字比 2018 年增长 2.1%，是 2011 年来最小的增幅。2018 年，在有移民背景的人群中，13.6% 的人是德国籍，12.4%是外国籍。2018 年，有移民背景的人群中，26% 受到贫困威胁（无移民背景的人群中这一数字仅为 14%）；12% 有移民背景的人处于失业状态（无移民背景的人失业率为 6%）。2018 年，有移民背景的人比无移民背景的人平均月收入少 290 欧元，这一收入差距对于难民来说甚至超过了 800 欧元。[3] 难民危机后，德国种族歧视事件明显增多，根据德国联邦反歧视局（ADS）2019 年度报告，该机构提供的所有咨询中，有关种族歧视的咨询占比较高，达到 33%。2016 年，这个比例仅为 25%。2019 年德国的种族歧视案件较上年增长了近 10%，达到 1176 起。

二 新冠疫情下的德国社会不平等

新冠疫情在很短的时间内颠覆了人们的生活方式，给德国经济和社会带来了巨大影响。同时，新冠疫情犹如一个放大镜，使德国社会不平等问题凸显。

（一）收入分配不平等加剧

德国汉斯 - 贝克勒基金会下设的经济和社会科学研究所的一项研究发

---

① DGB Bundesvorstand, "DGB Verteilungsbericht 2021: Ungleichheit in Zeiten von Corona", Berlin, Januar 2021, p. 53, https://www.dgb.de/themen/++co++37dffeb0-5bc3-11eb-ac48-001a4a160123.

② 对 "移民背景" 的定义：自己或父母中任一人出生时是非德国国籍。

③ Statistisches Bundesamt (Destatis), Wissenschaftszentrum Berlin für Sozialforschung (WZB), Bundesinstitut für Bevölkerungsforschung (BiB) und Das Sozio-oekonomische Panel (SOEP) am Deutschen Institut für Wirtschaftsforschung (DIW Berlin), *Datenreport 2021-Ein Sozialbericht für die Bundesrepublik Deutschland*, Bonn 2021, p. 289.

现，新冠疫情加剧了原有的社会不平等，它对近年来社会状况较差的人影响更为严重。大约 32% 的受访者表示，他们不得不接受新冠疫情导致收入损失这一现实，疫情迫使他们面对失业、减少工作时间或是短时工作。低收入家庭会比高收入家庭遭受更多的收入损失。将近 50% 月净收入低于900 欧元的家庭在新冠危机期间收入下降。然而，并非所有人都需要承受这种财务恶化的结果。新冠疫情主要影响的是边缘就业人员。与高收入者相比，低收入者损失更严重。收入越高，其应对财务损失的概率和程度越低。数据表明，在新冠危机期间，物质不平等正在加剧。工资损失往往与不稳定的就业有关。边缘就业者或临时雇员比正式雇员的情况更糟。收入损失的程度根据不同行业有所不同：酒店业的员工就业相对不稳定，一般不得不应对高额的收入损失；制造业和加工业的员工收入损失也很大，但往往有延迟，他们中的大多数人是在 2020 年夏季才比较明显地察觉到收入的损失。

德意志联邦银行的一项研究也得出了类似的结果。超过 40% 的受访者受疫情影响收入减少。他们中的许多人预计，在接下来的 12 个月内，每月损失将高达 500 欧元，在某些情况下甚至会更多。收入的损失不可避免地也会对消费者行为产生影响，受访者表示，他们的消费变得较少。毫不奇怪，民众对消费的预防态度越明显，其预期收入损失越大。收入的变化无疑会进一步导致贫困的加剧，底层民众和精英阶层之间的分化与对立将更加尖锐。

（二）健康不平等①凸显

新冠疫情下，德国不同社会群体的健康不平等凸显。受疫情影响最严重的是社会经济地位处于弱势的群体，他们往往收入低、工作不稳定、有移民背景或是寻求庇护者。

德国罗伯特·科赫研究所（Robert Koch Institute）根据对新冠病例统计

---

① 健康不平等被认为是不同社会群体健康状况的系统性差异，社会经济地位、性别、年龄、地域、种族、民族、宗教等是导致这一系统性差异的重要因素。

数据的分析，得出德国社会经济地位处于弱势的群体感染新冠病毒的可能性更高的结论。[1] 感染新冠病毒的不平等性可能主要缘于不同群体暴露在病毒环境的概率差异及对病毒易感性的差异，而这些差异更多的是生活和工作条件、心理及行为因素的差异。例如，那些可以居家办公且收入不受影响的人暴露在病毒环境中和感染病毒的风险更小，而能够居家办公的人往往是那些受教育程度较高、收入较高的群体。另外，德国社会不同群体的住房空间分配并不均衡，尤其在大城市，低收入人群居住空间普遍较为狭小。除了生活和工作条件外，心理和行为因素也可能成为在抗击新冠疫情的可持续性方面社会经济不平等的原因。一项实验研究显示，那些认为自己处于社会不利地位的人在接触病毒后，其感染病毒的风险增加。而健康行为，如体育活动或饮食习惯，也可以在抗击病毒的可持续性方面发挥作用。罗伯特·科赫研究所的研究显示，上述暴露在病毒环境以及在抗击病毒的可持续性方面的不平等使得社会经济弱势人群感染新冠病毒的风险增加。

　　罗伯特·科赫研究所的另一研究显示，德国新冠疫情的死亡率存在社会不平等。该研究所将 2020/2021 年秋冬第二波新冠疫情期间德国死亡病例数与全德 401 个农村和城市地区的"德国社会经济剥夺指数"（GISD）[2]相关联，发现在第二波疫情中，德国经济社会贫困程度较高地区的死亡人数增加最为明显，较经济社会贫困程度较低地区的死亡人数高出 50% ~ 70%，男性和女性都是如此。[3]

---

[1] Wachtler B. , Michalski N. , Nowossadeck E. , Diercke M. , Wahrendorf M. et al. , "Sozioökonomische Ungleichheit im Infektionsrisiko mit SARS-CoV – 2-Erste Ergebnisse einer Analyse der Meldedaten für Deutschland", *Journal of Health Monitoring*, Special Issue 7, 2020, pp. 19 – 31, https://www. rki. de/DE/Content/Gesundheitsmonitoring/Gesundheitsberichterstattung/GBEDownloadsJ/JoHM_S7_2020_Soziale_Ungleichheit_COVID_19. pdf? _blob = publicationFile.

[2] GISD 是衡量德国不同地区人口的社会经济剥夺程度的指数，是由地区教育、就业和收入指标组成的多维指数。

[3] 参见德国罗伯特·科赫研究所的网页：https://www. rki. de/DE/Content/GesundAZ/S/Sozialer_Status_Ungleichheit/Faktenblatt_COVID – 19-Sterblichkeit. html。

在新冠疫情下，德国具有移民背景的居民的感染率和死亡率都远高于本土民众的平均水平。① 造成这一现象的主要原因首先是移民的工作和生活环境很难抵御疫情；其次是移民的语言障碍使其无法及时获得防疫信息，造成这一群体对新冠肺炎的危害、防疫措施了解不够全面；再次是移民往往对政府存在偏见，对到相关机构报到有抵触心理，造成相关机构很难触及移民群体。因此，新冠疫情对移民比例较高的地区影响更为严重。

（三）种族歧视加剧

在新冠疫情下，德国社会中暗藏的种族主义歧视和仇外情绪上扬，移民等少数族裔在社会生活中遭遇的结构性不平等加剧。

随着新冠疫情的传播，针对亚裔等少数族裔的种族歧视和媒体上的歧视性言论在德国明显增加。2020 年，德国柏林自由大学、洪堡大学和德国融入与移民研究中心以"德国新冠危机与反亚裔歧视"为题，开展了一项有 4900 人参与的问卷调查，其中亚裔约 700 人。调查结果显示，几乎一半（49%）的亚裔受访者在新冠疫情期间有遭遇歧视的经历，其中 62% 的案例是遭受言语攻击。有 11% 的人甚至遭到肢体暴力，比如，被吐口水，被推搡和喷消毒剂。大多数攻击出现在街头或在搭乘公交的路上。调查还显示，27% 的人受到机构的排斥，比如，无法预约看病。自新冠疫情发生以来，德国种族歧视和种族主义案例明显增加。德国联邦反歧视局 2020 年收到的咨询个案与 2019 年相比增加了 2/3，从约 3600 例增加到 6000 多例②。过去一年里，大约有 1/4 的咨询个案与新冠病毒相关的歧视有关。

新冠疫情放大了德国少数族裔由结构性种族主义导致的结构性不平

---

① Senatsverwaltung für Gesundheit, Pflege und GleichstellungAbteilung Gesundheit, Berlin, "Das SARS-CoV – 2-Infektionsgeschehen in Berlin-Zusammenhang mit Soziodemografie und Wohnumfeld", *Kurz Informiert*, Issue 2, 2020, p. 6, https://www. berlin. de/sen/gesundheit/service/gesundheitsberichterstattung/veroeffentlichungen/kurz-informiert/.

② "Antiasiatischer Rassismus in Deutschland weitverbreitet", *Der Spiegel*, 06. 05. 2021, https://www. spiegel. de/politik/deutschland/deutschland-anti-asiatischer-rassismus-in-der-coronapandemie-weit-verbreitet-a – 44d05eb5-c9ca – 436d – 8fbb-bbf02d7566bb.

等。结构性种族主义是德国社会制度设计的结果，这些制度间接导致了对少数群体的歧视和排斥。因此，结构性种族主义使少数群体在社会生活中处于不利地位。例如，德国少数族裔不仅在教育体系和劳动力市场中处于不利地位，而且在卫生保健和刑事司法系统中处于不利地位。在德国劳动力市场中，移民大多聚集在就业价值最低的部门，他们大多在公共交通部门、零售业和清洁行业从业。在这些领域，在家工作和自我隔离几乎是不可能的。这种不平等使其接触新冠病毒的机会更多，他们的生活处于高度风险之中。除此之外，新冠还加剧了先前存在的社会经济不平等，移民更有可能从事低薪、临时和非全日制工作，这意味着他们更有可能在疫情期间陷入不利的境地。与美国相比，德国拥有全面的法定卫生系统，通常对所有居民开放，但有移民背景的人在德国较少使用医疗服务，他们由于有语言和文化障碍或有被歧视经历而不愿就医。除了重大疫情外，这样的状况还可能导致移民中新冠轻症患者不向有关机关报告。

（四）教育机会不平等问题突出

新冠疫情加剧了德国的教育不平等，造成社会进一步失衡。

疫情期间，德国学校关闭、课程减少或取消、课堂转至互联网给许多家庭带来了困难，尤其是单亲父母和社会经济负担较重的家庭，他们必须协调有偿就业和家庭教育之间的矛盾。如上文所述，社会经济发展中的弱势群体大多不具备居家办公的条件。受疫情影响，儿童数周无法去日托中心和学校，尽管有的学校有开放时间，但许多孩子每周只上几个小时的课。教育和护理/照看设施的关闭，给很多家庭带来严重影响，那些社会经济状况较差的家庭受到的影响最大。那些来自弱势家庭的儿童、年轻人以及有特殊教育需求或家庭常用语言不是德语的人在这期间由于缺乏持续的鼓励、精神支持、可靠的体制和照顾者，以及公共的午餐供应，生活和精神状况变得糟糕。

进行远程教学的先决条件是学校设备齐全，教师以及学校的所有其他专业人员具有良好的硬件条件，但是德国学校的数字化进展非常缓慢，只有34%的教师表示他们学校的数字媒体和基础设施良好或非常好。[1] 而每个家庭提供远程上课所必需的电脑、打印机、互联网以及桌子和房间等的能力也有很大不同。此外，家长在帮助自己的孩子完成学业方面能够付出的时间等也不尽相同。

超过1/3的德国教师认为新冠疫情导致学生出现明显的学习差距。[2] 这种差距在那些原本就有学习困难的学生身上表现得尤为明显，并会对他们未来的学习和工作产生影响。为了避免这些学生与其他学生的差距进一步扩大，学校必须付出更大的努力且有针对性地提升他们的学习成绩。学校的任务本应该是将教育成果与社会背景脱钩，教育不应该是奢侈品，但德国教育体制并没有完全做到这一点，其体制中已有的弊端在疫情期间和疫情常态化时期更加凸显。

三 新冠疫情下德国社会不平等加剧的原因

在新冠疫情下，德国收入分配的不公平性扩大、工作贫困加剧、暗藏的生物学上的种族主义（biological racism）被激活是造成德国社会不平等加剧、社会问题凸显的重要原因。

（一）收入分配的不公平性扩大

对于德国贫富差距加剧的原因，德国学者拉尔夫·格雷特克（Ralf Grötker）认为，一战前工业国家的贫富差距就达到了峰值，两次世界大战削弱了这一差距，尔后贫富差距又重新扩大。他认为，近几十年来贫富差距扩大的原因是多方面的。从经济上看，经济全球化和技术革新加

---

① DGB Bundesvorstand, "DGB Verteilungsbericht 2021: Ungleichheit in Zeiten von Corona", Berlin, Januar 2021, p. 87, https://www.dgb.de/themen/++co++37dffeb0-5bc3-11eb-ac48-001a4a160123.

② DGB Bundesvorstand, "DGB Verteilungsbericht 2021: Ungleichheit in Zeiten von Corona", Berlin, Januar 2021, p. 86, https://www.dgb.de/themen/++co++37dffeb0-5bc3-11eb-ac48-001a4a160123.

剧了富人愈富、穷人愈穷的"马太效应"。非经济原因是德国等西方国家劳动力市场流动性有限、精英阶层固化以及薪酬分配中高管工资的惯性上涨。此外，还有政治上的因素，人们从博弈论模型中得出结论，当贫困者数量过大时，反而会削弱其政治参与的动力，最终导致贫困者发声有限，社会再分配政策难以有效实施。[①]

德国工会联合会的研究报告显示，德国收入分配的不公平性正在不断扩大，低收入者的相对地位呈恶化趋势。与 20 世纪 90 年代中期相比，收入较低的 50% 的人的收入目前在总收入中的占比减少，最富有的 10% 的人在整体经济收入中占比增加，中等收入的 40% 的人的收入占比基本不变。[②] 收入分配越来越不公平的趋势不可避免地导致收入的两极分化。一方面，越来越多的员工被认定为低收入者；另一方面，越来越多的人拥有高收入。结果是中产阶级正在萎缩。收入超过中位数 200% 的人都可以称自己为高收入者。高收入者除了拥有优渥的物质条件外，丰裕的收入意味着他们拥有更多的塑造和实现自我的可能性。收入低于全德收入中位数的 60% 的人被称为穷人，低收入使得这部分人群对社会生活的参与较为有限。

一方面，德国的贫困正在蔓延；另一方面，越来越多的人赚取了巨额收入。年收入百万欧元的富翁数量自 2002 年以来增长了约 1.4 倍，从大约9500 人增加到近 23000 人。他们的总收入从 2002 年的 260 亿欧元增长到目前超过 616 亿欧元。[③] 高级管理者的工资水平一次又一次地引发社会争论。2019 年，一家 DAX 公司的首席执行官的平均工资是公司普通员工收

---

① Ralf Grötker, "Unterschätzte Ungleichheit", *Max Planck Forschung*, Heft 3, 2020, https://www.mpg.de/15930563/F001_Fokus_026 – 033. pdf. mpg. de.

② DGB Bundesvorstand, "DGB Verteilungsbericht 2021: Ungleichheit in Zeiten von Corona", Berlin, Januar 2021, p. 51, https://www.dgb.de/themen/ + + co + + 37dffeb0 – 5bc3 – 11eb-ac48 – 001a4a160123.

③ DGB Bundesvorstand, "DGB Verteilungsbericht 2021: Ungleichheit in Zeiten von Corona", Berlin, Januar 2021, p. 56, https://www.dgb.de/themen/ + + co + + 37dffeb0 – 5bc3 – 11eb-ac48 – 001a4a160123.

入的 74 倍，而一家 DAX 公司的董事会成员的平均收入能够达到公司普通员工收入的 49 倍。与 20 世纪 80 年代相比，DAX 董事会成员的高管薪酬飙升超过 600%；相比之下，全职员工的薪酬在同一时期名义上只增长了 260%。

与此同时，德国的财富几乎不被用作共同福利的支出。总的来说，遗产税或土地税等资产税只占总税收的 2.7%。而在英国和美国，该比例均超过 12%，在瑞士为 7.6%。因此，德国工会联合会呼吁增加资产税，他们认为，为了共同承担例如新冠危机带来的损失，增加资产税是必要的。[1]

（二）工作贫困加剧

德国的就业率[2]虽处于欧盟内较高水平，但工作贫困成为近年来德国社会不平等现象之一。"工作贫困"是指从业者拥有固定工作，但其收入低于全德中位数的 60%[3]，其所得的工资并不足以维持合理的生活品质，处于相对贫困的状态。据德国联邦统计局（Destatis）的报告，2019 年德国 18 岁以上的从业者有 8.0% 的人面临贫困风险，约 310 万人尽管有工作，但收入低于全德中位数的 60%，处于工作贫困状态。非典型工作的从业者、65 岁以上的从业老人、单亲从业父母及受教育程度低的人更容易陷入工作贫困。在德国，非典型工作的从业者，如持有限期聘用合同的雇员所面临的贫困风险率为 15.8%，兼职雇员为 12.8%，其贫困风险率都大大高于平均水平。65 岁以上从业人口的贫困风险率也有所提高，达到了 15.4%。单亲

---

① Florian Diekmann, "So ungleich ist Deutschland", *Der Spiegel*, 23. 01. 2021, https://www. spiegel. de/wirtschaft/soziales/so-ungleich-ist-deutschland-loehne-steigen-staerker-als-kapitaleinkommen-a-bb09919c – 6231 – 433e – 9256-bc3e65ec41ce.

② 2019 年，德国 15~65 岁人口总就业率为 76.7%，男性就业率高于女性，男性和女性就业率分别为 80.5% 和 72.8%，参见德国联邦统计局网站：https://www. destatis. de/DE/Themen/Arbeit/Arbeitsmarkt/Erwerbstaetigkeit/Tabellen/erwerbstaetigenquoten-gebietsstand-geschlecht-altergruppe-mikrozensus. html。

③ 2019 年的贫困线标准：独居者每月 1176 欧元，两名成年人和两名 14 岁以下儿童每月为 2469 欧元。参见德国联邦统计局网站：https://www. destatis. de/DE/Presse/Pressemitteilungen/2021/01/PD21_N008_634. html。

从业父母的危机尤其严重，其工作贫困率为 22.3% 。德国联邦统计局数据显示，受教育程度越高，其陷入工作贫困风险的概率就越小。另外，"性别贫困"也值得关注，2019 年，德国女性的平均收入比男性低 19% 。①

造成工作贫困最主要的原因是非典型性就业的增加。伴随着全球化竞争的加剧，非典型就业成为德国政府促进经济增长和减少失业的手段，目的是应对全球化对劳动力市场的挑战，提高竞争力，应对结构转型。② 德国绝大多数就业人口集中在第二、第三产业③，在金融危机之后，从事非典型性工作的人口增加，2010 年有 800 万人从事非典型工作（德国约有 4400 万就业人口），2019 年，这一数据下降了 8.75%，降至 730 万。④ 新冠疫情期间，德国政府在一定程度上维持甚至扩大非典型就业，目的是防止失业率过高。⑤

较高比例的非典型就业造就了德国"漂亮的"就业率，也造成在新冠疫情到来后工作贫困加剧。非典型就业形式通常包括兼职工作、边际工作（迷你工作）、固定期限工作、临时工作和个体经营等，这些就业形式通常

---

① 德国联邦统计局网站：https://www.destatis.de/DE/Presse/Pressemitteilungen/2021/01/PD21_N008_634.html.

② Bundeszentrale für politische Bildung, "Atypische Beschäftigungsverhältnisse", https://www.bpb.de/politik/innenpolitik/arbeitsmarktpolitik/178190/atypische-beschaeftigung.

③ 2019 年，德国从业人口在第一产业（农林渔业）的占比只有 1.3%；在第二产业占比为 24.1%，其中建筑业占 5.6%，建筑业之外的制造业占 18.5%；第三产业从业人口连年增加，2019 年达 74.5%（1991 年为 61.3%），其中交通、贸易和餐饮行业占 22.6%，信息通信行业占 3%，融资信贷、不动产及商业服务行业占 17.2%，公共服务、教育和医疗行业占 25%，其余服务业 6.7%。参见：Statistisches Bundesamt (Destatis), Wissenschaftszentrum Berlin für Sozialforschung (WZB), Bundesinstitut für Bevölkerungsforschung (BiB) und Das Sozio-oekonomische Panel (SOEP) am Deutschen Institut für Wirtschaftsforschung (DIW Berlin), *Datenreport 2021-Ein Sozialbericht für die Bundesrepublik Deutschland*, Bonn 2021, p. 153。

④ Statistisches Bundesamt (Destatis), "3,1 Millionen Erwerbstätige waren 2019 hierzulande von Armut bedroht", https://www.destatis.de/DE/Presse/Pressemitteilungen/2021/01/PD21_N008_634.html.

⑤ Thorsten Schulten and Torsten Müller, "Kurzarbeitergeld in der Corona-Krise Aktuelle Regelungen in Deutschland und Europa", *Policy Brief*, Wirtschafts-und Sozialwissenschaftliches Institut der Hans-Böckler-Stiftung, Düsseldorf, Nr. 38, 04/2020.

与较高的就业风险和/或较低的收入有关。非典型就业在第三产业更加普遍，而新冠疫情对服务业（餐饮、旅游、酒店等）的冲击是最大的，所以新冠危机中非典型就业者受到波及较大，加上其缺乏劳动保障，大量人员面临失业风险。

（三）暗藏的生物学上的种族主义被激活

二战结束后，出于对纳粹主义的反思，"种族"这一范畴因在欧洲基本上被当作一个过时的生物学范畴而遭到拒绝，这也导致了欧洲大陆对种族和种族主义的沉默。在这种情况下，种族主义的生物学基础已被宣布成为过去。在欧洲人的表述中，生物学的重点往往被文化的重点所取代，"文化种族主义"是一种占主导地位的种族主义形式，其运作的理由是少数民族所体现的"欧洲性"和"非欧洲性"之间存在着不可调和的关系。欧洲学者阿贾伊（Folashade Ajayi）和韦斯特文（Laura Westerveen）撰文称，人们经常认为，这种文化种族主义已经取代了以生物学为基础的种族主义论点。然而，在新冠疫情暴发的同时，种族主义的生物学因子被重新激活，[1] 具体表现为由蓄意歧视行为而引发的伤害性事件。这意味着，生物学上的种族主义并没有消失，它将与文化种族主义继续共存。

毫无疑问，新冠疫情加剧了少数群体已经存在的不平等。多年来，种族主义在公共和政治辩论中已经是一个被边缘化的话题，但鉴于目前的危机，在德国，新冠疫情对种族平等的影响有可能没有得到优先考虑。无论是被激活的生物学上的种族主义，还是更间接的结构性种族主义，都会危害移民/少数族群在德国的社会安全。

四　新冠疫情下德国社会不平等加剧的影响

目前尚不清楚新冠疫情是否以及在多大程度上改变德国经济和社会状况，但新冠疫情正在加速一些已经存在的趋势并增加相关挑战。新冠疫情

---

① Folashade Ajayi and Laura Westerveen, "COVID – 19: Amplifier of Racism and Inequalities", https://www.ies.be/node/5484.

下德国社会不平等的加剧直接导致社会矛盾升级、社会安全受到挑战、财富分配制度成为争论的话题。另外，由社会不平等加剧所引发的制度不安全会给德国社会制度带来更大的挑战和危机。

（一）社会矛盾升级、社会安全受到挑战

在新冠疫情背景下，德国贫富差距拉大，社会不平等加剧，各类社会矛盾升级，民众社会安全感下降。统计显示，在新冠疫情背景下，德国犯罪率急速上升，社会安全受到挑战。2020 年左翼、右翼及伊斯兰极端分子犯罪数量共计 44692 起，达到 2001 年以来峰值，同比上升 8%；其中暴力行为 3365 起，同比上升 18%。新纳粹和右翼极端分子案件数量最多（23604 起），左翼极端分子案件破万起，反犹案件达 2351 起，同比增长15%。三项指标均创 20 年来新高。仇恨犯罪数量急剧增加，其中仇外案件同比暴增 72%，达 5298 起。与新冠抗议有关案件超过 3500 起，其中过半无法归入传统极端阵营。[1] 这与德国宪法保卫局观察的结果一致，即"横向思考者"（抗议运动）和其他拒绝对新冠病毒的流行采取防护措施的抗议运动形成"特殊极端主义"。这些运动/群体除通常反对防疫措施外，部分还仇视政府。另外，反对政府抗疫措施的游行以及抗议这些反对者所进行的游行，增加了相关人员感染病毒的风险和疫情控制的难度。

（二）财富分配制度成为争论的话题

在新冠疫情下，由于社会经济地位处于弱势的民众收入受到严重影响，德国财产和收入分配不合理的问题凸显。财富分配问题成为民众关注的焦点。类似"德国的税收政策优惠了资本，而非劳动阶层。这不仅会损害人们的信任，也不利于社会和谐"[2] 的论点再次流行，成为德国社会希望调整分配制度的论据之一。在 2021 年 9 月举行的联邦议院大选中，分配制度

---

[1] Bundesministrium des Innnern, für Bau und Heimat u. Bundeskriminalamt, "Politisch motivierte Kriminalität im Jahr 2020 Bundesweite Fallzahlen", https://www.bka.de/SharedDocs/Kurzmel-dungen/DE/Kurzmeldungen/210504_PMK2020.html.

[2] Hans-Ulrich Wehler, "Die Explosion der Ungleichheit. Ein Problem von Macht und Herrschaft", *Blätter für deutsche internationale Politik*, No. 4, 2013, pp. 47-56.

成为政党竞争绕不开的议题，是否要给企业加税、给个人减税，是否要征收富人税成为争论的焦点。

本次大选最有竞争力的德国联盟党和绿党在税收政策的调整上分歧明显。传统上更多地代表德国社会中上层利益的联盟党已经意识到贫富两极分化严重、收入分配制度的不合理可能带来的政治风险。在其 2021 年的竞选纲领里，联盟党采用了两面调和的方法。一方面，联盟党希望通过减轻企业的税收负担，使得企业尽快恢复活力，提高全球竞争力，促进德国经济的复苏。为此，联盟党解释道，从国际的横向比较来看，如果给企业加税，可能会使德国成为世界上企业负担最重的国家之一，那么德国企业的竞争力将不保。另一方面，为缓解民众的不满，联盟党提出为普通民众减税，减轻他们的负担，让他们赚到更多的钱，重点受益群体包括家庭、单亲父母、女性等。另外，联盟党提出取消全民团结税。[1] 而对中下层民众提出来的富人税，联盟党只字未提。

德国绿党同样意识到目前中下层民众的不满情绪，试图通过迎合中下层选民的心理提高自身的支持率。绿党在其 2021 年的竞选纲领中强调要创造税收公平。绿党提出要解决税收制度中的不公正的问题，确保那些富有的人和跨国公司负担起更多的社会责任，缴纳更多的税款，用于社会再分配，促进社会公平。绿党还提出要征收富人税，就是对拥有巨额财富的人按照财富比例每年征税。绿党认为一个不平等程度较低的社会才是更幸福的社会。[2]

（三）制度不安全性会带来更大的危机

新冠疫情下，德国社会不平等的加剧会导致德国社会面临制度不安全性的挑战。陷入工作贫困的人口增多，说明德国劳动力市场改善劳动

---

[1]　德国联盟党 2021 年联邦议院大选竞选纲领：https：//www. ein-guter-plan-fuer-deutschland. de/programm/CDU_Beschluss％20Regierungsprogramm. pdf。

[2]　德国绿党 2021 年联邦议院大选竞选纲领：https：//cms. gruene. de/uploads/documents/2021_Wahlprogrammentwurf. pdf。

阶层生活水平的能力正在下降，很多人不能再依赖他们的工作了。每个人都必须用自身的力量武装到牙齿，因为制度不能保证他们的安全。资本主义作为一种社会秩序，不仅是一种经济模式，也是一种构建社会生活的机制。当民众发现陷入贫困的风险加大，不可以再依赖制度的时候，就会对周围发生的事情失去兴趣，他们不再希望了解政治，不再投票。贫困群体数量变多后，他们政治参与的动力往往会被削弱，集体发声有限，社会再分配政策难以有效调整。长此以往，社会将面临更大的危机。

德国著名学者沃尔夫冈·斯特里克（Wolfgang Streeck）认为，制度弊病的所有解决方案都是临时的办法，当面临更大的困难时又必须以新的临时的解决办法代替。斯特里克在一次采访中指出，资本主义经历了许多危机和面临厄运的预言。资本主义在过去的危机中幸存了下来，这并不意味着它在未来还可以继续这样。在现代经济学的创立理论中，资本主义的衰落始终是一个主题，而不仅仅是对马克思而言。大卫·里卡多（David Ricardo）坚信资本主义不会持续太久，沃纳·桑巴特（Werner Sombart）和马克斯·韦伯（Max Webber）也是如此。凯恩斯（John Maynard Keynes）还曾写道，他的孙子，我们，将不再生活在资本主义社会。熊彼特（Schumpeter）对资本主义终结的看法有好有坏。年轻的熊彼得认为这种不人道的、竞争性的、以收购为中心的资本主义制度最终会因刺激到人们的神经而迫使人们想要摆脱它。老熊彼特预计社会民主党会出于类似的原因扼杀资本主义企业：太不安全，太费劲。[1] 目前，人们普遍认为资本主义处于危急状态，比第二次世界大战结束以来的任何时候都更加危急。回顾过去，从一场危机到另一场危机，它们的严重性增加了，在世界各国经济联系日益交织的背景下，它们的传播速度迅速加快，范围迅速扩大。

---

[1] "Das kann nicht gutgehen mit dem Kapitalismus", *WirtschaftsWoche*, 8 Januar 2015, https://www.wiwo.de/politik/konjunktur/soziologe-wolfgang-streeck-das-kann-nicht-gutgehen-mit-dem-kapitalismus/11195698.html.

第三节　难民危机与难民融入对德国的影响①

一　德国的难民现状

由于历史的原因，德国社会对于难民持较为宽容的态度。在德国，避难权是受宪法保护的基本权利。根据德国联邦统计局的数据，2019 年，德国有 2120 万人具有移民背景，占总人口的 26.0%，也就是说德国有超过 1/4 的人口具有外来移民背景。②自 2015 年难民危机爆发以来，德国共接收了超过 179 万难民（截至 2020 年，具体数额为 1796668 人）。③2015 ~ 2019 年在德国提出难民庇护申请的数量、规模及变化态势如图 4 - 1 所示。

---

① 本节部分内容摘自杨解朴、华荣欣、彭鸿文：《难民危机及难民融入对欧盟社会、文化及政治的影响分析——以德国为例》，"登峰战略"欧洲社会文化重点学科工作论文，2020 年 10 月。

② Statistisches Bundesamt, "Bevölkerung mit Migrationshintergrund 2019 um 2,1 % gewachsen: schwächster Anstieg seit 2011", https://www.destatis.de/DE/Presse/Pressemitteilungen/2020/07/PD20_279_12511.html.

③ 文中具体数额为笔者计算所得。各年具体数据参见 Bundesamt für Migration und Flüchtlinge, *Das Bundesamt in Zahlen 2015: Asyl, Migration und Integration*, Bundesamt für Migration und Flüchtlinge, 2016, p. 13, https://www.bamf.de/SharedDocs/Anlagen/DE/Statistik/BundesamtinZahlen/bundesamt-in-zahlen – 2015.html? nn = 284738; Bundesamt für Migration und Flüchtlinge, *Das Bundesamt in Zahlen 2016: Asyl, Migration und Integration*, Bundesamt für Migration und Flüchtlinge, 2017, p. 13, https://www.bamf.de/SharedDocs/Anlagen/DE/Statistik/BundesamtinZahlen/bundesamt-in-zahlen – 2016.html? nn = 284738; Bundesamt für Migration und Flüchtlinge, *Das Bundesamt in Zahlen 2017: Asyl, Migration und Integration*, Bundesamt für Migration und Flüchtlinge, 2018, p. 15, https://www.bamf.de/SharedDocs/Anlagen/DE/Statistik/BundesamtinZahlen/bundesamt-in-zahlen – 2017.html? nn = 284738; Bundesamt für Migration und Flüchtlinge, *Das Bundesamt in Zahlen 2018: Asyl, Migration und Integration*, Bundesamt für Migration und Flüchtlinge, 2019, p. 15, https://www.bamf.de/SharedDocs/Anlagen/DE/Statistik/BundesamtinZahlen/bundesamt-in-zahlen – 2018.html? nn = 284738; Bundesamt für Migration und Flüchtlinge, *Das Bundesamt in Zahlen 2019: Asyl, Migration und Integration*, Bundesamt für Migration und Flüchtlinge, 2020, p. 11, https://www.bamf.de/SharedDocs/Anlagen/DE/Statistik/BundesamtinZahlen/bundesamt-in-zahlen – 2019.html? nn = 284738.

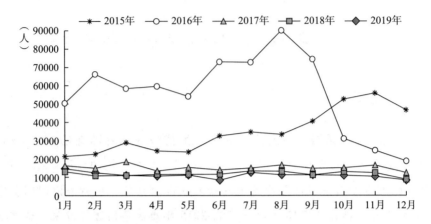

图 4 - 1 2015~2019 年德国境内难民庇护首次申请数量变化

资料来源：Bundesamt für Migration und Flüchtlinge, *Das Bundesamt in Zahlen 2019: Asyl, Migration und Integration*, 2020, https://www. bamf. de/SharedDocs/Anlagen/DE/Statistik/BundesamtinZahlen/bundesamt-in-zahlen - 2019. html？nn = 284738。

从图 4 - 1 中可以看出，德国难民庇护首次申请数量的大幅增长出现在 2015 年 8 月之后，即德国宣布不再对叙利亚难民执行《都柏林公约》的规定之后。2016 年，难民危机在德国达到高潮，仅 2016 年一年，德国就收到了 74.55 万难民的庇护申请，平均每月收到 6.21 万难民的庇护申请。而其中绝大多数为首次申请，达 72.24 万人，再次申请数量则为 2.31 万人，与 2015 年相比，再次申请的数量甚至下降了 33%。从单月难民庇护申请数量的变化来看，2016 年的波动也很明显，1~8 月申请数量持续上升，8 月达到最高值 9.1 万人后直线下降，至 10 月降至 3.26 万人，至 12 月已经降至 2.06 万人了，较 8 月下降幅度约为 77.4%。[①] 图 4 - 1 中 2017 年、2018 年以及 2019 年的数据表明，难民危机在德国已经得到基本控制，但是由难民危机引发的一系列社会、政治问题并没有随着难民庇护申请数量的下降而得到缓解。相反，伴随着上百万难民蜂拥

---

① Bundesamt für Migration und Flüchtlinge, *Das Bundesamt in Zahlen 2016: Asyl, Migration und Integration*, Bundesamt für Migration und Flüchtlinge, 2017, p. 13, https://www. bamf. de/SharedDocs/Anlagen/DE/Statistik/BundesamtinZahlen/bundesamt-in-zahlen - 2016. html？nn = 284738。

而至的是对德国原本稳定的社会、政治、经济、文化受到巨大冲击，可以说，此次难民危机对于德国的影响是持久的。[①]

二　难民危机及难民融入对德国的影响分析

近 200 万难民的涌入对德国的社会、文化及价值观、政治造成的影响是巨大的，且这些难民大多在宗教观念、生活方式以及思维方式上与德国本土居民存在着很大区别，在短期内他们很难完全融入德国。可以预见，德国原本稳定且均质的社会、政治、文化及价值观都将因为难民的涌入而面临巨大挑战，德国民众与难民都将持续面临与不同生活方式、文化传承、行为准则、价值观以及利益的共生、博弈与冲突及认同疏离问题。[②] 下面我们将逐一探讨难民危机及难民融入对这些领域造成的影响。

（一）难民危机及难民融入对德国社会造成的影响

大批穆斯林难民的涌入使得德国原本单一的人口构成发生了变化，这些穆斯林难民在短时间内大量涌入德国，与德国本土民众相比，他们有着不同的生活方式和行为准则，短期内难以彻底融入德国社会。思维和行为方式的巨大差异，使得难民融入问题将会成为影响德国社会稳定的不确定因素。

德国政府和社会已经采取了一系列措施来促进难民融入德国社会，例如，为难民提供语言培训等。正如默克尔总理所说的那样：向我们寻求庇护的任何人都必须尊重我们的法律、传统并学习德语……多元文化主义导致了平行社会的产生，这是一种谎言。[③]虽然如此，但是时至今日，

---

① Lena Walther, Lukas M. Fuchs, Jürgen Schupp and Christian von Scheve, "Living Conditions and the Mental Health and Well-being of Refugees: Evidence from a Large-scale German Survey", *Journal of Immigrant and Minority Health*, Vol. 22, Issue 5, 2020, pp. 903 – 913.

② 郑春荣、倪晓姗：《难民危机背景下德国难民融入的挑战及应对》，《国外社会科学》2016 年第 6 期，第 75 ~ 83 页。

③ "Multikulti bleibt eine Lebenslüge", *Der Spiegel*, 14. 12. 2015, https://www. spiegel. de/politik/deutschland/fluechtlinge-angela-merkel-spricht-von-historischer-bewaehrungsprobe-fuer-europa-a – 1067685. html.

不得不说，这些措施在帮助难民融入德国社会方面收效甚微，而且部分措施尚存争议。

难民的涌入与融入困难的问题首先给德国社会带来的是治安问题，主要体现在两个方面：德国国内的极右翼民粹主义势力针对难民群体和难民安置点的袭击频频发生，以难民身份进入德国的恐怖分子和极端分子发动恐怖袭击和暴力犯罪时有发生。

首先，德国国内的极右翼民粹主义势力针对难民群体和难民安置点的袭击频频发生。德国当局也承认，大量的难民在收容所内外遭到右翼极端分子的袭击。2020年哈瑙枪击案的嫌疑人出于种族主义动机枪杀了9名外国移民。德国政府在2019年记载了1600多起针对难民和寻求庇护者的袭击事件，有1620名难民和寻求庇护者（其中包括儿童）遭到袭击。数据显示，2018年德国境内针对难民和寻求庇护者的袭击事件共1775起，针对难民庇护所的袭击事件为173起，其中大多数袭击是由右翼极端分子实施的。2017年，德国共发生2219起针对难民的袭击事件，造成313人受伤。①极右翼排外势力借难民问题造势，通过社交媒体等形式煽动民众的排外情绪。

这一治安问题在德国东部各州体现得更为突出。如图4-2所示，在柏林墙倒塌30年后的2018年，东部各州的经济发展水平仍旧落后于原西德地区，东部地区家庭每月可支配收入和人均GDP方面均落后于西部地区，而失业率则明显高于老联邦州地区，基础设施也相对不完善。从产业结构上看，东部地区更多的是承担产业链中中低端产品的加工生产，提供的是中低端的就业岗位，难民的涌入对东部地区的劳动力市场形成的冲击更大。因此，原东德地区对难民的排斥心理更加强烈，排外情绪上升，排外现象增多。莱比锡极右主义和民主制研究中心2018年

---

① "Germany: More than 1, 600 Crimes 'Targeted Refugees and Asylum-seekers'", *Deutsche Welle*, 27. 03. 2020, https://www.dw.com/en/germany-more-than－1600-crimes-targeted-refugees-and-asylum-seekers/a－52935715.

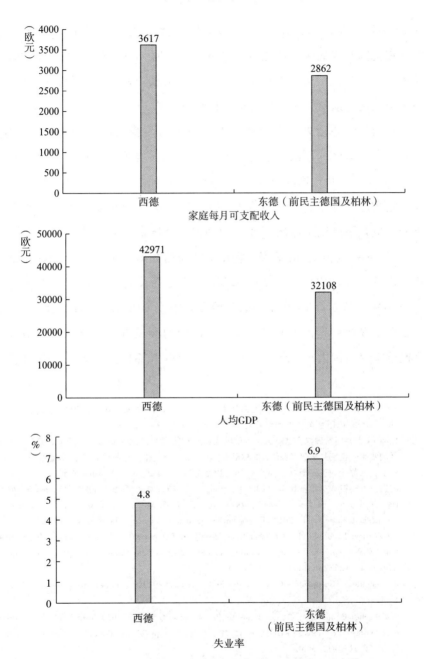

图 4 - 2　柏林墙倒塌 30 年后两德地区的经济发展差异

资料来源：Statista，"Germany Still Divided 30 Years after Fall of the Berlin Wall"，https://www.statista.com/chart/19903/economic-differences-between-eastern-and-western-germany/。

11 月的一份报告显示：在德国东部地区，持有仇外立场的人比例超过30%；在德国西部地区，该比例为 22%。[1] 同时，以排外为主要诉求的右翼民粹主义政党德国选择党在德国东部地区大获成功，也从另一个侧面说明原东德地区民众对外来移民的排斥情绪更强。[2]

自从两德统一以来，东德地区不断缩小与西德地区的经济发展差距，但是目前东德地区的经济追赶进程止步不前，人均国民生产总值也只有西德地区的 75%。[3] 并且德国经济衰退的迹象正在加速，2019 年 8 月，德国商业景气指数已经降至 94.3，这是自 2012 年 11 月以来的最低水平，其后虽有上升，但是因遭到全球新冠疫情的冲击，德国商业景气指数缺乏上升空间。[4] 如图 4 - 3 所示，根据德国联邦统计局的数据，2020 年第一季度德国国内生产总值（GDP）环比下降 2.2%，[5] 第二季度德国国内生产总值环比下降 10.1%，这是自 1970 年德国开始发布季度 GDP 以来的最大跌幅。[6] 东西部之间的发展差异，再加上整体经济出现的衰退迹象，且原东德地区人民在政治上存在国内"二等公民"之感，使得东部地区的人民的获得感更

① 《德国社会：仇外情绪蔓延 VS 难民暴力频发》，*Deutsche Welle*，03.01.2020，https://www.dw.com/zh/德国社会仇外情绪蔓延 vs 难民暴力频发/a - 46942864。

② 以 2019 年德国欧洲议会选举为例，德国选择党在德国东部地区获得的支持率远高于其全国平均水平，特别是在萨克森州、图林根州和勃兰登堡州，德国选择党的支持率基本都在 20%以上，在部分地区甚至高于 30%，如在萨克森州的迈森地区（Meißen）选择党获得了 31%的选票，支持率远超基民盟（23.6%）和社民党（7.2%），数据来源："Europawahl 2019：Die Ergebnisse aus Deutschland"，*Der Spiegel*，27.05.2019，https://www.spiegel.de/politik/deutschland/europawahl - 2019-alle-ergebnisse-aus-deutschland-im-ueberblick-a - 1267860.html。

③ "Industrieverband lobt überdurchschnittliche Erfolge in Ostdeutschland"，*Der Spiegel*，20.05.2019，https://www.spiegel.de/wirtschaft/unternehmen/bdi-lobt-wirtschaftliche-entwicklung-in-ostdeutschland-a - 1268230.html.

④ Ifo Institute，"Ifo Business Climate Index Falls（August 2019）"，https://www.ifo.de/en/node/45018.

⑤ Statistisches Bundesamt，"Gross Domestic Product in 1st Quarter of 2020 down 2.2% on the Previous Quarter，Pressrelease #169 from 15 May 2020"，https://www.destatis.de/EN/Press/2020/05/PE20_169_811.html.

⑥ Statistisches Bundesamt，"Gross Domestic Product in the 2nd Quarter of 2020 down 10.1% on the Previous Quarter，Pressrelease #287 from 30 July 2020"，https://www.destatis.de/EN/Press/2020/07/PE20_287_811.html.

低，排外情绪也会更加强烈。①

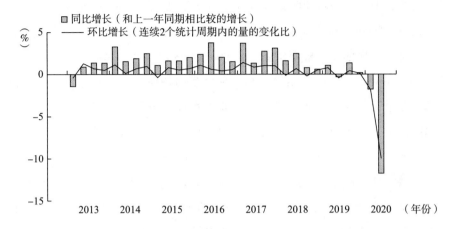

图 4 - 3　2013 ~ 2020 年德国国内生产总值（GDP）变化情况

注：图中柱状图为该年各季度数据，2020 年为第一、二季度数据。

资料来源：Statistisches Bundesamt，https：//www. destatis. de/EN/Press/2020/07/PE20_287_ 811. html。

　　其次，以难民身份进入德国的恐怖分子和极端分子发动恐怖袭击和暴力犯罪时有发生。2017 年，德国国内新增的涉嫌恐怖主义犯罪立案数量约为 1200 起，其中大约 1000 起案件有伊斯兰极端主义背景。②根据德国联邦刑事警察局（BKA）2020 年发布的数据，2019 年 1 ~ 9 月共有 199625 起移民刑事案件，在这些案件中至少一名移民被记录为犯罪嫌疑人。③2018 年 1 月，下萨克森州进行的一项研究发现，该州的暴力犯罪较 2015 年增加了 10%，由难民犯下的暴力罪行就占到其中的 92%，而难民人口仅占其人口

---

①　Harald Stutte，"Kaltes Land"，*Frankfurter Allgemeine Zeitung*，19. 01. 2020，https：//www. faz. net/aktuell/gesellschaft/menschen/fremdenfeindliche-attacken-erbe-des-ddr-alltagsrassismus - 1658 9120. html。

②　《德国恐袭案 2017 暴翻数倍 九成有伊斯兰背景 警方疲于奔命》，搜狐网，https：//www. so-hu. com/a/212643000_426502。

③　Bundeskriminalamt，"Kriminalität im Kontext von Zuwanderung"，https：//www. bka. de/SharedDocs/ Downloads/DE/Publikationen/JahresberichteUndLagebilder/KriminalitaetImKontextVonZuwanderung/ kernaussagenZuKriminalitaetImKontextVonZuwanderungIIIQuartal2019. html？ nn = 62336。

总数的 1.9%。①尽管德国联邦刑事警察局在报告中强调大多数移民与犯罪活动无关，但是德国犯罪学家克里斯蒂安·菲佛（Christian Pfeiffer）表示：如果彼得（Peter）遭到保罗（Paul）的袭击，他有 13% 的可能性会选择报警；但是，如果他受到穆罕默德（Mehmet）或伊戈尔（Igor）的袭击，他则有 27% 的可能性会选择报警。在有移民参与的犯罪活动中，受害者更倾向于选择报警，媒体也更倾向于报道此类案件，因此对于难民的涌入是否使德国社会变得更加不安全，或者说对于难民涌入是否造成了德国犯罪活动的增加，德国媒体与政界人士并无一致结论。

然而，根据德国联邦移民与难民署（BAMF）的数据，2015～2018 年首次在德国申请庇护的人群中，有 73% 的申请者年龄在 30 岁以下，而且 65% 的申请者为男性。从犯罪学的角度来看，这一点很重要，因为年轻男子是最有可能犯罪的群体，无论其出身或文化背景如何。而且这些来自战乱地区的难民的受教育程度相对较低，贫困发生率相对较高，因为有战争和逃亡的惨痛经历，他们可能存在相当程度的暴力倾向。②这些因素可能使得暴力犯罪在难民中相对更多地出现，也会进一步影响德国社会的治安情况。

随着大量难民的涌入，为加快甄别难民庇护申请者，德国简化了难民庇护申请审批程序，使得一部分带有极端思想的恐怖分子和极端分子借由难民身份来到并留在德国。其在德国境内采取的独狼式的恐怖袭击和实施的暴力犯罪严重影响到德国社会公共安全，并引发了德国民众对整个难民群体的不满和排斥。2015～2016 年德国发生的科隆跨年夜大规模性侵案、柏林圣诞市场恐怖袭击事件、维尔茨堡附近的持斧砍人案等的犯罪嫌疑人均是来自叙利亚等地的难民。这些恐怖袭击事件和暴力犯罪案件加剧了普

① "Germany Sees Spike in Violent Crime from Migrants but Blames 'Racism'", *Free West Media*, January 5, 2018, https://freewestmedia.com/2018/01/05/germany-sees-spike-in-violent-crime-from-migrants-but-blames-racism/.

② Tagesschau, "Flüchtlingskriminalität: Kein Grund zur Dramatisierung", https://www.tagesschau.de/faktenfinder/inland/kriminalitaet-fluechtlinge-103.html.

通民众的不安全感,进而引发了民众对于难民群体的排斥,再加上某些右翼排外势力对穆斯林难民群体的"妖魔化",使得民众对穆斯林难民群体的恐惧更为强烈,也更为排斥这一难民群体。这反过来也进一步增加了来自中东战乱地区的穆斯林难民融入德国社会的困难,增加了外来难民群体与德国民众的对立,提高了恐怖袭击与暴力犯罪发生的概率。

由此看来,如何有效区分普通难民与恐怖分子和极端分子,以及如何防止(宗教)极端思想在难民群体中滋长,对处理难民问题至关重要。面对这些潜在的安全隐患,一方面,德国政府不断修改关于庇护寻求者的法律法规,积极促进难民在德国社会的融入。2016 年德国正式颁布《融入法》,该法律也是德国历史上第一部真正以移民融入为主要内容的法典,旨在规范难民在德国的行为、全面提高移民和难民融入德国社会的程度。另一方面,德国安全部门也加大了对难民犯罪的打击力度,德国联邦议院甚至通过法律对难民的手机信息进行监控。近几年来,德国安全部门已经破获了多起未遂恐怖袭击案件,据警方称,自 2016 年底柏林圣诞市场遭到恐怖分子袭击以来,德国安全部门已经成功破获了 7 起未遂的伊斯兰恐怖袭击案件。① 加大力度打击恐怖袭击和有关难民的暴力犯罪是治标,采取一系列措施促进难民融入是治本,德国政府双管齐下,标本兼治,力图从根本上消除难民涌入及融入困难给德国社会的长治久安带来的影响。

(二) 难民危机及难民融入对德国文化及价值观造成的影响

塞缪尔·P. 亨廷顿(Samuel P. Huntington)在他享誉世界的著作《文明的冲突与世界秩序的重建》(*The Clash of Civilizations and the Remaking of World Order*)中提出:全球政治主要的和最危险的方面将是不同文明集团之间的冲突,特别是在不同文明的"断层线"边缘,往往会发生暴力冲突乃至战争。他还预言在区域层面的断层线上的战争,很大程度上是穆斯林

---

① Die Presse, "Deutschland: Drei Flüchtlinge aus dem Irak planten Terroranschlag", https://www.diepresse.com/5571505/deutschland-drei-fluchtlinge-aus-dem-irak-planten-terroranschlag.

同非穆斯林的战争。①在这一论断的基础上，忧国忧民的亨廷顿为西方文明的未来指明了方向：西方文明与其他文明的不同之处不在于发展方式的不同，而在于它的价值观和体制的独特性。这些特性包括最为显著的基督教、多元主义、个人主义和法制……这些特性作为一个整体是西方所独有的。这些特性使得西方文明成为独一无二的文明。西方文明的价值不在于它是普遍的，而在于它是独特的。因此，西方领导人的主要责任不是试图按照西方的形象重塑其他文明，这是西方正在衰弱的力量所不能及的，而是保存、维护和复兴西方文明独一无二的特性。②亨廷顿的这一观点虽具争议，但其先见性不言自明。然而亨廷顿的这一论断主要是针对国际政治而言的，他并没有看到真正危险的是一国之内的不同文明集团之间的冲突，或许正是因为他看到了美国国内的这一问题，才提出了文明冲突这一论断。李慎之先生即持这一观点：亨廷顿的文明冲突论的起源不在于他对国际问题的观察而在于他对国内问题的感受。③ 随着大量穆斯林难民的涌入，亨廷顿所谓的"独特的"西方文明所拥有的特性如基督教、个人主义和法制等必然受到巨大的冲击，且传统的以德意志民族、基督教文化为核心的德国国家特性/国民身份（National Identity）也必然受到挑战。

从上文的分析中我们已经知道，德国大规模接收难民主要集中在2015~2016年，2017~2019年德国接收难民的规模已经得到基本控制。因此，分析2015年、2016年德国接收难民的来源国和宗教情况，有助于进一步甄别德国难民的身份、文化等背景信息。以德国联邦移民与难民署提供的难民庇护申请者的十大来源国/地区信息来看，2015年和2016年德国难民庇护首次申请者的十大来源国/地区绝大多数民众信奉伊斯兰教，例如

---

① 〔美〕塞缪尔·P. 亨廷顿：《文明的冲突与世界秩序的重建》，周琪等译，新华出版社，1998。

② 〔美〕塞缪尔·P. 亨廷顿：《文明的冲突与世界秩序的重建》，周琪等译，新华出版社，1998，第360页。

③ 李慎之：《数量优势下的恐惧——评亨廷顿第三篇关于文明冲突论的文章》，《太平洋学报》1997年第2期，第5~9页。

2015 年的叙利亚、科索沃、阿富汗、伊拉克等，2016 年的叙利亚、阿富汗、伊拉克、伊朗等。从表 4 - 1 中我们可以看出，2015 年、2016 年在德国首次提出难民庇护申请者中至少有 2/3 信奉伊斯兰教。

表 4 - 1 2015 年和 2016 年德国难民庇护首次申请者的十大来源国/地区及申请者总量和占比

单位：人，%

2015 年			2016 年		
十大来源国/地区	来自各国/地区的首次申请者总量	占比	十大来源国/地区	来自各国/地区的首次申请者总量	占比
叙利亚	158657	35.9%	叙利亚	266250	36.9%
阿尔巴尼亚	53805	12.2%	阿富汗	127012	17.6%
科索沃	33427	7.6%	伊拉克	96116	13.3%
阿富汗	31382	7.1%	伊朗	26426	3.7%
伊拉克	29784	6.7%	厄立特里亚	18854	2.6%
塞尔维亚	16700	3.8%	阿尔巴尼亚	14853	2.1%
不明来源国/地区	11721	2.7%	不明来源国	14659	2.0%
厄立特里亚	10876	2.5%	巴基斯坦	14484	2.0%
马其顿	9083	2.1%	尼日利亚	12709	1.8%
巴基斯坦	8199	1.9%	俄罗斯	10985	1.5%
合计	363634	82.5%	合计	602348	83.5%

注：表中"占比"一列是指来自各国/地区的难民庇护首次申请者总量与该年德国难民庇护首次申请者总量之比。

资料来源：由笔者自行制作，数据来源：Bundesamt für Migration und Flüchtlinge, *Das Bundesamt in Zahlen 2015: Asyl, Migration und Integration*, pp. 19 - 20, https://www. bamf. de/SharedDocs/Anlagen/DE/Statistik/BundesamtinZahlen/bundesamt-in-zahlen – 2015. html？nn = 284738；Bundesamt für Migration und Flüchtlinge, *Das Bundesamt in Zahlen 2016: Asyl, Migration und Integration*, pp. 19 - 20, https://www. bamf. de/SharedDocs/Anlagen/DE/Statistik/BundesamtinZahlen/bundesamt-in-zahlen – 2016. html？nn = 284738。

如果我们进一步分析 2017 年、2018 年以及 2019 年德国难民庇护首次申请者来源国/地区的话，也同样可以得出这样的结论。2017 年德国境内难民庇护首次申请者十大来源国/地区的前三名分别是叙利亚（24.7%）、伊拉克（11.1%）和阿富汗（8.3%），来自这三国的难民庇护首次申请者占到了德国 2017 年首次申请者总量的近一半（44.1%）。① 2018 年德国境内难民庇护首次申请者十大来源国/地区的前三名分别是叙利亚（27.3%）、伊拉克（10.1%）和伊朗（6.7%），来自这三国的难民庇护首次申请者同样占到了总量的 44.1%。② 2019 年的前三名分别是叙利亚（27.6%）、伊拉克（9.6%）和土耳其（7.6%），共占总量的 44.8%。③ 根据难民庇护首次申请者的宗教归属（如图 4-4 所示），也可以看出信仰伊斯兰教的穆斯林难民占在德国首次提出难民庇护申请者的绝大部分，2015 年和 2016 年均超过 70%。

　　虽然默克尔总理强调每一位寻求庇护者都必须尊重德国的法律和传统，并学习德语。难民可以尽快学习德语，但是其文化和价值观很难改变。从已在德国等欧洲国家生活和工作的穆斯林移民的融入情况可知，穆斯林群体并不能很好地融入欧洲国家的主流文化和社会，反而成为游离于主流之外的"平行社会"和"文化孤岛"，这也就是 21 世纪初欧洲各国领导人纷纷表示文化多元主义在欧洲已经彻底失败的原因。基督教和伊斯兰教皆为一神教，具有明显的互斥倾向，从历史上看，伊斯兰教和基督教的关系经常充满对抗，彼此将对方视为外人。伊斯兰教与基督教之间的对抗关系是持续的、深刻的。④ 大量信仰伊斯兰教的穆斯林群体的进入，将会对以基督

①　Bundesamt für Migration und Flüchtlinge, *Das Bundesamt in Zahlen 2017: Asyl, Migration und Integration*, Bundesamt für Migration und Flüchtlinge, 2018, p. 15, https://www.bamf.de/SharedDocs/Anlagen/DE/Statistik/BundesamtinZahlen/bundesamt-in-zahlen - 2017. html? nn = 284738.

②　Bundesamt für Migration und Flüchtlinge, *Das Bundesamt in Zahlen 2018: Asyl, Migration und Integration*, Bundesamt für Migration und Flüchtlinge, 2019, p. 15, https://www.bamf.de/SharedDocs/Anlagen/DE/Statistik/BundesamtinZahlen/bundesamt-in-zahlen - 2018. html? nn = 284738.

③　Bundesamt für Migration und Flüchtlinge, *Das Bundesamt in Zahlen 2019: Asyl, Migration und Integration*, Bundesamt für Migration und Flüchtlinge, 2020, p. 11, https://www.bamf.de/SharedDocs/Anlagen/DE/Statistik/BundesamtinZahlen/bundesamt-in-zahlen - 2019. html? nn = 284738.

④　〔美〕塞缪尔·P. 亨廷顿：《文明的冲突与世界秩序的重建》，周琪等译，新华出版社，1998，第 230 页。

教、个人主义和法制为核心的德国主流文化和价值观产生巨大的冲击。罗

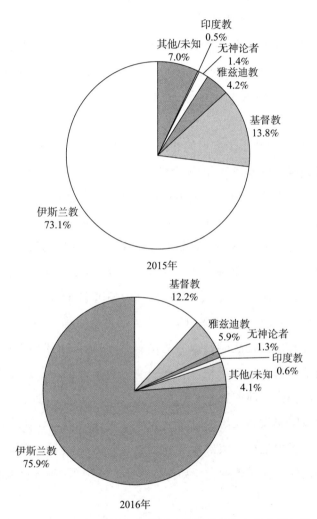

图4－4　2015年和2016年难民庇护首次申请者的宗教归属

　　资料来源：Bundesamt für Migration und Flüchtlinge, *Das Bundesamt in Zahlen 2015: Asyl, Migration und Integration*, p. 25, https：//www. bamf. de/SharedDocs/Anlagen/DE/Statis-tik/BundesamtinZahlen/bundesamt-in-zahlen－2015. html？nn＝284738；Bundesamt für Migra-tion und Flüchtlinge, *Das Bundesamt in Zahlen 2016: Asyl, Migration und Integration*, p. 25, ht-tps：//www. bamf. de/SharedDocs/Anlagen/DE/Statistik/BundesamtinZahlen/bundesamt-in-zahlen－2016. html？nn＝284738。

伯特·博世基金会（Robert Bosch Stiftung）2019 年的研究发现，绝大多数难民的文化和价值观与德国主流文化及价值观存在差异，特别是在人权领域，如男女平等、同性恋婚姻等。①

亨廷顿在《我们是谁：美国国家特性面临的挑战》（*Who Are We? The Challenges to America's National Identity*）中将美国的国家特性/国民身份（National Identity）确定为盎格鲁－新教文化，认为坚持"盎格鲁－新教伦理"是美国国家认同的核心。他认为，拉美裔的墨西哥人的涌入对美国的国家特性/国民身份产生了巨大的冲击。②同样的道理，大量穆斯林难民的到来，也将对德国的国家特性/国民身份形成挑战。按照亨廷顿在《文明的冲突与世界秩序的重建》和《我们是谁：美国国家特性面临的挑战》中的逻辑，我们也可以把德国的国家特性/国民身份确定为德意志－基督教（新教）文化。随着难民群体特别是叙利亚难民逐步获得德国国籍，这些难民在个人身份、族群身份和国家公民身份之间存在着严重的认同问题。③而以德意志－基督教（新教）文化为核心的德国的国家特性/国民身份也会如美国的国家特性/国民身份面临来自墨西哥人的挑战一样面临来自穆斯林移民的挑战。在面对这些挑战时，德国的国家特性/国民身份将会向何处发展？是发展成为一个只强调政治信念，即民主、自由的德国；还是发展成为拥有两种文化的德国，即德意志－基督教（新教）文化与穆斯林文化？在 21 世纪初，欧洲国家领导人纷纷宣告文化多元主义的破产，那么在没有共同的种族意识、历史记忆、族群身份和宗教认同的基础上，德国本土人民与在德穆斯林之间如何实现融合，如何构建新的德国国家特性/国民身份将会

---

① Robert Bosch Stiftung, "Andere Länder, andere Sitten? Welche kulturellen Unterschiede Flüchtlinge wahrnehmen-und wie sie damit umgehen", https://www.stiftung-mercator.de/media/downloads/3_Publikationen/2019/2019_09/SVR-FB_Welche-kulturellen-Unterschiede-Fluechtlinge-wahrnehmen.pdf.

② 〔美〕塞缪尔·P. 亨廷顿：《我们是谁：美国国家特性面临的挑战》，程克雄译，新华出版社，2005。

③ 郑春荣、倪晓姗：《难民危机背景下德国难民融入的挑战及应对》，《国外社会科学》2016 年第 6 期，第 75 ~ 83 页。

是一个长期存在的问题。[①]

（三）难民危机及难民融入对德国政治造成的影响

难民的涌入以及融入问题对德国政治产生了不可忽视的影响，主要体现在以下三个方面：首先，难民危机以及难民的融入问题促成了德国右翼民粹主义势力的崛起，也改变了德国主要政党意识形态左倾的现象；其次，由于难民问题的冲击，默克尔总理在党内和国内政坛的政治威望受损，德国政治进入"后默克尔时代"，政治的稳定性下降；最后，2015 年的欧洲难民危机，以及德国政府试图在欧盟层面上推动欧盟范围内的难民分摊机制，使得德国在欧盟的领导力受到损害。

首先，难民危机以及难民的融入问题促成了德国右翼民粹主义势力的崛起，也改变了德国主要政党意识形态左倾的现象。2013 年德国选择党成立之初，主要是持反欧元的立场，反对欧盟共同货币政策。2015 年难民涌入后，德国选择党在移民等问题上的强硬立场吸引了原属中右翼政党基督教民主联盟（CDU）的选民以及右翼极端分子（如 Pegida 运动组织成员）的投票，在一些地区和欧洲议会选举中的支持率显著提高。虽然 2015 年选择党内部分裂造成其党员人数从 2.2 万减至 1.6 万，但此后选择党党员人数快速增长，2016 年已达到 2.6 万，一年之间党员人数上升超过 60%，这跟 2015 年难民危机在德国的爆发是密切相关的。[②] 2017 年德国联邦大选，选择党凭借 12.6% 的得票率一跃成为联邦议院内最大的反对党，2018 年选择党更是成功进入德国 16 个联邦州的全部州议会。虽然各主流政党都曾明确表示，不会与选择党联合执政，但是毫无疑问，选择党业已成为德国政坛不可忽视的力量。德国选择党的崛起，不仅与 2015 年难民危机的爆发相关，而且与 21 世纪以来德国主要政党持续左倾相关，主要政党持续左倾导致德国政治光谱右侧

---

① 宋全成：《穆斯林移民在欧洲：身份认同及其冲突》，《西亚非洲》2016 年第 1 期，第 22 ~ 37 页。

② Bundeszentrale für politische Bildung, "Mitgliederentwicklung der Parteien", https://www.bpb. de/politik/grundfragen/parteien-in-deutschland/zahlen-und-fakten/138672/mitgliederentwicklung.

出现缺位。①如图 4 - 5 所示，根据 2015 年德国民调机构迪迈普（Infratest Dimap）进行的关于德国主要政党在意识形态光谱中的定位分析，自 21 世纪以来，德国主要政党的意识形态均出现左倾现象。2017 年，斯蒂芬·库恩（Steffen Kühne）、奥利弗·史努克（Oliver Schnuck）和罗伯特·舍费尔（Robert Schöffel）在对 2002 ~ 2017 年各党的竞选宣言进行大数据分析之后，也得出了相同的结论：几乎所有主要政党包括基民盟/基社盟（CDU/CSU）和社会民主党（SPD）都出现了左倾的现象。② 这一长期化的过程造成德国

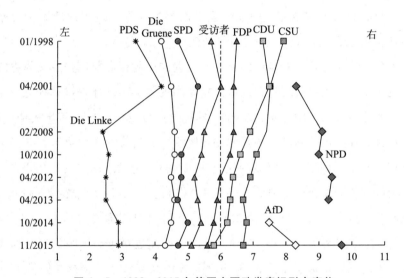

图 4 - 5 1998 ~ 2015 年德国主要政党意识形态定位

注：图中将主要政党的意识形态倾向定位在 1 ~ 11，1 为最左，11 为最右，中间值为 6。从左到右依次代表的政党为：左翼党［Die Linke，前身为德国民主社会主义党（PDS）］、绿党（Die Gruene）、社民党（SPD）、受访者、自民党（FDP）、基民盟（CDU）、基社盟（CSU）、选择党（AfD）、德国国家民主党（NPD）。

资料来源：Infratest Dimap，"AfD rückt nach rechts, CDU nach links. Die Positionierung der politischen Parteien im Links-Rechts-Kontinuum"，https://www.infratest-dimap.de/uploads/media/LinksRechts_Nov2015_01.pdf.

---

① 鲍永玲：《难民危机背景下德国政党生态的新演进》，《国际论坛》2016 年第 6 期，第 72 ~ 76 页。

② BR Data，"Der Computer sagt：Jamaika"，http://web.br.de/interaktiv/wahlprogramm-analyse-bundestagswahl/.

政治光谱中间偏右地区出现空白，这才给了选择党崛起的机会。难民的涌入和融入问题导致以德国选择党为代表的右翼民粹主义势力的崛起，也改变了 21 世纪以来德国主要政党意识形态左倾的现象。在各州选举中，关于移民与融合的辩论成为影响大选的决定性因素之一，各党在这一问题上的立场存在极大的分歧。①随着德国选择党的崛起，德国出现碎片化的政党格局，加剧了议会各党派间的分歧，影响到政治多数的形成，也影响到德国的政治话语与风格，德国政治的稳定性因此下降，②2017 年联邦大选后艰难的组阁过程即是明证。

其次，由于难民问题的冲击，默克尔总理在党内和国内政坛的政治威望受损，德国政治进入"后默克尔时代"。2015 年德国总理默克尔高举道义和人权旗帜，开放国界，欢迎叙利亚难民，当时德国国内民众对难民普遍持欢迎态度，甚至自发到火车站迎接难民。默克尔总理也因此被评为《时代周刊》2015 年的"年度人物"，被誉为"自由世界的总理"。③然而，世事无常，随着大量难民的涌入带来一系列社会经济问题，默克尔总理"上不封顶"的难民接收政策遭到党内外的批评，2016 年 2 月科隆跨年夜大规模性侵案发生后，默克尔成为众矢之的，不仅本人支持率下降，而且因为难民问题，联盟党在 2017 年德国联邦大选中仅获得 32.9% 的支持率，与上次大选相比支持率下跌了 8.6 个百分点，执政联盟社民党的支持率更是跌至 1949 年以来的最低峰值，仅获 20.5% 的支持率。④难民危机及其造成的影响是默克尔总理 2005 年执政以来面临的最复杂的政治挑战之一，在

---

① Ralf Euler, "Asyl ist ein Recht auf Zeit", *Frankfurter Allgemeine Zeitung*, 01. 10. 2018, https://www. faz. net/aktuell/rhein-main/parteien-ueber-flucht-migration-und-integration – 15802210. html.

② Konrad-Adenauer-Stiftung, "Das Parteiensystem in Deutschland ein Jahr nach der Bundestagswahl", https://www. kas. de/documents/252038/253252/Das + Parteiensystem + in + Deutschland + ein + Jahr + nach + der + Bundestagswahl. pdf/2ade6176 – 0516-b3c9 – 9816-cc1647bf76a6？version = 1. 1&t = 1541602142727.

③ Karl Vick and Simon Shuster, "Person of the Year: Chancellor of the Free World", https://time. com/time-person-of-the-year – 2015-angela-merkel/.

④ 数据来源：https://wahl. tagesschau. de/wahlen/2017 – 09 – 24-BT-DE/。

难民的问题上，默克尔总理一时间遭到无数批评，面临着来自党内外的压力，基民盟内有数十名党员集体写信给默克尔，要求其改变难民政策；时任基社盟党主席的霍斯特·洛伦茨·泽霍费尔（Horst Lorenz Seehofer）不惜以辞职和基社盟退出执政联盟威胁默克尔总理，要求其改变"上不封顶"的难民政策。① 面对来自党内外的质疑，默克尔总理不得不做出妥协，一方面寻求欧盟内部的难民分摊机制；另一方面，为回应党内的不满情绪，2018 年 10 月，默克尔总理在基民盟新闻发布会上表示将不再寻求连任基民盟党主席及联邦总理，现任总理职位将会是她最后一任。② 同年 12 月，在基民盟第 31 届全国代表大会上默克尔总理属意的候选人卡伦鲍尔以微弱的优势（51.7% 对 48.2%）胜出，成为新的党主席。③ 自此，德国正式步入"后默克尔时代"。德国政坛的"常青树"默克尔政治威信的下降以及德国正式步入"后默克尔时代"，不论是对基民盟、德国政治乃至欧洲政治都会产生重大的影响，特别是疫情当前，在全球经济面临衰退、中美竞争加剧的背景下，德国将走向何方，值得深思，但是可以肯定的是，稳定和繁荣对德国来说不再是预期内理所当然的了。

最后，难民危机及其所造成的影响，特别是德国政府试图在欧盟层面上推动欧盟范围内的难民分摊机制，使得德国在欧盟的领导力受到损害。在欧债危机、乌克兰危机中德国都发挥了"不情愿"的领导作用，总是试图和某个国家或者某些国家一起领导欧盟，德国在欧盟内威望的提升和领导力的发挥甚至引发了学界关于"德国问题"的再探讨，④ 把德国定义为欧

---

① Christian Teevs and Sebastian Fischer，"Unionsstreit über Flüchtlingspolitik：Bruch oder Befreiung?"，*Der Spiegel*，15. 06. 2018，https://www. spiegel. de/politik/deutschland/cdu-und-csu-streiten-ueber-fluechtlinge-drei-szenarien-fuer-die-groko-krise-a－1213150. html.

② CDU，"Angela Merkel verzichtet auf erneute Kandidatur für CDU-Vorsitz"，https://www. cdu. de/artikel/angela-merkel-verzichtet-auf-erneute-kandidatur-fuer-cdu-vorsitz.

③ "Annegret Kramp-Karrenbauer ist neue CDU-Chefin"，*Der Spiegel*，07. 12. 2018，https://www. spiegel. de/politik/deutschland/annegret-kramp-karrenbauer-ist-die-neue-cdu-chefin-a－1242597. html.

④ 连玉如：《再论"德国的欧洲"与"欧洲的德国"》，《国际政治研究》2014 年第 6 期，第 9～24 页。

盟内"不情愿的霸权",①甚至对德国在欧盟内的领导方式进行分析。②在难民危机中，德国再次试图以自身为标杆，积极接纳难民，希望推动解决欧盟范围内的难民危机，然而，此次德国过高地估计了自身解决难民问题的能力和自身在欧盟的影响力，也过低地估计了难民的数量和难民造成的消极影响，以及欧盟成员国在难民问题上的民族主义情绪。德国试图在欧盟范围内引入类似德国"柯尼希斯坦法则"的难民分摊机制，却遭到了中东欧国家特别是维谢格拉德集团的强烈反对。被迫使用特定多数表决制通过的难民分摊决议，也遭到了多数成员国"拒绝执行"。匈牙利总理欧尔班（Orbán Viktor）甚至直言：难民危机不是"欧洲的问题"而是"德国的问题"，③是德国"道义帝国主义"的产物。④虽然之后德国积极寻求欧盟在难民问题上的共同方案，如推动欧盟与土耳其等难民来源国签订难民协议，但是毫无疑问，经过难民危机后，德国在欧盟的影响力和领导力受到削弱。同时，德国国内主流政党的式微、政治的不稳定、"后默克尔时代"的到来等使得德国更加专注于本国内部的政治稳定和社会问题，因此德国能为欧盟提供的领导力会变弱。并且由于民粹主义政党的崛起，欧盟各成员国都会更加注重民族国家的权力和利益，因此也会对德国在欧盟的领导权产生更多的反感。总的来说，德国无力领导欧盟，各成员国也无意使德国成为欧盟的领导者。虽然 2019 年德法签订《亚琛条约》，希望借此重启德法引擎，推动欧洲一体化改革，然而 2020 年肆掠欧洲的新冠疫情，再次使欧洲一体化面临严峻挑战。

---

① William E. Paterson, "The Reluctant Hegemon? Germany Moves Centre Stage in the European Union", *Journal of Common Market Studies*, Vol. 49, Issue 1, 2011, pp. 57 – 75.

② 熊炜:《"借权威"与妥协的领导——德法合作的欧盟领导权模式》,《世界经济与政治》2018 年第 6 期, 第 30 ~ 50 页。

③ "Das Problem ist ein deutsches Problem", *Frankfurter Allgemeine Zeitung*, 03. 09. 2015, https://www. faz. net/aktuell/politik/fluechtlingskrise/orban-ueber-fluechtlingskrise-das-problem-ist-ein-deutsches-problem – 13783525. html.

④ "CSU-Gast Orbán wirft Merkel, moralischen Imperialismus ' vor '", 24. 09. 2015, https://www. euractiv. de/section/eu-innenpolitik/news/csu-gast-orban-wirft-merkel-moralischen-imperial-ismus-vor/.

第五章

案例研究

第一节 分析工具

在前文中我们运用新现实主义、自由制度主义和建构主义三种理论对德国欧洲政策的变化和角色演变的主观动因、有利因素、制约因素进行了分析，本章我们将通过一些具体的案例探讨德国在欧洲的不同领域、不同事件中的角色定位及其背后的影响因素。为了便于分析德国在不同案例中的角色，我们引入领导力的概念及其与新现实主义、自由制度主义和建构主义相对应领导力的三个维度、领导者的类型以及领导意愿和外交风格作为案例分析的工具。

一 领导力的概念及其三个维度

"领导"作为一个国际政治概念表述的是一个政治行为与过程，其构成要素包括领导者与追随者，同时还有其互动的环境，这一过程的本质可以被概括为领导者与追随者寻找或者创造共同利益并实现共同利益的过程，领导力则是领导者驱动这一过程所具有的能力。① 在这个定义下，领导者需

---

① Joseph S. Nye Jr, "Recovering American Leadership", *Survival*, Vol. 50, No. 1, 2008, p. 57.

要寻找或是创造国家集团间的共同利益，这使得领导者显著区别于"霸权"，后者强调通过自身的权力优势对利益分配与规则制定进行掌控，从而实现自身利益的最大化。[①]

领导力是领导者驱动"领导"过程的能力，对领导力的分析可以从领导者自身所具有的"结构性"（structural）权力、其所处环境所提供的"机制性"（institutional）权力以及"观念性"（ideas）权力三个维度进行探讨。[②]

"结构性"权力维度是从结构性角度看待国家行为体的权力，遵循国际关系中的现实主义传统，即国家是国际体系中的核心角色，国家利益需要得到实质性的保障。一个国家的实力取决于其经济、贸易关系、土地总面积、自然资源、人口和军事实力等因素。从欧盟的角度来看，德国的"结构性"权力是巨大的，尤其是 1990 年两德统一后，德国的"结构性"权力不断得到增强。但是，德国的"结构性"权力存在不平衡现象，在很大程度上局限于贸易和经济领域。德国作为欧洲最大经济体、主要出口引擎和主要的债权国在欧盟享有首屈一指的地位，这一地位使其享有国际金融市场的信任，可以以低于邻国的利率进行借贷。自 20 世纪 50 年代欧洲经济共同体成立以来，德国一直是欧共体/欧盟最大的净出资国。但是，在国际安全和外交等关键领域，德国充其量是一个二等强国。它缺乏强大的海军、陆军和空军，除煤炭和钢铁外，几乎没有其他自然资源。在外交政策方面，它往往会向法国和英国等拥有强大军队的国家让步。

"机制性"权力维度是指权力存在于制定议程或设定决策过程边界的能力之中，换言之，权力可以是制度性的，赋予一个国家在一个国家区域集团内在经济或外交领域的重大决策权。这种权力维度与国际关系中的自由制度主义传统相对应，在这种传统中，国际条约是强国基于其自身利益和

---

① Sandra Destradi, "Regional Powers and Their Strategies: Empire, Hegemony, and Leadership", *Review of International Studies*, Vol. 36, No. 4, 2010, p. 909.

② Matthias Matthijs, "The Three Faces of German Leadership", *Survival*, Vol. 58, No. 2, 2016, pp. 141 – 143.

实际偏好达成的交易和妥协。"机制性"权力则强调国际环境中国际法、国家行为规范以及国际制度的作用，欧盟这一超国家组织为领导者提供了平台，其制度规则及欧盟法律构架下成员国对自身行为的规范和约束为德国提供了领导力。德国在欧盟制度与议程设置上的权力，来自其在欧洲议会与欧洲理事会中的投票权，这与德国在经济领域拥有举足轻重的话语权密切相关。德国在 20 世纪 90 年代初同意建立经济和货币联盟方面发挥了关键作用，因此成功地确定了欧元区治理的规则。成立的欧洲央行是德国联邦银行的翻版，而"不救助"条款和《稳定与增长公约》在很大程度上反映了德国的偏好。在外交和安全政策方面，在"一致通过"做出决定的情况下，德国的经济规模和财政实力决定了德国的意见具有重大影响力。

就德国而言，其在欧盟的"结构性"权力与"机制性"权力处于互动的状态之中，欧盟对德国领导力的影响处于复杂变化之中，当一体化需要德国在某一议程上做出让步时，德国的领导力就被放大；而当德国希望主动推进某些议程时，欧洲议会共同决策程序所要求的国家间的平等则在一定程度上限制了德国的影响力。

"观念性"权力维度是指权力还可以存在于观念之中，表现为一个占支配地位的国家行为体可以塑造其他国家行为体的偏好。这种权力维度符合国际关系中的建构主义传统，建构主义将观念和身份认同作为影响外交政策的主要因素。建构主义的分支——角色理论从观念的角度强调外交政策的角色模式与社会认知导向相关，国家的外交政策将受到社会整体自我认知的影响，集中体现在国家外交政策的决策者以及公众舆论上，即德国的领导行为和德国社会与领导人对德国在欧盟中的定位直接相关。[1] 德国在欧盟行使"观念性"权力表现在两个方面。第一，德国在经济和外交政策领域的理念对欧洲一体化进程产生了巨大影响，按照德国的理念设计了欧盟的制度。德国严格遵守秩序自由主义，强调竞争、价格稳定、财政限制以

---

[1] K. J. Holsti, "National Role Conceptions in the Study of Foreign Policy", *International Studies Quarterly*, Vol. 14, No. 3, 1970, p. 240.

及规则对自由裁量权的重要性。鉴于德国的经济体量和活力，德国的这些观念对其他欧元区成员国有相当大的影响力，财政紧缩和结构改革在欧盟经济政策制定中发挥着重要影响力就是很好的例子。第二，出于对历史的反思，德国已经成为"文明力量"，在解决国际危机和冲突时，德国反对军事干预，主张政治对话和经济制裁。"文明力量"这一概念在很大程度上被欧盟作为规范世界秩序的"软实力"理念，用以强调和平、民主、人权和法治的普遍价值。而长期作为领导角色的行为体存在维护自身领导地位的行为，这既是对自我认识的强化，又是对体系层面其他行为体的期待的回应，德国在欧债危机、乌克兰危机以及难民危机中的领导行为塑造了其领导者的形象，催生了内部的自我认同与其他成员国的期待。

二　领导者的类型

在厘清领导和领导力概念之后，我们还需要对领导者的类型进行简单的梳理。奥兰·R. 扬（Oran R. Young）通过对领导者行为规律的梳理，将领导者分为"结构型领导者"（structural leadership）、"企业型领导者"（entrepreneurial leadership）以及"知识型领导者"（intellectual leadership）。马尔内斯（Malnes）等人则在"企业型领导者"的基础上提出了"方向型领导者"（directional leadership）的概念。

"结构型领导者"强调领导者偏好借助其在政治、经济以及军事领域的优势地位进行领导，这一类型的领导者将自身权力转化为讨价还价的杠杆，利用在各领域权力的不对称进行交易是其显著的特点。

"企业型领导者"则强调通过谈判技巧与制定权衡各方利益的提案，在仍有余地的谈判者与集体行动的困境之间进行平衡，最终实现对集体行动的领导。"企业型领导者"在一定程度上发挥了类似调解员和协调者的作用，但与调解员和协调者不同的是，"企业型领导者"本身同时也是利益相关方，其利益目标也镶嵌在进行"调解"的事件中。

"知识型领导者"强调具有鲜明观点的个人在领导过程中的作用，这一类型的领导者善于提出创新性的概念和方式或是在专业领域制定行业规则。①

马尔内斯认为，"方向型领导者"强调国家通过"模范"的作用以及在思想领域的话语权，在价值观层面实现对集体的领导。② 查尔斯·帕克（Charles Parker）和克里斯特·卡尔森（Christer Karlsson）也对"方向型领导者"进行了定义，即方向型领导者在试图领导时并不注重与其追随者的互动关系，而是试图以树立"模范"或是"榜样"的方式来引领追随者的行为，此举是方向型领导者将其价值追求向国家集团转移的过程。③

三 领导意愿和外交风格

行为体的领导意愿和外交风格在领导者的产生过程中同样十分重要。国家行为体对可预期的成本与收益进行权衡，其外交政策基于国内利益集团的讨价还价以及国家行为体在国际环境中的利益交换。"不情愿"（reluctant）作为领导者的一个特质值得关注。桑德拉·德斯特拉蒂（Sandra Destradi）对"不情愿"在国际政治中的概念进行了界定，他将具备领导力的潜在领导者所奉行的犹豫不决与模棱两可的外交政策描述为"不情愿"，强调了国家行为与国家能力的错位，他认为"不情愿"并非潜在领导者缺少领导意愿或是拒绝提供公共产品的直接表现，而是一种相对犹豫与顽固的态度，更为恰当地说"不情愿"表明了潜在领导者长期以来形成的外交风格。④ 德国在欧债危机中的表现被描述为"不情愿的霸权"，其在危机期间

① Oran R. Young, "Political Leadership and Regime Formation: On the Development of Institutions in International Society", *International Organization*, Vol. 45, No. 3, 1991, pp. 288–302.

② Raino Malnes, "'Leader' and 'Entrepreneur' in International Negotiations: A Conceptual Analysis", *European Journal of International Relations*, Vol. 1, No, 1, 1995, p. 96.

③ Charles Parker and Christer Karlsson, "Leadership and International Cooperation", in R. A. W. Rhodes and Pault Hart ed., *The Oxford Handbook of Political Leadership*, Oxford: Oxford University Press, 2014, p. 590.

④ Sandra Destradi, "Reluctance in International Politics: A Conceptualization", *European Journal of International Relations*, Vol. 23, No. 2, 2016, p. 318.

拒绝夸大或是自信地展示德国的经济实力，而且国内政治因素产生的阻力强化了"不情愿"这一特征。[1]

第二节 德国在欧债危机中的角色与领导力

一 欧元的诞生及其结构性缺陷

1991 年 1 月 1 日，欧洲经济与货币联盟（Economic and Monetary Union，EMU）正式成立，欧元作为记账和转账货币正式启动。2002 年 1 月 1 日，欧元纸币与硬币开始发行流通，经过两个月的过渡期后，欧元正式取代欧元区各成员国货币。

欧盟/欧共体为什么要引入欧元？对于欧元诞生的原因，学术界比较主流的理论包括蒙代尔（Robert A. Mundell）的"最优货币区"理论和特里芬（Robert Triffin）的统一货币理论。

"最优货币区"理论是从"统一货币能带来经济收益"一步到位地推导出"统一货币产生"。该理论认为，如果一个区域内的生产要素能够自由流通，那么这个区域就是最优货币区，在这个区域使用同一种货币是最有效率的——生产和交易成本最小化是向最优货币区演变的根本动力。该理论论证了浮动汇率与生产要素自由流动之间存在相互替代的关系，并按照这一逻辑关系描述出一种在技术上可行的理想状态。但在现实中却难以对应，因为货币与国家主权之间的关系是密不可分的，往往是主权国家决定货币流通的边界和势力范围。即使能够证明后来建立起来的欧元区是最优货币区，从经济上看，直接使用马克比另外创建欧元花费的成本要低很多，所承担的风险也小很多。但从国家主权的意义上看，这明显是其他国家不

---

[1] Simon Bulmer and William E. Paterson, "Germany as the EU's Reluctant Hegemon? Of Economic Strength and Political Constraints", *Journal of European Public Policy*, Vol. 20, No. 10, 2013, p. 1389.

可接受的。该理论认为，统一货币被看作市场自身在私人部门追求交易成本最小化的动力驱动之下自然演变的结果。该理论更多的是为能否实施统一货币提供了一种理论上的评判标准，而对于现实世界中统一货币能否真正启动缺乏必要的解释。[1]

而特里芬有关统一货币的理论则认为统一货币的出现并不是市场自身演变的结果，而是解决问题的工具或者方法。特里芬认为，在各民族国家的货币完全可以自由兑换并推行自由贸易的条件下，一些国家的国际收支不可避免地会出现盈余，而另一些国家则出现赤字，一旦不能及时对这种失衡进行调节，那么当其规模累积到一定程度时将会对整个世界经济的运行造成巨大的破坏。而统一货币在本质上是建立一个多边的清算支付系统，以便更好地应对国际收支失衡。但调节国际收支失衡本身是一个财富和资源的再分配过程，涉及多方利益的权衡，是一个政治问题。所以特里芬认为，实行统一货币的动力和障碍本质上都是政治。如果在建立欧洲联邦这样一个广阔的背景下推动货币统一，那么其实是不会遇到太大困难的。由此，特里芬很自然地得出结论：推动货币统一的根本路径在于国家间的共识和政策协调，关键在于政治。[2] 从欧洲货币一体化的历程看，欧洲的主导货币从德国马克过渡到欧元正是这样一个过程。

在现实中，欧元的诞生确实没有遵循市场逻辑，而是国家间协商的产物，在欧元作为共同货币替代欧洲民族国家各自货币的过程中，各成员国之间原有的力量对比发生了变化，其中最大的赢家就是德国。表面上看，德国放弃了作为世界第二大储备货币的马克，却以制度化的方式获得了欧盟内部的国际货币权——一种对其他成员国行为具有影响力和支配地位的权力。因此，欧元对德国而言不仅是一种货币，而且是其核心国家利益。

① 赵柯：《德国的"欧元保卫战"——国际货币权力的维护与扩张》，《欧洲研究》2013 年第 1 期，第 67 页。

② 赵柯：《德国的"欧元保卫战"——国际货币权力的维护与扩张》，《欧洲研究》2013 年第 1 期，第 68 页。

欧元区作为货币一体化后的国际货币体系的一部分，其更为紧密地捆绑了各国的经济利益，这也使得"搭便车"国家与"霸权"国家为了维护体系而提供公共产品。同时，国际货币体系必须具有充分的清偿能力、调整能力与国际信心。国际货币体系会将个体政策调整的风险向多个行为体分摊，对于欧元区而言，如果不对局部经济动荡加以介入而使之发展为整个欧元区的系统性风险，则会使欧元区的经济治理能力下降，同时使欧元区的信用降低。

欧元的引入为世界经济和贸易带来了巨大的积极影响，可以归纳为两个方面。

首先，欧元的引入促进了欧元区内部贸易的便利化，促进了欧元区内部企业的竞争与商品流通，更好地整合了欧元区的金融市场，完善了欧洲内部市场建设。[1] 根据欧盟委员会经济与金融事务总司 2008 年的研究，欧元的引入显著促进了贸易，使得欧元区国家贸易总体上增长了 5%。[2] 统一的货币减少了欧元区国家的交易成本，也减少了不同货币间汇率波动的风险，大大刺激了欧元区的贸易和经济发展。同时，大体量的经济规模和谨慎管理也为欧元区带来了经济稳定，使其更能抵御外部经济的"冲击"，即较少受到欧元区以外市场动荡的冲击。[3]

其次，欧元的引入增强了欧盟在全球经济和政治的影响力。单一货币促进了外国直接投资便利化，密切了欧元区国家与外部市场之间的贸易与投资关系。审慎的经济管理使欧元成为具有吸引力的外汇储备，在世界各国的外汇储备中，欧元成为仅次于美元的货币。欧元的稳定性也使世界各地企业在与欧洲企业进行交易时接受以欧元报价，并以欧元支付，这使欧洲企业免于承担汇率变动带来的成本以及将欧元兑换成其他货币的成本，

---

[1] European Union, "Benefits", https://europa. eu/european-union/about-eu/euro/benefits_en.

[2] Richard Baldwin, Virginia DiNino, Lionel Fontagné, Roberto A. De Santis and Daria Taglioni, "Study on the Impact of the Euro on Trade and Foreign Direct Investment", https://ec. europa. eu/economy_finance/publications/pages/publication12590_en. pdf.

[3] European Union, "Benefits", https://europa. eu/european-union/about-eu/euro/benefits_en.

目前欧元已经成为全球近 40% 跨境支付的首选货币。[①]

我们在看到欧元为欧元区国家带来便利与繁荣的同时，也应该看到统一的货币欧元引入之后为欧元区经济造成的其他影响，其主要体现在以下三个方面。

首先，欧元的引入使得欧洲经济内部产生了分裂。单一货币的使用，使得以德国为首的西北欧国家的经济竞争力，或者更直白地说制造业竞争力有绝对优势，以希腊、西班牙、意大利等为代表的南部欧洲国家继失去关税武器（即无法通过关税保护本国工业，1968 年 7 月 1 日欧洲经济共同体提前建成关税同盟：对内取消相关的关税，对外实行统一的关税）之后，又失去了货币武器，即无法通过货币贬值的方式来变相保护本国工业，德国及北部欧洲国家大量的工业商品占领了南部欧洲国家的消费市场，使南部欧洲国家的工业体系受到冲击。就像李斯特在《政治经济学的国民体系》一书中所说的那样，这些国家就像历史上的意大利人和汉萨商人一样，失去了创造财富的能力，而这种能力远远比拥有财富更重要。[②] 正如美国著名的世界经济史学家查尔斯·P. 金德尔伯格（Charles Kindleberger）在其名著《世界经济霸权：1500—1990》中所说的那样，一个国家的经济最重要的就是要有"生产性"。[③] 而欧元的引入，使得北部欧洲国家的工业制品能够更快地占领南部欧洲国家的市场，冲击了南部欧洲国家原有的工业体系，使这些国家的经济失去了"生产性"，造成了欧元区南北的结构性失衡，即南欧国家的经常项目赤字和以德国与荷兰为代表的欧元区北部国家经常项目的巨额盈余。[④]

其次，欧洲中央银行的设计思路继承了德国联邦银行的传统，独立性

---

① European Union, "Benefits", https://europa.eu/european-union/about-eu/euro/benefits_en.

② 〔德〕弗里德里希·李斯特：《政治经济学的国民体系》，陈万煦译，商务印书馆，2009。

③ 〔美〕查尔斯·P. 金德尔伯格：《世界经济霸权：1500—1990》，高祖贵译，商务印书馆，2003。

④ 陈新：《欧元 20 年——变与不变》，光明学术，http://www.gmw.cn/xueshu/2019 - 07/31/content_33044234.htm。

是其显著的特征，欧央行长期执行低利率，这也是其遭人诟病的一个重要原因。正如英国学者邓肯·韦尔登（Duncan Weldon）所说的那样，虽然欧元区采用相同的货币政策，但是适用于德国的基准利率并不能同样适用于希腊或西班牙。[①] 不正常的低利率环境使得南部欧洲国家可以以非常低的成本来进行融资，但是这些融资资金并没有用来发展能够产生实际经济效益的制造业，而是用来投资房地产等服务行业以及维持国内高福利政策运转。这些投资虽然短期内创造了可观的经济增长率，但是不可持续，而且没有实现国家财富的实际增长，产生了大量的经济泡沫，正如爱尔兰和希腊在危机前所表现的那样。

最后，欧洲货币联盟制度在设计和实践方面的不完善，以及其根本制度上的缺陷导致了统一的货币政策与分散的/不协调的财政政策之间的矛盾。事实上在欧元启动之时，欧元区并没有达到最优货币区的标准，没有达到完全的趋同，本身就是一个有缺陷的单一货币区，而且没有设置应对不对称冲击或者危机的体制机制，没有相关的应对基金，也没有相应的退出机制，这就导致了欧元区在应对危机时的软弱无力。

欧元的启动是欧洲一体化进程的重要里程碑，欧盟领导人也期望借助统一的货币对内进一步实现贸易的便利化，增强欧盟团结，塑造欧洲意识；对外进一步减少对美元的依赖，提升欧盟在国际上的政治和经济地位。然而，欧元问世 20 多年来，可谓经风历雨。虽然如今欧元已经成为 19 个欧元区国家的官方货币，被超过 3.4 亿欧洲人使用，[②] 但是无论是欧债危机后关于欧元生死存续的讨论，还是近些年来关于欧元区体制机制改革的深入思考，抑或是欧元区主要国家右翼民粹主义势力反对货币一体化的立场，无不反映出欧元区各国、社会各界因欧元所产生的严重分歧。

欧元遭受挫折事实上根植于其与生俱来的结构性缺陷。从历史上看，

---

① Hermione Gee, "20 Years on—Has the Euro Been a Success?", https://www.euronews.com/2019/01/01/20-years-of-the-euro.

② European Central Bank, "The Euro", https://www.ecb.europa.eu/euro/html/index.en.html.

统一的货币都是统一市场、统一财政和统一政权的产物，[①] 而欧元的产生和发展却是一个逆向的操作过程，欧洲货币联盟的建设是制度主义者的胜利，[②] 并不是欧盟经济发展的自然结果。欧元区的建立不仅仅是经济决策的结果，更多的是国家间政治妥协的产物，[③] 是德国的稳定文化与法国的增长诉求相结合的产物。[④] 欧元区在建立之时并没有达到最优货币区的条件，欧元区各成员国经济发展水平还存在着较大的差异，这导致了欧元的先天不足，再加上欧元区统一的货币政策与分散的财政政策这一结构性缺陷，共同为欧债危机的爆发以及如今关于欧元区的争论埋下了伏笔。

二 欧债危机中德国的权力维度

在欧债危机的解决过程中，德国作为最重要的领导者，其权力维度包括结构性、机制性和观念性三个。

（一）德国的结构性权力维度

德国在欧元区的结构性权力是由德国的经济实力所赋予的。

《马斯特里赫特条约》在经济领域的"非中性"为德国带来更多的经济利益，1999 年欧元的正式引入同样被认为为德国带来了额外的利益，使得德国的经济实力大增。可以说，强劲的经济实力是德国在欧债危机以及随后一系列危机期间发挥领导作用的权力基础。[⑤] 相关的实证研究可以证明，德国从欧元引入中获益最多，欧元的引入促进了德国经

---

① 朱民：《逆向发展的欧元及其风险》，《金融研究》1999 年第 4 期，第 5~7 页。

② 胡琨：《战后欧洲货币制度的转型——兼议欧债危机产生的根源》，《欧洲研究》2014 年第 1 期，第 26~37 页。

③ 姚铃：《从德国马克到欧元——欧洲货币一体化对人民币国际化的启示》，《国际贸易》2016 年第 9 期，第 55~57 页。

④ 陈新：《欧元 20 年——变与不变》，光明学术，http://www.gmw.cn/xueshu/2019-07/31/content_33044234.htm。

⑤ 同一制度下不同的人所获得的利益是不同的，有的人多，有的人少；甚至在很多时候同一制度能够为一部分人带来利益，却给另一部分人带来损害，这一现象被称为"制度非中性"。参见赵柯：《德国在欧盟的经济主导地位：根基和影响》，《国际问题研究》2014 年第 5 期，第 89~101 页。

济的繁荣，而法国及南欧国家则在欧元引入之后遭受了不同程度的损失。欧元区不仅没有内生为最优货币区，反而出现了成员国发展日益不均衡的现象。[①] 这也造成相对于其他欧元区国家，德国的经济实力愈发凸显。

德国不仅成为欧元区最大的经济体，占欧元区生产总值的28%（2012年），而且比法国和意大利等国更好地度过了危机。当大多数欧洲货币联盟国家的风险溢价上升时，由于德国相对稳定的财政状况，柏林继续以较低甚至不断下降的利率举债。当年施罗德通过《2010议程》改革了社会保障制度和劳动力市场，使公司运转更加高效并具有创新力，而工会对工资进行了限制。德国经济和社会改革的红利逐渐凸显，经济竞争力得以提高：自1990年以来，单位劳动成本一直在下降，经常账户盈余在扩大。德国实力的变化打破了欧洲的力量平衡。法国实际上曾想通过货币联盟打破德国在经济事务中的主导地位和联邦银行的霸权。但是，在引入欧元10年后，德国的经济和金融优势比以往任何时候都要大。法国希望在外交政策上超越德国，并在经济政策上与之平等相待，但法国发现自己扮演的是一个小伙伴的角色。欧元区另外两个国家意大利和西班牙也受到危机的打击，几乎没有能力采取行动。

（二）德国的机制性权力维度

德国在欧元区的机制性权力是由德国在欧元区获得的国际货币权的"霸权"以及欧洲货币与经济联盟的机制化建设、欧洲理事会所提供的协商平台等欧盟的机制所赋予的。

国际货币体系规定了国际货币的性质、国家进行国际收支调节的政策手段以及不同国家政策目标的合法性，这也使得在同一国际货币体系下各个国家的成本/收益不尽相同，国家行为将推动国际货币体系朝有利于本国利益的方向发展，这使得体系中的霸权将推动形成体系结构的基

---

① 韩永辉、邹建华、王雪：《欧债危机的成因及启示——基于货币一体化的视角》，《国际商务》（对外经济贸易大学学报）2014年第1期，第52~62页。

本面貌。① 欧元的诞生和欧元区的成立使德国以制度化的方式获得了在欧元区内行使国际货币权的"霸权"。这也使得危机爆发后，主要由德国决定如何具体处理希腊的问题，因为德国能够且必须发挥一定的领导力，团结欧元区成员国为重灾国提供救助。正如默克尔总理所言："欧元的失败，不仅是货币的失败，而且是欧洲的失败，是欧洲统一理念的失败。"②

在运行机制上，德国通过倚靠欧盟平台所提供的体制力量，使欧元区成员国共同承担欧元区危机的压力，对被救助国提出一系列财政改革要求，并给银行重建资产负债表提供了充足的时间。从结果上来看，欧元的大幅贬值使德国进出口行业进一步受益，而较低的主权债券收益率在危机期间为德国自身的预算状况带来了好处。③

（三）德国的观念性权力维度

德国的观念性权力体现在德国稳健的财政理念一直在欧元区发挥重要影响。在实施统一货币的谈判中，有两个条件是德国非常坚持的：一是要求保持欧洲中央银行的独立性，不允许其直接为成员国债务提供融资；二是通过《稳定与增长公约》严格限制成员国对内和对外举债的规模。而在欧债危机的背景下，为保持欧元的稳定，唯一的出路就是实施某种债务共担机制，帮助陷入债务危机的国家逐步恢复融资能力。但在救助过程中，德国还有另外一个政策目标："控制成员国的财政权"。"保卫欧元"与"控制成员国的财政权"这两个目标总体是一致的，而在保卫欧元的过程中，鉴于对成本/收益的分析，德国在什么时候采取什么样的策略都是需要审慎对待的，这就造成在具体实施过程中这两个目标会有相互矛盾的地方，

---

① 〔美〕罗伯特·吉尔平：《国际关系政治经济学》，杨宇光等译，上海人民出版社，2020，第 112 页。

② Angela Merkel, "Rede von Bundeskanzlerin Angela Merkel zur Verleihung des Internationalen Karlspreises an Premierminister Tusk", https://archiv. bundesregierung. de/archiv-de/rede-von-bundeskanzlerin-angela-merkel-zur-verleihung-des-internationalen-karlspreises-an-premierminister-tusk – 319910.

③ Matthias Matthijs, "The Three Faces of German Leadership", *Survival*, Vol. 58, No. 2, 2016, p. 145.

德国政府根据欧债危机发展的具体态势来对两个目标之间的优先次序进行调整和变动，进而形成了在外界看来似乎是犹豫的、相互矛盾甚至充满争议的政策组合。①

在危机救助中，默克尔所采取的策略是尽可能地维持欧元区的团结，同时，让边缘国家致力于整顿金融行业和财政纪律，加强遵守《稳定与增长公约》，捍卫欧洲央行的独立性。只有在万不得已的时候德国才承担财政负担，而且只能按照德国的条款提供紧急援助。2010 年 2 月 11 日，默克尔在布鲁塞尔欧盟峰会后承诺："我们不会放弃希腊。"同时她强调，希腊必须满足紧缩要求。在随后的几周里，默克尔坚决拒绝向雅典提供直接援助，而是利用救助危机的机会呼吁为欧元区制定新的规则。默克尔在 2010 年 3 月 25 日的政府声明中强调，只有在"作为最后手段的极端紧急情况下"才会考虑向希腊提供"国际货币基金组织的援助以及共同双边援助的组合"②。

三　欧债危机中德国的特殊地位与领导角色

德国的特殊地位在债务危机爆发后的几年里越来越凸显——在 2010 年春天围绕雅典救助方案的复杂谈判中首次得到体现。柏林拥有事实上的否决权，因此能够在某种程度上对合作伙伴的基本经济和金融政策问题发号施令。对于这一点，无论是欧洲的政治精英还是普通民众都没有做好准备。科尔为欧元开了绿灯，主要是想把德国从与法国和其他欧盟伙伴的战线中脱离出来，使其成为一个正常的欧洲国家。但德国只有在风平浪静的日子里才能成为一个正常的国家；在危机时期，它的经济分量太重，无法做到

---

① 赵柯：《德国的"欧元保卫战"——国际货币权力的维护与扩张》，《欧洲研究》2013 年第 1 期，第 71～73 页。

② "Bulletin Der Bundesregierung, Nr. 33－1, Regierungserklärung von Bundeskanzlerin Dr. Angela Merkel zum Europäischen Rat am 25. /26. März 2010 in Brüssel vor dem Deutschen Bundestag am 25. März 2010 in Berlin", https://www. bundesregierung. de/resource/blob/975954/771452/4d45 ca7973b43248c5209cac585c957a/33－1-bk-data. pdf? download = 1.

这一点。德国的每一个决定或不做出决定都会对欧元区的其他成员产生直接影响。

（一）默克尔以实力换取权力

欧债危机的本质是主权债务危机，当希腊在 2009 年 10 月公布其财政赤字与超高债务水平时，其国债收益率大幅度拉升，希腊试图以此进行融资，这一举措威胁到了整个欧元区。但是在希腊面临危机后，其他欧盟成员国并未迅速伸出援手。德国总理默克尔在 2010 年 3 月欧洲理事会前夕表明其将不会支持对希腊的救助计划，她认为希腊将有能力自我调节并敦促希腊独自解决其债务问题，她强调，对希腊的救助计划让德国有太大的让步与付出。[①] 德国在希腊爆发危机后的反应并非反常，这是基于成本/收益分析得出的结果，对欧洲理事会、欧盟委员会以及德国财政部相关官员的访谈显示，德国认为若是过于轻易地许诺对希腊提供援助，将会使德国在欧元区提供更为昂贵的公共产品，德国的拖延使得压力更多地来到了希腊而非德国自身。[②] 在希腊面临破产的紧急形势下，欧洲央行、国际货币基金组织、美国总统奥巴马均向德国施压，希望德国同意紧急援助方案。但直到由国际货币基金组织、欧洲央行和欧盟委员会组成的"三驾马车"与希腊就艰难的整改方案达成一致一天之后，德国内阁才批准了援助方案。

希腊的危机逐步发酵将不可避免地对整个欧元区造成冲击，当认识到忽视这一危机带来的成本将大于德国出台举措救助希腊的成本时，德国为了维护欧元区的整体利益将不得不进行领导。德国的态度随着欧债危机的发展不断变化，当默克尔认识到如果再不帮助希腊可能面临希腊退出欧元区的结果时，其多次公开表示反对希腊离开欧元区，虽然希腊的退出未能实现，但是德国态度的转变为欧元区的复苏带来了信心与活力。

---

① Erik Kirschbaum, "Europe Divided on Aid to Greece before Summit", Reuters, https://www.reuters.com/article/eurozone-idUSLDE62K0C920100322.

② Magnus G. Schoeller, "Germany, the Problem of Leadership, and Institution-building in EMU Reform", *Journal of Economic Policy Reform*, Vol. 23, No. 3, 2020, p. 315.

2010 年 5 月，当危机进一步恶化，欧元区面临"系统性风险"，同时会带来全球金融体系崩溃的危险的时候，欧元区国家对于救助方案出现了分歧。萨科齐在南欧国家的支持下，呼吁欧洲央行行长大举购买危机国家的债券，以推动其利率下降。默克尔和欧洲央行行长特里谢拒绝对央行的独立性进行任何篡改。默克尔在特里谢、荷兰首相鲍肯内德和卢森堡首相让－克洛德·容克（Jean-Claude Juncker）的支持下，战胜了南欧国家，决定将设立一个救助基金，欧元区国家出资 5000 亿欧元，国际货币基金组织出资 2500 亿欧元。具体操作是，欧元区国家将建立一个名为欧洲金融稳定基金（EFSF）的特殊目的实体，它将在资本市场上筹集 4400 亿欧元，另外 600 亿欧元将通过欧盟预算获得，并由委员会管理。欧洲中央银行也公布了其决定：如有必要，将购买危机国家已经发行的政府债券。

一揽子救助计划和欧洲央行的购买行为确实推低了危机国家的利率，但关键问题是这个喘息时间是否足够长，能够使危机国家得以推动迟到的结构改革，同时巩固预算和偿还债务？现实却是向相反的方向发展。危机国家，首先是希腊，陷入了一个恶性循环。它们提高税收，削减开支，导致经济崩溃，失业率上升。没有增长，预算赤字就会停滞不前或上升而不是下降。此外，由于危机国家无法通过货币贬值来提高其竞争力，它们不得不通过掠夺工资和提高价格来实现这一目的。这种操作在政治上会引发负面效应，很快，希腊出现了反对改革路线的罢工和示威游行活动。此外，整顿的成功对宏观经济影响不大，因为经济的萎缩导致债务在国内生产总值中的比例膨胀了。新的资金在短期内维持了希腊财政的运转，但增加了希腊对外国贷款人的总体负债。

当法国将救助和欧洲央行的购买行为作为"历史性转折"和"欧元区领导力的革命"而进行庆祝时，德国的反应则较为冷静。《经济周刊》以"默克尔的滑铁卢"为标题，对德国承担危机国家债务的"连带责任"以及欧洲央行的"破例"（Tabubruch）表示遗憾。① 德国联邦银行行长韦伯

---

① "Merkels Waterloo", *WirtschaftsWoche*, 14 Mai 2010, https://www.wiwo.de/politik/ausland/euro-krise-merkels-waterloo/5142686.html.

异常公开地谈到了债券购买所带来的"巨大的稳定政策风险"。事实上，德国已经脱离了其原则，即欧元区成员国在其中一国陷入严重预算危机时不为其债务进行共同担保。欧洲央行关于不购买问题国家债券的禁令也被突破，这不是法律意义上的突破，而是实际上的突破。

对于默克尔的表现外界褒贬不一。布鲁塞尔智库布鲁格尔（Bruegel）的负责人让·皮萨尼 – 费里（Jean Pisani-Ferry）在该智库发表的一篇报告的前言中批评德国没有真正接受它在欧元危机中被赋予的领导角色："德国不准备用金钱换取权力，也不准备接受领导权通常所要求的交换条件。"[1]而英国历史学家彼得·卢德洛（Peter Ludlow）则认为默克尔主导了危机的解决，用金钱换取了领导权。[2]

在巨大的时间压力下，默克尔通过谈判达成了救援方案，保住了欧元区的存续，避免了世界金融体系的崩溃。在这个过程中，默克尔需要抵御萨科齐和南欧国家对欧洲央行的全面攻击，推动了以苛刻的救助条件著称的国际货币基金组织参与救助，并将 EFSF 的期限定为三年。最后同样重要的是，默克尔掀起了一场关于欧元区更严格的财政规则的辩论，之后她还将继续推动这一讨论。

（二）默克尔推动建立永久性危机应对机制

在欧债危机救助过程中，德国政府希望利用危机来收紧欧元区的规则，形成一个永久性的危机应对机制。默克尔争取到了法国总统的支持，修订了欧洲经济货币联盟有关组织机构的条约内容，并建立了一个永久性的危机应对机制。此后，私人贷款人应分担国家债务削减或破产的成本。德国还希望取消问题国家的投票权。作为回报，默克尔同意弱化对赤字国家的自动制裁机制。按照德国之前的要求，实施处罚的不应该是委员会主席，

---

① Wolfgang Proissl, "Why Germany Fell out of Love with Europe", https://www.bruegel.org/wp-content/uploads/imported/publications/WPessay_2010_01_160710 – 1. pdf, p. 4.

② Stephan Bierling, *Vormacht Wider Willen: Deutsche Außenpolitik von der Wiedervereinigung bis zur Gegenwart*, München: Verlag C. H. Beck, 2014, p. 200.

而应该是经济和财政部长理事会的特定多数。

一直支持德国强硬立场的北欧三国对此感到失望。瑞典财政部长安德斯·博格（Anders Borg）说，德国没有对预算纪律的百分之百的强调让他感到惊讶。特里谢警告说，为使欧元保持在安全的轨道上，必须使规则变得更多、更严厉。他还说，他认为私人债权人参与债务重组不是明智的，因为这只会为市场增添不确定性。许多欧盟成员国抱怨说，它们面对的是德国和法国的支配。在国内，默克尔也遭到了批评。德国自民党领导人韦斯特韦勒（Westerwelle）批评了德国放弃自动制裁的做法，甚至联盟党也表示反对。《明镜周刊》发表了一篇题为《走上歧途的领路人》的报道，称默克尔已向萨科齐屈服。①

然而，在 2010 年 12 月的欧盟峰会上，德法两国还是贯彻了它们的路线。各国元首和政府首脑同意从 2013 年 6 月启用永久性的危机应对机制，取代 EFSF，以维护欧元区的财政稳定，并为此修改《欧洲联盟条约》。其他欧盟成员国几乎没有选择，只能遵循该提案。因为如果没有德国的财政实力，危机应对机制将无法运作。德国放弃了对严重违约者撤销投票权的要求。欧盟主席范龙佩（Van Rompuy）的任务是需要在下一次 12 月的峰会上与委员会一起制定出危机应对机制的具体形式，并准备对《里斯本条约》进行必要的修正。

希腊等其他欧盟国家对默克尔的批评越来越多。即使在她自己的党内，默克尔也不得不反复强调她的那句至理名言"如果欧元失败，欧洲就会失败"。

2010 年 12 月中旬布鲁塞尔峰会的重点是建立一个欧洲稳定机制（ESM）。为此，默克尔成功地在《欧洲联盟条约》第 136 条中加入了以下句子："欧元区国家可以建立一个稳定机制。启动该机制是为了给欧元区稳

---

① Peter Müller, Christian Reiermann and Christoph Schult, "Anführer auf Abwegen", *Der Spiegel*, No. 43, 2010, https://www.spiegel.de/politik/anfuehrer-auf-abwegen-a－184b7f13－0002－0001－0000－000074735234.

定提供必要保障。在该机制下提供的任何必要的财政援助都将受到严格的条件限制。”因此，德国确保了永久性救助机制（permanente Rettungsschirm）有一个明确可靠的法律基础。各国元首和政府首脑确认了财长们拟定的 ESM 的要点。救助基金的功能应与 EFSF 类似：援助将完全建立在整顿方案的基础上，对贷款采取一致决定的方式，并且国际货币基金组织将参与其中。新的内容是，如果一个国家不仅面临破产，而且还有流动性问题，就必须召集私人债权人。

在 2011 年 1 月底的达沃斯世界经济论坛上，默克尔阐述了她在危机中的基本方针，即通过贷款担保和紧缩政策进行欧元救援。她强调她愿意“捍卫欧元——这一点是毫无疑问的”，但她也说，“团结必须与稳固、稳定和更好的竞争力相匹配”。同时，默克尔反对美国和许多欧元国家要求放弃紧缩政策的呼吁：“债务是对繁荣的最大危险，是对欧洲大陆繁荣的最大危险。”①

（三）德国主导了救助的步伐和方法

2011 年 3 月下旬，危机的焦点转移到了葡萄牙，欧盟启动了紧急援助，葡萄牙的危机还没解决，希腊又一次成为焦点。希腊再次处于破产的边缘，因为经济连续第四年收缩，希腊政府面对大规模的抗议和示威活动，没能在其紧缩和私有化计划方面取得进展。“三驾马车”的审查报告发现，除了 2010 年 5 月收到的 1100 亿欧元贷款方案之外，希腊在 2014 年之前还需要额外的 1150 亿欧元。6 月中旬，欧元区财政部长们讨论了对雅典的紧急援助，援助负担的分配再次引发争议。在会议召开之前，德国联邦议院的大多数议员呼吁政府“只有在私人债权人开始充分参与的情况下，德国才能同意对希腊提供新的财政援助”②。因此，德国财政部长沃尔夫冈·朔伊布

① Angela Merkel, "Rede von Bundeskanzlerin Angela Merkel anlässlich des Jahrestreffens 2011 des World Economic Forum", https://www.bundeskanzlerin.de/bkin-de/suche/rede-von-bundeskanzlerin-angela-merkel-anlaesslich-des-jahrestreffens – 2011-des-world-economic-forum – 476860.

② "Private Gläubiger sollen freiwillig helfen", *Frankfurter Allgemene Zeitung*, 17.06.2011, https://www.faz.net/aktuell/wirtschaft/konjunktur/griechenland-rettung-private-glaeubiger-sollen-freiwillig-helfen – 16092.html.

勒在与其他财长谈话时坚持认为，非国家投资者应该参与到债务重组中。法国和南欧国家反对这样做，因为它们的银行和金融机构持有的希腊债券比德国多得多。欧洲央行也反对，认为评级机构将不得不将其归类为"部分违约"，这将在金融市场引发连锁反应。德国坚持要让私人投资者"自愿"参与解决方案。而法国则希望引入普遍的银行征税，以帮助危机国家。在这个过程中，各方充满争议和毫无章法的危机应对措施不仅推高了希腊的利率，也推高了西班牙和意大利政府债券的利率。如果这个时候各国元首和政府首脑不能尽快达成协议，欧元区将再次面临解体的威胁。最终，默克尔说服法国总统放弃了征税的想法，作为交换，默克尔同意扩大 EFSF 的权力，EFSF 被允许提供类似于 IMF 的预防性援助计划。而欧洲央行也做出了让步，欧洲央行将接受希腊政府债券作为抵押品，但这样将使希腊面临被评级机构降级的危险。这一次，依旧是默克尔设法在最后一刻找到了一个妥协方案。

当希腊的局势越发糟糕，甚至有退出欧元区的可能时，默克尔和萨科齐不得不承认，在时间紧迫的巨大压力下制定的几个应急方案并没有阻止危机的发生。恰恰相反，动荡正以更激烈的方式和更短的间隔发生。2011年10月11日，欧洲央行行长在欧洲议会经济与货币事务委员会面前警告说，欧元债务危机已经达到了"系统层面"和"全球程度"。德法两国领导人必须在10月布鲁塞尔的欧盟首脑峰会上拿出稳定欧元的"最终"方案。

在最终方案的内容上，德国和法国又出现了分歧。萨科齐希望 EFSF 获得银行牌照，且能无限制地获得欧洲央行的资金，而默克尔则断然拒绝。由于德国国内政治决策的限制，在联邦议院批准之前①，她不能对扩大 EFSF 的规模发表任何明确的意见。德国国内政治限制使得国际上推行欧元

---

① 德国联邦宪法法院在紧急援助方面给予议会相当大的发言权。为了从执政联盟中的欧元怀疑论者那里获得对救助方案的批准，默克尔允许议员们将其职权扩大到超越联邦宪法法院。联邦议院的预算委员会被允许在有关救助方案的每个问题上提前参与决定。这一程序的使用限制了行政部门在决策中的优先权。

救援措施更加困难。由于缺乏联邦议院的支持，默克尔提议推迟原定于 10 月 21 日举行的欧盟峰会。这一提议引发了激烈的反应。范龙佩抗议说，哪怕只是出于对其他成员国的考虑，推迟峰会也不应当被考虑。而法国总统警告说这是最后的机会。意大利和西班牙抱怨说，当它们用紧缩措施安抚市场时，德国却用其烦琐的决策过程做了相反的事情。

最终，人们找到了一个折中方案：欧盟峰会将按计划于 10 月 21 日至 23 日举行，但关于救助基金的决定将在 10 月 26 日欧元区 17 国的第二次会议上做出，届时德国和法国将达成协议，联邦议院也将给予批准。决定性的会谈是在默克尔、萨科齐、巴罗佐、范龙佩、特里谢和国际货币基金组织总裁拉加德之间的小范围内进行的，被称为"法兰克福圈"（Frankfurter Kreis）。他们争论的焦点是 EFSF 的扩大和私人债权人的参与。最终依然是按照德国的意愿（而不是萨科齐、国际货币基金组织和欧洲央行的意愿），银行和保险公司"自愿"放弃对希腊 50% 的债权，而不是像 7 月份协商的那样放弃 21%。这将使希腊的国债占国内生产总值的比例从 170% 下降到 136%。

尽管人们对妥协感到欣慰，但峰会引发了新的冲突。一方面，27 个欧盟成员国的国家元首和政府首脑的两个小时的会议只是欧元集团重要磋商的前奏。对于英国首相戴维·威廉·唐纳德·卡梅伦（David William Donald Cameron）和波兰总理唐纳德·图斯克（Donald Tusk）来说，他们作为理事会主席和欧元区候选国的代表不能参加拯救货币联盟的谈判，这是难以接受的，这仿佛确认了他们国家作为欧盟二流国家的地位。另一方面，欧元国家之间出现了一种等级制度。依赖 EFSF 援助的国家，如希腊、爱尔兰和葡萄牙不得不屈从于"放贷人"的指令。今后，"三驾马车"将不再单独前往雅典进行工作访问，而是在那里建立一个常设办公室，以监督改革步骤。破产国家因此受到几乎被完全监视的威胁。作为欧元区第三大经济体的代表，意大利总理贝卢斯科尼（Berlusconi）还必须按照德法在 10 月 23 日的峰会筹备会上的要求，拿出强制性的紧缩方案，因为意大利有可能被卷入债务危机的旋涡。双重峰会使欧洲政治现实变得清晰：权力结构发生了变化，德国决定了救助政策的步伐和方法。

从整体上看，德国在欧债危机期间的处置与应对中部署了多种策略，其中最主要的是对货币联盟的机制改革与对受灾国的经济援助。

首先，德国推动《稳定与增长公约》的改革，德国政府将欧洲稳定机制与财政契约的修订相联系，采取这一举措是为了确保受援助国在接受援助的同时能够接受德国所附加的改革措施。德国推动财政契约（European Fiscal Compact），其目的是要求成员国能够对自身财政政策进行充分的调整，平衡本国预算、建立监督机制以使其经济发展符合《稳定与增长公约》的标准。财政契约还要求各成员国在国内建立完善的调节机制，规避此类危机再次发生。财政契约反映了德国在欧债危机处理方案中的偏好，德国需要保障欧元区的平稳运行，防止局部危机再次发生并威胁到整体的稳定，否则德国将不得不为新的危机再次付出代价。

其次，德国严格掌控受灾严重的成员国的援助计划，以希腊为例，德国对希腊的援助是建立在希腊落实其改善国内财政状况、建立监管机构的基础上并逐步发放的。默克尔在 2015 年 7 月欧元区首脑会议结束后强调，在 EMS 第三期援助计划落实之前，希腊需要提交其政府改革的成果报告以及接下来改革的详细方案才能获得下一步的援助，德国财政部长沃尔夫冈·朔伊布勒则称"如果没有计划，将无法在欧元框架内对希腊进行援助"。[①] 对于解决欧债危机，容克也曾多次提出欧洲债券（Eurobonds）的设想[②]，这一设想试图将债务一体化向下推进，而默克尔对这一提议的回应则是"只要我活着，就不会允许债务共担"，此举表达了其对共同债务这一提议的看法。[③]

① Angela Merkel, "Griechenland muss liefern", https://www.bundesregierung.de/breg-de/aktuelles/merkel-griechenland-muss-liefern – 444354.

② Valentina Pop, "Juncker and Schulz in favour of Eurobonds", https://euobserver.com/eu-election/123488.

③ Angela Merkel, "Merkel on Eurobonds: 'Not in My Lifetime'", https://www.euractiv.com/section/euro-finance/news/merkel-on-eurobonds-not-in-my-lifetime/.

最后，加强经济与货币事务专员对国家预算的监督也是德国更为偏好的方式，沃尔夫冈·朔伊布勒直言为了加强专员的权力，欧元区成员国将不得不在预算领域再向一体化领域转让部分主权，以实现这一目标。[①]

四 欧盟财政一体化的未来

自欧债危机以来，欧元不断经历冲击与危机，2020 年欧盟为应对新冠疫情而提出的"复兴基金"与多年期财政框架等措施被认为是欧盟推进财政一体化进程的一个重要转折。

对德国来说，保护欧洲单一市场和保持欧盟的团结毫无疑问是压倒一切的政治优先事项。[②] 欧盟的稳定与统一事关德国的根本国家利益，在二战之后，德国的欧洲政策一直是其外交政策的核心。德国对于欧洲一体化的坚定支持还集中体现在积极推动出台欧盟历史上规模最大的救助计划——7500 亿欧元复兴基金上。2020 年突如其来的新冠疫情迅速席卷了欧洲国家，不仅造成了数以万计的人员死亡，还使欧洲经济遭受重创。在疫情暴发之前，欧洲经济就存在一系列的问题：债务问题在爆发的边缘反复横跳，虽然欧盟有明确条款规定政府债务占 GDP 比重不能超过 60%，但是欧盟内部 GDP 排名前五的国家中只有德国的政府债务保持在占 GDP 的 60%，而法国的数据则是 100%，意大利则达到了 130%，希腊更是高达 180%。[③] 为应对疫情给公共财政带来的巨大压力，2020 年 3 月，欧洲理事会启动了《稳定与增长公约》的一般免责条款，给予欧元区成员国一个有限的时间跨度，让它们可以在财政标准的限制之外增加公共债务。截至 2020 年第四季度，德国的这一数据为 69.8%，法国为 116.3%，意大利为 155.8%，而希

---

① Sven Böll, "Schäuble präsentiert Masterplan für den Euro", 16. 10. 2012, https://www. spiegel. de/wirtschaft/soziales/euro-krise-schaeuble-praesentiert-masterplan-a - 861475. html.

② Rüdiger K. W. Wurzel, "Germany: How to Manage Brexit while Trying to Safeguard European Integration", *Marmara Journal of European Studies*, Vol. 26, No. 1, 2018, pp. 171 –193.

③ European Parliament, "Implementation of the Stability and Growth Pact—March 2020", https:// www. europarl. europa. eu/RegData/etudes/IDAN/2018/497746/IPOL _ IDA （2018） 497746 _ EN. pdf.

腊更是突破了 200% ，达到 205. 6% 。[1]

面对疫情给经济带来的巨大冲击，面对南欧成员国对欧盟在疫情面前不作为的质疑，意大利总理朱塞佩·孔特（Giuseppe Conte）在接受《南德意志报》的采访中说："不可否认，我们被（欧盟）抛弃了。"[2] 孔特还呼吁欧盟"全力以赴"，在新冠疫情中保持团结，引入共同债券。[3] 德法两国领导人联合倡议，引入总额为 7500 亿欧元的复兴基金（其中包括 3900 亿欧元的无偿援助和 3600 亿欧元的贷款，德国将出资 27%），为受灾国家和地区的经济发展提供支撑。[4] 这一倡议可谓具有划时代的意义，马克龙也直言：这是哲学思想的真正转变，是一次非常深刻的转变，是欧盟和单一市场保持一致所需要的，也是欧元区保持团结所需要的。[5]

这项倡议的主要内容有：授权欧委会以欧盟的名义在金融市场上融资，为减轻成员国的会费压力，欧盟可以通过增收欧盟税，例如数字税或金融交易税来偿还债务。未来欧盟将被赋予更多的自主权。欧盟复兴基金是欧盟首次以融资主体的身份发行债券和进行融资，因此被视为走向欧盟"债务共同体"的重要里程碑。[6] 在欧债危机中，默克尔总理曾发表过不允许债务共担[7]的言论，但是面对新冠疫情的冲击，她开始改变自己的看法，积

---

[1] Statista, "National Debt in EU Countries in the 4rd Quarter 2020 in Relation to Gross Domestic Product", https://www. statista. com/statistics/269684/national-debt-in-eu-countries-in-relation-to-gross-domestic-product-gdp/.

[2] "Es ist unbestritten: Italien war allein", *Süddeutsche Zeitung*, 19 April 2020, https://www. sueddeutsche. de/politik/conte-italien-coronavirus – 1. 4881435？reduced = true.

[3] "Premier Conte fordert 'ganze Feuerkraft' der EU", *Süddeutsche Zeitung*, 19 April 2020, https://www. sueddeutsche. de/politik/eu-italien-conte-coronabonds – 1. 4881918.

[4] Die Bundesregierung, "Pressekonferenz von Bundeskanzlerin Merkel und dem französischen Präsidenten Emmanuel Macron", https://www. bundesregierung. de/breg-de/suche/pressekonferenz-von-bundeskanzlerin-merkel-und-dem-franzoesischen-praesidenten-emmanuel-macron – 1753844.

[5] Michel Rose and Michael Nienaber, "France, Germany Propose 500 Billion-euro EU Recovery Fund", Reuters, 18 May 2020, https://www. reuters. com/article/us-france-germany-idUSKBN22U275.

[6] 杨成玉：《欧盟复苏计划及其潜在效应》，《现代国际关系》，2020 年第 8 期，第 25～32 页。

[7] "Merkel on Eurobonds, 'Not in My Lifetime'", Euractiv, 27. 06. 2012, https://www. euractiv. com/section/euro-finance/news/merkel-on-eurobonds-not-in-my-lifetime/.

极推动复兴基金的出台，在某种程度上迈出了共担债务的第一步。

同时，值得我们注意的是，此次的复兴基金在某种程度上将发挥引导作用，带动欧盟的经济转型，将大量预算资金引入绿色发展、数字化等领域，加快实现欧盟的四大目标。德国在绿色经济等领域拥有先发优势，而对这些领域的扶持，也将会进一步带动德国经济的发展。电动车行业就是一个典型的例子，正如默克尔所说："国外电动车生产商的很多零配件来自德国，这也间接地帮助了德国零配件供应商……他们也将是受益者。"① 这是一个互惠的过程。

总体来说，复兴基金将短期危机应对和中长期的经济结构转型升级相结合，为未来欧洲经济发展指明了方向，同时也体现了欧盟核心国家推动欧洲一体化的强大决心，此举有助于稳定欧元币值和金融市场，提振市场信心。但是从复兴基金出台的难度可知，推动债务共担，乃至欧洲财政一体化之路任重道远，此次的复兴基金也许是迈出了走向财政联盟的第一步。但是从上述对欧洲货币联盟历史进程的分析就可知，欧洲一体化进程并不是一蹴而就的，也绝不是一帆风顺的，因此如果说应对新冠疫情的复兴基金就是欧盟财政一体化的先声，则不免过于乐观。

欧洲各国水乳交融，谁也没有办法完全脱离欧盟，放弃欧元、脱离欧盟的代价是巨大的、难以承受的，因此无论是 2009 年的欧债危机，抑或是 2020 年新冠疫情导致的经济危机，最终的发展趋势一定是：危机倒逼改革，进而推动欧洲一体化继续发展。正如欧盟创始人让·莫内（Jean Monnet）所说的那样，"欧洲将在危机中形成，并将是为这些危机采取的解决方案的总和"。② 因此，财政一体化必将是欧盟未来的发展方向，也只有实现了财

① Die Bundesregierung, "Pressekonferenz zu Konjunktur -/Krisenbewältigungspaket und Zukunftspaket", https://www.bundesregierung.de/breg-de/suche/pressekonferenz-zu-konjunktur-krisenbewaeltigungspaket-und-zukunftspaket - 1757642.

② ECFR Council, "Timothy Garton Ash: Germany, The EU Can Emerge Stronger from the Pandemic if Merkel Seizes the Moment", https://ecfr.eu/article/commentary_the_eu_can_emerge_stronger_from_the_pandemic_if_merkel_seizes_th/.

政一体化，欧元区经济问题才能得到根本性的解决。然而，正如货币一体化的发展历程一样，财政一体化之路也必然荆棘遍地，坎坷崎岖，这将严峻考验欧盟未来领导人的政治智慧。

但是，同时我们也应该看到欧盟以及成员国从应对欧债危机到应对新冠疫情这 10 年来的进步。从 2012 年默克尔总理发表不允许债务共担（No Euro Bonds as Long as I Live）① 的言论，到 2020 年针对疫情冲击推出的"下一代欧盟计划"（Next Generation EU package，NGEU），以欧盟委员会的信用为抵押发行债券；从欧债危机中提供救助的"严格附加条件"到复兴基金的不设前提条件；② 从欧债危机中的严守财政纪律到如今的主动暂停实施财政纪律等，我们都能看到欧盟及其成员国在这 10 年中的进步与妥协。复兴基金无疑是欧洲经济政策一体化的重要里程碑，也将对欧盟未来治理框架的设计和实施产生重要影响，③ 其结果是欧盟将在不久的将来形成一个不完整且脆弱的财政联盟，④ 但是对因此而形成的道德风险或责任风险欧盟必须要有足够的认知与估计，而且目前欧盟也需要突破相关规定，对其（如无救助条款等）进行改革。

正如上述所说的那样，从推出复兴基金到实现欧盟财政一体化的道路是漫长的，其中关键是要化解或缓解南北欧洲的结构性失衡。从此次的复兴基金中也能看到欧盟在这方面的努力，复兴基金的一系列支出安排旨在提高欧盟的经济弹性，推动欧盟经济向绿色、数字化等方面转型，也期待南部欧洲国家通过调整经济结构，恢复经济的"生产性"，但是它是否能够

---

① "Merkel Vows 'No Euro Bonds as Long as I Live'", *Der Spiegel*, 27. 06. 2012, https://www.spiegel. de/international/europe/chancellor-merkel-vows-no-euro-bonds-as-long-as-she-lives-a-841 163. html.

② Päivi Leino-Sandberg, Vesa Vihriälä, "The Emerging Fiscal Union Needs a Solid Foundation", *VoxEU*, 31 May 2021, https://voxeu. org/article/emerging-fiscal-union-needs-solid-foundation.

③ European Central Bank, "The Fiscal Implications of the EU's Recovery Package", https://www.ecb. europa. eu/pub/economic-bulletin/html/eb202006. en. html.

④ Päivi Leino-Sandberg, Vesa Vihriälä, "The Emerging Fiscal Union Needs a Solid Foundation", *VoxEU*, 31 May 2021, https://voxeu. org/article/emerging-fiscal-union-needs-solid-foundation.

助力解决南欧国家长期存在的结构性问题，① 还有待于进一步观察。

德国是欧盟以及欧元区的核心成员国，也是欧盟内最大的经济体，正如德国前领导人施罗德所说，德国对欧盟的增长和经济进步负有责任。② 从欧债危机中的"不情愿的领导者"到新冠危机中主动和法国联合倡议，推出复兴基金；从严守财政纪律，以南欧重灾国的"结构性改革"为救助前提到不设前提的复兴基金，能够看出德国在此次由疫情导致的欧盟经济危机中的积极态度。但是这种积极态度是否具有持续性，或者是否具有无止境的持续性，是值得商榷的。因此，可以预见，在未来的欧洲财政一体化建设过程中，德国的作用和意见非常关键。而在共担债务、建设财政一体化的过程中，必然要实现一系列欧盟与成员国层面的体制机制改革，以确保某一欧盟层面的机构对欧元区成员国的国家预算和公共债务有更大的控制权。

小 结

德国作为欧元区经济体量最大的国家，在欧债危机中发挥了关键的作用，这是毋庸置疑的。强劲的经济实力与欧盟的机制是德国能够在欧债危机中发挥关键作用的权力基础。德国在欧债危机中所扮演的角色常被称为"不情愿的领导者"（Reluctant Leader）或是"不情愿的霸权"③（Reluctant Hegemon），有学者认为德国更像是欧盟规则的首席执法者（enforcer-in-chief of European rules），是欧盟框架的规则制定者与维护者，④ 兼具结构型领导

---

① ECFR Council, "Europe's Recovery Gamble", https://ecfr. eu/article/commentary_europes_recovery_gamble/.

② Die Bundesregierung, "Rede von Bundeskanzler Gerhard Schröder beim Festakt zum Tag der Deutschen Einheit am 3. Oktober 2003 in Magdeburg", https://www. bundesregierung. de/breg-de/service/bulletin/rede-von-bundeskanzler-gerhard-schroeder – 789966.

③ Simon Bulmer and William E. Paterson, "Germany as the EU's Reluctant Hegemon? Of Economic Strength and Political Constraints", *Journal of European Public Policy*, Vol. 20, No. 10, 2013, pp. 1392 – 1393.

④ Matthias Matthijs, "The Three Faces of German Leadership", *Survival*, Vol. 58, No. 2, 2016, p. 144.

者和知识型领导者的特点。这一角色形象的设定符合德国进行成本/收益分析后得出的结论。德国为了避免局部爆发的危机持续发酵使欧元区整体遭受结构性打击而不得不进行援助,而将欧元区和欧盟机制作为实施救助计划的框架符合德国政策偏好,而德国拖延的做法则表明其试图避免使德国成为欧元区的"冤大头",尽可能减少自身所承担的压力。德国在欧债危机治理的过程中更多地表现出从机制建设的角度来规范其他欧元区成员国的行为,这一政治条件是德国对受灾国进行援助的前提,也是德国为了避免类似危机再次发生所建立的保险机制。

有关德国在欧债危机中所扮演的角色的讨论中,同样有学者提出德国初期的行动迟缓造成了欧元区更大范围的损失,德国继续坚持出口导向型增长模式,表现的如同一个小型外向经济体,而没有选择作为区域霸权发挥作用,尤为重要的是长期拒绝欧央行在欧元区内承担最后贷款人的角色。①

值得注意的是,德国在欧债危机中的这种领导力并不是绝对的,它是夹杂着无数博弈与妥协的领导者。危机过后,重灾国的主权债务危机虽然有所缓解,但是困扰欧元区的长期结构性问题并没有得到彻底解决。对此,经货联盟外围国家有必要进行结构性的、提升自身竞争力的改革,而欧元区和欧盟层面也需要合作与改革,② 以消除欧盟经济治理层面的结构性缺陷。新冠肺炎疫情发生后,针对疫情推出的欧盟复兴基金就是一个大跨步,授权欧委会举债等措施体现了欧盟财政一体化的未来发展趋势。作为欧盟和欧元区的核心国家,德国无论是在欧盟复兴基金的出台中还是在未来的欧盟经济治理改革中都已经且一定会继续发挥重要作用,承担某种领导角色,与其他欧盟伙伴共同推动欧洲一体化的深入发展。

---

① Matthias Matthijs and Mark Blyth: "Why Only Germany Can Fix the Euro", *Foreign Affairs*, 11. 17. 2011, https://www. foreignaffairs. com/articles/germany/2011 – 11 – 17/why-only-germany-can-fix-euro.

② Michael G. Arghyrou and Alexandros Kontonikas, "The EMU Sovereign-debt Crisis: Fundamentals, Expectations and Contagion", http://carbsecon. com/wp/E2010_9. pdf.

第三节　德国在非传统安全领域的领导角色
——以难民危机与新冠疫情为例

本节将以难民危机和新冠危机为例，讨论德国在欧盟的非传统安全领域的领导角色。难民危机期间，德国首先采取了相对均衡的策略以应对危机，随后德国跳出《都柏林公约》的框架迎接难民，试图在欧盟范围内以模范带头作用成为"方向型领导者"。而在新冠肺炎疫情期间，德国同样从一开始就采取了相对保守的策略应对欧洲范围内疫情传播，而在其国内疫情得到较好控制的条件下，德国主导了欧盟抗疫策略的制定与后疫情时代的规划，较为成功地成为"知识型领导者"。难民危机期间德国的领导者形象相对失败，而新冠疫情期间则相反，本节通过具体分析德国在前后两个案例中的领导角色，梳理关键变量并比较角色的变化，试图更为深刻地探讨现阶段德国在欧盟扮演的角色的变化。

一　难民危机中德国的有限领导

2015 年初，由于北非与叙利亚局势动荡，大量难民通过地中海路线以及东部路线前往欧洲寻求庇护。这些难民长期滞留在意大利与希腊，导致欧洲难民危机的爆发。难民危机爆发之初德国采取谨慎观望的态度，推动在欧盟内部对"难民配额"达成共识。而在 2015 年 8 月以后，默克尔宣布将不再接受《都柏林公约》作为接受难民的标准，德国的难民政策转向欢迎与开放。但是大量难民涌入欧洲导致了一系列问题，尤其是在德国，大量难民进入德国社会却在短时间内无法融入德国社会，随之而来的还有潜藏在难民之中的恐怖分子以及更深层的文明冲突。基于欧盟统计局数据进行的实证研究表明，欧盟与土耳其达成协议是 2016 年申请庇护人数下降的主要原因，而德国欢迎与开放的难民政策以及庇护申请的滞后性则直接导致了德国在 2016 年难民庇护申请的井喷式增长。① 在这一期间，德国试图将自身的利益目标与价值追求在整个欧盟层面进行分享，通过推广自身的"模范"作用，在一系列危机期间彰显德国的"方向型领导力"，但是从难民危机的发展来看，德国受到了来自其他欧盟成员国、国内政治以及欧盟等多个层面的限制，被迫选择了一条被约束的领导者道路，其扮演的是有限领导的角色。

1. 德国难民政策的转变

德国在应对难民危机中的政策调整可以粗略分为三个阶段。在难民危机爆发初期，德国采取了相对保守的观望态度，在欧盟层面协调处置滞留在意大利与希腊的难民。随着难民危机的不断发展，国内要求接纳难民的呼声逐渐增加，并且意大利与希腊也希望德国能够加大援助力度，德国在这一阶段对难民持欢迎态度。当"井喷"般涌入的难民以及混杂其中的极端主义分子迅速突破了德国的承受极限时，德国开始收紧其难民政策，强调欧洲外部边界并主张加强发展援助。②

德国在第一阶段中采取了相对保守与谨慎的态度以应对难民危机，其具体表现为在欧盟司法与内务支柱内进行协调，呼吁各个成员国接受欧盟理事会所制定的"难民配额"，并强调欧盟应当加强欧盟的共同外部边界。按照1993年《都柏林公约》对欧盟庇护政策的规定，难民到访欧盟的"第一国"具有接收并处理难民流动的义务，大量来自中东、北非的难民滞留在意大利与希腊，两国逐渐难以承受大量难民带来的边界管控的压力。欧盟在难民危机爆发后紧急召开了理事会，随后出台了《欧洲移民议程》与一揽子方案以应对难民问题。在一揽子方案中，德国与瑞典承担了首批需要安置的40000名难民的主要部分，德国同时还协调各个成员国在"难民配额"上的矛盾，默克尔呼吁英国应当在难民配额中主动承担责任，敦促

① 宋全成：《2016 年欧洲难民危机的新特征及其成因——基于 2015～2016 年欧洲统计局和德国联邦移民与难民局数据的实证研究》，《德国研究》2017 年第 3 期，第 40～53 页。

② 郑春荣：《德国在欧洲难民危机中的表现、原因及其影响》，《同济大学学报》（社会科学版）2015 年第 6 期，第 30～39 页。

其他欧盟成员国采取更多措施来分担抵达欧洲的难民，并回应了那些拒绝接受"难民配额"的成员国。[①] 但是默克尔在 2015 年 7 月面对即将遣返的巴勒斯坦难民儿童时提到"并非所有难民都能留在德国，有的将不得不回去"。虽然德国政府与工业界均表示难民的到来能够缓解德国未来劳动力不充足的问题，但是安置难民的各个州政府同样指出其在安置过程中面临巨大的资金压力。[②] 这一阶段中，德国虽然主动接受了难民配额，但是其在领导欧盟解决难民问题上仍然相对谨慎与保守，更加偏好在欧洲理事会层面达成共识以解决难民危机。

在第二阶段，德国明确其在难民危机中领导欧盟的意图，其难民政策表现出开放性的特征。随着难民危机的不断发酵，以匈牙利为首的维谢格拉德集团拒绝接受欧盟的难民配额，甚至在其边界建立隔离墙以阻挡难民进入国内，德国则主动表明其将尽可能地接收难民，并且宣称将不再遵从《都柏林公约》，难民可以直接向德国提出庇护申请。在 2015 年 8 月末的新闻发布会上，默克尔强调德国的社会包容、人道主义传统以及《基本法》保护人权的原则，指出德国在难民问题上"没有庇护上限"，并喊出了那句"我们能"（Wir schaffen das）的口号。[③] 默克尔在 9 月 15 日会见奥地利外长时呼吁召开欧洲理事会特别会议，她认为，难民危机应当在欧盟层面解决，默克尔称"这是整个欧盟的责任"，理事会应当就对难民来源国的发展援助、欧盟与土耳其的协议以及对意大利和希腊的援助达成共识。[④] 德国还在 9 月举行的欧洲理事会中推动了"难民配额"的通过。

在第三个阶段，大量难民涌入德国，随之而来的社会矛盾及经济压力

---

① "Germany Urges Other EU Countries to Take in More Refugees", https://www.theguardian.com/world/2015/aug/31/refugees-found-suffocated-lorry-austria-syrian-family-of-six.

② "Merkel to Tackle Refugee Surge as Tensions in Germany Grow", https://www.reuters.com/article/us-germany-refugees-idUSKBN0N81VW20150417.

③ Joyce Marie Mushaben, "Wir schaffen das! Angela Merkel and the European Refugee Crisis", *German Politics*, Vol. 26, No. 4, 2017, pp. 516 – 533.

④ "Preparing Refugees for the Labour Market", https://www.bundesregierung.de/breg-en/search/preparing-refugees-for-the-labour-market – 428870.

使得德国的政策迅速收紧。德国不再强调接收更多的难民，转而寻求同第三国合作解决难民问题，其中最为关键的是德国主导了欧盟与土耳其的谈判，并达成欧盟与土耳其共同行动协议。在欧盟与土耳其的协议中，欧盟承诺向土耳其提供 30 亿欧元的资金以用于向难民提供额外的人道主义援助，其中由欧盟预算承担 10 亿欧元以及成员国募集 20 亿欧元，而德国承担了这 20 亿欧元中 21.3% 的份额。[①] 在 2015 年 9 月至 2016 年 3 月，欧盟及成员国领导人同土耳其举行了多次会面，商讨欧盟与土耳其协议，其间默克尔访问了安卡拉，就难民遣返以及相关问题与其进行磋商，最终欧盟同土耳其达成了共同行动计划，土耳其承诺将加强边界管控并接受欧盟提出的"一换一"原则，即欧盟每遣返一名非法移民，土耳其便可向欧盟输送一名难民。德国在这一期间基于欧盟框架与德土双边关系深度参与到欧盟的土耳其政策制定过程中。同时德国还助推欧盟边境管理机构的改革，将欧盟边境管理局（Frontex）改组成欧盟边境与海岸警卫局，使其能够更好地担任欧盟边境警卫，打击非法移民与人口贩卖。

2. 难民危机中德国有限领导角色

难民危机期间德国对欧盟进行领导的主要表现包括协调各国之间的难民配额，使之能够在欧盟层面达成一致，达成解决难民危机最初方案；单方面放弃《都柏林公约》以塑造德国人道主义大国国际形象的单边行为；主导欧盟与土耳其共同行动的谈判；推进欧盟的共同外交政策。

德国在难民危机爆发初期的谨慎与有所保留的参与可以被认为是德国长期以来作为"不情愿"的领导者参与欧盟的领导过程，这一"不情愿"的态度并非德国拒绝在欧盟框架内额外供给公共产品或者进行领导，而是其在政策制定的初期经常会表现出来的一种"犹豫"的特征。[②] "犹豫"的

---

① "Refugee Facility for Turkey: Member States Agree on Details of Financing", https://www. consilium. europa. eu/en/press/press-releases/2016/02/03/refugee-facility-for-turkey/.

② Sandra Destradi, "Reluctance in International Politics: A Conceptualization", *European Journal of International Relations*, Vol. 23, No. 2, 2017, p. 325.

表现与其在欧债危机初期所扮演的角色类似，是德国权衡自身利益后进行决策的反应，而这被解读为德国对欧盟进行领导的迟疑与抗拒。① 从德国的领导意愿来看，德国在初期积极地参与欧盟层面的互动但是未选择直接领导欧盟，而这一期间领导角色的缺失使得欧盟层面难以达成共识，尤其是维谢格拉德集团对难民配额问题的反对态度十分坚决，这促成了默克尔政府政策的转变。

德国在 2015 年 8 月单方面宣布将不再遵守《都柏林公约》后，更多的难民直接涌入德国，德国的此行为被认为是默克尔价值观外交的表现，其目的在于将德国人道主义援助的价值观上传至欧盟层面，使其不断与其他成员国的价值观、道德观、历史观以及道德理念相互建构，最终使其内化并为其他成员国接受。② 而德国单方面的行为则符合马尔内斯和帕克等学者对"方向型领导者"的定义，即方向型领导者在试图领导时并不注重与其追随者的互动关系，而是试图以树立"模范"或是"榜样"和思想领域的话语权等方式来引领追随者的行为，此举是方向型领导者将其价值追求向国家集团转移的过程，其目的是实现价值观层面的领导。

但是德国的举动是失败的，这一领导角色塑造失败的根源在于德国未能成功树立"模范"的角色。默克尔政府错误地估计了德国对难民的承受能力，2015 年 12 月 31 日科隆跨年夜大规模性侵案为德国敲响了警钟。一项基于民调的实证研究显示，默尔克政府的难民政策使其丧失了选民的青睐，这进一步加剧了德国政党格局的碎片化，部分选民出于对默克尔难民政策的反对转而将选票投给了德国选择党（AfD）。③ 而大量涌入的难民未能良好地融入德国社会同样导致了更为广泛的社会问题，德国为安置难民

① Matthias Matthijs, "The Three Faces of German Leadership", *Survival*, Vol. 58, No. 2, 2016, p. 144.
② 陈菲：《欧盟危机背景下的德国领导有效性分析——以领导力理论为分析框架》，《欧洲研究》2017 年第 1 期，第 100 页。
③ Matthias Mader and Harald Schoen, "The European Refugee Crisis, Party Competition, and Voters' Responses in Germany", *West European Politics*, Vol. 42, No. 1, 2019, p. 70.

所付出的代价则被其他欧盟国家尽收眼底。约瑟夫·奈（Joseph Nye）在论及领导力时将其定义为领导国家在互动环境之下通过提供公共产品领导国家集团，发现或是创设共同目标并实现该目标的能力。[1] 德国在这一阶段领导失败的主要原因是其自身能力限制了其领导力。

在前面两个阶段，德国均未能彰显德国在难民危机中有力的领导角色，但是在欧盟与土耳其的谈判过程中德国逐渐成为主导者。从领导意愿来看，德国的经济实力使得其外交政策逐渐自信，并倾向于领导欧盟；同样，德国在军事能力上的不足以及在高政治领域内外交政策回旋空间较小，能够解释为何在非传统安全领域的外交政策制定过程中德国具有更强烈的领导意愿。德国需要在这一领域树立自身的领导形象，其在欧盟与土耳其的谈判过程中能够取得领导力所依赖的是欧盟共同外交政策机制（机制性权力）与德国外交斡旋的能力（企业型领导者），相比于德国单方面宣布不再遵循《都柏林公约》，德国在这一外交过程中的成功取决于其强大的经济实力与欧盟共同外交的机制权力。更为清晰的共同利益而非共同的价值观使德国能够在欧盟与土耳其的谈判过程中取得主导地位，土耳其并非法国长期以来的势力范围，而反对"难民配额"的维谢格拉德集团也未在这一过程中阻碍德国，领导权的真空为德国主导这一进程提供了外部环境，而德国在欧盟允诺给土耳其的 30 亿欧元中出资占所有成员国募集资金的 21.3% 则是德国经济实力的体现。

德国在难民危机中的有限领导角色是德国拥有一定领导意愿却相对缺乏领导力的表现。在危机爆发初期欧盟致力于设定并推动"难民配额"，德国在欧盟内领导角色缺失的情况下表现出的却是"不情愿"的领导态度。在第二阶段德国采取了单边开放的行为，默克尔试图将其人道主义价值观上传至欧盟层面并树立"模范"的领导形象，却忽略了这一过程的缓慢与德国的实际能力，导致德国在这一过程中表现乏力。而在欧盟与土耳其谈判过程

① Joseph S. Nye Jr, "Recovering American Leadership", *Survival*, Vol. 50, No. 1, 2008, p. 55.

中，德国积极依托欧盟共同外交政策，将明确的共同利益而非价值观呈现给其他成员国，并且在强大的经济实力的支持下逐渐主导了这一进程。

二 新冠疫情期间德国的领导角色

1. 德国在新冠疫情中的应对与领导角色

新冠疫情期间，德国通过树立抗疫优等生形象，推动欧盟设立复兴基金，向欧盟提供疫苗、检测试剂以及医疗器械等产品的形式彰显了德国在欧盟的领导角色。在疫情防控初期，德国通过其良好的医疗保障体系、大规模检测与其他防疫政策，使其在欧洲的第一波疫情期间相对有效地控制住疫情，为其他面临新冠疫情挑战的国家树立了模范。此后，德国通过协调欧盟各国的抗疫政策，以向疫情严重的国家捐赠抗疫物资的形式，增强欧盟在危机时刻的团结。最为重要的是，德国在欧盟层面力推新冠疫情复兴基金，理事会于 2020 年 7 月通过了一项 7500 亿欧元的"复兴基金"，这被认为是德国出于欧盟团结而在财政方面做出的让步。随着疫情发展到新的阶段，德国在新冠疫苗领域的科研投入，以及在欧洲疫苗公共采购与分配过程中再次通过其强大的经济实力与产业优势帮助欧洲走出困局。

从德国应对新冠危机的过程来看，新冠疫情初期德国的内部防疫政策效果显著，被认为是欧盟内的抗疫优等生，具有模范作用，并且在欧盟范围内产生了"外溢"效应，该效应对德国及欧盟抗击疫情产生了正反馈。德国在 2020 年 1 月检测到首例新冠患者后迅速采取了处置措施，而在 2020 年 3 月欧洲第一波疫情大规模暴发之际，德国采取了第一轮封锁、关闭学校与日托机构、禁止大规模集会、进行大量的核酸检测以阻止病毒传播等一列举措，这被证明是德国在第一波疫情中表现良好的关键原因，此后欧洲各国也相继学习德国在 3 月初的防疫政策。[①] 德国在欧洲第一波疫情之中的优秀表现为其他欧盟国家提供了切实有效的防疫经验，起到了模范作用。

---

① "Data on Country Response Measures to COVID – 19", https://www.ecdc.europa.eu/en/publi-cations-data/download-data-response-measures-covid – 19.

德国的有效防疫政策在欧洲范围内产生的"外溢"效应是基于欧盟统一大市场劳动力自由流动与欧盟国家间经济相互依赖。从新冠病毒肺炎其传染病的本质来看，如若某个欧盟国家未能控制本国疫情，在欧盟国家间高度经济相互依赖的背景下，新冠疫情将长期阻碍欧盟经济的复苏。可以看到，德国在新冠疫情初期的积极响应与有效的政策，作为其"软实力"的一部分被其他成员国所接受并模仿。从第一波疫情初期抗疫的效果来看，德国自身防疫政策所产生的"外溢"效应对欧盟整体防疫产生了正反馈。

德国在新冠疫情期间同样是积极的帮助者与协调者。欧盟对外关系委员会在"欧洲团结追踪器"中统计的数据显示，2020 年 3 ~ 9 月，德国对欧盟其他国家总共进行了 107 次疫情援助，其中包括 38 次医疗物资援助以及 46 次面向国际社会的团结宣誓，位列欧盟之首。① 2020 年下半年德国担任欧盟理事会轮值主席国期间，德国基于这一角色就抗疫政策展开了积极有效的协调工作，包括协调各成员国之间的病毒检测方案，成员国间检测结果互认，跨境密切接触者的追踪以及新冠病毒疫苗的研制、开发与分配等。②

德国在担任欧盟轮值主席国期间表现出了强大的领导力，主要体现在达成"下一代欧盟"复兴基金份额协议、推动欧盟制定新的多年期金融框架并推动欧盟在后疫情时代进行绿色转型与数字转型的布局。早在 2020 年 4 月德国与欧洲理事会领导便开始倡议制订一个面向后疫情时代的经济恢复计划并推出了欧盟复苏计划路线图，该路线图以团结、凝聚与融合为基本原则，旨在恢复并推进受新冠疫情冲击的欧盟统一大市场，发展后疫情时代的欧洲数字化与绿色转型，启动灵活发展、与时俱进的经济复苏计划，同时该计划强调了欧洲战略自主的重要性，强调将在欧盟及成员国范围内支持中小企业发展、推进战略产业中的投资、实现关键商品的自主供应以

① "European Solidarity Tracker", https://ecfr. eu/special/solidaritytracker/.
② "Presidency Report on the State of Play of EU-coordination in Response to the COVID - 19 Pandemic", https://data. consilium. europa. eu/doc/document/ST - 12559 - 2020-INIT/en/pdf.

及完善公共卫生体系。① 默克尔作为欧盟理事会轮值主席国总理在欧洲议会发表的讲话中重申了其任期目标，表示该目标除在抗疫领域继续努力外，还包括继续推进《绿色协议》、制定碳中和中期目标、推动欧洲数字化转型并强调了欧洲的国际责任。② 德国在欧盟复苏计划的制定过程扮演了重要的角色，德国同意 7500 亿欧元的复兴基金中的 3900 亿欧元以捐赠的形式发放，被认为是德国为了欧盟团结做出的重大让步，而多年期金融框架则赋予了欧盟以超国家机构的名义在国际金融市场上进行融资与发债券的权力，欧盟新的资金来源同样获得批准，将从 27 国国民总收入的 1.20%提升至 1.40%，从欧盟统一大市场长期的发展来看，德国此举或将推进欧盟在债务联盟上迈出重要一步，并推进欧盟在转移支付领域承担更多责任。③

在抗疫过程中，德国在欧盟新冠疫苗研发与预订上彰显了其结构性领导力。截止到 2021 年 7 月 22 日，欧盟已经接收了 5.158 亿剂疫苗，其中4.366 亿剂疫苗已用于接种，68.4% 的成年人接种了至少一针疫苗，欧盟与包括辉瑞、阿斯利康在内的 6 家疫苗供应商签订了疫苗供货协议，其中已有辉瑞、阿斯利康、强生以及摩登那 4 家供应商通过欧盟的紧急审批程序陆续在欧洲获得批准。德国通过强大的经济实力与其在生物技术与医疗领域的领先地位在欧盟疫苗研发与部署的过程中积极发力，同时协调欧盟疫苗在各个成员国之间的分配，在保证所有成员国能够公正地获得疫苗的同时，为受疫情冲击严重的国家提供额外的疫苗以控制疫情的发展。在新冠

---

① "A Roadmap for Recovery—Towards a More Resilient, Sustainable and Fair Europe", https://www. consilium. europa. eu/media/43384/roadmap-for-recovery-final – 21 – 04 – 2020. pdf.

② "Speech by Federal Chancellor Angela Merkel on the German Presidency of the Council of the EU 2020 to the European Parliament in Brussels on 8 July 2020", https://www. bundesregierung. de/breg-en/chancellor/speech-by-federal-chancellor-angela-merkel-on-the-german-presidency-of-the-council-of-the-eu – 2020-to-the-european-parliament-in-brussels-on – 8-july – 2020 – 1768008.

③ Stella Ladi and Dr Dimitris Tsarouhas, "EU Economic Governance and Covid – 19: Policy Learning and Windows of Opportunity", *Journal of European Integration*, Vol. 42, No. 8, 2020, p. 1051.

疫情肆虐的当下，疫苗被认为是防止疫情在全球范围进一步发展所亟须的，德国通过一系列方式在欧盟层面提供这一公共产品，以实现欧盟携手共渡难关，这可以被认为是一次成功的领导。

2. 新冠疫情下德国的领导力与限制因素

从领导力的基础来看，德国的经济实力与欧盟提供的集体行动框架是其领导力的基础，也就是拥有结构性和机制性的权力维度。德国在欧盟的经济主导地位是德国能够在危机时刻进行领导的权力基础，德国依赖其强劲的经济实力在欧盟层面实现其利益分配的目的。[①] 德国对欧盟进行领导是基于欧盟长期体制机制建设所提供的集体行动框架。

德国在新冠疫情期间获得领导力基于欧盟共同外交与安全政策以及欧盟司法与内务政策。同时，冯德莱恩领导的欧盟委员会也为德国在新冠疫情期间发挥领导作用提供了支持。[②] 德国在欧盟新冠疫情期间发挥领导作用还依赖其在 2020 年下半年担任欧盟理事会轮值主席国，轮值主席国身份被认为是为德国提供了其领导过程中所需要的领导"权威"[③]，以轮值主席国的身份领导欧盟能够减少对德国成为欧盟霸主的质疑。

但是同时有批评声音指出德国是"不情愿"的领导者，有学者对其在新冠疫情初期"自扫门前雪"的行为提出了质疑。德国领导意愿的变化既是其自身在欧盟领导角色缺失的情况下进行成本/收益分析的结果，同时也是其他欧盟国家期待德国领导欧盟的结果。而在新冠疫情期间，德国为其他欧盟成员国提供医疗物资援助，在欧盟复兴基金中承担最大份额以及推动欧盟疫苗研发、采购与分配都离不开其财政实力。德国在其财政政策的制定上一贯具有谨慎的特点，这一点我们在前文分析德国在欧债危机中谨

① 李巍、邓允轩：《德国的政治领导与欧债危机的治理》，《外交评论》（外交学院学报）2017 年第 6 期，第 84 页。

② Zbigniew Truchlewski, Waltraud Schelkle and Joseph Ganderson, "Buying Time for Democracies? European Union Emergency Politics in the Time of COVID‐19", *West European Politics*, Vol. 44, No. 5‐6, 2021, p. 1361.

③ 熊炜：《"借权威"与妥协的领导——德法合作的欧盟领导权模式》，《世界经济与政治》2018 年第 6 期，第 38 页。

慎的态度与危机初期决策上的拖延时已经提及。在欧盟遭受新冠疫情冲击的初期，欧盟各个成员国自行封闭边界，疫情的不断恶化使得德国在初步应对国内疫情的基础上开始领导欧盟抗疫与规划疫情后复工复产工作。德国在新冠疫情初期所起到的"模范"作用，同样是德国在欧盟新冠疫情期间领导力的体现。

国内政治因素对于德国在新冠疫情期间担任领导角色同样产生了重要的作用。在新冠疫情期间，德国绿党所秉持的人道主义价值观积极推动德国在抗击疫情以及援助其他欧盟国家上有所作为，而德国选择党则是最反对德国对欧盟进行领导的力量。[1] 疫情相对严重的时期，各个党派都基于国家整体利益而支持执政党的政策，但是在 2020 年 5 月相对宽松的抗疫环境下反对党则或多或少地批评政府采取的封锁政策以及德国政府在复兴基金中的态度。[2] 而从德国政府的支持率来看，德国联盟党（CDU/CSU）在新冠疫情期间获得了更多选民的支持，德国"政治晴雨表"的民调显示，联盟党的支持率在 2020 年 3 月前后迎来上涨，支持率从 25% 增加到 40%，在 2020 年内稳定在 38% 左右。[3]

三　两次危机中领导角色差异的比较分析

通过对德国在难民危机与新冠疫情期间所担任的领导角色进行分析，可以发现德国在这两次危机事件中所塑造的领导角色有所不同，并且其领导的有效性也存在差异。难民危机期间，德国在经历犹豫期后转向欢迎期，但随着国内难民安置问题突出，德国迅速收紧其难民政策。新冠疫情期间，德国最初同样采取了较为谨慎的态度，而在国内疫情相对稳

---

[1] Tom Louwerse, Ulrich Sieberer, Or Tuttnauer and Rudy B. Andeweg, "Opposition in Times of Crisis: COVID - 19 in Parliamentary Debates", *West European Politics*, Vol. 44, No. 5 - 6, 2021, p. 1042.

[2] Nicole Bolleyer and Orsolya Salát, "Parliaments in Times of Crisis: COVID - 19, Populism and Executive Dominance", *West European Politics*, Vol. 44, No. 5 - 6, 2021, p. 1113.

[3] "Politbarometer 2020", http://www.forschungsgruppe.de/Umfragen/Politbarometer/Archiv/Politbarometer_2020/.

定的情况下，德国在欧盟国家共同抗疫的态度上表现得更为积极，并基于轮值主席国的身份在欧盟抗疫策略与复兴基金等后疫情时代的规划上实现了领导。

通过比较德国在难民危机与在新冠疫情期间领导要素的变化，可以发现以下几个方面的变量对两次危机中德国担任不同的领导角色发挥了重要的作用。

第一，德国是否成功地树立了"模范"形象。在难民危机期间，德国采取的难民安置措施受到来自国内选民的抨击，2015 年科隆跨年夜大规模性侵案更是凸显了德国在辨别、安置难民等问题上的不力，在大量的相关立法的护航下，仍有大量难民无法融入德国社会，德国随后收紧的难民政策更使其"模范"形象难以保持。而反观新冠疫情期间，德国在第一波疫情之中表现得较为良好，并在 2020 年 5～9 月将日新增确诊人数控制在较低水平，其诸如封锁、禁止大规模集会以及关闭学校等抗疫政策也被证明十分有效，在第一波疫情结束后德国相对成功地树立了"抗疫模范"的形象。

第二，欧盟在难民危机与新冠疫情上分属的权能差异。欧盟机制是德国领导力的来源之一，为德国领导欧盟提供了平台与机制，而以《欧洲联盟条约》为核心的国际法体系赋予了德国领导欧盟的"权威"。[①]

从成员国与欧盟的权能角度看，难民危机所涉及的国际人道主义援助已经被 2007 年《里斯本条约》修订后的《欧洲联盟运行条约》列入欧盟与成员国共享权能领域，并强调"在人道主义援助领域，联盟拥有采取行动、实施共同政策的权能，但该权能的行使不能导致成员国无法行使其权能"，并赋予欧盟理事会与欧洲议会在人道主义援助领域按照普通立法程序，制定相关框架性立法以及欧盟同第三国或组织缔结人道主义援助相关的条约的权力。《都柏林公约》是欧盟在难民问题上的行动框架，它规定了难民由其进入的"第一国"负责接收并分配安置。而在新冠肺炎疫情所涉

---

① David A. Lake, "Escape from the State of Nature: Authority and Hierarchy in World Politics", *International Security*, Vol. 32, No. 1, 2007, p. 51.

及的公共卫生领域，欧盟主要采取支持、协调或补充成员国的行动，在医药产品和医疗设备的质量和安全领域欧盟具有立法权。[①] 通过比较可以发现，难民危机的应对属于欧盟与成员国的共享权能范围，而抗击新冠肺炎疫情的责任主体是成员国，仅在疫苗研制等领域受到欧盟层面立法监管。

欧盟对于应对难民危机已存在相对成熟的制度框架与机构合作模式，原有的机制对德国宣布跳出《都柏林公约》领导欧盟的模式存在制约。当德国背离自身领导力的权力基础时，就要承受"机制性"权力的压力，为此，德国需要就新的条约内容在欧盟内部再次达成共识，这就对德国跳出原有机制领导欧盟制造了障碍。而在新冠疫情期间，德国能利用欧盟制度平台进行领导的领域相对有限，主要是在疫苗开发与审批等领域的立法上起到促进作用，更多的是以国家的形式为他国提供医疗物资援助等。最能体现德国领导力的部分，是德国在复兴基金与欧盟多年期金融框架上为欧盟成员国提供公共产品而做出的让步，这一领域正是制度建设相对匮乏的部分，为德国进行领导提供了空间。而从供需关系上来看，跳出《都柏林公约》的德国需要欧盟国家再一次达成共识，而欧盟复兴基金则需要德国突破其财政政策的原则以与欧盟其他国家达成共识。

第三，德国是否提供了创新性"知识"供给，是否深度发掘了共同利益。知识型领导者强调知识创新能够为潜在的领导者提供领导力。领导者既需要发掘共同利益使之能够被其他成员国充分认识到，同时也需要高超的谈判技巧。德国在难民危机中的领导角色，被认为缺少创新性的知识供给，即德国未能给出一套完善可行的难民安置方案以供其他成员国学习，并且其在谈判的过程中激化了与部分成员国的矛盾，使得其能够发挥领导作用的空间进一步缩小。[②] 而在新冠疫情期间，德国推动复兴基金与欧盟多

---

① 程卫东、李靖堃译：《欧洲联盟基础条约：经〈里斯本条约〉修订》，社会科学文献出版社，2010，第59~60、113、127页。

② 陈菲：《欧盟危机背景下的德国领导有效性分析——以领导理论为分析框架》，《欧洲研究》2017年第1期，第95~109页。

年期金融框架达成，为欧盟在危机治理中提供了新的解决方案，同时德国的防疫政策也被认为值得学习。

通过对德国在难民危机与新冠疫情期间领导要素中关键变量的分析，可以发现德国在"结构性"权力地位保持相对稳定的同时，其所表现出的领导角色的特征却有差异的原因。但是德国在两个案例中所表现出的领导角色的特征仍有值得关注的共同点。"不情愿"的特点同时表现在这两个事件当中，德国在难民危机爆发初期相对保守的态度与在新冠疫情期间谨慎的欧洲政策如出一辙，这与德国在欧债危机期间所表现出的犹豫具有连贯性。"不情愿"仍可以用于描述德国在这一系列危机事件当中所表现出的领导角色的特征。

小　结

德国在难民危机与新冠疫情期间表现出的领导角色的特征有差异。从其"结构性"权力、"机制性"权力以及在"观念性"权力方面的优势地位来看，德国的"结构性"权力未发生显著变化，但是其"机制性"权力的基础却不相同，并且德国在新冠肺炎疫情期间成功地供给了新的"知识"，其财政政策的理念发生了调整，这为德国领导角色的变化提供了解释空间。而从领导意愿上来看，德国在两次危机期间均表现出"不情愿"的态度，这种态度并非德国拒绝领导欧盟，而是一种长期以来的政策制定的习惯表现，这一表现在欧债危机、难民危机以及抗击新冠肺炎疫情中均能看到，在其犹豫的政策下隐藏的或许是德国领导欧盟的雄心。正如德国前外交部长吉多·韦斯特韦勒（Guido Westerwelle）2012 年接受采访时所说："我不想要德国的欧洲。"① 这或许能够解释为何德国会犹豫，为何德国通过这一过程回避其他成员国将其视为欧洲"霸主"。这两个案例集中在非传统安全领域，是规避了德国在"结构性"权力上的短板进行讨论的；当回到传统安全领域进行分析时，我们能够进一步丰富对德国在欧洲领导角色的认识。

---

① "Ich möchte kein deutsches Europa", https://www.auswaertiges-amt.de/de/newsroom/120213-bm-spiegel/248882.

第四节　德国在传统安全领域中的角色与领导力

出于对两次世界大战带来沉痛教训的反思，二战后德国形成了"克制文化"的传统：在外交政策上体现为奉行"和平主义、反军事主义和多边主义"的理念，在国际危机与冲突中多持保留立场。冷战期间，德国在欧洲安全与防务领域表现得谨慎小心、保守被动。在大多数情况下，德国是"安全消费者"或者说是"弱势参与者"。随着两德统一和欧洲一体化的发展，德国在欧洲地位不断上升。德国有意愿在国际事务中承担更多的责任，这便需要突破其在外交政策中一直奉行的和平主义克制文化的限制。这也就出现了我们在上文提到的德国自 2013 年起奉行的积极有为的外交政策。

那么在现实国际关系和国际危机的处理中，德国是否真正承担欧洲的领导角色，或者说德国是否具备欧洲的领导者的能力呢？

1990 年前，德国联邦国防军在世界范围总共参加过 120 多次人道主义救援行动，但没有参加过联合国授权的军事救援行动。1991 年，统一后的德国依然恪守"克制文化"没有参与海湾战争。德国外交政策第一次根本性的变化发生在传统安全领域——出兵科索沃，此后又在阿富汗战争中派联邦国防军参加，但在伊拉克战争中德国拒绝参与美国领导的军事打击。此后，德国在伊核问题、利比亚危机和乌克兰危机中都在欧盟对外安全政策中承担了不同以往的角色。

一　伊朗核问题中德国的弱势"企业型领导者"角色与有限领导

德国在伊核问题中扮演了不容忽视的角色，包括在 2003 年以德国、法国以及英国组成的 E3 模式积极介入伊核谈判，在特朗普威胁退出伊核协议后积极进行外交努力，在以色列与伊朗之间进行调停，并在乌克兰危机期间牵制俄罗斯以防其退出，但是德国在伊朗核问题中发挥的领导作用是基于其维护国家利益的"结构性"权力维度和其作为"文明力量"对于军事干预的谨慎克制的"观念性"权力维度。由于其"机制性"权力维度不足（受到其自身能力与美国态度的限制），德国在伊朗核问题中担任的是近乎协调者的弱势"企业型领导者"的有限领导角色。

（一）伊朗核问题的发展与演变

伊朗的核技术来源可以追溯到 20 世纪 50 年代后期，当时美国通过艾森豪威尔提出的原子和平计划（Atoms for Peace）向伊朗提供核技术支持，在伊朗革命发生后美国暂停了这一技术支持，伊朗也于 1968 年签署了《不扩散核武器条约》。2002 年伊朗反对派爆出伊朗在提炼核原料上的行动后，国际原子能机构对其发起了调查，国际社会开始再次重视在伊朗发生核扩散的风险。由于当时美国正忙于伊拉克战争，并且美国坚持其政策目标是推进伊朗实现政权更迭，因此拒绝同伊朗对话。

而在这一时期，德国、法国以及英国（E3）达成的共识是以政治手段避免在伊朗的核武器扩散。E3 集团通过联合国际原子能机构在伊朗核扩散问题上进行了积极的外交斡旋。2003 年 10 月，德国、法国以及英国三国外长赴德黑兰同伊朗达成了协议，并联合发表了《德黑兰宣言》，伊朗承诺暂停生产浓缩铀的进程，而德法英则承认伊朗政权以及其和平利用核技术的权利。[①] 此时，美国缺席协议谈判，而欧盟外交与安全政策高级代表作为欧盟代表随后也加入 E3 同伊朗的谈判，形成了 E3/EU 的模式，随后，谈判代表在巴黎签署了一项新的协定以强化《德黑兰宣言》。

2005 年 8 月马哈茂德·艾哈迈迪－内贾德（Mahmoud Ahmadi-Nejad）出任伊朗第六任总统，他重启了伊朗生产浓缩铀的进程，内贾德的这一做法被视为《德黑兰宣言》的失败。2006 年国际原子能机构选择将伊朗核扩散问题向联合国安理会上报，这一时期美国、中国以及俄罗斯作为联合国安理会常任理事国，同时也是拥核国家，参与到了对伊朗的谈判，这一新的谈判模式也被称为 P5 + 1（5 个联合国安理会常任理事国加上德国）模式

---

① "Full Text：Iran Declaration"，http://news. bbc. co. uk/2/hi/middle_east/3211036. stm.

或是 E3 + 3 模式。联合国安理会于 2006 年通过了第 1696 号决议以及第 1737 号决议，前者要求伊朗即日停止生产浓缩铀行动，而第 1737 号决议则要求伊朗许可国际原子能机构进驻调查，并规定了联合国对伊朗的经济制裁。① 联合国安理会随后针对伊朗核扩散问题连续做出制裁决定。这期间，美国逐渐主导了对伊朗核问题的政策选择，最为关键的是对伊朗实行石油禁运，以及威胁通过总部设立在比利时的环球银行国际金融电信协会对伊朗进行制裁，这直接导致了欧盟及其他欧洲国家的政策行为开始不得不配合美国。②

2013 年鲁哈尼（Hassan Rouhani）担任伊朗总统，其政策中心更加侧重国内发展，这为谈判提供了新的机会，同年 11 月 P5 + 1 同伊朗达成了一个初步协定，即《联合全面行动计划》（Joint Comprehensive Plan of Action, JCPOA）的临时协议，这一协议最终于 2015 年 7 月 14 日正式达成，同时《联合全面行动计划》也是联合国安理会第 2231 号决议的一部分。③ 协议的达成与乌克兰危机不期而遇，E3 国家在这期间通过同俄罗斯保持对话，最终促成了协议。伊朗在《联合全面行动计划》中承诺将不再追求获得核武器以及发展军用核力量，而美国也将取消对伊朗石油行业的制裁。随后欧盟也解除了针对伊朗的部分制裁，其中就包括禁止从伊朗进口石油的制裁。

特朗普上任后，美国对伊朗是否真正落实 JCPOA 产生了怀疑，特朗普多次威胁退出伊朗核协议，并于 2018 年 5 月正式宣布退出 JCPOA，随之而来的是美国对伊朗更多的单边制裁，其中包括在金融以及石油出口两个领域的制裁。在这期间，德法两国曾进行了多次外交努力，试图避免美国真

---

① 联合国对伊朗的首次制裁包括禁止向伊朗继续提供核技术，并对相关人员施行旅行禁令，以及冻结相关个人、企业以及实体的海外资产。参见《联合国安理会第 1696 号决议 (2006)》，https://undocs.org/zh/S/RES/1696 (2006)；《联合国安理会第 1737 号决议 (2006)》，https://undocs.org/zh/S/RES/1737 (2006)。

② Seyed Hossein Mousavian and Shahir Shahidsaless, *Iran and the United States: An Insider's View on the Failed Past and the Road to Peace*, Bloomsbury Publishing, 2014, pp. 37 - 38.

③ 《联合国安理会第 2231 号决议 (2015)》，https://undocs.org/zh/S/RES/2231 (2015)。

正退出伊核协议。[①] 美国的退出同欧盟以及 E3 集团通过政治谈判解决伊核问题的设想相左，欧盟于 2018 年 8 月通过了新的《阻断法令》（Blocking Statute），旨在保护同伊朗进行合法商业合作的公司或实体，减轻域外制裁对这些企业的影响。[②] 美国新任总统拜登在其竞选纲领中表示要重返伊核协议，拜登承诺如果伊朗继续遵守该协议，那么美国也会重返伊核协议。[③]

（二）德国在解决伊朗核问题中的有限领导角色

在伊朗核问题中，德国扮演了不容忽视的角色。其中，2015 年在 P5 + 1 的谈判模式下与伊朗达成的《联合全面行动计划》，迫使伊朗承诺不追求拥有核武器，这一计划的达成被认为是通过政治途径解决伊核问题的阶段性成功，而德国则是 P5 + 1 模式中唯一不是联合国安理会常任理事国的国家。

德国参与解决伊朗核问题可分为三个阶段，分别是：第一阶段（2003 ~ 2006 年），德国在 E3/EU 模式下参与，欧洲（欧盟）在这一过程中主导了伊核问题谈判；第二阶段（2013 ~ 2015 年），德国在 P5 + 1 模式下参与，德国在这一过程中主要起到了协调伊朗与美国以及拉住俄罗斯的作用；第三阶段（2018 年以后），在美国退出伊核协议后，德国获得了更大的领导空间。

在第一阶段中，美国不同伊朗谈判的态度以及否定伊朗和平使用核能权利的主张，给德法英三国在处理伊核问题上以灵活的空间。而在这一期间，伊核问题尚未被国际原子能机构上交至联合国安理会，国际社会在伊朗核问题上所做的努力更多基于小多边形式即 E3 集团，而欧盟外交与安全政策高级代表随后才以非正式的形式参与进来，因而 E3/EU 模式也被认为是在美国缺位的情况下扮演了搭桥者（bridge-builders）的角色。[④] 这一集

---

① "Macron, Merkel Prepare Hard Sell for Trump on Iran Deal", https://www.bloomberg.com/news/articles/2018 - 04 - 23/macron-merkel-ready-hard-sell-on-trump-to-stay-in-iran-accord.

② "Updated Blocking Statute in Support of Iran Nuclear Deal Enters into Force", https://ec.europa.eu/commission/presscorner/detail/en/IP_18_4805.

③ "President-elect Biden on Foreign Policy", https://www.cfr.org/election2020/candidate-tracker#middle-east.

④ Niklas Helwig, "Germany in European Diplomacy: Minilateralism as a Tool for Leadership", *German Politics*, Vol. 2, No. 1, 2020, pp. 26 - 27.

团以及欧盟代表通过政治对话的形式同伊朗达成了初步协议，并获得了伊朗不再追求核武器的承诺，标志着这一时期欧洲的力量正主导着伊核问题的解决。① 而 2006 年伊朗问题被递交至联合国安理会后，P5 + 1 模式形成，美国逐渐主导了伊核问题谈判。

2013 年伊朗政府换届，伊核问题谈判得以重启，伊核谈判进入第二阶段。德国在 P5 + 1 模式当中作为唯一的非拥核国家以及非联合国安理会常任理事国，在伊核谈判过程中发挥了近乎协调者的弱势"企业型领导者"的作用。德国的协调作用主要体现在协调伊朗与以色列的关系、伊朗与美国的关系以及美国与俄罗斯的关系。以色列与伊朗相互视为敌手，2013 年后，对于伊朗而言，以色列更像是一个遥远的敌人，而以色列却从未放弃对伊朗使用军事手段，以色列虽然不在 P5 + 1 模式当中，但其意见对于能否达成伊核协议至关重要。② 在伊核问题上，德国与以色列有相同的立场，即极力避免核扩散，默克尔于 2014 年访问以色列时表示，"伊朗不仅是对以色列也是对欧洲的潜在威胁"。③ 在这一阶段，乌克兰危机爆发，俄罗斯能否继续参与伊朗核谈判，并且能否在联合国安理会上对第 2231 号决议投赞成票存在不确定性。德国在乌克兰危机中积极斡旋，最终联合国安理会一致通过第 2231 号决议。

2018 年 5 月，美国退出伊核协议，重启对伊朗的石油出口限制以及金融制裁，伊核谈判进入第三阶段。从特朗普威胁退出伊核协议伊始，默克尔与马克龙就积极努力试图避免美国退出伊核协议。在美国正式退出该协议后，德国转向在欧盟内部推动《阻断法令》的启动。④ 伊核协议虽然处

① Tytti Erästö, "Transatlantic Diplomacy in the Iranian Nuclear Issue—Helping to Build Trust?", *European Security*, Vol. 20, No. 3, 2011, p. 406.

② Dalia Dassa Kaye and Shira Efron, "Israel's Evolving Iran Policy", *Survival*, Vol. 62, No. 4, 2020, p. 10.

③ "Merkel: Iran 'Threat' to Europe, Not Only Israel", https://www.reuters.com/news/picture/iran-a-threat-not-just-to-israel-says-ge-idUSBREA1O0UE20140225.

④ 吕蕊、赵建明：《欧美关系视角下的伊朗核问题——基于 2016 年以来欧美伊核政策的比较分析》，《欧洲研究》2019 年第 1 期，第 22 ~ 44 页。

于随时崩溃的边缘，但是无论是伊朗还是 E3 集团都希望能够挽回这一协议。拜登上台后同样表现出了返回伊核协议的兴趣。

（三）德国发挥领导作用的影响因素

美国是德国在伊朗核问题上发挥领导作用的制约因素之一。德国在伊朗核问题上所发挥的领导作用相对有限，其中最为关键的变量是美国是否主导谈判。时任英国外交部长杰克·斯特劳（Jack Straw）直言，"如果不是美国的态度，那么伊核问题早在 2005 年便已得到解决"。① 从谈判双方的诉求来看，伊朗方面从最初要求西方国家承认其和平使用核能的权利到同意放弃发展核技术，以换取制裁撤销与制裁救济，而美国在 2006 年以前对伊政策目标是在伊朗实现政权更迭，并且对伊朗的石油以及金融业两个领域进行单方面制裁。2006 年，伊核问题谈判由 E3/EU 模式转为 P5 + 1 模式后，美国直接与伊朗谈判，德国发挥作用的空间受限。在美国对伊朗采取单边制裁后，E3/EU 很难形成统一的对外立场，遂演变为与美国态度趋同，并不得不配合美国的制裁行动。2018 年，在特朗普领导美国退出伊核协议并再次启动对伊朗的制裁后，伊核协议濒临崩溃的边缘，E3 集团也未能阻止伊朗随后不断提升其浓缩铀的丰度，造成伊朗在追求核武器的道路上似乎走得更远。

德国作为"文明力量"的自我认知及其现实利益需求决定了德国愿意参与到伊核谈判中以及其在伊核谈判中的态度。德国在伊核问题上的利益诉求主要分为两个方面：其一是阻止核扩散；其二是谋求石油供应的稳定，保障德国能源需求。从阻止核扩散的角度来看，德国最初选择介入伊朗核谈判，正是因为美国存在对伊朗进行军事打击的可能，德国作为一支"文明力量"，对于军事干预形式的谨慎与克制，驱使其在军事干预之前介入此事。而从能源供应的角度来看，伊朗的地缘政治位置与其石油储量都是不容忽视的。乌克兰危机爆发后，德国寻求能源供应结构多元化的愿望更加

---

① "Why the West Will Strike a Nuclear Deal with Iran", https://www.telegraph.co.uk/news/worldnews/middleeast/iran/11245730/Why-the-West-will-strike-a-nuclear-deal-with-Iran.html.

强烈。《华盛顿邮报》一篇报道指出，伊朗的原油供应潜力十分巨大，伊朗有可能成为德国未来的主要能源供应国之一。[①] 伊朗地处波斯湾北岸，周边国家均拥有相当大的原油储量，保障该地区的和平稳定，防止地区安全局势进一步恶化，是德国在伊核问题上的利益诉求。德国拒绝使用武力的态度，同样导致默克尔在访问以色列期间未能与其达成更广泛的共识。

德国所依托的 E3 模式以及德国非联合国安理会常任理事国的身份同样对其发挥领导作用形成制约，且 E3 模式和德国的非联合国安理会常任理事国身份没有给德国发挥领导作用提供足够的"机制性"权力基础。伊朗驻德国前大使、伊核问题谈判小组前成员赛义德·侯赛因·穆萨维安（Seyed Hossein Mousavian）曾提及，在 E3 对伊谈判过程中，即便德法已取得共识，法国仍需要获得英国的支持才能进行最终的决策。[②] 而来自欧盟内部的压力也使得 E3 集团在 2004 年扩充成为 E3/EU。尤其是德国的非联合国安理会常任理事国的身份使其发挥领导作用受限，不得不更多依赖英国与法国在联合国安理会进行表决。

二 利比亚危机中德国的角色与领导力

在利比亚危机初始阶段，德国凭借其时任联合国安理会非常任理事国身份，获得了解决危机的"机制性"权力，在欧盟和联合国层面发挥了领导作用，推动建立通过政治途径解决利比亚危机的基础，但伴随着德国在北约及欧盟内部与美英法就是否设立"禁飞区"及北约是否采取军事手段干预利比亚危机产生分歧（德国坚持人道主义援助，主张通过政治对话解决双边冲突，坚持对利比亚的武器禁运，并且坚持反对直接军事干预利比亚），德国被孤立。2015 年，欧洲难民危机爆发后，德国再次在利比亚危

---

① "Iran Could Become Major Supplier of Natural Gas to EU", https://www.wsj.com/articles/iran-could-become-major-supplier-of-natural-gas-to-eu-1442155324.

② Seyed Hossein Mousavian, "EU-Iran Relations after Brexit", *Survival*, Vol. 58, No. 5, 2016, p. 84.

机中扮演领导角色，推动《利比亚政治协议》的签署，并于 2020 年启动了"柏林进程"。德国密切关注稳定利比亚局势及其后续工作。在利比亚危机中，德国时常扮演联盟规则构建者的角色，当多边主义与德国的"克制文化"相冲突时，建立政治联盟较为困难；而当二者统一时，德国将能够彰显其"企业型"领导力。

（一）利比亚危机及其发展

2011 年 2 月 15 日，利比亚爆发了由阿布萨利姆监狱事件受害者家属组织的抗议活动，伴随着卡扎菲政权对这场抗议活动的镇压，利比亚的"阿拉伯之春"运动逐渐演化为一场全面内战。

2011 年 2 月 19 日，英法两国最早采取应对行动，迅速暂停了对利比亚的武器出口许可，并将抗议活动与卡扎菲的镇压行为定义为一场人道主义危机。德国借助其时任联合国安理会非常任理事国的身份，通过推动欧盟与联合国安理会的行动对利比亚危机进行了响应。联合国安理会于 2011 年 2 月 22 日通过了第 1970 号决议，该决议将利比亚局势移交国际刑事法庭，并设立制裁委员会推动对利比亚卡扎菲政府进行制裁，同时呼吁国际社会对利比亚当前形势进行人道主义援助。[①] 在联合国安理会第 1970 号决议通过后，德国积极推动欧洲理事会通过了第 2011/137/CFSP 号决定等一系列决定，包括加强联合国安理会授权的制裁，同时停止可能影响利比亚局势的中介服务。随着事态的发展，以英法为首的国家开始寻求对利比亚问题进行直接干预，通过安理会推动设立利比亚"禁飞区"以获得军事干预利比亚问题的法律基础。[②]

虽然德国在早期处理危机过程中反应迅速，并推动建立通过政治途径解决利比亚危机的基础，但是在欧盟内部其与英国和法国分歧使得德国逐渐被孤立。2011 年 3 月 9 日，在阿拉伯国家联盟接受在利比亚设立"禁飞

---

① 制裁内容包括对利比亚的武器禁运、对制裁对象的旅行禁令以及对制裁对象的资产冻结。参见联合国安理会第 1970 号决议，https://undocs.org/zh/S/RES/1970（2011）。

② Rebecca Adler-Nissen and Vincent Pouliot, "Power in Practice: Negotiating the International Intervention in Libya", *European Journal of International Relation*, Vol. 20, No. 4, 2014, p. 10.

区"的提议 3 天之前，德国联邦外交部长韦斯特韦勒在接受《瑞士日报》的采访过程中表示，设立"禁飞区"需要深思熟虑。同日，韦斯特韦勒表明，"我们不希望德国由此卷入军事冲突"。① 在联合国安理会第 1973 号关于设立利比亚"禁飞区"的决议表决过程中，德国、俄罗斯、中国、巴西以及印度共同选择了弃权。德国也未直接参与北约军事干预利比亚危机。德国对在此之后利比亚所爆发的第二次内战持相同态度，即坚持人道主义援助，主张通过政治对话解决双边冲突，坚持对利比亚的武器禁运，并且坚持反对直接军事干预利比亚。

2015 年爆发的难民危机使得利比亚再次成为德国关注的重点之一。2015 年 6 月，德国邀请联合国安理会常任理事国与西班牙、意大利以及利比亚民族团结政府（Government of National Accord，GNA）和利比亚国民代表大会（General National Congress，GNC）举行会谈，并发表联合声明。② 这也直接推动了 2015 年 12 月《利比亚政治协议》的签署。

2017 年，利比亚国民军（Libyan National Army，LNA）宣布《利比亚政治协议》无效，利比亚局势迅速恶化。2020 年 1 月，德国再次邀请联合国安理会常任理事国与利比亚内战各方举行会谈，德国主张减少对利比亚的内政干预，进行更广泛的人道主义援助，严格落实对利比亚的武器禁运，并启动"柏林进程"。③

2021 年，德国再次邀请相关国家参加了关于利比亚问题的第二次柏林会议。本次会议基于"柏林进程"的新阶段着重讨论稳定利比亚局势及开展后续工作，包括撤出外国雇佣军、建立稳定的政府等。

（二）德国在利比亚危机之中的"孤立"角色

从利比亚危机管理过程来看，在 2011 年 2 月危机爆发之初，德国通过

---

① "A Flight Ban Needs to Be Well Thought through", https://www. auswaertiges-amt. de/en/news-room/news/110309-bm-schwaeb-ztg/242570.

② "P5 + 5 Communiqué for Libya Meeting in Berlin", https://www. auswaertiges-amt. de/en/news-room/news/150610-libyen/272376.

③ "The Berlin Conference on Libya：Conference Conclusions", https://www. bundesregierung. de/breg-en/search/the-berlin-conference-on-libya – 1713882.

其在联合国安理会非常任理事国的身份为通过政治对话解决利比亚问题打下了基础，但是随后的事态发展与德国在联合国安理会关于在利比亚设立"禁飞区"的第 1973 号决议①表决过程中投弃权票，很大程度上凸显了德国与英法两国的分歧。

　　德国的"观念性"权力维度——"文明力量"的规范作用促使德国在军事行动上持审慎的态度。德国在国际事务中长期的行为模式被认为是符合其"文明力量"这一角色定位的，这一定位对角色的规范作用促使德国做出看似被孤立的选择。"文明力量"这一角色定位的内涵就包括对使用军事手段的自我约束以及对通过政治手段解决问题的偏好。② 对于德国而言，提供稳定的外交政策行为模式，尤其是在面临外部安全压力时将更加审慎地使用军事力量，是德国外交安全政策的重要内容。从角色定位与行为规范的角度来分析，德国在利比亚危机过程中的决策是符合其行为逻辑的，但是当其盟友尤其是美国与法国做出对利比亚进行军事干预的决定时，德国的选择看似背离了多边主义且被孤立了。③ 从德国在利比亚危机以及之后在叙利亚问题与马里内战上的表态与外交决策来看，"克制文化"仍在深刻地影响德国外交政策，其在对军事行动上的审慎态度更为显著地体现了这一点。④

　　领导人意向和战略文化在利比亚危机中发挥重要作用。从利比亚危机的决策过程来看，决策的参与者随着决策时间的压缩而减少，领导人的意

---

① 2011 年 3 月 17 日，联合国安理会就法国、黎巴嫩、英国和美国共同提交的决议草案进行表决，通过第 1973 号决议，决定在利比亚设立"禁飞区"，并要求有关国家采取一切必要措施保证利比亚平民和平民居住区免受武装袭击的威胁。表决结果显示，安理会 15 个理事国中有 10 个国家投赞成票，中国、俄罗斯两个常任理事国以及印度、德国和巴西三个非常任理事国投了弃权票。根据《联合国宪章》的规定，一个决议在获得 9 票赞成，且没有任何一个常任理事国投反对票的情况下即可获得通过。

② Hanns W. Maull, "German Foreign Policy, Post-Kosovo: Still a 'Civilian Power?'", *German Politics*, Vol. 9, No. 2, 2000, pp. 1 – 24.

③ Ellis S. Krauss and Hanns W. Maull, "Germany, Japan and the Fate of International Order", *Survival*, Vol. 62, No. 3, 2020, pp. 159 – 178.

④ 郑春荣：《利比亚危机以来德国安全政策的新动向》，《德国研究》2013 年第 2 期，第 5 页。

向与战略文化在危机决策过程中起到了重要的作用，而国家—社会关系以及国内制度对危机决策的影响则显著地低于领导人意向与战略文化。① 时任德国外交部长韦斯特韦勒（自民党）在利比亚危机决策过程中居于中心地位，韦斯特韦勒坚信在外部进行军事干预将给德国带来更大的不利影响，虽然这位自由民主党的外交部长也被认为是一位坚定的"大西洋主义"者，但他最后还是对第 1973 号决议做出弃权的选择。② 德国在军事行动领域长期坚持克制的战略文化对于领导人形成其最终决策发挥了重要作用。

利益权衡或是德国选择弃权的重要参考因素。从德国长期外交政策发展进程来看，德国在欧洲经济地位的抬升使得其更加自信，其外交决策的制定也更多基于国内政治局势与政治利益，并且其对外政策制定将更加服务于其直接的国家利益。③ 2011 年表决第 1973 号决议时，欧洲国家正深陷欧债危机之中。欧债危机的影响是长期且深远的，德国作为欧元区经济体量最大的国家，同样承受着来自经济恢复的压力。现实主义流派试图用这一压力带来的影响来解释德国在利比亚危机中的政策：影响德国选择弃权的关键因素是德国政府根据成本/收益计算得出的结果。来自政府内部的政治压力使得德国政府未能坚持跨大西洋伙伴关系，观念建构并没有想象中那么具有影响力。④ 并且外交部长韦斯特韦勒被认为在利比亚危机的决策过程中受到了国内政治局势的影响，其做出不进行军事干预的选择或许为其党派带来了更多选票。⑤

---

① 〔加拿大〕诺林·里普斯曼、〔美〕杰弗里·托利弗、〔美〕斯蒂芬·洛贝尔：《新古典现实主义国际政治理论》，刘丰、张晨译，上海人民出版社，2017，第 60~65 页。

② Sarah Brockmeier, "Germany and the Intervention in Libya", *Survival*, Vol. 55, No. 6, 2013, pp. 63–90.

③ Gunther Hellmann, "Normatively Disarmed, But Self-confident. German Foreign Policy 20 Years after Re-unification", *Internationale Politik* (Global Edition), No. 3, 2011, p. 47.

④ Alister Miskimmon, "German Foreign Policy and the Libya Crisis", *German Politics*, Vol. 21, No. 4, 2012, p. 399.

⑤ Nicole Koenig, "Leading beyond Civilian Power: Germany's Role Re-conception in European Crisis Management", *German Politics*, Vol. 29, No. 1, 2020, p. 85.

欧洲内部缺乏共识，即德国缺少"机制性"权力维度，是德国在利比亚危机中受到孤立、领导乏力的原因之一。从欧洲政治层面的角度看，德法在利比亚危机中未能达成共识是德国在利比亚危机决策过程中未能展现其领导力的原因。德法作为长期的政治合作伙伴在北非有不同的国家利益，相比于正处于"正常化"道路上的德国，作为联合国安理会常任理事国的法国在这一问题上拥有更多的回旋空间，而德国在北约介入利比亚局势后将失去对事件的领导权，这一事件中的权力中心则转移到法国与美国。① 而从整个欧盟内的集体行动来看，领导人早期便出现了分歧，意大利与法国的分歧使得欧洲层面的集体行动出现阻碍，欧洲议会的议员、利比亚问题报告员安娜·戈麦斯（Ana Gomes）直接批评欧盟共同安全与防务政策（CSDP）对于在利比亚发生的军事干涉而言是失败的。②

"国家与社会的联系"为解释德国与法国在利比亚问题上的分歧提供了更为广泛的视角。欧洲的社会舆论对利比亚危机没有形成广泛的"欧洲协调"机制，法国的新闻媒体与政治生态对于发生在利比亚的人道主义危机更为关注，而这一事件在德国产生的影响和讨论则晚于法国，这似乎暗示着德国在对利比亚危机进行决策的过程中没有深思熟虑，而是基于以往的外交实践。③ 在此次危机中，欧洲人倡导了多年的欧洲认同在凝聚共识方面表现出能力不足。有学者对欧洲新闻媒体关于利比亚问题的报道进行的实证研究表明：除英国外其他国家的媒体似乎具有相同的政策倾向，但这种倾向没有形成更为广泛的"欧洲协调"机制。④

① Rebecca Adler-Nissen and Vincent Pouliot, "Power in Practice: Negotiating the International Intervention in Libya", *European Journal of International Relation*, Vol. 20, No. 4, 2014, p. 19.

② "Was Eufor Libya an April Fool's Joke?", https://euobserver.com/opinion/32624.

③ Jessica Bucher, Lena Engel, Stephanie Harfensteller and Hylke Dijkstra, "Domestic Politics, News Media and Humanitarian Intervention: Why France and Germany Diverged over Libya", *European Security*, Vol. 2, No. 4, 2013, p. 531.

④ Maximilian Overbeck, "European Debates during the Libya Crisis of 2011: Shared Identity, Divergent Action", *European Security*, Vol. 23, No. 4, 2014, p. 597.

　　从更长的时间跨度来看，德国在难民危机爆发后对利比亚局势更加关注。难民危机成为德国再次将利比亚问题列入主要政治议程的重要原因，修补破损的南部边界以减少难民涌入欧洲成为德国关注的核心利益。在2015年及以后的利比亚问题的处理上，德国积极组织多边会谈，推动通过政治对话解决利比亚问题。德国时常扮演联盟规则构建者的角色，这是基于德国长期的外交方式、自身的意愿与制度层面的压力。当多边主义与克制文化相冲突时，政治联盟似乎不那么容易被构建，但是当二者统一时，德国将能够彰显其"企业型"领导力。① 长时间的观察表明，德国坚持的政治对话、经济制裁与武器禁运的解决方式更为合适，利比亚问题没有武力解决方案只有政治解决方案，这已然成为欧盟及其成员国的共同立场。②

三　乌克兰危机与德国积极有为的领导角色

　　德国在乌克兰危机中的表现恰好对2013年以后德国外交政策重新定位的尝试进行了诠释。不同于以往德国在国际危机和冲突中置身事外的做法，在此次的危机处理中，德国表现出积极作为的态度，扮演了领导者的角色，受到各方的认可。在2015年慕尼黑安全会议前夕，默克尔和奥朗德闪电访俄，与普京就解决乌克兰危机进行闭门会议。德法与俄罗斯的外交斡旋虽被美国某些政客诟病为绥靖政策，但德国在乌克兰危机中所扮演的领导角色是不容置疑的。而且自始至终，德国坚持反对利用军事手段解决危机，这当然首先缘于国内的民意，另外也与德国的克制文化传统息息相关。由于受到民意和军力的制约，今后德国在追求发展的道路上将积极有为，其外交政策仍会以政治和外交手段（而非军事手段）作为解决国际争端的工具。

---

① Hanns W. Maull, "Germany and the Art of Coalition Building", *European Integration*, Vol. 30, No. 1, 2008, p. 133.

② "Declaration by the High Representative Federica Mogherini on Behalf of the EU on the Situation in Libya", https://www.consilium.europa.eu/en/press/press-releases/2019/04/11/declaration-by-the-high-representative-federica-mogherini-on-behalf-of-the-eu-on-the-situation-in-libya/.

在解决 2014 年乌克兰危机过程中，德国扮演了积极有为的领导角色，而这一领导角色的基础是多个层面的"机制性"权力维度。在国家层面体现在加强德法合作，重启"魏玛三角"机制，协调欧洲国家有关俄罗斯的政策；在欧盟层面则表现为德国带头支持欧盟对俄罗斯展开经济制裁；在国际层面则表现为德国而非美国在乌克兰危机中发挥整体协调作用。

（一）乌克兰危机的发展阶段

从德国外交立场和采取外交行动的视角出发，乌克兰危机分为以下几个发展阶段。第一阶段，2013 年 11 月，以亚努科维奇为总统的乌克兰政府宣布中止与欧盟的联系国协定谈判，并由此引发大规模亲欧盟的示威游行乃至反对派上台执政。在这个阶段，德国致力于通过自己的外交努力调停并和平解决危机，其对相关各方的态度也表现得十分克制。而随后开展的亲欧盟政治运动于 2014 年 2 月将亚努科维奇赶下了台。第二阶段，克里米亚局势动荡，并最终脱乌入俄，欧盟启动"三阶段制裁计划"中的前两个阶段的制裁。在这个阶段，德国对待俄罗斯的态度出现了某种转变，即由刚开始的反对制裁转变为支持视俄罗斯的表现进行分阶段制裁，但其依然没有放弃通过外交斡旋和平解决危机的努力。第三阶段，乌克兰东南部局势动荡，东部两州宣布独立，加上马航班机在乌克兰上空被击落，欧盟启动了第三阶段的经济制裁，同时积极进行外交斡旋最终促成各方初步达成停火协议。在这个阶段，德国对俄态度更为强硬，在依然坚持谈判与制裁并举的同时，趋向于认为经济制裁会更为有效。[①]

（二）乌克兰危机中德国在欧盟国家间的协调

对于乌克兰危机，欧盟成员国在维持乌克兰独立和领土完整，维护欧洲合作与安全格局及避免欧洲大陆陷入新的分裂状态等目标上存在基本共识，但各成员国也有各自不同的利益主张：英国、波罗的海三国、瑞典及波兰等东欧国家主张对俄采取强硬措施，如增强北约在东欧的军事存在，

---

① 郑春荣、朱金锋：《从乌克兰危机看德国外交政策的调整》，《同济大学学报》（社会科学版）2014 年第 6 期，第 36~37 页。

而德法等西欧国家则主张利用一切可能手段促使俄罗斯放弃干预政策。

鉴于欧盟内的不同利益诉求，欧盟若想在危机中发挥更大的影响力，就必须用一个声音说话，而此时的德国抱有重振欧洲共同外交与安全政策的雄心，新上任的大联合政府表示要采取增强和深化共同外交与安全政策的新倡议。这就要求德国作为欧盟的领导者不能"单独行动"，而是必须寻求将自身主张转化为欧盟共同立场，甚至在必要时为了欧盟的大局，德国必须在自己的利益上做出妥协。在乌克兰危机的处理过程中，德国重振德法轴心及包含德国、法国和波兰的"魏玛三角"机制。长期以来，德法是欧洲一体化向前发展的发动机，但随着欧债危机的爆发，依仗其经济实力，德国在欧盟中的领导地位凸显，法国领导力下降，由此德法轴心的作用也被削弱，并导致德国成为欧盟内"唯一的领导力量"，这也使得欧盟其他国家担心"新德国问题"将会冒头。2013 年 12 月，大联合政府也在《联合执政协议》中表示要重振德法关系。为此，德国从一开始就将法国拉入危机斡旋的队伍，从危机爆发之初德国、法国和波兰三国外交部长在基辅的斡旋，到 2014 年 6 月德国、法国、俄罗斯、乌克兰四国外交部长在柏林的"诺曼底格式"会晤。在此次乌克兰危机中，德法轴心在德国的倡导下得到了一定程度的重振，这也使得德国的危机应对立场在欧盟内部得到了其他国家更多的支持。波兰对乌克兰危机的态度受到其地理位置和历史的影响。作为欧盟和北约的一分子，波兰与俄罗斯和乌克兰接壤。由于历史上与俄罗斯的纠葛，在乌克兰危机爆发后，波兰主张对俄罗斯采取强硬措施，甚至要求北约对俄罗斯采取军事威慑手段。因此在解决危机的方式和手段上，波兰与主张避免使用军事手段解决危机的德国是背道而驰的。但德国能够从欧盟团结的立场出发，从一开始就将波兰纳入危机调解机制，并努力争取与波兰达成共识。

（三）乌克兰危机中德国的国际协调

在乌克兰危机发展过程中，德国对这一危机的态度与其所扮演的角色呈动态变化。从乌克兰宣布暂停与欧盟签订联系国协定的准备工作，到亚努科维奇政府倒台,德国在国际上积极对乌克兰问题发声,坚持用和平手段解决乌克兰问题。这一阶段德国的主要行动措施体现在启动德法波"魏玛三角"机制进行外交斡旋,并通过这一领导模式推动亚努科维奇政府与反对派签署了解决乌克兰危机的协议(Agreement on Settlement of Crisis in Ukraine)。在此之前,默克尔还曾同乌克兰反对派领袖见面会谈①。乌克兰与"魏玛三角"在基辅达成的协议主要包括亚努科维奇同意恢复2004年宪法,进行宪法改革以制衡总统权力,对武力使用进行审查,并在宪法通过后提前举行总统大选等。而在解决乌克兰危机的协议仅达成一天后,乌克兰反对派就推翻了亚努科维奇政府,并全面接管了乌克兰议会。随着亚努科维奇政府的倒台,协议内容未能全部落实,乌克兰危机刚初步得到缓解马上又陷入新一轮危机。

克里米亚开启公投表决入俄进程以及俄罗斯议会同意在乌克兰动用俄罗斯军事力量,是德国在乌克兰危机中态度的转折点。默克尔同普京通话后谴责了俄罗斯吞并克里米亚的行为,并强调将不承认克里米亚的公投结果,更为重要的是她强调将推动对俄罗斯的制裁并对新乌克兰政府提供援助。② 随后欧洲理事会于2014年3月5日与17日分别通过了理事会第208/2014号条例与第2014/145/CFSP号决定,暂停了与俄罗斯的签证协定会谈并对相关个人实施旅行限制与资产冻结的措施。3月24日,默克尔在海牙举行的核安全峰会上直言,在当前政治环境下原定于6月在索契举行的G8峰会将没有机会召开。

2014年4月17日,美国、俄罗斯、乌克兰以及欧盟共同召开日内瓦会议,签署日内瓦协议是乌克兰危机进入第三阶段的标志。5月25日波罗申科在包克兰总统选举中胜出,欧盟就在6月与乌克兰签署了欧盟-乌克兰联系

---

① "Signed the Agreement on Settlement of Crisis in Ukraine", https://montenegro. mfa. gov. ua/en/news/18107-vidbulasya-ceremonija-pidpisannya-ugodi-pro-vregulyuvannya-krizi-v-ukrajini; "Merkel Meets Ukrainian Opposition Leaders in Berlin", https://www. reuters. com/article/us-ukraine-merkel-idUSBREA1G1B620140217.

② "German Government Condemns Referendum", https://www. bundesregierung. de/breg-en/search/german-government-condemns-referendum-453750.

协定，但是乌克兰东部的分离主义势力逐渐发展，使乌克兰陷入内战。在这期间，德国首先是在日内瓦会议上以欧盟名义参与乌克兰危机的解决，尔后在 2014 年诺曼底登陆 70 周年纪念日上，德国总理默克尔与法国总统奥朗德邀请乌克兰总统与俄罗斯总统举行会谈并达成协议，这一会谈形式也因此被称为诺曼底格式（Normandy Format）。诺曼底四方会谈相对成功，这也促成了同年 9 月达成明斯克 I 号协定，在明斯克会议上欧安组织、俄罗斯与乌克兰政府以及叛军领袖的代表共同组成了三边联络小组，就乌克兰内战停火、欧安组织进驻调查，以及乌克兰中央政府授予反叛州更多自治权等问题达成一致。① 此后，由于内战双方多次违反停战协议，德国、法国、俄罗斯以及乌克兰于 2015 年 2 月达成了明斯克 II 号协定，该协定再次重申乌克兰内战双方立即执行停火决议，并强调乌克兰危机绝对没有一个军事解决方案。

2016 年召开的日内瓦会议再次将美国拉回谈判桌，由于明斯克协定并没有被完全遵守，因此有观点认为乌克兰危机的解决应该返回到一个有美国的协商框架。②

（四）德国在乌克兰危机中的角色与领导地位

1. 从"不情愿"走向"情愿"

德国在欧盟中扮演的角色通常被认为是"不情愿的领导者"，其经济实力的增强与政治诉求的转变使得德国经常从欧盟集体决策机制中凸显，这使得德国看起来似乎缺少领导意愿，是"不情愿的领导者"。桑德拉·德斯特拉迪（Sandra Destradi）则认为，这种"不情愿"态度并非德国不愿意领导或是提供公共产品，而是德国外交政策处于中长期转型的体现。③ 但是在乌克兰危机期间，德国表现出的领导意愿与领导能力对其"不情愿"的角色定

---

① "Press Statement by the Trilateral Contact Group", https://www.osce.org/home/123124.

② Alyona Getmanchuk and Sergiy Solodkyy, "German Crisis Management Efforts in the Ukraine-Russia Conflict from Kyiv's Perspective", *German Politics*, Vol. 27, No. 4, 2018, p. 593.

③ Simon Bulmer and William E. Paterson, "Germany as the EU's Reluctant Hegemon? Of Economic Strength and Political Constraints", *Journal of European Public Policy*, Vol. 20, No. 10, 2013, p. 1389; Sandra Destradi, "Reluctance in International Politics: A Conceptualization", *European Journal of International Relations*, Vol. 23, No. 2, 2017, pp. 315 – 340.

位产生了冲击。

从领导意愿上来看，德国参与解决乌克兰危机与其地缘政治利益及经济利益高度相关，同时也与德国致力于推进欧洲一体化、加强欧盟共同外交政策息息相关。马可·西迪（Marco Siddi）从新葛兰西主义的历史视角对德国处理乌克兰危机进行分析并得出结论：德国在乌克兰问题上并非"不情愿"，相反，德国在乌克兰危机处理中扮演了十分积极的角色。这一结论是基于 2008 年德国担任欧盟轮值主席国期间推出的对俄罗斯政策纲领性文件，以及德国将其现代化伙伴关系（Partnership for Modernisation，PfM）传播并应用于欧盟层面的实践得出的。① 从地缘政治理论视角出发，人们可以得出一个德国不得不参与的理由：德国所处的地理位置不允许德国做出倒向东方或者西方的选择。德国只有平衡东方政策与跨大西洋关系这一对矛盾才能获取更为广阔的生存空间，而德国也决不能接受一个缺少俄罗斯的欧洲安全体系。② 同时，乌克兰所处地缘政治地位则被布热津斯基描述为"地缘政治的支轴国家"，"缺少乌克兰的俄罗斯就不再是一个帝国"。③ 德国在乌克兰问题上表现出的领导意愿与其长期对俄外交实践及经贸往来密切相关。俄罗斯是德国重要的贸易伙伴和重要的能源供应商，而德国则是俄罗斯第二大贸易伙伴。推进欧洲政治、外交与安全一体化是德国长期以来所秉持的欧洲政策，从德国早期介入乌克兰危机的外交行为看，德国在乌克兰危机中所展现出的领导意愿可以被认为是以推动欧盟外交政策协调、加强欧盟共同外交与安全政策为目的。④

德国在乌克兰危机中所展现的领导能力和使用的外交手段凸显了德国

① Marco Siddi, "A Contested Hegemon？ Germany's Leadership in EU Relations with Russia", *German Politics*, Vol. 29, Issue 1, 2020, p. 103.

② Tuomas Forsberg, "From Ostpolitik to 'Frostpolitik'？ Merkel, Putin and German Foreign Policy towards Russia", *International Affairs*, Vol. 92, No. 1, 2016, p. 31.

③ 〔美〕兹比格纽·布热津斯基：《大棋局：美国的首要地位及其地缘战略》，中国国际问题研究所译，上海人民出版社，2007。

④ 李文红：《德国对欧盟面临的多重危机的政策立场》，《国际论坛》2017 年第 5 期，第 27 ~ 32 页。

制定外交政策的偏好——以政治解决与多边参与的形式处理危机。乌克兰危机爆发后，欧盟内部存在一种担心，即德国会因为其与俄罗斯密切的经贸往来及对俄的能源依赖，在对俄罗斯的制裁上无法与欧盟其他国家达成共识。而从现实主义者的角度来看，对俄实施经济制裁是德国的唯一选择。德国以及欧盟的东部边境缺乏"安全"这一要素，德国在缺少军事制裁手段的情况下，只有选择对俄实施经济制裁以试图达到规范俄罗斯行为这一目的。① 如前文指出，德国统一后，有学者认为德国将重拾军事力量，并背弃多边主义与一体化道路②；也有学者认为，德国的外交政策趋于内向，并逐渐弱化其坚定的多边主义倡导者与践行者的自我定位。但从德国近年来的外交实践看，也许正如基奥汉（Keohane）所言，德国正致力于发展"建立基于规则的国际秩序"和"加强北约和欧盟的行动能力"；③ 同时德国外交政策的制定并非抛弃多边主义，也非更多地依赖于其内政，相反德国表现出一种更加强烈的多边主义倾向。④

2. 美国的"让位"与盟友的配合成就了德国的领导角色

在乌克兰危机解决过程中，德国承担积极有为的领导角色不仅有其本身的领导意愿及领导能力的因素，美国的态度和盟友的配合也是德国能够积极有为的关键因素。

首先，德国承担领导角色最为关键的是能否获得美国的支持。从美国最初参加日内瓦会议后撒手不管，到德国牵头的两次明斯克协定的签定，再到2016年美国重回日内瓦会议，美国在乌克兰问题上的缺席是一个事实，这为

---

① 戴启秀：《乌克兰危机对德俄关系及全球格局的潜在影响》，《国际观察》2015 年第 2 期，第 100 ~ 113 页。

② Kenneth N. Waltz, "The Emerging Structure of International Politics", *International Security*, Vol. 18, No. 2, 1993, p. 67.

③ Daniel Keohane, "Constrained Leadership: Germany's New Defense Policy", *CSS Analyses in Security Policy*, No. 201, 2016, p. 2.

④ Nicholas Wright, "No Longer the Elephant Outside the Room: Why the Ukraine Crisis Reflects a Deeper Shift towards German Leadership of European Foreign Policy", *German Politics*, Vol. 27, No. 4, 2018, p. 490.

德国发挥领导力提供了空间。基于"乌克兰问题不存在军事解决的方案"这一共识，奥巴马希望乌克兰危机能够在欧洲范围解决（而非上升到美俄更为广泛的战略互动中），美国几乎把西方解决乌克兰问题的领导权外包给了德国。①

其次，德国在乌克兰危机中的领导力离不开"魏玛三角"机制的重启。"魏玛三角"被认为是松散的三边关系，旨在加强波兰与德法外交政策的协调，尤其是在与欧盟东部邻国有关问题上波兰的参与是十分重要的。② 当德国发现在基辅达成的协议没能制止危机继续发酵时，它立即向法国寻求更为紧密的合作，从而演变出解决乌克兰危机的"诺曼底格式"，即以德法代表欧盟与俄罗斯及乌克兰协商解决危机。德法在乌克兰危机中的合作还体现在协同的外交表态、出访以及其他行动上，但是在讨论更大范围的集体行动时，欧盟内部在对待俄罗斯的态度上出现了分歧，波罗的海三国出于对俄罗斯的恐惧就制裁俄罗斯形成了统一的积极立场，而在能源供应领域完全依赖于俄罗斯的保加利亚则对制裁俄罗斯抱有疑虑。③ 德国在能源问题上有着同样的担忧，尤其是当时已经投入使用的"北溪－1"与规划中的"北溪－2"将为德国带来更加便捷的能源供给，这也合理地解释了为何在欧洲层面实施的对俄制裁在很大程度上避开了能源领域。

3. 德国的有限领导

德国在乌克兰危机的处理中同样表现出有限的领导力。有观点指出，德国在乌克兰危机中所扮演的角色更符合一个"组织者"或是"协调者"的形象，而非一个合格的领导者。④ "权威"这一概念在领导力分析中常被

---

① "Pressekonferenz von Bundeskanzlerin Merkel und US-Präsident Obama", https://www. bundesregierung. de/breg-de/aktuelles/pressekonferenzen/pressekonferenz-von-bundeskanzlerin-merkel-und-us-praesident-obama－843764; Elizabeth Pond and Hans Kundnani, "Germany's Real Role in the Ukraine Crisis", *Foreign Affairs*, Vol. 94, No. 2, 2015, p. 174.

② Jennifer A. Yoder, "Dialogues, Trialogues and Triangles: The Geometry of Germany's Foreign Policy of Trust-building", *German Politics*, Vol. 26, No. 2, 2015, p. 207.

③ Joanna Hyndle-Hussein, "The Baltic States on the Conflict in Ukraine", https://www. osw. waw. pl/en/publikacje/osw-commentary/2015－01－23/baltic-states-conflict-ukraine.

④ 陈菲：《欧盟危机背景下的德国领导有效性分析——以领导理论为分析框架》，《欧洲研究》2017 年第 1 期，第 95～109 页。

忽视，熊炜的研究认为，德国同法国的协同与合作模式是正处于"正常化"进程中的德国向法国"借权威"的过程，当欧盟在危机决策上难以达成集体行动时，领导权就十分关键，而"诺曼底格式"则是德法领导欧盟应对危机的实例。① 德国成为领导者的意愿取决于领导地位的预期成本和收益，相比之下，其领导力取决于其权力、所涉行为者之间的偏好分配和体制限制。② 欧洲议会多个行为体则陷入了庞大的集体行动困境，这迫使德国启动"魏玛三角"的德法波协调模式，或者是"诺曼底格式"中的德法协调模式，德国在多边框架下的努力最终只能在小集团中实现，而非实质上推动欧盟共同外交与安全政策向前发展。③

四 "文明力量"的内涵与德国在传统安全领域的角色变化

在建构主义理论分支中，以德国政治学教授毛尔为代表的"文明力量"理论学派提出了有关德国作为"文明力量"这一国家角色的论点。文明力量强调承担这一角色的国家非军事强权状态，将非军事手段作为实现国际关系民主化的方式。文明力量作为国际关系行为体既有大国的实力和影响力，又不似强权大国奉行霸权维稳，它具有自己特殊的价值导向和外交政策风格，致力于实现国际政治文明化。文明力量作为一种国际角色，有其自身的特征，如国民经济发展良好、国家富裕、民主法治建设达到较高水平、具有构建良好的国际关系的愿望。文明力量同时也是一种外交战略手段，致力于实现国际关系文明化、倡导使用和平的外交方式解决国际争端和地区冲突，避免使用武力手段。所以文明力量可以根据所指不同表达为文明力量行为体、文明力量的外交战略手段和文明力

---

① 熊炜：《"借权威"与妥协的领导——德法合作的欧盟领导权模式》，《世界经济与政治》2018 年第 6 期，第 30 ～ 50 页。

② Magnus G. Schoeller, "Providing Political Leadership? Three Case Studies on Germany's Ambiguous Role in the Eurozone Crisis", *Journal of European Public Policy*, Vol. 24, No. 1, 2017, p. 10.

③ Lisbeth Aggestam and Adrian Hyde-Price, "Learning to Lead? Germany and the Leadership Paradox in EU Foreign Policy", *German Politics*, Vol. 29, No. 1, 2020, p. 19.

量的角色。①

通过上文对德国在伊朗核问题、利比亚危机以及乌克兰危机中的领导角色与领导力的分析，我们可以看出，统一 30 年来，德国在传统安全领域的角色发生了变化。如果说德国出兵科索沃是德国在二战后对外安全政策领域一次根本性的突破，是德国外交政策走向"正常化"的一个里程碑的话，那么在随后的传统安全领域危机中，作为文明力量的国家行为体，德国在欧盟的角色介于协调者和领导者之间，发挥着有限领导的作用：一方面，德国在国际危机中领导意愿和领导能力加强；另一方面，德国在欧盟的领导角色受到各种因素的制约。

从较长的时间跨度上来看，德国在传统安全领域表现出了强烈的领导意愿。例如，2003 年伊朗核问题暴露伊始，德国便组织 E3 集团参与对伊朗谈判；在特朗普威胁退出伊核协议时，德国同法国进行背靠背游说；在利比亚危机爆发后，德国积极行动，为通过政治对话解决利比亚危机而努力；在乌克兰危机中德国协调欧盟其他成员国通过政治对话解决危机。德国在危机爆发的前期积极参与，并努力阻止解决方案演变为直接的军事干预。

德国在领导欧盟对外政策上的方式偏好可以概括为经济制裁与政治对话，德国作为一种正处于"正常化"过程中的文明力量，其长期的外交行为模式与偏好决定了德国主导欧洲对外政策制定时的选择。② 通过经济制裁与政治对话解决冲突的方式既是德国克制文化下长期外交行为模式的惯性，也是二战后德国"结构性"权力不均衡的反应：德国长期被视作"贸易国家"，这一标签强调德国在欧洲经济中举足轻重的地位，而德国经济实力的增强也强化了德国在欧洲的领导力，但德国在政治领导力与军事防务的发展方面出现短板。德国在国防安全上依附北约，军费开支

---

① 于芳：《德国的国际角色与外交政策》，人民日报出版社，2015，第 1～13 页。

② Sandra Destradi, "Reluctance in International Politics: A Conceptualization", *European Journal of International Relations*, Vol. 23, No. 2, 2017, p. 330.

长期不足。①

从"机制性"权力维度看，小多边（Minilateralism）形式的合作是德国领导欧盟对外政策的关键工具。从案例中可以看出，在处理伊核问题时的 E3/EU、乌克兰危机中的"魏玛三角"以及德法协调均在危机处理中起到了引领作用，而在利比亚危机中德国与英法政策的不协调则导致德国被孤立。② 相较于直接推动欧盟共同外交与安全政策向前发展，德国更乐于选择与更小、更有行动力的国家集团先行合作。小多边主义的合作试水，能够使其他欧盟成员国有选择地追随德国的领导。事实证明，这一模式能够提高德国在欧洲外交行动的效率与领导力，欧盟共同外交与安全政策也能够从中获益。

德国在欧盟层面承担领导责任也与其现实利益的不断扩张紧密相关。德国作为外向型经济体，对国外市场需求大，对国外原材料与能源供应依赖性较强。在乌克兰危机中德国积极斡旋，美国要挟退出伊核协议时默克尔所做的外交努力对此具有很强的解释力。但是，这些对本国利益的考虑并不意味着德国在多边主义上的倒退，相反德国在传统安全领域对多边主义模式的依赖是结构性的。③

德国在传统安全领域发挥领导作用的限制因素可分为自身能力上的限制因素以及体系层面上的限制因素，另外德国作为文明力量在军事干预上的审慎态度也制约着德国的领导作用。从德国的自身能力来看，其明显存在"不对称"情况，包括德国自身经济实力与军事实力的不对称，以及德国与其欧洲盟友英法在军事能力上的不对称，这些"不对称"因素导致德国对经济制裁的依赖以及对军事干预的抗拒。从体系层面来看，美国与俄

① Stephen F. Szabo, "Germany's Commercial Realism and the Russia Problem", *Survival*, Vol. 56, No. 5, 2014, pp. 117 – 128；赵柯：《德国在欧盟的经济主导地位：根基和影响》，《国际问题研究》2014 年第 5 期，第 89 ~ 101 页。

② Niklas Helwig, "Germany in European Diplomacy: Minilateralism as a Tool for Leadership", *German Politics*, Vol. 29, No. 1, 2020, p. 33.

③ Nicholas Wright, "No Longer the Elephant Outside the Room: Why the Ukraine Crisis Reflects a Deeper Shift towards German Leadership of European Foreign Policy", *German Politics*, Vol. 27, No. 4, 2018, p. 491.

罗斯对于欧盟共同外交与安全政策的走向具有决定性的作用，它们同样也影响着德国在多大程度上在欧盟国家中发挥领导作用，美俄的这一影响在传统安全领域被放大了。无论是伊核问题、利比亚危机还是乌克兰危机，美国的态度都至关重要，而乌克兰问题的核心在于如何将俄罗斯纳入整个欧洲安全体系，可以说没有俄罗斯的欧洲安全体系是不完整的。从领导意愿上来说，德国的经济地位为德国带来了十分强烈的领导意愿，但是其长期坚持的克制文化以及其对自身"文明力量"的角色定位，使得其对于军事力量的使用十分审慎，如其与 E3 盟友在利比亚问题上的分歧直接导致德国当时处于被孤立的状态。最后，其领导模式即依赖小多边主义/多边主义的欧盟领导模式同样限制了德国的领导力。欧洲理事会共同决策的模式使得欧盟成员国较小的利益也必须被考虑，为了达到领导欧盟的目的，德国首先需要在 E3 或是德法轴心中取得共识，以便有足够多的精力来应对其他欧盟国家的利益诉求，[①] 这就增加了领导成本，降低了领导效率。而德国处于二战战败国地位以及由此带来的一系列问题也被认为是其在领导过程中缺少"权威"的原因，这一领导要素的缺失同样推动德国积极地与法国合作实现其在欧盟的领导权。[②]

　　总的来看，德国现阶段在欧盟传统安全领域表现为有限领导的特征，但是其领导能力与领导意愿在逐渐增强。德国的领导角色已经逐步超越单纯的"企业型领导者"或者"结构型领导者"，在传统安全领域，德国经常将其"文明力量"规范化，并对其加以运用和推广，因此在长期的外交实践中其领导方式逐渐成熟并形成德国特点。德国主要在以下三个领域学习如何领导：外交谈判、政治军事危机管理以及欧盟制裁政策。[③] 通过对

① Inez von Weitershausen, David Schäfer and Wolfgang Wessels, "A 'Primus Inter Pares' in EU Foreign Policy? —German Leadership in the European Council during the Libyan and Ukrainian Crises", *German Politics*, Vol. 29, No. 1, 2020, pp. 42 – 58.

② 熊炜：《"借权威"与妥协的领导——德法合作的欧盟领导权模式》，《世界经济与政治》2018 年第 6 期，第 30 ~ 50 页。

③ Lisbeth Aggestam and Adrian Hyde-Price, "Learning to Lead? Germany and the Leadership Paradox in EU Foreign Policy", *German Politics*, Vol. 29, No. 1, 2020, p. 19.

伊核问题、利比亚危机与乌克兰危机的分析可以看到，德国在领导欧盟的能力与意愿上均有所加强，其领导模式逐渐成熟，但仍受到诸多因素制约。从德国外交政策的发展来看，德国难以在短时间内突破有限领导的角色。

第六章

德国在欧盟发挥领导作用的过去、现在和未来

本章将首先回顾两德统一后，德国在欧盟地位和作用的变化情况，总结德国在欧盟发挥领导作用的出发点、目标和方式等关键因素。我们将举例说明现阶段德国在欧盟发挥作用的突破性尝试——将欧盟的领导区域外溢。最后，我们还将对德国未来在欧盟的角色做出预测。

第一节　从科尔到默克尔：德国从回避领导到回避霸权

根据前述研究，德国统一30余年来在欧盟的角色发生了根本性的变化，从科尔到默克尔，德国走过了从回避领导到回避霸权的历程。我们可以将德国目前在欧盟的角色定位为介于协调者和领导者之间的角色，在某些领域德国能够承担领导责任，在某些领域德国扮演的是协调者的角色，也可以说德国在欧盟的很多领域承担了有限领导的角色。在领导意愿上，德国经常给外界一种"不情愿"的感觉，而这种"不情愿"态度是德国作为潜在领导者长期以来形成的外交风格，是德国权衡自身利益后进行决策的反应，而这有时被解读为德国在对欧盟进行领导的迟疑与抗拒。

在科尔的任期内，德国欧洲政策的特点是坚持将欧洲一体化作为德国外交政策的重心。科尔非常注重欧洲邻居的感受，其外交政策处于一种自我约

束的状态，他将德国的国家利益融入统一欧洲的发展中，将德国统一和欧洲统一视作一个硬币的两面，两面都要兼顾。在科尔的推动下，欧洲共同体的发展得到深化，欧共体/欧盟成员国签署了《马斯特里赫特条约》及《阿姆斯特丹条约》，欧洲经济共同体迈向了经济和政治的联盟。同时，他通过各种公开场合向本国民众宣传德国的利益需要欧洲的统一和欧洲的团结来实现。

在科尔的领导下，德国统一后的外交政策努力将德国作为一个可预测的、可靠的伙伴稳固在西方世界，重点关注经济增长和繁荣。统一后的德国拒绝重返历史上传统的权力政治和势力范围，仅将其军队用于人道主义和维和目的。德国在外交、经济和人类发展问题领域发挥了创造性作用，而在属于军事领域的冲突管理方面落后于美国和法国，对欧洲的领导角色采取回避的态度。德国的这一态度意味着其必须调和政治上一些相互矛盾的目标。例如，德国坚持认为其安全政策应主要通过北约（美国）来实施，同时寻求与法国一起制定欧洲外交和安全政策；德国政府还试图在不冒犯莫斯科的情况下将波兰和其他中东欧国家纳入北约；此外，德国政府还希望承担对联合国和北约的责任，并同时照顾到本国民众的和平主义偏好。

红绿联合政府就职后，施罗德虽然表示新一届政府不会改变德国的外交政策、欧洲政策及安全政策的基本走向，作为欧洲大国，德国会一如既往地致力于欧盟的扩大和深化，而事实上，在施罗德的任期内，德国欧洲政策的根本立足点一直是强调德国的国家利益。民族国家、利益政治和独立自主在施罗德的外交指导思想中占据重要地位。但施罗德忽略了一个事实，即德国由于其历史原因，如果过于直接和明显地追求自身利益，就会引起他国的不满。而且，更重要的是，联邦德国已经是欧盟中人口最多、经济最强的国家，因此，除安全政策外，它在其他事务中都自动起主导作用。但是，一个国家只有能够考虑到其他国家的关切，并提供"公共产品"时，才会有他国追随，才能发挥领导作用。欧共体建立之初，西德贡献的"公共产品"是其经济实力，这使它能够推进欧洲一体化，并在迫不得已的情况下通过承担财政负担来打破谈判的僵局。由于施罗德比科尔更强烈地坚持本国经济利益，不想比其他国家付出更多，在一些场合德国就不具备使用这一核心外交政策手段的条件。在后来的外交实践中，施罗德也学会了重视德国的财政力量，并将其作为发挥影响的手段。

施罗德公开表示反对伊拉克战争，造成德美关系冷却。在其担任总理期间，欧洲一体化遇到问题，欧元的基础受到侵蚀，德国争取联合国安理会常任理事国席位的努力失败。外界认为施罗德高估了德国作为"正常"国家参与全球多极化权力和影响力博弈的能力，而施罗德却越来越多地从对外经济政策的单一视角看待德国外交。基于施罗德对外交政策战术的理解，红绿政府在危机管理方面取得最大的国际成功是出兵科索沃以及在面临失败威胁的欧盟峰会上力挽狂澜。但不可否认的是，在施罗德任期内，德国在国际上变得更自由、更自信、更独立，不再是联盟的附庸，也不再只是欧盟的付款人。

在默克尔任期内，默克尔带领欧盟成功度过了多次危机，德国在欧盟的地位发生了根本性的变化。同时，在默克尔任内德国国内政治和国内选举对欧洲政策的影响比德国历史上任何时期都大。2017 年大选后，德国出现碎片化政党格局，主流政党走向衰落，德国选择党和绿党分别从政治光谱的两端崛起，在国内政治和欧洲政治中发挥着影响力。而德国国内的社会生态也成为影响德国欧洲政策的重要因素。移民、难民、社会不平等问题牵涉到欧盟层面的就业政策、难民政策、财政政策等，并影响到国内层面和欧洲议会的选举。所以，默克尔任期内，德国的欧洲政策也比以往任何时候都要更加谨慎，面对欧盟其他成员国的期待，德国往往采取回避、拖延的态度，但除了内政因素，默克尔还需要对德国国家利益进行权衡。

2013 年，德国外交政策发生了重大转变。德国政要在多个场合表示，德国要在欧洲"承担更多的责任"，此后德国在欧盟经历的多个危机中扮演着不同的领导角色。德国在欧债危机中所扮演的角色常被称为"不情愿的领导者"、"不情愿的霸权"①，或者"欧盟规则的首席执法者"。在难民危机中，德国发挥的是有限领导的作用。在新冠危机的救助和复兴基金的讨论中，德国则更像是拥有结构性权力基础的"知识型领导者"和"方向型领导者"。在乌克兰危机中，德国担任的是积极的"企业型领导者"的角色。这一系列角色的演变，充分说明德国过去 30 年在欧盟层面及各种危机中发挥了重要的作用，我们从德国在危机中的表现可以总结出德国发挥领导作用的出发点、目标、方式等关键因素，用以审视德国过去和现在在欧盟的地位和作用，预测未来德国在欧盟的角色。

第一，国家利益是德国欧洲政策的出发点。从现实主义视角出发，德国在历次危机解决过程中，都是从国家利益出发，通过成本/收益的计算来确定其应对危机的政策，而德国能否为其他欧盟成员国或者谈判对手提供公共产品决定其在欧盟事务中发挥什么样的作用（提供公共产品是其他国家追随的前提）。德国会根据不同的领域、不同的事件从其政策工具箱中选择不同的应对方式。

在欧债危机之初，外界看到的是德国的拖延，但从成本/收益的角度分析，这种拖延行为是德国认为若过于轻易地许诺为希腊提供援助，将会造成德国在欧元区提供更为昂贵的公共产品，这种拖延行为可以使压力更多地转移到希腊而非德国自身。当德国认识到忽视这一危机带来的成本将大于德国出台举措救助希腊的成本时，德国为了维护欧元区的整体利益不得不对欧盟进行领导。德国态度的转变为欧元区的复苏带来了信心与活力，但是德国在欧债危机中的这种领导力不是绝对的，而是短期的有限的领导，夹杂着无数博弈与妥协的领导。

为应对新冠危机，德国积极推动复兴基金出台，其中主要原因是德国对于欧洲团结和欧洲一体化的维护，但值得我们注意的是，此次的复兴基

---

① Simon Bulmer and William E. Paterson, "Germany as the EU's Reluctant Hegemon? Of Economic Strength and Political Constraints", *Journal of European Public Policy*, Vol. 20, No. 10, 2013, pp. 1392 – 1393.

金在某种程度上将发挥引导作用，带动欧盟的经济转型，将大量预算资金引入绿色发展、数字化等领域，加快实现欧盟的四大目标。同时，德国在绿色经济等领域拥有先发优势，而对这些领域的扶持，也将会进一步带动德国经济的发展。

第二，维护欧盟团结、推进欧洲一体化，是德国在欧盟发挥领导作用的目标。

对德国来说，欧盟是它的"真爱"，保护欧洲单一市场和保持欧盟的团结毫无疑问是压倒一切的政治优先事项。欧盟的稳定与统一事关德国根本的国家利益，在二战之后，德国的欧洲政策一直是其外交政策的核心。德国对于欧洲一体化的坚定支持还集中体现在积极推动欧盟出台历史上规模最大的救助计划——7500亿欧元复兴基金上，欧盟复兴基金是欧盟首次以融资主体的身份发行债券和进行融资，因此被视为走向欧盟"债务共同体"的重要里程碑。复兴基金与多年期金融框架等被认为是欧盟推进财政一体化进程的关键一步。德国也在某种程度上迈出了共担债务的第一步。

第三，德国在欧盟发挥领导作用必须倚仗欧盟机制化平台，而以《欧洲联盟条约》为核心的国际法体系赋予了德国对欧盟进行领导的"权威"。

在欧债危机中，德国通过欧盟平台所提供的体制力量，使欧元区成员国共同承担欧元区危机的压力，对被救助国提出一系列财政改革要求，并为银行重建资产负债表提供了充足的时间。

在难民危机中，德国在欧盟与土耳其的谈判过程中取得主导权所依赖的是欧盟共同外交政策与德国的外交斡旋，相比于德国单方面宣布不再遵循《都柏林公约》，德国在这一外交过程中的成功取决于其强大的经济实力与欧盟共同外交的机制权力。更为清晰的共同利益而非共同的价值观使德国能够在欧盟与土耳其的谈判过程中取得主导地位。

在新冠危机中，德国基于轮值主席国的身份在欧盟抗疫策略与"复兴基金"等后疫情时代的规划上实现了领导。德国通过一系列方式在欧盟层面提供这一抗疫急需的公共产品，以实现欧盟携手共渡难关。

第四，在危机解决过程中，德国经常通过机制建设的手段规范其他成员国的行为。

德国在欧债危机治理的过程中，更多地表现出从机制建设的角度来规范其他欧元区成员国的行为，这一政治条件是德国对受灾国进行援助的前提，也是德国为了避免类似危机再次发生所建立的保险机制。从这个角度看，德国更像是欧盟框架的规则制定者与维护者。

第五，在应对危机的过程中，德国经常试图将自身的利益目标与价值追求在整个欧盟层面进行分享，但这种做法有时成功，有时不成功。

在难民危机中，德国单方面宣布其将不再遵守《都柏林公约》，并接纳更多的难民，但并没有其他成员国追随。默克尔的难民政策被认为是价值观外交的表现，其目的在于将德国人道主义援助的价值观上传至欧盟层面，使其不断与其他成员的价值观、道德观、历史观以及思想理念相互建构，最终使其内化并被其他成员国接受。但德国这次塑造的领导角色并不成功，原因在于德国未能成功地树立"模范"。默克尔的难民政策进一步加剧了德国政党格局的碎片化，部分选民出于对默克尔难民政策的反对转而将选票投给了德国选择党。而大量涌入的难民未能较好地融入德国社会同样导致更为广泛的社会问题，德国为安置难民所付出的代价被其他欧盟国家尽收眼底。

而在新冠危机中，德国在新冠疫情初期采取的积极有效的策略，成为其"软实力"的一部分被其他成员国接受并效仿。

第六，默克尔领导的德国政府常常在政策制定初期表现出"犹豫"的特点，这是各种限制因素发挥作用的结果。

这种犹豫有我们上面提到的计算成本/收益的原因，也可以被解读为德国回避其他成员国将其视为欧洲"霸权"，还可以理解为与我们第四章分析的国内限制因素相关。

在难民危机中，德国在初期积极地参与欧盟层面的互动但是未选择直接领导欧盟，而这期间领导角色的缺失使得欧盟层面难以达成共识，尤其是维谢格拉德集团在针对难民配额问题上的反对态度十分坚决，这促成了默克尔政府在政策上的转变。尔后，国内政治层面的压力，又促使默克尔收紧已经放开的难民政策。

新冠疫情期间，德国最初同样采取了较为谨慎的态度，而在国内疫情相对稳定的情况下，德国在欧盟国家共同抗疫的态度上表现得更为积极。

小　结

德国统一 30 年来，德国在传统安全领域的角色发生了变化。如果说德国出兵科索沃是德国二战后对外安全政策领域一次根本性的突破，是德国外交政策走向"正常化"的一个里程碑的话，那么在随后的传统安全领域危机中，作为文明力量的国家行为体，德国在欧盟的角色介于协调者和领导者之间，发挥着有限领导的作用：一方面，德国在国际危机中领导意愿和领导能力加强；另一方面，德国在欧盟的领导角色受到各种因素的制约。德国在领导欧盟对外政策上的方式偏好可以概括为经济制裁与政治对话。德国作为一个正处于"正常化"过程中的文明力量，通过经济制裁与政治对话解决冲突的方式既是德国克制文化下长期外交行为模式的惯性，也是二战后德国政治领导力与军事防务发展方面出现短板的反应。

德国在欧盟层面承担领导责任也与其现实利益的不断扩张紧密相关。德国作为外向型经济体，对国外市场需求大，对国外原材料与能源供应依赖性较强，这一点可从其在乌克兰危机中积极斡旋以及当美国要挟退出伊核协议时默克尔所做的外交努力中看出。但是其长期坚持的克制文化以及其对自身"文明力量"的角色定位，使其对于军事力量的使用十分审慎。

第二节　德国在欧盟领导角色的最新演绎

如前文所述，近年来，随着自身地位和作用的变化，德国希望将自己塑造成国际秩序的规范力量，希望借欧盟制度机制在世界范围内为欧盟成员国赚取"公共产品"。在世界格局面临多种不确定性的背景下，德国认为欧盟国家只有团结才能在中、美、俄大国竞争中生存，德国和欧盟需要进行制度性的政策调整来维护自身的利益。因此，德国尝试推动构建符合欧盟国家利益的制度化的国际关系体系，主张欧盟在国际事务中使用多边主义新型谈判框架，希望用制度和规范来构建国际秩序。在某些领域德国希望通过自身的先行先试推动欧盟国家整体对外政策的调整。

具体表现在德国推动欧盟发布《针对外国政府补贴的促进公平竞争白皮书》（White Paper on Levelling the Playing Field as Regards Foreign Subsidies，简称《外国补贴白皮书》）、德国颁布《德国–欧洲–亚洲：共同塑造21世纪的印太政策指导方针》（Leitlinien zum Indo-Pazifik. Deutschland-Europa-Asien：Das 21. Jahrhundert gemeinsam gestalten，简称《印太指针》）及《供应链企业尽职调查义务法（草案）》（Entwurf eines Gesetzes über die unternehmerischen Sorgfaltspflichten in Lieferketten，简称《供应链法》），展开了新一轮的德国/欧盟对外政策的调试。2020年，在德国的倡议下，欧盟委员会发布了《外国补贴白皮书》。2021年5月，欧盟发布了《针对扭曲内部市场的外国政府补贴的条例建议稿》（简称《新规草案》），该草案是基于2020年6月17日发布的《外国补贴白皮书》及利益攸关方的意见咨询，旨在给予欧盟新的法律工具以应对外国政府的补贴对单一市场的扭曲。此次欧盟引入全新的反补贴审查工具，目的是借助欧盟竞争政策制度对外国企业在欧的投资和经营进行全面审查，一旦该草案通过，欧盟将以外国补贴扭曲欧盟内部市场为由，对外国在欧盟投资、收购、参与公共采购等经营性行为进行严格的限制。下面逐一介绍德国如何借《印太指针》及《供应链法》在对外关系中发挥影响力。

一　德国《印太指针》① 的战略意图

2020年9月2日，德国联邦政府正式颁布《印太指针》，将外交政策

---

① Die Bundesregierung, "Leitlinien zum Indo-Pazifik. Deutschland-Europa-Asien：Das 21. Jahrhundert gemeinsam gestalten", https：//www. auswaertiges-amt. de/blob/2380500/33f978a9d4f51194 2c241eb4602086c1/200901-indo-pazifik-leitlinien －－1－－data. pdf. , August, 2020.

的重点转移到印太地区，该指针是德国及欧盟在国际格局变化的背景下尝试加强其在印太地区的角色定位、推动构建符合欧洲利益的 21 世纪国际秩序的一个纲领性文件。

（一）"印太"成为地缘政治的高地

"印太"概念最初由德国地理学家、地缘政治学家卡尔·豪斯霍费尔（Karl Haushofer）在 20 世纪 20 年代提出，但在 20 世纪的战略和地缘政治话语领域此概念很少受到关注。21 世纪以来，印度、澳大利亚、日本、美国、法国以及东盟等组织将"印太"作为概念性参考框架引入地缘政治的讨论，并将其作为多个外交和战略文件的基础。在德国以往颁布的众多外交政策文件中，经常使用的是"亚太""亚洲""东亚""东南亚""东盟"等地理概念。"印太"作为地缘政治概念出现在德国正式颁布的外交政策文件中这还是第一次。没有人明确界定"印太"的地理范围，不同的人对它的理解有所不同。德国在《印太指针》中将印太地区理解为整个印度洋和太平洋地区，并指出美、中、日世界前三大经济体都与太平洋接壤，印太地区的另一大国印度未来可能会上升为世界第四大经济体。全球 33 个特大城市中有 20 个位于这一地区，在这里，战略性计划相互竞争、全球价值链相互融合。这一地区拥有全球范围内最庞大的、年轻的、受过良好教育的劳动人口。回顾过去几十年，这一地区的经济在总体上显著增长。《印太指针》指出，随着亚洲的崛起，世界政治和经济的重心正日益转移到印太地区。德国外长马斯在《印太指针》的前言中强调，我们今天已经可以看到，明天印太地区的国际秩序比其他任何地方都要重要。印太地区成为塑造 21 世纪国际秩序的关键。

（二）《印太指针》汇集多种战略意图

德国《印太指针》共分三个部分：第一部分为概要，阐述了德国在印太的利益、原则和倡议；第二部分总结了德国需要在印太施加影响的七大行动领域；第三部分用绘图的方式从五个领域呈现了德国在印太的阵容分布。单纯就文本涉及的政策领域看，其内容在以往的德国外交政策文件中有不同程度的体现。但从《印太指针》所蕴含的战略意图来看，该指针确定了未来德国在印太地区外交政策的走向，勾画了合作伙伴的联系方向和合作意向，并为欧盟未来印太的总体战略进行先期试水。

在《印太指针》中，德国一以贯之地强调了德国和欧洲需要加强在印太地区的占位，参与到印太强劲的经济增长中，构建以基于规则的秩序为核心、以自由与开放为目标的印太战略。印太地区政治与经济的重要性日益增强，中美之间的战略竞争日益激烈，而德国与印太地区的许多国家保持着利益共融的战略伙伴关系，德国社会的繁荣有赖于这一地区开放的海上航线、物理连接和数字连接的畅通以及德国在印太地区的市场参与度。如果在印太地区出现新的两极化和一个新的分界，将损害德国的利益。德国政府认为，印太地区的经济越是蓬勃发展，这一地区在制度和规范上的渗透越是不够。作为世界贸易大国和建立以规则为基础的国际秩序的倡导者，面对印太地区既充满活力又竞争激烈的发展状况，德国有很浓厚的兴趣参与亚洲的经济增长和印太秩序的建构，并愿意致力于在印太区域组织中促进全球标准的实施。

德国的《印太指针》表达了减少对中国依赖的诉求。在《印太指针》中，德国提出要实现关系多样化、避免单方面的依赖，与该地区民主国家和价值伙伴的合作尤为重要。自1993年德国政府出台新亚洲政策以来，德国发展积极的对华政策，将中国视为亚洲的核心，将发展对华关系特别是经贸关系视为重中之重。在过去一段时间里，常常有德国媒体和政客批评德国对华政策中经济利益占据主导地位。今后，德国将提升价值观在外交政策中的分量。同时，德国也认识到，中德、中国在印太的价值链非常重要，甚至是不可取代的，短期内德国不可能与中国脱钩，但在印太框架下，德国逐步冷却对华关系的意图彰显。

在《印太指针》中德国强烈表达了加强与东盟国家合作的愿望，并且提出将协调欧盟成员国推动以欧盟的名义与东盟进行合作。正如德国在过去一段时间内已经付诸实施的那样，德国希望与更多的国家或经济体建立自由贸易协定、重组供应链。虽然印太地区许多国家或经济体在很多方面远不如中国，但德国《印太指针》强调反对单级和双极，推动实现关系多元化、多样化，与民主制度和价值观相同的国家合作的意味尤其明显。

在《印太指针》中德国同样表达了反对美国主导印太以及建立以规则为基础的国际秩序的意愿。德国提出在印太实现关系多样化、避免单方面的依赖的利益诉求，同样适用于美国。与希望降低对中国的依赖一样，德国也不希望在印太地区出现美国独大，或者中美两极的局面。德国希望以世界贸易组织为核心，加强多边贸易体系，这是对特朗普带领美国"退群"的一种敲打。对于中美的竞争和交锋，德国《印太指针》所传递的信号是，德国/欧洲不会选边，也反对中美任何一方或者双方主导印太秩序的构建。

（三）《印太指针》指向多种战略未来

在世界格局面临多种不确定性因素的背景下，德国本次外交政策的调整幅度看似不大，却是德国调整德国/欧盟整体对外政策链条上关键的一环。在中美竞争日益激烈的背景下，德国/欧盟需要通过各种规范性、制度性的改变和调整，形成内外紧密交织的政策、法律网络，在愈演愈烈的全球竞争中立于不败之地，在国际秩序的构建中争取到更大的空间。

此次出台的《印太指针》是德国/欧盟新冠疫情后对外政策调整的系列动作之一。我们上文已经提到的《外国补贴白皮书》、外国补贴《新规草案》以及我们下文将要讨论的与全球供应链相关的《供应链法》均是德国/欧盟对外政策调整的新动作。外国补贴《新规草案》是在欧盟层面，《供应链法》与《印太指针》一样，先行在德国试水，继而又推出了欧盟的版本。另外，德国出台的《供应链法》与《印太指针》中多次提到的重组供应链相互呼应。《供应链法》的核心之一是把人权、环保和劳工标准与供应链联系在一起。该法律的引入将促进德国在印太地区推广其人权理念、劳工标准和环保意识，德国自然愿意向有意合作的印太国家抛出"橄榄枝"。

继法国之后，德国也出台"印太战略"，是为欧盟出台印太战略进行前期的铺垫。德国认为，欧盟成员国只有团结起来才能在与中、美、俄大国的竞争中生存。在《印太指针》中，德国多次强调德国联邦政府将与法国合作，协调欧盟成员国制定一份欧洲的印太战略报告。除中美之外还有德国和欧盟，这是《印太指针》为印太地区国家提供的另一个选项。《印太指针》明确提出，自由选择隶属于哪个经济和（安全）政治结构对印太地区各国是非常重要的。未来可能还将有越来越多的国家、国家间联盟、组织与机构联盟将战略重点转移到印太地区，可以预计各方力量将在这一地区就经济、政治、外交以及思想文化等领域展开激烈的竞争和交锋。

在德国的积极推动下，2021 年 4 月 19 日，欧盟外长理事会发布《欧盟印太合作战略报告》，详细阐述欧盟参与印太地区事务的背景、考量、路径及愿景，突出强调强化印太地区务实合作和军力扩张。这份战略报告未来或将对印太地区安全形势产生重大影响。

（四）德国《印太指针》对世界的影响

德国/欧盟通过区域集团的建立，意图削弱中国在印太地区影响力。近年来，印太地区出现了针对中国的区域集团化的趋势。先有美国、日本、印度、澳大利亚的"四国机制"（该机制已经升级为部长级别的磋商），后有"四国机制"与新西兰、韩国、越南共商应对新冠疫情，且"四国机制"频频策划四国军演。《印太指针》刚刚提出欧盟与东盟携手的计划后，2020 年 9 月 10 日德国防长卡伦鲍尔就急不可待地与东盟委员会（10 个东盟国家的驻德大使）展开对话。如果未来在印太地区形成多种排除中国的区域化组织，将削弱中国在该地区的影响力。

德国/欧盟有意通过制度、法律、规则重塑全球经济与政治秩序。面对中美在全球贸易领域的争端日趋激烈，德国/欧盟认为迫切需要发挥其制度性建构的优势，不断增补、修改其内外制度和法律，引导世界政治与经济秩序朝着有利于自身的方向发展。

二 德国《供应链法》出台的意图及影响

2021 年 3 月，德国颁布了《供应链法》。2021 年 6 月，联邦议院通过了该法案。《供应链法》规定德国企业需确保在其供应链中不会发生破坏环境和侵犯人权的行为，《供应链法》还限定了承担义务的企业的范围，该法案将于 2023 年正式生效，先适用于员工超过 3000 人的大型公司。从 2024 年起，再适用于员工超过 1000 人的中型公司，此后还会对适用对象进行重新评估，而且德国企业无须承担民事责任。继英国和法国之后，德国成为欧洲又一因保护所谓"人权"对供应链中的企业实施强制尽职调查的国家。在德国的推动下，欧盟层面的供应链法案已经进入立法程序。

2020 年 3 月，欧盟司法委员迪迪埃·雷恩德斯（Didier Reynders）向欧盟委员会递交报告，认为 2021 年应当出台欧盟供应链法，以有效应对和阻止市场经济中出现的侵犯人权、破坏环境的恶劣行为。德国对雷恩德斯的这项提案表示支持。2021 年 3 月，欧洲议会通过了《关于企业在人权与环境相关领域尽职调查的立法报告》（Legislativbericht über menschenrechtliche und um-weltbezogene Sorgfaltspflichten von Unternehmen），并正式将该立法建议递交至欧盟委员会。① 这意味着欧盟层面的供应链立法前进了一大步。

与《印太指针》一样，德国在《供应链法》的出台上也希望为欧盟先行先试。经济部长彼得·阿尔特迈尔（Peter Altmaier）指出，《供应链法（草案）》通过的另一重要意义在于，德国可以在草案的基础上继续向前，并展示该法案在经济上的可行性，这必将对欧盟层面采取调控措施产生重要的推动作用。② 从这个角度看，一部欧洲层面的供应链法在德国的推动下似乎呼之欲出，其正式颁布对欧盟委员会来说只是时间的问题。

德国借《供应链法》向欧盟施加影响力的意图明显，但 2021 年 3 月 10 日欧洲议会通过的欧盟版《供应链法》立法提案比德版"强硬"得多：首

---

① Initiative Lieferkettengesetz, "EU-Lieferkettengesetz nimmt nächste Hürde-Schwachstellen des deut-schen Entwurfs immer deutlicher", 11 March 2021, https://lieferkettengesetz.de/2021/03/11/nachster-schritt-zu-europaischem-lieferkettengesetz/.

② Bundesministerium für Wirtschaft und Energie, "Bundeskabinett verabschiedet Sorgfaltspflichtenge-setz", 3 March 2021, https://www.bmwi.de/Redaktion/DE/Pressemitteilungen/2021/03/20210303-bundeskabinett-verabschiedet-sorgfaltspflichtengesetz.html.

先，德国《供应链法》将尽职调查义务限定为直接供应商，欧盟版《供应链法》则没有这样的限制；其次，在欧盟，该法案不仅适用于大公司，还适用于雇员人数不超过 249 人的上市中小企业，以及在尚未确定的高风险行业经营的企业。①

德国《供应链法》的推出有其必然性。首先，随着欧盟不断强调"战略自主"，积极在中美关系中谋求"筹码"，德国和欧盟相继推出《供应链法》，并且将人权问题置于其中。欧洲找到了其发挥"规范性力量"的新道路——"为公平生产、保护人权和环境制定全球标准"。其次，无论是德版还是欧盟版《供应链法》都以环境保护和人权保护为重点，本质上也是《欧洲绿色新政》（European Green Deal）实施过程中必然的一步。②

外界认为，德国《供应链法》是一部由德国政府制定、以"人权"为名义具有长臂管辖性质的法律，但是德国对外宣称出台《供应链法》不是为了在全世界范围内实施德国的社会标准，而是为了使基本人权标准得以遵循，以此改善全球供应链中的人权保护，如禁止童工和强迫劳动。该法涉及的对象既包括总部设在德国的公司，也包括外国企业在德国的子公司。它从 2023 年起将首先适用于 3000 名员工以上的大公司，从 2024 年起适用于 1000 名员工以上的公司。

上文已经提到，德国出于对自身责任的认识，出于在欧盟内部政策领域只能实施有限的领导，近年来，德国将在欧盟发挥领导作用的领域外溢，希望借助在欧盟外的政策领域发挥领导作用，以实现对欧盟成员国事实上的领导，这就需要寻找一些新的"增长点"。近年来，德国一直在强调要加强欧盟内对外政策的协调，德国也是欧盟层面《供应链法》的积极推动者。

---

① 倪晓姗：《推进供应链立法 德国出于何种考量》，《第一财经日报》2021 年 4 月 19 日第 A11 版。

② 倪晓姗：《推进供应链立法 德国出于何种考量》，《第一财经日报》2021 年 4 月 19 日第 A11 版。

小　结

2020～2021年，德国对外政策的调整幅度看似不大，却是德国调整和规划德国/欧盟整体对外政策链条上关键的一环。在中美竞争日益激烈的形势下，德国/欧盟需要通过各种规范性、制度性的调整和秩序构建，形成内外紧密交织的政策框架与法律网络，在愈演愈烈的全球竞争中立于不败之地，在国际秩序的构建中赢得更大的空间。伴随着"后默克尔时代"的到来，德国和欧盟的政治领导权都面临着新老交替。从目前德国的政治形势判断，"后默克尔时代"无论是德国政治的稳定性还是德国对欧盟政治领导的权威性都会有所削弱，但德国及欧盟试图用制度和法律约束欧洲与其他国家和地区的合作，同时给世界其他国家提供一种与中、美打交道的模式的外交思路不但不会改变，反而会有所加强。

第三节　德国未来在欧盟的领导角色

一　有限领导与领导区域外溢

在第一节我们分析了德国发挥领导作用的出发点、目标、方式等关键因素，笔者认为上述6个因素都会延续到未来德国在欧盟的角色中，这些限制德国在欧盟发挥领导作用的因素不会消除，这就决定了德国未来在欧盟依然发挥有限领导的作用。这是因为，在欧洲政治中，德国是"不可或缺的国家"，在货币联盟中是"经济稳定之锚"。但是，只有当德国利用其突出的经济实力去推进一体化、加强欧盟并确保其成员之间的合作，德国才不会引发其他成员国的防御性反抗。如果不想招致联合反对，德国在欧盟的地位就要求它必须进行自我调节，其中的方法之一或许就是推行"嵌入式霸权"（embedded hegemony），即将德国的领导力量埋置在欧盟机构中并凭借多边主义将其冲淡，再为欧盟的经济发展和安全扛起责任和挑起重担。

另外，笔者认为，利用欧盟机制发挥作用，即推行"嵌入式霸权"以及将自己塑造为全球范围的规范性力量将是未来德国在欧盟角色的重要特点，而且这两个特点会外溢到欧盟以外的其他地区。近年来，在德国的推动下，欧盟加强参与非洲、印太地区、中东北非地区的秩序构建，拓展了与这些地区的经济合作范围。德国的意图之一就是借欧盟机制之权威，在欧盟外作为欧盟的有效代表、国际秩序的规范性力量，做大蛋糕，从欧盟区域外为欧盟成员国寻找公共产品。

正如施罗德所说，德国对欧盟的增长和经济进步负有责任。未来德国会继续积极推进对一体化至关重要的领域的发展，如财政一体化领域。从欧债危机中的"不情愿的领导者"到新冠危机中主动与法国联合倡议，推出复兴基金；从严守财政纪律，以南欧重灾国的"结构性改革"为救助前提到不设前提的复兴基金，能够看出德国在此次由疫情导致的欧盟经济危机中的积极态度。但是这种积极态度是否具有连续性，或者是否具有可持续性，这是值得观察的。可以预见，在未来的欧洲财政一体化建设过程中，德国的作用和意见是关键的。而在共担债务、建设财政一体化的过程中，必然要实现一系列欧盟与成员国层面的体制机制改革，以确保某一欧盟层面的机构对欧元区成员国的国家预算和公共债务有更大的控制权。

二　德法联合领导模式将加强，小多边的模式会延续

通过前面的研究我们可以发现，在欧债危机期间、新冠肺炎疫情时期，德法联合领导力在内外危机的倒逼下尤为高效。无论是经济货币联盟领域还是欧盟安全防务领域，危机会暂时搁置或者弱化德法两国长期存在的外部分歧和内部矛盾，催生出很多联合行动与高质量的联合倡议、决策，在特定情况下，还能够设计出新的领导模式和领导路径。两国除了在宏观层

面一致认为"一个有着不同速度的欧洲是必要的，否则我们将很有可能陷入停滞"① 外，其趋同立场主要表现在贯彻德式财政紧缩方针、支持设立欧元区预算、推动疫情进入平稳阶段欧洲复兴计划实施、主张并落实防务领域的"永久结构性合作"、实现欧盟战略自主、协调欧盟对外政策、推进小多边的政府间合作等。

无论在欧洲一体化的哪个领域，德法轴心联合领导力的回报率在很大程度上均取决于相关行为体的配合与支持。为了尽可能发挥和扩大已有领导力优势，德法轴心更加重视提升领导力基础，注重发展更开放的合作式领导模式。② 这既涉及以欧央行、欧盟委员会、欧元集团、欧盟对外行动署、欧洲理事会以及欧盟委员会主席、欧盟外交与安全政策高级代表等欧盟机构和个人，也包括相关成员国及其所在的次区域国家集团。其中，欧盟行为体往往通过发布倡议报告、发起欧盟讨论、履行决策程序、实施立法等路径来发挥领导力，③ 在不同领域负责填补领导力真空、落实决策、唱好"双簧"。而在欧盟进入差异性一体化发展阶段后，德法轴心需要进一步采取更灵活的方式加强合作，争取以"小步前进"的方式推动欧洲一体化的发展。

尽管德法共同方案经常源于法国倡议，但离不开德国的"拍板"，加之近年来德国"积极有为式"外交实践的推进，越来越多涉及欧盟改革与对外立场的方针与导向来自德国。事实上，德法妥协的结果常常是法国立场"外衣"包裹下的德国立场"内核"。④ 特别是在经货联盟领域，凭借领导力资源的相对优势，德国在德法轴心中的主导作用与优势话语权凸显，而

---

① "EU Leaders Embrace Multi-Speed Europe Amid Tensions", *BBC News*, 07. 03. 2017, https://www.bbc.com/news/world-europe‐39192045.

② 比如，欧盟委员会主席容克、欧洲理事会主席图斯克以及作为欧盟理事会轮值主席国的罗马尼亚的总统均出席了《亚琛条约》的签署仪式。

③ 陈扬：《联合领导力：欧洲经济货币联盟中的"德法轴心"》，社会科学文献出版社，2020，第 169 页。

④ 陈扬：《联合领导力：欧洲经济货币联盟中的"德法轴心"》，社会科学文献出版社，2020，第 168 页。

法国则往往会受到经济与社会发展"疲弱症"①的严重困扰，难以对抗德国所坚持的财政原则。而在欧盟抗击新冠疫情、努力加快经济复苏的过程中，作为欧盟第一大经济体和复苏计划最大资金来源国的德国，将继续发挥决定性的领导作用。②

在有着诸多领导者却缺乏唯一领导国、差异性发展越发常态化的欧盟，作为前两大经济体的德法在主导欧盟事务的过程中过去和现在都掌握着重要的话语权，我们在第三章分析了欧盟其他国家领导力的局限性，目前，除了以德法轴心为主体并借助欧盟超国家机构支持的领导组合外，欧盟内难以有更具实力的领导力组合。

未来的德法轴心将会是一种战略上联系依然紧密、战术上求同存异的双边联盟，它将更多以"德法轴心+"和"议题联盟"的形式灵活发挥领导作用。相关领导力优势能否继续扩大，哪方面优势会有所凸显，一方面取决于双边的领导力资源与协商实力，另一方面取决于合作的"主旋律"、领导权竞争与互动制衡。视政策领域的不同，德法的联合领导力将呈现合作、竞争与局部分歧互相交织的特征，而拥有决断力和全局观念的领导者将在其中发挥关键作用。③

另外，"小多边"是德国在欧盟获得"机制性"权力维度的重要方式，是德国欧盟对外政策的重要工具。我们在第五章的案例分析中可以看到，德国在伊核问题、乌克兰危机中均使用了"小多边"的领导模式，而且取得了一定的效果。小多边模式和德法协调相互配合，能够在欧盟发挥引领作用，能够提高德国在欧盟外交行动中的效率。笔者认为，面对欧盟差异

---

① 王朔、周谭豪：《对法国当前"疲弱症"的看法》，《现代国际关系》2016 年第 7 期，第 50 页。

② Die Bundeskanzlerin, "Rede von Bundeskanzlerin Merkel zur deutschen EU-Ratspräsidentschaft 2020 vor dem Europäischen Parlament am 8. Juli 2020 in Brüssel", https://www. bundeskanzlerin. de/bkin-de/aktuelles/rede-von-bundeskanzlerin-merkel-zur-deutschen-eu-ratspraesidentschaft – 2020- vor-dem-europaeischen-parlament-am – 8-juli – 2020-in-bruessel – 1767368.

③ 陈扬：《联合领导力：欧洲经济货币联盟中的"德法轴心"》，社会科学文献出版社，2020，第 207～209 页。

性一体化的发展状况，德国未来将更多地使用"小多边"的模式配合德法协调，使其他欧盟成员国有选择地追随德国的领导，推进欧洲一体化。

三 德国的文明国家内核和政治认同保持不变

在德国对外政策中，毛尔教授曾经强调的德国外交政策的基本特征中的"永不再战"、"永不单独行动"以及"政治解决优先武力"的三个原则没有发生改变。对德国而言，从两次世界大战的战败国发展到"正常国家"，它是进行了认真的历史反思、吸取了刻骨铭心的历史教训的。德国认为，20世纪的德国、欧洲乃至世界的灾难根源是民族主义的政治和经济立场。正是基于这种认识和反思，战后德国主动与欧洲其他国家和解，以煤钢联营为起点，逐渐走上欧洲一体化的道路，并且致力于推动欧洲身份认同的形成与发展。在欧洲主要国家中，德国是对欧洲身份认同较高的国家之一。2018年德国联邦政府的联合执政协议中写道："德国非常感谢欧洲，这也是我们致力于欧洲成功的原因。对德国而言，强大而团结的欧洲是和平、自由和繁荣的美好未来的最佳保障。"而在欧美民族主义、民粹主义的冲击下，欧洲身份认同正在被逐渐消解，欧洲一体化的成果正在被破坏。默克尔在2019年新年讲话中谈到解决当今世界所面临的问题时说："我们都想解决这些问题，这也是我们自身的利益所在；而我们只有也考虑到他人的利益时，才能做到最好。这是我们从两次世界大战中得出的教训。但是如今并不是所有人都仍然怀有这一信念，国际合作的既定做法面临压力。在这种形势下，我们必须更加坚持我们的信念，为其辩护和斗争。而且，我们必须承担更多的责任，这也是出于我们自身的利益。"[①] 默克尔的新年讲话旨在号召德国民众积极参与，捍卫欧洲共同的生活方式和共同价值观，

---

① Angela Merkel, "Neujahrsansprache von Bundeskanzlerin Angela Merkel zum Jahreswechsel 2018/2019", am Montag, 31. Dezember 2018, in Berlin, https://www.bundesregierung.de/breg-de/suche/neujahrsansprache-von-bundeskanzlerin-angela-merkel-zum-jahreswechsel-2018-2019-am-montag-31-dezember-2018-in-berlin-1564774.

但同时透露出一种担忧："各人自扫门前雪"的民族主义和民粹力量正在消解两次世界大战的教训。民族主义和民粹主义信奉的是"自己优先""民族国家优先"的政策，正如 2018 年德国联邦政府的联合执政协议指出的那样："全球挑战需要欧洲的答案。我们一致认为应明确拒绝保护主义、孤立主义和民族主义。我们需要更多的国际合作，而不是更少。"

参考文献

——❦❦⟨❀⟩❦❦——

中文文献:

[1] 班小辉:《德国迷你工作制的立法变革及其启示》,《德国研究》2014 年第 2 期。

[2] 〔英〕保罗·莱弗:《柏林法则——欧洲与德国之道》,邵杜罔译,浙江人民出版社,2021。

[3] 鲍永玲:《难民危机背景下德国政党生态的新演进》,《国际论坛》2016 年第 6 期。

[4] 〔美〕查尔斯·P. 金德尔伯格:《世界经济霸权:1500—1990》,高祖贵译,商务印书馆,2003。

[5] 陈菲:《欧盟危机背景下的德国领导有效性分析——以领导理论为分析框架》,《欧洲研究》2017 年第 1 期。

[6] 陈新:《欧元 20 年——变与不变》,光明学术,http://www.gmw.cn/xueshu/2019 – 07/31/content_33044234.htm。

[7] 陈新:《大变局下中欧全面投资协定的多重意义》,《人民论坛》2021 年第 20 期。

[8] 陈扬:《联合领导力:欧洲经济货币联盟中的"德法轴心"》,社会科

学文献出版社，2020。

[9] 程卫东、李靖堃译：《欧洲联盟基础条约：经〈里斯本条约〉修订》，社会科学文献出版社，2010。

[10] 戴启秀：《乌克兰危机对德俄关系及全球格局的潜在影响》，《国际观察》2015 年第 2 期。

[11] 《德国恐袭案 2017 暴翻数倍 九成有伊斯兰背景 警方疲于奔命》，搜狐网，https://www.sohu.com/a/212643000_426502。

[12] 丁纯：《欧洲哀鸿遍野、柏林一枝独秀 德国模式缘何笑傲危机》，《人民论坛》2012 年第 18 期。

[13] 丁纯、蒋帝文：《投入产出视角下德国经济增长对维谢格拉德四国经济影响的分析》，《德国研究》2021 年第 2 期。

[14] 丁纯、张铭心、杨嘉威：《"多速欧洲"的政治经济学分析——基于欧盟成员国发展趋同性的实证分析》，《欧洲研究》2017 年第 4 期。

[15] 丁原洪：《欧洲的"德国问题"重起》，《和平与发展》2010 年第 6 期。

[16] 董一凡：《中欧双边投资协定的谈判进展、难点及前景》，《国际研究参考》2020 年第 9 期。

[17] 范一杨、郑春荣：《新冠疫情背景下德国在欧盟领导角色分析》，《德国研究》2020 年第 2 期。

[18] 〔德〕弗里德里希·李斯特：《政治经济学的国民体系》，陈万煦译，商务印书馆，2009。

[19] 〔德〕格哈德·施罗德：《抉择：我的政治生涯》，徐静华、李越译，凤凰出版传媒集团、译林出版社，2007。

[20] 顾俊礼编著《列国志：德国》，社会科学文献出版社，2015。

[21] 韩永辉、邹建华、王雪：《欧债危机的成因及启示——基于货币一体化的视角》，《国际商务》（对外经济贸易大学学报）2014 年第 1 期。

[22] 何韵、史志钦：《欧洲议会选举视阈下的欧盟碎片化及其影响》，《现

代国际关系》2019 年第 9 期。

[23] 〔德〕赫尔穆特·科尔：《忧心欧洲：我的呼吁》，郑春荣、胡莹译，同济大学出版社，2015。

[24] 胡琨：《战后欧洲货币制度的转型——兼议欧债危机产生的根源》，《欧洲研究》2014 年第 1 期。

[25] 黄家滨：《国外非正规就业研究的理论视角》，《大珠三角论坛》2009 年第 3 期。

[26] 姜琍：《维谢格拉德集团与欧盟的互动关系及其影响》，《当代世界》2020 年第 1 期。

[27] 姜照辉：《经济危机中的德国如何实现就业奇迹？》，《理论导刊》2012 年第 3 期。

[28] 李超：《德国新冠疫情防控举措》，《国际研究参考》2020 年第 5 期。

[29] 李超：《德国在欧盟中的领导作用新变化》，《现代国际关系》2020 年第 4 期。

[30] 李乐曾：《德国红绿联盟政府外交政策初探》，《德国研究》1999 年第 4 期。

[31] 李乐曾主编《新世纪的德国——政治、经济与外文》，同济大学出版社，2002。

[32] 李慎之：《数量优势下的恐惧——评亨廷顿第三篇关于文明冲突论的文章》，《太平洋学报》1997 年第 2 期。

[33] 李巍、邓允轩：《德国的政治领导与欧债危机的治理》，《外交评论》（外交学院学报）2017 年第 6 期。

[34] 李文红：《德国对欧盟面临的多重危机的政策立场》，《国际论坛》2017 年第 5 期。

[35] 连玉如：《统一德国的大国作用与相互依存》，《国际政治研究》1996 年第 4 期。

[36] 连玉如：《统一德国 21 世纪外交政策连续性刍议》，《欧洲》1999 年

第 5 期。

[37] 连玉如：《新的国际形势下德国的大国作用问题》，《国际政治研究》
2002 年第 3 期。

[38] 连玉如：《"权力国家"乎？"贸易国家"乎？"文明国家"乎？——
"新德国问题"理论探索》，《国际政治研究》2002 年第 3 期。

[39] 连玉如：《聚焦德国问题》，《欧洲研究》2003 年第 2 期。

[40] 连玉如：《德国默克尔政府的外交与欧洲政策辨析》，《德国研究》
2006 年第 1 期。

[41] 连玉如：《国际政治与德国》，北京大学出版社，2012。

[42] 连玉如：《21 世纪新时期"德国问题"发展新考》，《德国研究》
2012 年第 4 期。

[43] 连玉如：《再论"德国的欧洲"与"欧洲的德国"》，《国际政治研
究》2014 年第 6 期。

[44] 刘立群主编《金融危机背景下的德国及中德关系》，社会科学文献出
版社，2011。

[45] 刘丽荣：《德国对华政策的特殊性及其对欧盟对华政策的影响》，《德
国研究》2013 年第 3 期。

[46] 刘丽荣：《被危机绑架的欧洲梦》，中国社会科学出版社，2017。

[47] 刘丽荣：《德国外交转型》，澎湃新闻，http://www.thepaper.cn/news-
Detail_forward_1307282。

[48] 〔美〕罗伯特·吉尔平：《国际关系政治经济学》，杨宇光等译，上海
人民出版社，2020。

[49] 吕蕊、赵建明：《欧美关系视角下的伊朗核问题——基于 2016 年以来
欧美伊核政策的比较分析》，《欧洲研究》2019 年第 1 期。

[50] 倪晓姗：《推进供应链立法 德国出于何种考量》，《第一财经日报》
2021 年 4 月 19 日。

[51] 〔加拿大〕诺林·里普斯曼、〔美〕杰弗里·托利弗、〔美〕斯蒂芬·

洛贝尔:《新古典现实主义国际政治理论》,刘丰、张晨译,上海人民出版社,2017。

[52]〔美〕塞缪尔·P. 亨廷顿:《文明的冲突与世界秩序的重建》,周琪等译,新华出版社,1998。

[53]〔美〕塞缪尔·P. 亨廷顿:《我们是谁:美国国家特性面临的挑战》,程克雄译,新华出版社,2005。

[54] 宋全成:《穆斯林移民在欧洲:身份认同及其冲突》,《西亚非洲》2016 年第 1 期。

[55] 宋全成:《欧洲难民危机中的德国难民政策及难民问题应对》,《学海》2016 年第 4 期。

[56] 宋全成:《2016 年欧洲难民危机的新特征及其成因——基于 2015 ~ 2016 年欧洲统计局和德国联邦移民与难民局数据的实证研究》,《德国研究》2017 年第 3 期。

[57] 王会花:《试论维谢格拉德集团与欧盟关系的演变及特点》,《国际观察》2019 年第 6 期。

[58] 王朔、周谭豪:《对法国当前"疲弱症"的看法》,《现代国际关系》2016 年第 7 期。

[59] 王逸舟、张小明、庄俊举主编《国际关系理论:前沿问题和新的路径》,上海人民出版社,2018。

[60] 魏伟、张欣欣、赵丽:《中欧投资协定的缘起、意义和未来展望》,《边界与海洋研究》2021 年第 1 期。

[61]〔德〕沃尔夫冈·鲁茨欧:《德国政府与政治》,熊炜、王健译,北京大学出版社,2010。

[62]〔德〕乌尔里希·克罗茨、〔德〕约阿希姆·希尔德:《锻塑欧洲——法国、德国和从〈爱丽舍宫条约〉到 21 世纪政治的嵌入式双边主义》,赵纪周译,中国社会科学出版社,2020。

[63] 吴江:《平衡的艺术:德国红绿联合政府外交研究(1998 ~ 2005)》,

社会科学文献出版社，2016。

[64] 吴志成：《德国统一后的对欧政策评析》，《德国研究》2008 年第 3 期。

[65] 伍慧萍：《欧洲难民危机中德国的应对与政策调整》，《山东大学学报》（哲学社会科学版）2016 年第 2 期。

[66] 伍慧萍：《德国向欧盟交出了怎样的答卷》，《环球时报》2021 年 1 月 5 日，第 15 版。

[67] 伍贻康：《"德国问题" 与欧洲一体化的兴衰》，《德国研究》2011 年第 4 期。

[68] 熊炜：《论德国外交与安全政策中的角色冲突》，《德国研究》2004 年第 4 期。

[69] 熊炜：《"借权威" 与妥协的领导——德法合作的欧盟领导权模式》，《世界经济与政治》2018 年第 6 期。

[70] 熊炜：《德国 "嵌入式崛起" 的路径与困境》，《世界经济与政治》2021 年第 1 期。

[71] 杨成玉：《欧盟复苏计划及其潜在效应》，《现代国际关系》2020 年第 8 期。

[72] 杨解朴：《德国福利国家的自我校正》，《欧洲研究》2008 年第 4 期。

[73] 杨解朴：《德国劳动力市场改革路径解析：迈向新的灵活保障？》，《欧洲研究》2015 年第 1 期。

[74] 杨解朴：《德国统一 25 周年：德国是一支怎样的力量？》，《当代世界》2015 年第 10 期。

[75] 杨解朴：《德国难民政策面临的多重困境》，《当代世界》2016 年第 2 期。

[76] 杨解朴：《德国碎片化政党格局的表现、原因及影响》，《德国研究》2019 年第 3 期。

[77] 杨解朴：《碎片化政党格局下德国绿党崛起的原因及影响》，《当代世

界与社会主义》2020 年第 3 期。

[78] 杨解朴：《新冠肺炎疫情下德国社会不平等加剧的表现、原因及影响》，《世界社会主义研究》2021 年第 9 期。

[79] 杨烨、高歌主编《冷战后德国与中东欧的关系》，社会科学文献出版社，2017。

[80] 姚铃：《从德国马克到欧元——欧洲货币一体化对人民币国际化的启示》，《国际贸易》2016 年第 9 期。

[81] 姚玲珍：《德国社会保障制度》，上海人民出版社，2011。

[82] 于芳：《德国的国际角色与外交政策》，人民日报出版社，2015。

[83] 〔美〕詹姆斯·多尔蒂、〔美〕小罗伯特·普法尔茨格拉夫：《争论中的国际关系理论》（第五版），阎学通、陈寒溪等译，世界知识出版社，2013。

[84] 张放：《德国“社会国”思想的内涵、流变及其启示》，《经典中的法理》，2013 年第 1 期。

[85] 张骥：《欧债危机中法国的欧洲政策——在失衡的欧盟中追求领导》，《欧洲研究》2012 年第 5 期。

[86] 张健、王剑南：《“德国问题”回归及其对欧洲一体化的影响》，《现代国际关系》2010 年第 9 期。

[87] 赵晨等：《跨大西洋变局——欧美关系的裂变与重塑》，中国社会科学出版社，2021。

[88] 赵柯：《德国的“欧元保卫战”——国际货币权力的维护与扩张》，《欧洲研究》2013 年第 1 期。

[89] 赵柯：《德国在欧盟的经济主导地位：根基和影响》，《国际问题研究》2014 年第 5 期。

[90] 赵柯：《欧洲是否还能重拾“爱的能力”?》，《中国投资》2018 年第 7 期。

[91] 郑春荣：《德国新政府在土耳其入盟问题上的立场》，《德国研究》

2010 年第 2 期。

[92] 郑春荣：《从欧债危机看德国欧洲政策的新变化》，《欧洲研究》2012
年第 5 期。

[93] 郑春荣：《利比亚危机以来德国安全政策的新动向》，《德国研究》，
2013 年第 2 期。

[94] 郑春荣：《德国如何抓住改革的 "时机之窗" ——"2010 议程" 的
理念、影响与反思》，《人民论坛·学术前沿》2013 年第 22 期。

[95] 郑春荣：《德国在欧洲难民危机中的表现、原因及其影响》，《同济大
学学报》（社会科学版）2015 年第 6 期。

[96] 郑春荣：《德国供应链法效果堪忧》，《环球时报》2021 年 7 月 6 日。

[97] 郑春荣：《德国默克尔政府外交政策研究（2013～2019）：从克制迈
向积极有为》，社会科学文献出版社，2021。

[98] 郑春荣、姜文：《 "德国模式" 在金融危机中的表现及其所面临的挑
战》，《国际论坛》2011 年第 6 期。

[99] 郑春荣、倪晓姗：《难民危机背景下德国难民融入的挑战及应对》，
《国外社会科学》2016 年第 6 期。

[100] 郑春荣、夏晓文：《中欧光伏争端中的欧盟与德国——基于三层博
弈理论的分析》，《德国研究》2014 年第 1 期。

[101] 郑春荣、张凌萱：《法德轴心 "重启" 的限度探析》，《欧洲研究》
2019 年第 6 期。

[102] 郑春荣、朱金锋：《从乌克兰危机看德国外交政策的调整》，《同济
大学学报》（社会科学版），2014 年第 6 期。

[103] 周弘主编《德国统一的外交》，社会科学文献出版社，2021。

[104] 朱民：《逆向发展的欧元及其风险》，《金融研究》1999 年第 4 期。

[105] 〔美〕兹比格纽·布热津斯基：《大棋局：美国的首要地位及其地缘
战略》，中国国际问题研究所译，上海人民出版社，2007。

外文文献：

［106］ "AfD-Parteitag：AfD beschließt Anti-Islam-Kurs mit großer Mehrheit," *Süddeutsche Zeitung*, 1 May 2016, https：//www. sueddeutsche. de/politik/afd-parteitag-afd-beschliesst-anti-islam-kurs-mit-grosser-mehrheit－1. 2975205.

［107］ Alexander Häusler, Oskar Niedermayer, "Debatte：Ist die Alternative für Deutschland eine rechtspopulistische Partei", *Bundeszentrale für politische Bildung*, 17 January 2017, https：//www. bpb. de/politik/extremismus/rechtspopulismus/240956/debatte-alternative-fuer-deutschland.

［108］ Alister Miskimmon, "German Foreign Policy and the Libya Crisis", *German Politics*, Vol. 21, No. 4, 2012.

［109］ Alternative für Deutschland, "Bundessatzung-Alternative für Deutschland", 1 December 2019, https：//www. afd. de/satzung/#% C2% A711.

［110］ Alternative für Deutschland, "Programm für Deutschland-Das Grundsatzprogramm der Alternative für Deutschland", 27 June 2016, https：// www. afd. de/wp-content/uploads/sites/111/2017/01/2016 － 06 － 27 _ afd-grundsatzprogramm_web-version. pdf.

［111］ Alyona Getmanchuk, Sergiy Solodkyy, "German Crisis Management Efforts in the Ukraine-Russia Conflict from Kyiv's Perspective", *German Politics*, Vol. 27, No. 4, 2018.

［112］ Andreas Rinke, "Raus ins Rampenlicht. Die Genese der 'neuen deutschen Außenpolitik'", *Internationale Politik*, 4, Juli/August 2014.

［113］ Angela Merkel, "Fernsehansprache von Bundeskanzlerin Angela Merkel", https：//www. bundeskanzlerin. de/bkin-de/aktuelles/fernsehansprache-von-bundeskanzlerin-angela-merkel － 1732134.

［114］ Angela Merkel, "Griechenland muss liefern", https：//www. bundesregierung. de/breg-de/aktuelles/merkel-griechenland-muss-liefern – 444354.

[115] Angela Merkel, "Merkel on Eurobonds: 'Not in My Lifetime'", https://www. euractiv. com/section/euro-finance/news/merkel-on-eurobonds-not-in-my-lifetime/.

[116] Angela Merkel, "Neujahrsansprache der Bundeskanzlerin: Mit Hoffnung in das neue Jahr", https://www. bundeskanzlerin. de/bkin-de/mediathek/bundeskanzlerin-merkel-aktuell/merkel-neujahrsansprache – 2020 – 1833732.

[117] Angela Merkel, "Neujahrsansprache von Bundeskanzlerin Angela Merkel zum Jahreswechsel 2018/2019", am Montag, 31. Dezember 2018, in Berlin, https://www. bundesregierung. de/breg-de/suche/neujahrsansprache-von-bundeskanzlerin-angela-merkel-zum-jahreswechsel-2018-2019-am-montag-31-dezember-2018-in-berlin-1564774.

[118] Angela Merkel, "Rede von Bundeskanzlerin Angela Merkel anlässlich des Jahrestreffens 2011 des World Economic Forum", https://www. bundeskanzlerin. de/bkin-de/suche/rede-von-bundeskanzlerin-angela-merkel-anlaesslich-des-jahrestreffens – 2011-des-world-economic-forum – 476 860.

[119] Angela Merkel, "Rede von Bundeskanzlerin Angela Merkel zur Verleihung des Internationalen Karlspreises an Premierminister Tusk", https://archiv. bundesregierung. de/archiv-de/rede-von-bundeskanzlerin-angela-merkel-zur-verleihung-des-internationalen-karlspreises-an-premierminister-tusk – 319910.

[120] Annegret Kramp-Karrenbauer, "Europa jetzt richtig machen", *Die Welt*, 10. 03. 2019, https://www. welt. de/politik/deutschland/article190037115/AKK-antwortet-Macron-Europa-richtig-machen. html.

[121] "Annegret Kramp-Karrenbauer ist neue CDU-Chefin", *Der Spiegel*, 07. 12. 2018, https://www. spiegel. de/politik/deutschland/annegret-kramp-karrenbauer-ist-die-neue-cdu-chefin-a – 1242597. html.

［122］ Auswärtiges Amt, "Bilanz der deutschen Ratspräsidentschaft", 27. 6. 2007, https://www. auswaertiges-amt. de/de/newsroom/070627-bilanzpr-aesidentschaft/222572.

［123］ "Berliner Erklärung" (25. März 2007), https://www. france-allemag-ne. fr/Berliner-Erklarung – 25-Marz – 2007, 1942. html.

［124］ Berndt Keller, Hartmut Seifert, "Flexicurity—The German Trajectory", *Transfer: European Review of Labour and Research*, Vol. 10, No. 2, 2004.

［125］ BR Data, "Der Computer sagt: Jamaika", http://web. br. de/interak-tiv/wahlprogramm-analyse-bundestagswahl/.

［126］ "Bulletin Der Bundesregierung, Nr. 04 – 2 vom 18. Januar 2007, Rede von Bundeskanzlerin Dr. Angela Merkel vor dem Europäischen Parlament am 17. Januar 2007 in Straßburg", https://www. bundesregierung. de/re-source/blob/975954/766008/52f56a079cc0136046778a24af5f5160/04 – 2-bk-data. pdf? download = 1.

［127］ "Bulletin Der Bundesregierung, Nr. 33 – 1, Regierungserklärung von Bun-deskanzlerin Dr. Angela Merkel zum Europäischen Rat am 25. /26. März 2010 in Brüssel vor dem Deutschen Bundestag am 25. März 2010 in Ber-lin", https://www. bundesregierung. de/resource/blob/975954/771452/4d 45ca7973b43248c5209cac585c957a/33 – 1-bk-data. pdf? download = 1.

［128］ "Bulletin Der Bundesregierung, Nr. 65 – 1 vom 14. Juni 2007, Regieru-ngserklärung von Bundeskanzlerin Dr. Angela Merkel zum Europäischen Rat in Brüssel am 21. /22. Juni 2007 vor dem Deutschen Bundestag am 14. Juni 2007 in Berlin", https://www. bundesregierung. de/resource/blob/975954/766116/cbab01002a2fa6d3b583278be7e1a1d2/65 – 1-bk-data. pdf? download = 1.

［129］ "Bulletin Der Bundesregierung, Nr. 133 – 1 vom 4. Dezember 2008, Reg-ierungserklärung von Bundeskanzlerin Dr. Angela Merkel zum Europäischen

Rat in Brüssel am 11. /12. Dezember 2008 vor dem Deutschen Bundestag, am 4. Dezember 2008 in Berlin", https://www. bundesregierung. de/resource/blob/975954/767830/7debe9da1774c056af30f8bd740732aa/133 - 1-bkin-data. pdf? download = 1.

[130] Bundesamt für Migration und Flüchtlinge, *Das Bundesamt in Zahlen 2015: Asyl, Migration und Integration*, Bundesamt für Migration und Flüchtlinge, 2016, https://www. bamf. de/SharedDocs/Anlagen/DE/Statistik/BundesamtinZahlen/bundesamt-in-zahlen-2015. html? nn = 284738.

[131] Bundesamt für Migration und Flüchtlinge, *Das Bundesamt in Zahlen 2016: Asyl, Migration und Integration*, Bundesamt für Migration und Flüchtlinge, 2017, https://www. bamf. de/SharedDocs/Anlagen/DE/Statistik/BundesamtinZahlen/bundesamt-in-zahlen-2016. html? nn = 284738.

[132] Bundesamt für Migration und Flüchtlinge, *Das Bundesamt in Zahlen 2017: Asyl, Migration und Integration*, Bundesamt für Migration und Flüchtlinge, 2018, https://www. bamf. de/SharedDocs/Anlagen/DE/Statistik/BundesamtinZahlen/bundesamt-in-zahlen-2017. html? nn = 284738.

[133] Bundesamt für Migration und Flüchtlinge, *Das Bundesamt in Zahlen 2018: Asyl, Migration und Integration*, Bundesamt für Migration und Flüchtlinge, 2019, https://www. bamf. de/SharedDocs/Anlagen/DE/Statistik/BundesamtinZahlen/bundesamt-in-zahlen-2018. html? nn = 284738.

[134] Bundesamt für Migration und Flüchtlinge, *Das Bundesamt in Zahlen 2019: Asyl, Migration und Integration*, Bundesamt für Migration und Flüchtlinge, 2020, p. 11, https://www. bamf. de/SharedDocs/Anlagen/DE/Statistik/BundesamtinZahlen/bundesamt-in-zahlen-2019. html? nn = 284738.

[135] Bundeskriminalamt, "Kriminalität im Kontext von Zuwanderung", https://www. bka. de/SharedDocs/Downloads/DE/Publikationen/Jahresber-

ichteUndLagebilder/KriminalitaetImKontextVonZuwanderung/kernaussagen-ZuKriminalitaetImKontextVonZuwanderungIIIQuartal2019. html? nn = 62336.

[136] Bundesministerium für Wirtschaft und Energie, "Bundeskabinett verabschiedet Sorgfaltspflichtengesetz", 3 March, 2021, https://www. bmwi. de/Redaktion/DE/Pressemitteilungen/2021/03/20210303-bundeskabinett-verabschiedet-sorgfaltspflichtengesetz. html.

[137] Bundesministerium für Wirtschaft und Energie, "Jahreswirtschaftsbericht 2014 Soziale Marktwirtschaft heute-Impulse für Wachstum und Zusammenhalt", Februar, 2014, http://www. bmwi. de/BMWi/Redaktion/PDF/J-L/jahreswirtschaftsbericht-2014, property = pdf, bereich = bmwi2012, sprache = de, rwb = true. pdf.

[138] Bundesregierung, "Deutsch-Französische Agenda. Prioritäre Vorhaben in Umsetzung des Vertrags von Aachen", 22. 01. 2019, https://www. bundesregierung. de/resource/blob/997532/1571028/b31df002ff6835379adeea0471b204ce/2019 – 01 – 22-prioritaere-vorhaben-vertrag-aachen-data. pdf? download = 1.

[139] Bundeszentrale für politische Bildung, "Atypische Beschäftigungsverhältnisse", https://www. bpb. de/politik/innenpolitik/arbeitsmarktpolitik/17 8190/atypische-beschaeftigung.

[140] CDU, "Angela Merkel verzichtet auf erneute Kandidatur für CDU-Vorsitz", https://www. cdu. de/artikel/angela-merkel-verzichtet-auf-erneute-kandidatur-fuer-cdu-vorsitz.

[141] CDU, CSU and SPD, "Deutschlands Zukunft gestalten. Koalitionsvertrag zwischen CDU, CSU und SPD", 18. Legislaturperiode, Berlin, 2013, https://archiv. cdu. de/sites/default/files/media/dokumente/koalitionsvertrag. pdf.

[142] Charles Parker and Christer Karlsson, "Leadership and International Co-

operation", in R. A. W. Rhodes and Paul't Hart ed. , *The Oxford Handbook of Political Leadership*, Oxford: Oxford University Press, 2014.

[143] Christian Dustmann, Bernd Fitzenberger, Uta Schönberg, Alexandra Spitz-Oener, "From Sick Man of Europe to Economic Superstar: Germany's Resurgent Economy", *Journal of Economic Perspectives*, Vol. 28, No. 1, Winter 2014.

[144] Christian Teevs, Sebastian Fischer, "Unionsstreit über Flüchtlingspolitik: Bruch oder Befreiung?", *Der Spiegel*, 15. 06. 2018, https://www. spiegel. de/politik/deutschland/cdu-und-csu-streiten-ueber-fluechtlinge-drei-szenarien-fuer-die-groko-krise-a – 1213150. html.

[145] "CSU-Gast Orbán wirft Merkel, moralischen Imperialismus 'vor'", 24. 09. 2015, https://www. euractiv. de/section/eu-innenpolitik/news/csu-gast-orban-wirft-merkel-moralischen-imperialismus-vor/.

[146] Dalia Dassa Kaye, Shira Efron, "Israel's Evolving Iran Policy", *Survival*, Vol. 62, No. 4, 2020.

[147] Daniele Albertazzi, Duncan Mcdonnell, eds. , *Twenty-first Century Populism: The Spectre of Western European Democracy*, Palgrave Macmillan, 2008.

[148] Daniel Flemes, Hannes Ebert, "Neue deutsche Außenpolitik: Netzwerke statt Allianzen", GIGA German Institute of Global and Area Studies-Leibniz-Institut für Globale und Regionale Studien, 2016, https://www. ssoar. info/ssoar/handle/document/47370#.

[149] Daniel Keohane, "Constrained Leadership: Germany's New Defense Policy", *CSS Analyses in Security Policy*, No. 201, 2016.

[150] "Das kann nicht gutgehen mit dem Kapitalismus", *WirtschaftsWoche*, 8. Januar 2015, https://www. wiwo. de/politik/konjunktur/soziologe-wolfgang-streeck-das-kann-nicht-gutgehen-mit-dem-kapitalismus/11195698. html.

［151］ "Das Problem ist ein deutsches Problem", *Frankfurter Allgemeine Zeitung*, 03. 09. 2015, https://www. faz. net/aktuell/politik/fluechtlingskrise/orban-ueber-fluechtlingskrise-das-problem-ist-ein-deutsches-problem – 137 83525. html.

［152］ David A. Lake, "Escape from the State of Nature: Authority and Hierarchy in World Politics", *International Security*, Vol. 32, No. 1, 2007.

［153］ Derothea Lamatsch, *Deutsche Europapolitik der Regierung Schröder 1998 – 2002*, Hamburg: Verlag Dr. Kovac GmbH, 2004.

［154］ Deutscher Bundestag, *Stenografischer Bericht, 13. Sitzung*, Plenarprotokoll 15/13, Berlin, Mittwoch, den 4. Dezember 2002, https://www. bundestag. de/dokumente/protokolle/plenarprotokolle.

［155］ Deutscher Bundestag, *Stenographischer Bericht, 148. Sitzung* (BT-Plenarprotokoll 13/148), Bonn, Donnerstag, den 12. Dezember 1996, https://dserver. bundestag. de/btp/13/13148. pdf#P. 13432.

［156］ DGB Bundesvorstand, "DGB Verteilungsbericht 2021: Ungleichheit in Zeiten von Corona", Berlin, Januar 2021, https://www. dgb. de/themen/ + + co + + 37dffeb0 – 5bc3 – 11eb-ac48 – 001a4a160123.

［157］ Die Bundesregierung, "Erklaerung der Bundesregierung zu den Ergebnissen des Europaeischen Rates in Maastricht, abgegeben von Bundeskanzler Dr. Helmut Kohl vor dem Deutschen Bundestag", https://www. bundesregierung. de/breg-de/service/bulletin/erklaerung-der-bundesregierung-zu-den-ergebnissen-des-europaeischen-rates-in-maastricht-abgegeben-von-bundeskanzler-dr-helmut-kohl-vor-dem-deutschen-bundestag – 78 7294.

［158］ Die Bundesregierung, "Erklaerung des Bundeskanzlers vor der Presse zum Abschluss des Europaeischen Rates", https://www. bundesregierung. de/breg-de/service/bulletin/erklaerung-des-bundeskanzlers-vor-der-presse-zum-abschluss-des-europaeischen-rates – 787306.

[159] Die Bundesregierung, "Für eine gemeinsame europäische Agenda", https://www. bundesregierung. de/Content/DE/Reiseberichte/2018 – 03 – 16-antrittsbesuch-merkel-warschau. html? nn = 392768.

[160] Die Bundesregierung, "Lebenslagen in Deutschland-der Fünfte Armuts- und Reichtumsbericht der Bundesregierung", 2016, https://www. armuts- und-reichtumsbericht. de/SharedDocs/Downloads/Berichte/5-arb-langfassung. pdf? _blob = publicationFile&v = 6.

[161] Die Bundesregierung, "Pressekonferenz von Bundeskanzlerin Merkel und dem französischen Präsidenten Emmanuel Macron", https://www. bundesregierung. de/breg-de/suche/pressekonferenz-von-bundeskanzlerin-merkel-und-dem-franzoesischen-praesidenten-emmanuel-macron – 1753844.

[162] Die Bundesregierung, "Pressekonferenz zu Konjunktur – /Krisenbewältigungspaket und Zukunftspaket", https://www. bundesregierung. de/breg-de/suche/pressekonferenz-zu-konjunktur-krisenbewaeltigungspaket-und-zukunftspaket – 1757642.

[163] Die Bundesregierung, "Rede von Bundeskanzler Gerhard Schröder beim Festakt zum Tag der Deutschen Einheit am 3. Oktober 2003 in Magdeburg", https://www. bundesregierung. de/breg-de/service/bulletin/rede-von-bundeskanzler-gerhard-schroeder – 789966.

[164] Die Bundeskanzlerin, "Rede von Bundeskanzlerin Merkel zur deutschen EU-Ratspräsidentschaft 2020 vor dem Europäischen Parlament am 8. Juli 2020 in Brüssel", https://www. bundeskanzlerin. de/bkin-de/aktuelles/rede-von-bundeskanzlerin-merkel-zur-deutschen-eu-ratspraesidentschaft – 2020-vor-dem-europaeischen-parlament-am – 8-juli – 2020-in-bruessel – 1767368.

[165] Die Presse, "Deutschland: Drei Flüchtlinge aus dem Irak planten Ter-

roranschlag", https://www. diepresse. com/5571505/deutschland-drei-flu-chtlinge-aus-dem-irak-planten-terroranschlag.

[166] Douglas Webber, ed. , *New Europe, New Germany, Old Foreign Policy? German Foreign Policy Since Unification*, Frank Cass & Co. Ltd, London, 2001.

[167] ECFR Council, "Europe's Recovery Gamble", https://ecfr. eu/article/commentary_europes_recovery_gamble/.

[168] ECFR Council, "Timothy Garton Ash: Germany, The EU Can Emerge Stronger from the Pandemic if Merkel Seizes the Moment", https://ecfr. eu/article/commentary_the_eu_can_emerge_stronger_from_the_pandemic_if_merkel_seizes_th/.

[169] Economist Intelligence Unit, "Country Report: Germany", https://www-eiu-com. ra. cass. cn: 8118/FileHandler. ashx? issue_id = 8505700 68&mode = pdf, Generated on January 13th 2021.

[170] Egon Bahr, *Der Deutsche Weg-Selbstverständlich und normal*, München: Karl Blessing Verlag, 2003.

[171] Egon Bahr, "Die 'Normalisierung' der deutschen Außenpolitik, Mündige Partnerschaft statt bequemer Vormundschaft", *Internationale Politik*, Issue 1, 1999.

[172] Elizabeth Pond, Hans Kundnani, "Germany's Real Role in the Ukraine Crisis", *Foreign Affairs*, Vol. 94, No. 2, 2015.

[173] Ellis S. Krauss, Hanns W. Maull, "Germany, Japan and the Fate of International Order", *Survival*, Vol. 62, No. 3, 2020.

[174] Erik Kirschbaum, "Europe Divided on Aid to Greece before Summit", Reuters, https://www. reuters. com/article/eurozone-idUSLDE62K0C9201 00322.

[175] "Es ist unbestritten: Italien war allein", *Süddeutsche Zeitung*, 19 April

2020, https://www. sueddeutsche. de/politik/conte-italien-coronavirus –
1. 4881435? reduced = true.

[176] "EU Leaders Embrace Multi-speed Europe Amid Tensions", 07. 03. 2017,
https://www. bbc. com/news/world-europe – 39192045.

[177] "Europawahl 2019: Die Ergebnisse aus Deutschland", *Der Spiegel*, 27.
05. 2019, https://www. spiegel. de/politik/deutschland/europawahl – 2019-
alle-ergebnisse-aus-deutschland-im-ueberblick-a – 1267860. html.

[178] European Central Bank, "The Euro", https://www. ecb. europa. eu/eu-
ro/html/index. en. html.

[179] European Central Bank, "The Fiscal Implications of the EU's Recovery
Package", https://www. ecb. europa. eu/pub/economic-bulletin/html/eb
202006. en. html.

[180] European Parliament, "Implementation of the Stability and Growth Pact—
March 2020", https://www. europarl. europa. eu/RegData/etudes/IDAN/
2018/497746/IPOL_IDA (2018) 497746_EN. pdf.

[181] European Union, "Benefits", https://europa. eu/european-union/about-
eu/euro/benefits_en.

[182] Europäischer Rat, "Gemeinsamer Standpunkt (EG) Nr. 39/1999 im
Hinblick auf den Erlaß der Richtlinie 1999//EG der Europäischen Parla-
ments und des Rates über Altfahrzeuge", https://eur-lex. europa. eu/le-
gal-content/DE/TXT/PDF/? uri = CELEX: 51999AG0039&from = DE.

[183] Folashade Ajayi, Laura Westerveen, "COVID – 19: Amplifier of Ra-
cism and Inequalities", https://www. ies. be/node/5484.

[184] Gerhard Schröder, "Erklärung der Bundesregierung-Vorschau auf den
Europäischen Rat in Wien am 11. /12. Dezember 1998 und Ausblick auf
die deutsche Präsidentschaft in der ersten Jahreshälfte 1999", https://
www. bundesregierung. de/breg-de/service/bulletin/erklaerung-der-bund-

esregierung-vorschau-auf-den-europaeischen-rat-in-wien-am – 11 – 12-de-zember – 1998-und-ausblick-auf-die-deutsche-praesidentschaft-in-der-ersten-jahreshaelfte – 1999 – 806406.

[185] Gerhard Schröder, "Regierungserklärung von Bundeskanzler Gerhard Schröder, zur Einigung der Staats-und Regierungschef der Europäischen Union auf eine europäische Verfassung vor dem Deutschen Bundestag", am 2. Juli 2004 in Berlin: https://www. bundesregierung. de/breg-de/service/bulletin/regierungserklaerung-von-bundeskanzler-gerhard-schroeder – 792442.

[186] "Germany: More than 1, 600 Crimes 'Targeted Refugees and Asylum-seekers'", *Deutsche Welle*, 27. 03. 2020, https://www. dw. com/en/germany-more-than – 1600-crimes-targeted-refugees-and-asylum-seekers/a – 52935715.

[187] "Germany Sees Spike in Violent Crime from Migrants but Blames 'Racism'", *Free West Media*, 5 January 2018, https://freewestmedia. com/2018/01/05/germany-sees-spike-in-violent-crime-from-migrants-but-blames-racism/.

[188] Gregor Schöllgen, *Der Auftritt-Deutschlands Rückkehr auf die Weltbühne*, Berlin/München: Propyläen Verlag, 2003.

[189] Gunther Hellmann, "Jenseits von 'Normalisierung' und 'Militarisierung': Zur Standortdebatte über die neue deutsche Aussenpolitik", *Aus Politik und Zeitgeschichte, Beilage zur Wochenzeitung Das Parlament*, B1 – 2, 1997.

[190] Gunther Hellmann, "Normatively Disarmed, But Self-confident. German Foreign Policy 20 Years after Re-unification", *Internationale Politik* (Global Edition), No. 3, 2011.

[191] Gunther Hellmann, Daniel Jacobi, Ursula Stark Urrestarazu, "'Früher, entschiedener and substantieller'? Die neue Debatte über Deutschlands

Außenpolitik", *Zeitschrift für Außen-und Sicherheitspolitik*, Sonderheft 6, 2015.

[192] Günther Maihold, "Über den Tag hinaus: Deutsche Außenpolitik jenseits des Krisenmodus", in Volker Perthes ed. , *Ausblick 2016: Begriffe und Realitäten internationaler Politik*, Stiftung Wissenschaft und Politik, Deutsches Institut für Internationale Politik und Sicherheit, 2016.

[193] Hanns W. Maull, "Deutsche Außenpolitik nach der» Review 2014 «: Zivilmacht 2. 0?", *Zeitschrift für Politik*, Vol. 62, No. 3, Sep. 2015.

[194] Hanns W. Maull, "Deutschland als Zivilmacht", in Siegmar Schmidt, Gunther Hellmann and Reinhard Wolf, eds. , *Handbuch zur deutschen Außenpolitik*, VS Verlag für Sozialwissenschaften, 2007, https://doi. org/10. 1007/978 – 3 – 531 – 90250 – 0_4.

[195] Hanns W. Maull, "Die prekäre Kontinuität: Deutsche Außenpolitik zwischen Pfadabhängigkeit und Anpassungsdruck", in Manfred G. Schmidt and Reimut Zohlnhöfer, eds. , *Regieren in der Bundesrepublik Deutschland. Innen-und Außenpolitik seit 1949*, VS Verlag für Sozialwissenschaften, 2006.

[196] Hanns W. Maull, "German Foreign Policy, Post-Kosovo: Still a 'Civilian Power?'", *German Politics*, Vol. 9, No. 2, 2000.

[197] Hanns W. Maull, "Germany and the Art of Coalition Building", *European Integration*, Vol. 30, No. 1, 2008.

[198] Hanns W. Maull, "Germany's Leadership in Europe: Finding Its New Role", *Rising Powers Quarterly*, https://risingpowersproject. com/quarterly/germanys-leadership-in-europe-finding-its-new-role/.

[199] Hanns W. Maull, "Zivilmacht Bundesrepublik Deutschland. Vierzehn Thesen für eine neue deutsche Außenpolitik", *Europa Archiv*, Vol. 47, No. 10, 1992.

［200］ Hanns W. Maull, Sebastian Harnisch, Costanin Grund, eds., *Deutsch-land im Abseits? Rot-grüne Außenpolitik 1998 – 2003*, Baden-Baden: Nomos Verlag, 2003.

［201］ Hans-Ulrich Wehler, "Die Explosion der Ungleichheit. Ein Problem von Macht und Herrschaft", *Blätter für deutsche internationale Politik*, No. 4, 2013.

［202］ Harald Stutte, "Kaltes Land", *Frankfurter Allgemeine Zeitung*, 19. 01. 2020, https://www. faz. net/aktuell/gesellschaft/menschen/fremdenfeind-liche-attacken-erbe-des-ddr-alltagsrassismus – 16589120. html.

［203］ Helmut Kohl, "Ansprache des Bundeskanzlers zum Jahreswechsel 1990/91 ueber Rundfunk und Fernsehen", https://www. bundesregierung. de/breg-de/service/bulletin/ansprache-des-bundeskanzlers-zum-jahreswechsel – 1990 – 91-ueber-rundfunk-und-fernsehen – 786998.

［204］ Helmut Kohl, "Die Europaeische Waehrungsunion-Eine Stabilitaetsge-meinschaft-Rede des Bundeskanzlers vor der Association", https://www. bundesregierung. de/breg-de/service/bulletin/die-europaeische-waehrun-gsunion-eine-stabilitaetsgemeinschaft-rede-des-bundeskanzlers-vor-der-as-sociation – 788938.

［205］ Helmut Kohl, "Erklärung der Bundesregierung zum Europäischen Rat in Cardiff (Teil eins von zwei), abgegeben von Bundeskanzler Dr. Helmut Kohl vor dem Deutschen Bundestag", https://www. bundesregierung. de/breg-de/service/bulletin/erklaerung-der-bundesregierung-zum-europaeis-chen-rat-in-cardiff-teil-eins-von-zwei-abgegeben-von-bundeskanzler-dr-helmut-kohl-vor-dem-deutschen-bundestag – 810500.

［206］ Helmut Kohl, "Europäische Einigung-Garantie für Frieden, Freiheit und Wohlstand im 21. Jahrhundert-Rede des Bundeskanzlers in Mettlach", https://www. bundesregierung. de/breg-de/service/bulletin/europaeische-einigung-garantie-fuer-frieden-freiheit-und-wohlstand-im – 21-jahrhundert-rede-des-bundeskanzlers-in-mettlach – 810710.

[207] Helmut Kohl, "Zustimmung zum Vertrag von Maastricht-Erklaerung des Bundeskanzlers zum Ergebnis des Referendums in Frankreich", https://www. bundesregierung. de/breg-de/service/bulletin/zustimmung-zum-vertrag-von-maastricht-erklaerung-des-bundeskanzlers-zum-ergebnis-des-referendums-in-frankreich – 789370.

[208] Hermione Gee, "20 Years on—Has the Euro Been a Success?", https://www. euronews. com/2019/01/01/20-years-of-the-euro.

[209] Holger Romann, "Post-Brexit-Treffen. Drei auf der Insel", 22. 08. 2016, https://www. br. de/nachricht/gipfel-merkel-renzi-hollande – 100. html.

[210] Ian Budge, Dennis J. Farlie. *Explaining and Predicting Elections: Issue Effects and Party Strategies in 23 Democracies*, London: Allen & Unwin, 1983.

[211] "Industrieverband lobt überdurchschnittliche Erfolge in Ostdeutschland", *Der Spiegel*, 20. 05. 2019, https://www. spiegel. de/wirtschaft/unternehmen/bdi-lobt-wirtschaftliche-entwicklung-in-ostdeutschland-a – 1268230. html.

[212] Inez von Weitershausen, David Schäfer, Wolfgang Wessels, "A 'Primus Inter Pares' in EU Foreign Policy? —German Leadership in the European Council during the Libyan and Ukrainian Crises", *German Politics*, Vol. 29, No. 1, 2020.

[213] Infratest Dimap, "AfD rückt nach rechts, CDU nach links. Die Positionierung der politischen Parteien im Links-Rechts-Kontinuum", https://www. infratest-dimap. de/uploads/media/LinksRechts_Nov2015_01. pdf.

[214] Initiative Lieferkettengesetz, "EU-Lieferkettengesetz nimmt nächste Hürde-Schwachstellen des deutschen Entwurfs immer deutlicher", 11 March,

2021, https://lieferkettengesetz. de/2021/03/11/nachster-schritt-zu-euro-paischem-lieferkettengesetz/.

[215] Jacques Chirac, "Rede von Jacques Chirac, Präsident der Republik, vor dem Deutschen Bundestag" (Berlin, 27. Juni 2000), https://www. bundestag. de/parlament/geschichte/gastredner/chirac/chirac1 – 244734.

[216] Jason Heyes, "Flexicurity in Crisis: European Labour Market Policies in a Time of Austerity", *European Journal of Industrial Relations*, Vol. 19, Issue 1, 2013, originally published online 27 January 2013.

[217] Jennifer A. Yoder, "Dialogues, Trialogues and Triangles: The Geometry of Germany's Foreign Policy of Trust-building", *German Politics*, Vol. 26, No. 2, 2015.

[218] Jessica Bucher, Lena Engel, Stephanie Harfensteller, Hylke Dijkstra, "Domestic Politics, News Media and Humanitarian Intervention: Why France and Germany Divergedover Libya", *European Security*, Vol. 2, No. 4, 2013.

[219] John R. Petrocik, "Issue Ownership in Presidential Elections, with a 1980 Case Study", *American Journal of Political Science*, Vol. 40, No. 3, 1996.

[220] Joschka Fischer, *Die rot-grünen Jahre. Deutsche Außenpolitik-vom Kosovo bis zum 11. September*, Köln: Kiepenheuer & Witsch, 2007.

[221] Joschka Fischer, "Rede des Bundesministers des Auswärtigen Joschka Fischer", am 12. Mai 2000 in der Humboldt-Universität in Berlin, https://www. bundesregierung. de/breg-de/service/bulletin/rede-des-bundesministers-des-auswaertigen-joschka-fischer – 808150.

[222] Joseph S. Nye Jr, "Recovering American Leadership", *Survival*, Vol. 50, No. 1, 2008.

[223] Joyce Marie Mushaben, "Wir schaffen das! Angela Merkel and the European Refugee Crisis", *German Politics*, Vol. 26, No. 4, 2017.

[224] Kalina Oroschakoff, "Germany's Green Energy Shift Is More Fizzle than Sizzle", https://www. politico. eu/article/germany-climate-change-green-energy-shift-is-more-fizzle-than-sizzle/.

[225] Karl Vick, Simon Shuster, "Person of the Year: Chancellor of the Free World", https://time. com/time-person-of-the-year – 2015-angela-merkel/.

[226] Kenneth N. Waltz, "The Emerging Structure of International Politics", *International Security*, Vol. 18, No. 2, 1993.

[227] K. J. Holsti, "National Role Conceptions in the Study of Foreign Policy", *International Studies Quarterly*, Vol. 14, No. 3, 1970.

[228] Konrad-Adenauer-Stiftung, "Das Parteiensystem in Deutschland ein Jahr nach der Bundestagswahl", https://www. kas. de/documents/252038/25 3252/Das + Parteiensystem + in + Deutschland + ein + Jahr + nach + der + Bundestagswahl. pdf/2ade6176 – 0516-b3c9 – 9816-cc1647bf76a6? version = 1. 1&t = 1541602142727.

[229] Lena Walther, Lukas M. Fuchs, Jürgen Schupp, Christian von Scheve, "Living Conditions and the Mental Health and Well-being of Refugees: Evidence from a Large-scale German Survey", *Journal of Immigrant and Minority Health*, Vol. 22, Issue 5, 2020.

[230] "Linken-Anfrage an Finanzminister-Corona-Kosten: Bis zu 1, 3 Billionen Euro", 31. 12. 2020, https://www. zdf. de/nachrichten/politik/corona-no-vemberhilfen-dezemberhilfen-kosten-bartsch – 102. html.

[231] Lisbeth Aggestam, Adrian Hyde-Price, "Learning to Lead? Germany and the Leadership Paradox in EU Foreign Policy", *German Politics*, Vol. 29, Issue 1, 2020.

[232] Magnus G. Schoeller, "Germany, the Problem of Leadership, and Institution-building in EMU Reform", *Journal of Economic Policy Reform*, Vol. 23, No. 3, 2020.

[233] Magnus G. Schoeller, "Providing Political Leadership? Three Case Studies on Germany's Ambiguous Role in the Eurozone Crisis", *Journal of European Public Policy*, Vol. 24, No. 1, 2017.

[234] Marco Siddi, "A Contested Hegemon? Germany's Leadership in EU Relations with Russia", *German Politics*, Vol. 29, Issue 1, 2020, https://doi. org/10. 1080/09644008. 2018. 1551485.

[235] Martin Kaelble, "Hans-Werner Sinn: Merkel war die Kanzlerin des Hier und Jetzt", https://www. capital. de/wirtschaft-politik/hans-werner-sinn-merkel-war-die-kanzlerin-des-hier-und-jetzt.

[236] Matthias Mader, Harald Schoen, "The European Refugee Crisis, Party Competition, and Voters' Responses in Germany", *West European Politics*, Vol. 42, No. 1, 2019.

[237] Matthias Matthijs, "The Three Faces of German Leadership", *Survival*, Vol. 58, No. 2, 2016.

[238] Matthias Matthijs, Mark Blyth, "Why Only Germany Can Fix the Euro", *Foreign Affairs*, Nov. 17. 2011, https://www. foreignaffairs. com/articles/germany/2011 - 11 - 17/why-only-germany-can-fix-euro.

[239] Maximilian Overbeck, "European Debates during the Libya Crisis of 2011: Shared Identity, Divergent Action", *European Security*, Vol. 23, No. 4, 2014.

[240] "Merkel Vows 'No Euro Bonds as Long as I Live'", *Der Spiegel*, 27. 06. 2012, https://www. spiegel. de/international/europe/chancellor-merkel-vows-no-euro-bonds-as-long-as-she-lives-a - 841163. html.

[241] Michael G. Arghyrou, Alexandros Kontonikas, "The EMU Sovereign-debt Crisis: Fundamentals, Expectations and Contagion", http://carbsecon. com/wp/E2010_9. pdf.

[242] "Multikulti bleibt eine Lebenslüge", *Der Spiegel*, 14. 12. 2015, https://

www. spiegel. de/politik/deutschland/fluechtlinge-angela-merkel-spricht-von-historischer-bewaehrungsprobe-fuer-europa-a – 1067685. html.

[243] Nicholas Wright, "No Longer the Elephant Outside the Room: Why the Ukraine Crisis Reflects a Deeper Shift towards German Leadership of European Foreign Policy", *German Politics*, Vol. 27, No. 4, 2018.

[244] Nicole Bolleyer, Orsolya Salát, "Parliaments in Times of Crisis: COVID – 19, Populism and Executive Dominance", *West European Politics*, Vol. 44, No. 5 – 6, 2021.

[245] Nicole Koenig, "Leading beyond Civilian Power: Germany's Role Reconception in European Crisis Management", *German Politics*, Vol. 29, No. 1, 2020.

[246] Niklas Helwig, "Germany in European Diplomacy: Minilateralism as a Tool for Leadership", *German Politics*, Vol. 2, No. 1, 2020.

[247] "OECD fordert Deutschland zum Handeln bei Langzeitarbeitslosigkeit auf", *Der Spiegel*, 03. 09. 2014, http://www. spiegel. de/wirtschaft/soziales/oecd-studie-experten-sagen-job-boom-in-deutschland-voraus-a – 989524. html.

[248] Oran R. Young, "Political Leadership and Regime Formation: On the Development of Institutions in International Society", *International Organization*, Vol. 45, No. 3, 1991.

[249] Oskar Niedermayer, "Mitgliederentwicklung der Parteien", Bundeszentrale für politische Bildung, 18 September 2020, https://www. bpb. de/politik/grundfragen/parteien-in-deutschland/zahlen-und-fakten/138672/mitgliederentwicklung.

[250] Oskar Niedermayer, "Rekrutierungsfähigkeit der Parteien", Bundeszentrale für politische Bildung, 26 August 2020, https://www. bpb. de/politik/grundfragen/parteien-in-deutschland/zahlen-und-fakten/138674/rek-

rutierungsfaehigkeit.

[251] Oskar Niedermayer, "Von der Zweiparteiendominanz zum Pluralismus: Die Entwicklung des deutschen Parteiensystems imwesteuropäischen Vergleich", *Politische Vierteljahresschrift*, Vol. 51, No. 1, 2010.

[252] Päivi Leino-Sandberg, Vesa Vihriälä, "The Emerging Fiscal Union Needs a Solid Foundation", *VoxEU*, 31 May 2021, https://voxeu. org/article/emerging-fiscal-union-needs-solid-foundation.

[253] "Premier Conte fordert 'ganze Feuerkraft' der EU", *Süddeutsche Zeitung*, 19. April 2020, https://www. sueddeutsche. de/politik/eu-italien-conte-coronabonds – 1. 4881918.

[254] "Pressekonferenz von Bundeskanzlerin Merkel und Präsident Obama am 2. Mai 2014", https://www. bundeskanzlerin. de/bkin-de/aktuelles/pressekonferenz-von-bundeskanzlerin-merkel-und-praesident-obama-am – 2-mai – 2014 – 845976.

[255] "Private Gläubiger sollen freiwillig helfen", *Frankfurter Allgemene Zeitung*, 17. 06. 2011, https://www. faz. net/aktuell/wirtschaft/konjunktur/griechenland-rettung-private-glaeubiger-sollen-freiwillig-helfen – 16092. html.

[256] Raino Malnes, "'Leader' and 'Entrepreneur' in International Negotiations: A Conceptual Analysis", *European Journal of International Relations*, Vol. 1, No. 1, 1995.

[257] Ralf Euler, "Asyl ist ein Recht auf Zeit", *Frankfurter Allgemeine Zeitung*, 01. 10. 2018, https://www. faz. net/aktuell/rhein-main/parteien-ueber-flucht-migration-und-integration – 15802210. html.

[258] Ralf Grötker, "Unterschätzte Ungleichheit", *Max Planck Forschung*, Heft 3, 2020, https://www. mpg. de/15930563/F001_Fokus_026 – 033. pdf. mpg. de.

[259] Rebecca Adler-Nissen, Vincent Pouliot, "Power in Practice: Negotiating the International Intervention in Libya", *European Journal of International Relation*, Vol. 20, No. 4, 2014.

[260] "Reden auf der MSC 2014", https://securityconference. org/msc – 2014/ reden/.

[261] Richard Baldwin, Virginia DiNino, Lionel Fontagné, Roberto A. De Santis, Daria Taglioni, "Study on the Impact of the Euro on Trade and Foreign Direct Investment", https://ec. europa. eu/economy _ finance/publications/pages/publication12590_en. pdf.

[262] Robert Bosch Stiftung, "Andere Länder, andere Sitten? Welche kulturellen Unterschiede Flüchtlinge wahrnehmen-und wie sie damit umgehen", https:// www. stiftung-mercator. de/media/downloads/3 _ Publikationen/2019/2019_09/SVR-FB_Welche-kulturellen-Unterschiede-Fluechtlinge-wahrnehmen. pdf.

[263] Robert Kappel, Helmut Reisen, "Die Neuvermessung der Welt und die deutsche Außenpolitik", GIGA German Institute of Global and Area Studies-Leibniz-Institut für Globale und Regionale Studien, 2015, https://www. ssoar. info/ssoar/handle/document/43115#.

[254] Rüdiger K. W. Wurzel, "Germany: How to Manage Brexit while Trying to Safeguard European Integration", *Marmara Journal of European Studies*, Vol. 26, No. 1, 2018.

[265] Ruth Berschens, "Mehr Geld und Klimaschutz-Mark Rutte gibt flammendes Bekenntnis zur EU ab", *Handelsblatt*, 13. 06. 2018, https:// www. handelsblatt. com/politik/international/niederlande-mehr-geld-und-klimaschutz-mark-rutte-gibt-flammendes-bekenntnis-zur-eu-ab/22680822. html.

[266] Ruud Muffels, Ton Wilthagen, "Flexicurity: A New Paradigm for the Analysis of Labor Markets and Policies Challenging the Trade-off between

Flexibility and Security", *Sociology Compass*, Vol. 7, No. 2, 2013.

[267] Sandra Destradi, "Regional Powers and Their Strategies: Empire, Hegemony, and Leadership", *Review of International Studies*, Vol. 36, No. 4, 2010.

[268] Sandra Destradi, "Reluctance in International Politics: A Conceptualization", *European Journal of International Relations*, Vol. 23, No. 2, 2017.

[269] Sarah Brockmeier, "Germany and the Intervention in Libya", *Survival*, Vol. 55, No. 6, 2013.

[270] "Scheitert der Euro, dann scheitert Europa", Textarchiv des Deutschen Bundestags, 2010, https://www. bundestag. de/webarchiv/textarchiv/2010/29826227_kw20_de_stabilisierungsmechanismus – 201760.

[271] "Schröder stellt sich gegen EU-Kommission", *Frankfurter Allgemeine Zeitung*, 16. 06. 2002, https://www. faz. net/aktuell/politik/eu-politik-schroeder-stellt-sich-gegen-eu-kommission – 161793. html.

[272] Senatsverwaltung für Gesundheit, Pflege und GleichstellungAbteilung Gesundheit, Berlin, "Das SARS-CoV – 2-Infektionsgeschehen in Berlin-Zusammenhang mit Soziodemografie und Wohnumfeld", *Kurz Informiert*, 2020/02, https://www. berlin. de/sen/gesundheit/service/gesundheitsberichterstattung/veroeffentlichungen/kurz-informiert/.

[273] Seyed Hossein Mousavian, "EU-Iran Relations after Brexit", *Survival*, Vol. 58, No. 5, 2016.

[274] Seyed Hossein Mousavian, Shahir Shahidsaless, *Iran and the United States: An Insider's View on the Failed Past and the Road to Peace*, Bloomsbury Publishing, 2014.

[275] Simon Bulmer, William E. Paterson, *German Power in Europe. Germany and the European Union: Europe's Reluctant Hegemon?* London: Red Globe Press, 2019.

[276] Statista, "National Debt in EU Countries in the 4rd Quarter 2020 in Rela-
tion to Gross Domestic Product", https://www. statista. com/statistics/26
9684/national-debt-in-eu-countries-in-relation-to-gross-domestic-product-
gdp/.

[277] Statistisches Bundesamt, "Bevölkerung mit Migrationshintergrund 2019 um
2, 1% gewachsen: schwächster Anstieg seit 2011", https://www. dest-
atis. de/DE/Presse/Pressemitteilungen/2020/07/PD20_279_12511. html.

[278] Statistisches Bundesamt (Destatis), Wissenschaftszentrum Berlin für So-
zialforschung (WZB), Bundesinstitut für Bevölkerungsforschung (BiB)
und Das Sozio-oekonomische Panel (SOEP) am Deutschen Institut für
Wirtschaftsforschung (DIW Berlin), *Datenreport 2021-Ein Sozialbericht
für die Bundesrepublik Deutschland*, Bonn 2021.

[279] Stefaan Walgrave, Anke Tresch, Jonas Lefevere, "The Conceptualisa-
tion and Measurement of Issue Ownership", *West European Politics*, Vol.
38, No. 4, 2015.

[280] Stefaan Walgrave, Jonas Lefevere, Anke Tresch, "The Associative Di-
mension of Issue Ownership", *Public Opinion Quarterly*, Vol. 76, No. 4,
2012.

[281] Stella Ladi, Dimitris Dr Tsarouhas, "EU Economic Governance and
COVID-19: Policy Learning and Windows of Opportunity", *Journal of
European Integration*, Vol. 42, No. 8, 2020.

[282] Stephan Bierling, *Vormacht Wider Willen: Deutsche Außenpolitik von der
Wiedervereinigung bis zur Gegenwart*, München: Verlag C. H. Beck, 2014.

[283] Stephen F. Szabo, "Germany's Commercial Realism and the Russia Prob-
lem", *Survival*, Vol. 56, No. 5, 2014.

[284] Sven Böll, "Schäuble präsentiert Masterplan für den Euro", 16. 10. 2012,
https://www. spiegel. de/wirtschaft/soziales/euro-krise-schaeuble-prae-

sentiert-masterplan-a – 861475. html.

[285] The Economist, "How the Dutch Will Take Britain's Place in Europe", https://www. economist. com/europe/2018/03/31/how-the-dutch-will-take-britains-place-in-europe.

[286] The Economist, "The Reluctant Hegemon", Jun. 15, 2013, https://www. economist. com/leaders/2013/06/15/the-reluctant-hegemon.

[287] Thorsten Schulten, Torsten Müller, "Kurzarbeitergeld in der Corona-Krise Aktuelle Regelungen in Deutschland und Europa", *Policy Brief*, Wirtschafts-und Sozialwissenschaftliches Institut der Hans-Böckler-Stiftung, Düsseldorf, Nr. 38, 04/2020.

[288] Tom Louwerse, Ulrich Sieberer, Or Tuttnauer, Rudy B. Andeweg, "Opposition in Times of Crisis: COVID – 19 in Parliamentary Debates", *West European Politics*, Vol. 44, No. 5 – 6, 2021.

[289] Tuomas Forsberg, "From Ostpolitik to 'Frostpolitik'? Merkel, Putin and German Foreign Policy towards Russia", *International Affairs*, Vol. 92, No. 1, 2016, p. 31.

[290] Tytti Erästö, "Transatlantic Diplomacy in the Iranian Nuclear Issue-Helping to Build Trust?", *European Security*, Vol. 20, No. 3, 2011.

[291] Ulrich Roos, "Deutsche Außenpolitik nach der Vereinigung", *Zeitschrift für Internationale Beziehungen*, 19. Jg., Heft 2, 2012.

[292] Ursula von der Leyen, "Manuskript der Rede der Bundesministerin der Verteidigung, Dr. Ursula von der Leyen, anläßlich der 51. Münchner Sicherheitskonferenz München", 6. Februar 2015, https://securityconference. org/assets/02_Dokumente/03_Materialien/Redemanuskript_BMin_von_der_Leyen_MSC_2015. pdf.

[291] Valentina Pop, "Juncker and Schulz in Favour of Eurobonds", https://euobserver. com/eu-election/123488.

[294] Volker Rittberger, "Deutschlands Außenpolitik nach der Vereinigung. Zur Anwendbarkeit theoretischer Modelle der Außenpolitik: Machtstaat, Handelsstaat oder Zivilstaat?", in Wolfgang Bergem, Volker Ronge and Georg Weißeno, eds., *Friedenspolitik in und für Europa*, Opladen, 1999.

[295] Volker Rittberger, Wolfgang Wagner, "German Foreign Policy since Unification: Theories Meet Reality", in Volker Rittberger ed., *German Foreign Policy since Unification: Theories and Case Studies*, Manchester, 2001.

[296] Wachtler B., Michalski N., Nowossadeck E., Diercke M., Wahrendorf M. et al., "Sozioökonomische Ungleichheit im Infektionsrisiko mit SARS-CoV – 2-Erste Ergebnisse einer Analyse der Meldedaten für Deutschland", *Journal of Health Monitoring*, Special Issue 7, 2020, https://www. rki. de/DE/Content/Gesundheitsmonitoring/Gesundheitsberichterstattung/ GBEDownloadsJ/JoHM_S7_2020_Soziale_Ungleichheit_COVID_19. pdf? _ blob = publicationFile.

[297] Walter Carlsnaes, "Foreign Policy", in Knud Erik Jørgensen ed., *International Relations Theory: A New Introduction*, Springer, 2017.

[298] Walter Carlsnaes, Thomas Risse, Beth A. Simmons, *Handbook of International Relations* (Second Edition), Sage, 2013.

[299] Werner Eichhorst, Paul Marx, "Reforming German Labour Market Institutions: A Dual Path to Flexibility", *Journal of European Social Policy*, Vol. 21, No. 1, 2011.

[300] William E. Paterson, "The Reluctant Hegemon? Germany Moves Centre Stage in the European Union", *Journal of Common Market Studies*, Vol. 49, Issue 1, 2011.

[301] Wolfgang Proissl, "Why Germany Fell Out of Love with Europe", https:// www. bruegel. org/wp-content/uploads/imported/publications/WPessay_

2010_01_160710 – 1. pdf.

[302] Wolfgang Schäuble, *Zur Zukunft von Deutschland in der Europäischen U-nion*, Series: Leipziger Vorträge zu Recht und Politik, Vol. 11, 1. Edition, 2019.

[303] Zbigniew Truchlewski, Waltraud Schelkle, Joseph Ganderson, "Buying Time for Democracies? European Union Emergency Politics in the Time of COVID – 19", *West European Politics*, Vol. 44, No. 5 – 6, 2021.

主要参考网站：

[304] 新华网: http://www. xinhuanet. com。

[305] 人民网: http://paper. people. com. cn/gjjrb/html/2014 – 07/14/content_1451912. htm。

[306] 德国联邦政府网站: https://www. bundesregierung. de。

[307] 德国外交部网站: https://www. auswaertiges-amt. de/de。

[308] 欧盟委员会网站: https://ec. europa. eu/info/index_en。

[309] 欧盟统计局网站: https://ec. europa. eu/eurostat。

[310] 德国联邦统计局网站: https://www. destatis. de。

[311] 德国联邦统计局数据库: https://www-genesis. destatis. de/genesis/on-line。

[312] 统计网站: https://www. statista. com。

[313] 德国经济研究所网站: https://www. diw. de。

[314] 德国伊福经济研究所: https://www. ifo. de。

[315] 德国电视一台"每日新闻"网站: https://www. tagesschau. de。

[316] 德国选举网站: http://www. wahlrecht. de。

[317] 德国基民盟主页: https://www. cdu. de。

[318] 德国社民党主页: https://www. spd. de。

[319] 德国自民党主页: https://www. fdp. de/。

［320］德国绿党主页：https：//www. gruene. de。

［321］ 德 国 绿 党 联 邦 议 院 网 站： https：//www. gruene-bundestag. de/parla-
ment。

［322］德国选择党主页：https：//www. afd. de。

［323］德国左翼党主页：https：//www. die-linke. de/。

［324］罗伯特·科赫研究所：https：//www. rki. de。

后 记

————

2012 年，我有幸参加了周弘老师主持的国家社科基金重大项目《德国统一史》的翻译工作，从那时开始，我对于统一德国在欧盟的地位和作用的问题产生了兴趣，并开始撰写相关主题的研究论文，但当时并没有进行系统的研究。2016 年，我申请的课题"德国在欧盟地位和作用的变化及中国对欧政策研究"获得国家社科基金一般项目资助（批准号：16BGJ064），此后几年，我就这一课题开展了较为系统的研究。本书是该项目研究成果的主要部分，也是中国社会科学院创新工程"百年变局下的欧洲转型研究"项目的阶段性成果。在项目执行过程中，除了对官方文件、媒体报道、学术论文进行深入的文献分析外，我还走访了德国有关机构的外交政策专家，并对智库学者进行了访谈。在此基础上，本书就德国在国际危机中的表现以及德国在欧洲一体化问题上的立场进行了案例分析。

国内学术界在研究两德统一后德国外交政策时，往往集中研究德国在欧盟地位的特殊性及某一时间段德国外交政策转型，而本书则对统一 30 年来德国对欧政策以及在欧盟的地位和作用的变化进行了较系统的综合研究。此外，本书以欧洲一体化遭遇的问题和挑战以及德国国内制约因素为基础，对欧洲一体化进程中德国的地位、作用进行预测，同时围绕当代国际政治与国际关系中的重要问题进行探讨，将历史与现实相结合，具有一定创新意义。

在本书付印之际有许多需要感谢的人。在课题立项之初，我访问了熟悉的德国曼海姆大学，拜访了令人尊敬的贝亚特·科勒（Beate Kohler）教授，她对于课题的研究框架、研究方法以及文献搜集提出了非常宝贵的建议，并且为我引荐了她的一些同事，我与他们进行了相关的讨论。在项目执行过程中，海德堡大学的塞巴斯蒂安·哈尼施（Sebastian Harnisch）教授以及达姆施塔特工业大学的米歇尔·科诺特（Michèle Knodt）教授也为我在德国开展调研活动提供了大量的帮助，在此表示感谢。我的研究生华荣欣、彭鸿文以及北京外国语大学的李松林三位同学在课题执行期间承担了部分研究资料的搜集和整理工作，在此对他们的参与和辛苦付出表示感谢。社会科学文献出版社当代世界出版分社社长祝得彬老师在本选题的筹划过程中提供了非常有益的思路和建议，本书的责任编辑张萍老师在编辑过程中不辞辛劳、严谨认真，感谢他们对本书无私的奉献。最后，本书的出版受到中国社会科学院登峰战略中欧关系优势学科的资助，在此表示感谢！

本书是笔者近年研究历程的一次总结，虽有所成，但难免有不完善之处。在这个国际格局不断发生变化的时代，欧洲一体化进程也存在多种不确定性，这就要求研究者不断持续深入地学习、研究和思考，我将以此书为起点，在欧洲研究的道路上继续前行。谁道人生无再少？门前流水尚能西！以此自勉。

杨解朴

2022 年 3 月

图书在版编目（CIP）数据

德国在欧盟角色的演变：从科尔到默克尔／杨解朴
著 . —— 北京：社会科学文献出版社，2022.4（2022.10 重印）
（德国研究丛书）
ISBN 978 – 7 – 5201 – 9994 – 0

Ⅰ.①德… Ⅱ.①杨… Ⅲ.①德国 – 外交关系 – 欧洲
联盟 – 研究 Ⅳ.①D851.62

中国版本图书馆 CIP 数据核字（2022）第 061597 号

·德国研究丛书·

德国在欧盟角色的演变：从科尔到默克尔

著　　者／杨解朴

出 版 人／王利民
组稿编辑／祝得彬
责任编辑／张　萍
责任印制／王京美

出　　版／社会科学文献出版社·当代世界出版分社（010）59367004
　　　　　　地址：北京市北三环中路甲 29 号院华龙大厦　邮编：100029
　　　　　　网址：www. ssap. com. cn
发　　行／社会科学文献出版社（010）59367028
印　　装／天津千鹤文化传播有限公司

规　　格／开　本：787mm × 1092mm　1/16
　　　　　　印　张：20.25　字　数：288 千字
版　　次／2022 年 4 月第 1 版　2022 年 10 月第 2 次印刷
书　　号／ISBN 978 – 7 – 5201 – 9994 – 0
定　　价／98.00 元

读者服务电话：4008918866